U0572971

本书是"中央高校基本科研业务费青年教师培育项目"（22qntd6801）和
"教育部人文社会科学重点研究基地重大项目《共同富裕时代人民美好生活需要与社会政策创新研究》"
（22JJD630021）的研究成果。

中山大學 中国公共管理研究中心
CENTER FOR CHINESE PUBLIC ADMINISTRATION RESEARCH, SUN YAT-SEN UNIVERSITY

中山大學 政治与公共事务管理学院
SCHOOL OF GOVERNMENT, SUN YAT-SEN UNIVERSITY

人民美好生活需要
与 社会政策创新

PEOPLE'S NEEDS FOR A BETTER LIFE AND
SOCIAL POLICY INNOVATION

（2022）

岳经纶 等 ·············· 著

社会科学文献出版社
SOCIAL SCIENCES ACADEMIC PRESS (CHINA)

出版说明

经反复酝酿，中山大学中国公共管理研究中心、中山大学政治与公共事务管理学院决定在"十四五"期间推出两个年度研究报告——《人民美好生活需要与社会政策创新》和《公共治理的数字化转型》。这两个报告将基于持续的、具有全国意义的调查和数据收集，向读者呈现两个重要领域主观态度与客观情势方面的发展、变化与趋向，并分析其对于治理变革的意义和政策意涵。

这两个年度研究报告主题的确定，源于我们从两个时间轴线出发对公共治理重大问题的判断。

其一，公共治理的研究要面向新时代，首先就是要面向新时代的主要矛盾，亦即人民日益增长的美好生活需要和不平衡不充分的发展之间的矛盾。《人民美好生活需要与社会政策创新》年度研究报告正是要持续关注不同区域的人们在教育、医疗、儿童和老年照护、就业等方面的民生需要，包括福利态度方面的差异与动态变化，尝试全面地呈现党和政府在解决新时代主要矛盾方面取得的进展和存在的挑战，并基于社会政策的专业分析提出建设性的思路。

其二，公共治理的研究还要有引领时代的未来意识。在这方面，新一轮科技革命，尤其是数字化和人工智能的发展，不仅在重塑政府权能和政府行为，而且在重塑政府行为的对象以及二者之间的关系，甚至正在对传统政府管理的知识系统构成颠覆性冲击。《公共治理的数字化转型》年度研究报告将重点关注公共治理场景中的数字技术应用、公共服务的数字化与智能化转型、数字化时代的政府监管创新、大数据的价值发掘与数据治理、数字经济与数字产业发展、数字化时代的伦理风险及其防范等议题，为我们国家的公共治理在数字文明时代走在前列提供学术支持。

我们期望这两个年度研究报告的持续出版，能够部分地彰显公共管理学和政治学作为公共治理之学的现实感与实践品格。当然，两个年度研究报告的规划，也与我们中心、学院学科建设的优势和抱负高度关联。经过多年积累，我们的社会政策研究团队日益壮大，而且具备了显著的国际学术影响力，在"社会中国"建设研究方面建树颇丰；近年来，我们着力加强数字治理方向的学术研究与社会服务，建立了高质量的政产学研网络，研究布局全面推开，在政务服务的数字化与智能化转型等领域已经取得了显著进展。

我们将把这两个年度研究报告当作一项持续的事业予以推进。以品质可靠的数据为基础研究提供支持，同时在研究报告的基础上孵化出高质量的决策咨询成果，这是我们的初衷。更进一步，在充分积累的基础上，建成各自领域内开放式的数据库，为学界同仁提供学术公共品，也是我们计划中的一部分。

中山大学中国公共管理研究中心
中山大学政治与公共事务管理学院
中山大学国家治理研究院
2022 年 6 月

目　录

总报告

增进民生福祉，提高人民生活品质

岳经纶　程　璆

治国有常，利民为本。2022 年 10 月 16 日，习近平总书记在党的二十大报告中庄严宣告："江山就是人民，人民就是江山。中国共产党领导人民打江山、守江山，守的是人民的心。"① 为民造福是立党为公、执政为民的本质要求。二十大报告把以中国式现代化全面推进中华民族伟大复兴作为党的中心任务，强调指出共同富裕既是中国式现代化的基本特色，也是中国式现代化的本质要求。在全体人民共同富裕的中国式现代化主题下，党的二十大报告提出了"增进民生福祉，提高人民生活品质"的总体要求，以及完善分配制度、实施就业优先战略、健全社会保障体系和推进健康中国建设的重点任务。为了增进民生福祉，提高人民生活品质，党的二十大报告强调"必须坚持在发展中保障和改善民生，鼓励共同奋斗创造美好生活，不断实现人民对美好生活的向往"②。党的二十大报告为我们持续推进社会政策创新与发展、致力于探索实现人民对美好生活向往的方法和路径，提供了精神动力和方向指引。

一　共同富裕愿景下人民美好生活需要
与社会政策创新的时代意义

在全面建成小康社会取得伟大历史性成就后，站在新的历史起点上，为了

---

① 《习近平：高举中国特色社会主义伟大旗帜 为全面建设社会主义现代化国家而团结奋斗——在中国共产党第二十次全国代表大会上的报告》，中国政府网，2022 年 10 月 25 日，http://www.gov.cn/xinwen/2022 – 10/25/content_5721685.htm。

② 《习近平：高举中国特色社会主义伟大旗帜 为全面建设社会主义现代化国家而团结奋斗——在中国共产党第二十次全国代表大会上的报告》，中国政府网，2022 年 10 月 25 日，http://www.gov.cn/xinwen/2022 – 10/25/content_5721685.htm。

满足人民日益增长的美好生活需要，党中央庄严承诺：到2035年全体人民共同富裕取得更为明显的实质性进展。走向共同富裕，必须适应我国社会主要矛盾的变化，推动社会政策创新，把不断实现人民对美好生活的向往作为促进高质量发展的落脚点。

以社会政策推动实现共同富裕，是新时代我国社会政策创新发展的主旋律。面向共同富裕的人民美好生活需要与社会政策创新研究，对于实现包括幼有所育、学有所教、劳有所得、病有所医、老有所养、住有所居、弱有所扶的民生保障目标，提升人民获得感、幸福感、安全感具有重要的理论意义和现实意义。只有把握中国社会政策体系发展的规律，才能更好地服务共同富裕战略。全面了解中国社会政策体系的演变趋势，有助于正确把握现实状况，进而预测其未来的发展趋势，从而确定社会政策改革创新的方向与路径。聚焦促进共同富裕的时代背景，对中国社会政策体系的历史进程、阶段特征、改革成效以及面临的挑战进行全面、深入的分析，有利于把脉中国现代社会政策体系建设发展的根本性问题，推动实现全体人民共同富裕的发展战略。

深入研究面向共同富裕的人民美好生活需要与社会政策创新，可以为共同富裕背景下社会政策范式转换和衔接的理论研究提供新的拓展空间，继而构建共富型社会政策体系。这方面的学术成果，不仅可以为中国社会政策发展提供本土解释，推动中国社会政策的发展创新，而且有利于中国社会政策学科自主知识体系的建设，继而推动社会政策理论的国际对话，提高社会政策理论话语体系中的中国音量。随着共同富裕的中国式现代化的推进，促进共同富裕的社会政策理论研究，可以更加丰富中国式现代化的社会政策维度的概念和命题，从而构建起超越西方现代化福利国家范式的共富型社会政策范式。

二　共同富裕战略下社会政策创新发展的主要议题

实现共同富裕是一个长期的过程，要在做大做好"蛋糕"的基础上，把"蛋糕"切好分好。而作为切好分好"蛋糕"的重要制度安排，社会政策需要以推进共同富裕为目标，有针对性地进行改革创新。为建设推进共同富裕的社会政策体系，现阶段我国社会政策的创新发展应该关注以下主要议题：相对贫困治理的长效机制，社会照顾的发展，新业态从业者的社会保障，乡村振兴与农村社会政策的发展，健康中国战略的推进与人民健康促进政策的发展，以及社会政策治理能力的提升。

（一）建立相对贫困治理的社会保障长效机制

随着绝对贫困的消除，我国贫困问题的形态和性质也发生了新的变化，相对贫困治理成为我国减贫治理的中心工作，也是实现共同富裕的重要内容。相对贫困是指在当地特定的生产、生活条件下，在特定的经济社会发展约束下，个人或家庭获得的合法收入虽然可以维持家庭成员的基本生存性需要，但是无法满足其他基本生活需要的状态。[①] 因此，相对贫困具有典型的区域性和地方性特征，也暗含城乡的差异。相对贫困也意味着相对排斥与相对剥夺。相对贫困可以较好地表征社会财富或收入在不同阶层与群体间的分配情况。社会保障制度是重要的反贫困机制，也是治理相对贫困的有效工具。要治理相对贫困，必须完善社会保障制度这个长效机制。

首先，要进一步发挥社会救助制度的基础性作用，为低收入群体提供更加可靠的兜底保障。不断完善兜底社会救助制度体系，加快缩小社会救助的城乡标准差异，逐步提高城乡最低生活保障水平，为相对贫困群体兜住基本生活底线。为此，需要在以下四个方面着力。第一，要科学确立相对贫困标准，把最低生活保障转变为基本生活保障。随着绝对贫困问题的解决，国家需要制定与经济社会发展水平相适应的相对贫困标准。第二，要改善社会救助的瞄准机制，把真正的相对贫困者纳入社会救助范围。第三，要提升社会救助的保障水平。第四，强化"积极社会救助"的政策取向，大力发展服务型社会救助。经过多年的努力，我国的社会救助制度体系已经成为一个既包含经济救助又包括服务救助的综合体系。但相对而言，包括医疗救助、教育救助在内的服务型社会救助发展还不够充分。为此，要加强服务型社会救助对于缓解相对贫困的作用，尤其是要充分发挥医疗救助和教育救助在治理相对贫困中的核心作用。[②]

[①]　邢成举、李小云：《相对贫困与新时代贫困治理机制的构建》，《改革》2019 年第 12 期。

[②]　李棉管、岳经纶：《相对贫困与治理的长效机制：从理论到政策》，《社会学研究》2020 年第 6 期。

其次，充分发挥社会保险在相对贫困治理中的作用。作为一种风险化解和风险分担机制，社会保险通过为劳动者在遭遇失业、疾病、年老等风险时提供收入保障而具有重要的反贫困功能。社会保障发展史上著名的《贝弗里奇报告》的核心思想就是要通过建立社会保险制度克服济贫法类型的社会救助制度所具有的消极性和保守性。[①] 在脱贫攻坚战中，医疗保险等社会保险制度在帮助建档立卡户脱贫方面发挥了比现金救助更为重要的作用。[②] 在相对贫困的治理过程中，我国的社会保险制度需要在维持收入的同时，加大收入调节功能，缩小经济不平等。为此，需要不断完善社会养老和医疗保障体系，逐步缩小职工与居民、城市与农村的社保筹资和保障待遇差距，不断提高城乡居民基本养老金水平。

最后，要充分发挥社会保障与其他基本公共服务的协同作用。习近平总书记指出，我国社会保障制度改革已进入系统集成、协同高效的阶段。[③] 社会保障系统集成、协同高效的改革，不仅要强化社会保障内部各个子系统的协同性、系统性，而且要加强社会保障与其他基本公共服务的协同和配合。以社会救助制度为例，21 世纪以来，我国社会救助制度不断发展和完善，但由于基本公共服务发展不足，社会救助制度的托底功能依然不够完善，无法承载因基本公共服务缺乏带来的重负。例如，由于医疗服务发展不均衡，不仅低保家庭、低收入家庭面临"看病难""看病贵"的困境，甚至一些中等收入家庭也可能面临因病致贫的风险。面对高昂的医疗费用，社会救助制度不仅要为因病致贫的家庭提供救助，为低保人员缴纳医保费用、提供医疗救助，还要使用临时救助、启动救急难机制来协助低保人员。从政策设计来看，低保的功能是为社会中最贫困的人群提供最基本的生活救助，保障其最低的生存要求。然而，近年来，越来越多的因病致贫、因病返贫家庭成为低保救助对象。可以说，低保的保障条件出现了从保"贫"变为保"病"的新趋势。随着底线思维的强化和各项兜底保障民生项目的推进，政府投入了大量资源来提升低收入阶层的福利，将医疗、教育、就业等各领域的保障资源投向底层群体。由于在具体实施

---

① Blakemore, K. & Warwick-Booth, L., *Social Policy: An Introduction*, Berkshire: McGraw-Hill Education, 2013, pp. 58 – 59.

② 卢盛峰、卢洪友：《政府救助能够帮助低收入群体走出贫困吗？——基于 1989 ~ 2009 年 CHNS 数据的实证研究》，《财经研究》2013 年第 1 期。

③ 习近平：《促进我国社会保障事业高质量发展、可持续发展》，《求是》2022 年第 8 期。

过程中政府把过多的民生政策与社会救助制度进行捆绑，并将低保户或低收入户作为主要或唯一的救助对象，导致救助对象的"福利叠加"。在医疗、教育等基本公共服务资源整体供给不足的背景下，低保群体与非低保群体间形成了新的"福利悬崖"①，不利于共同富裕的有效推进。

（二）大力发展社会照顾，不断完善社会政策结构

人类在整个生命历程中会面对不同的需求：既有免于贫困的收入维持需求，也有维持生命质量的照顾需求；既有体面工作的需求，也有促进个体发展的服务需求；既有物质帮助的需求，也有精神及情感支持的需求。多样化的人类需求需要更全面的社会政策体系支持，并得到更好的社会保护。

改革开放以来，我国社会政策建设的重点放在社会保险制度上，特别是城镇职工的社会保险制度上。由这种社会保险主宰的社会政策体系导致社会政策结构不平衡。一方面，与社会保险相比较，社会救助、社会福利、优抚安置等社会保障项目没有得到足够的重视，国家在这些社会保障项目上投入有限，造成了资金投入与实际需要之间的严重不对称，导致社会救助对象和优抚对象保障标准偏低。另一方面，与社会保险关注的经济保障相比，社会服务没有得到足够的关注，导致社会政策出现重经济保障轻社会服务的失衡格局。一项完整的社会政策，既要重视收入维持和经济保障，也要重视社会福利服务；既要关注国家与劳动力市场之间的关系，也要关注国家与家庭的关系；既要重视养家的男性（有偿劳动者），也要关注持家的女性（无偿照顾者）。

社会照顾服务是现代福利国家的重要内容。在我国，对儿童、老人进行照顾，长期以来由家庭成员，主要是女性成员承担。作为私人领域的事务，照顾甚少成为政策话语，进入政策议程，也甚少引起学术界的关注。那些得不到家庭照顾的儿童、老人和残疾人，一般由民政部门提供照顾服务，但民政部门使用的政策话语是"社会福利"话语（这种"社会福利"话语带来的一个严重后果是我们的社会福利概念无法与国际对接），而不是"社会照顾"话语。②

---

① 刘央央、钟仁耀：《城乡低保对象认定标准中增加支出标准的合理性分析——基于悬崖效应的视角》，《社会保障研究》2019年第1期。

② 岳经纶、方萍：《照顾研究的发展及其主题：一项文献综述》，《社会政策研究》2017年第4期。

随着因人口快速老龄化、计划生育政策的松动以及城镇化的加速而带来的人口结构和社会经济变迁，我国传统"以收入维持为基本内容"的社会政策体系，不能有效回应个人在生命不同阶段的全部需要，需要大力发展包括养老和托幼服务在内的社会服务，从而提高回应社会成员需要的能力。要结合基本公共服务均等化战略，大力发展普惠性社会服务，满足人口快速老龄化和低生育率带来的服务需要。

这里的一个关键问题就是如何在支持家庭与不弱化家庭责任之间取得平衡。由于有着比较深厚的家庭观念和对家人的责任感，人们在遇到各种问题时都尽量考虑在家庭内或者依靠家庭的力量来解决，向政府求助往往是最后的选择。这些传统观念影响着我们的福利文化，也影响着政府的社会政策选择。不过，随着工业化、城镇化的快速推进，家庭自身也在经历剧烈的变化。这意味着家庭照顾资源与照顾能力严重弱化，弱势家庭成员面临更加严峻的照顾形势。在这一情况下，要想解决社会照顾问题，需要结合社会文化背景和现实国情，即需要协调国家、市场、社区、家庭和个人之间的关系。社会照顾范式为我们协调这些关系进而改革社会福利制度提供了重要的启示。

（三）为平台经济从业者提供具有可操作性的社会保障措施

以互联网平台为依托的平台经济已经成为日益普遍的新业态。近年来，平台经济创造了大量的就业岗位，为我国经济发展注入新的活力，对经济增长的贡献不容小觑。无论是快递、外卖，还是网约车等新业态，都大幅带动了就业的增长。然而，平台经济从业者因其自身职业的灵活特性，以及其劳动关系、工资水平、福利待遇等具有较强的不稳定性，所面临的社会风险较大且规避风险能力低，在没有社会保险的兜底保障时，存在较高的健康风险和经济风险，容易陷入生存危机。加强平台经济从业者的权益保障绕不开社会保险的保障。在整个社会保险体系中，平台经济从业者的参保方式有三种：一是企业参保；二是以灵活就业人员身份参加职工社会保险；三是参加居民社会保险。这三种参保方式各有其不足。第一种参保方式需要以正式劳动关系为基础，往往得不到平台企业的支持；第二种参保方式需要参保人个人承担缴费金额，负担较重；第三种参保方式保障力度小。基于这些原因，平台经济从业人员中仍有较大一部分人没有参加任何社会保险计划。①

为了鼓励平台经济从业人员参加社会保险，2021 年 7 月，人社部、国家发展改革委、交通运输部等联合发布的《关于维护新就业形态劳动者劳动保障权益的指导意见》指出，"各地要放开灵活就业人员在就业地参加基本养老、基本医疗保险的户籍限制，个别超大型城市难以一步实现的，要结合本地实际，积极创造条件逐步放开"；2022 年 7 月 12 日，国家发展改革委发布《"十四五"新型城镇化实施方案》，再度要求逐步放开放宽居民在常住地或就业地参加社会保险的户籍限制。

随着平台经济的快速发展，越来越多的劳动者正从产业工人转变为平台经济下缺乏劳动权益保障的从业者。无论是从维护劳动者的合法权利、平台经济的可持续发展，抑或是从维护社会稳定、推进共同富裕等角度而言，政府都需要思考如何为平台经济从业者提供社会保障，提高其抵御风险的能力。政府应该关注的是在灵活性和保障性之间取得平衡，也就是在鼓励平台经济创造就业岗位与保障平台经济从业人员劳动权益之间取得平衡。基于现阶段我国社会经济发展的实际，相比将从业者直接纳入现行的社会保护体系，为他们创设独立的社会保护体系，将更有助于实现灵活性和保障性的平衡，更有利于保障平台经济从业者的劳动权益。从社会权利的视角来看，制定基于社会公民身份的统一社会政策是我国社会保障体系建设的最终目标。

（四）乡村振兴与农村社会政策发展

党的十九届五中全会提出了"十四五"时期经济社会发展的主要目标，明确指出要实现"脱贫攻坚成果巩固拓展，乡村振兴战略全面推进"，同时提出要"实施乡村建设行动，深化农村改革，实现巩固拓展脱贫攻坚成果同乡村振兴有效衔接"。脱贫攻坚是乡村振兴的优先目标和重要前提，为实施乡村振兴战略构筑坚实基础；乡村振兴是脱贫攻坚的持续战略，是对脱贫成果的巩固。实现脱贫攻坚成果巩固拓展同乡村振兴的有效衔接，这是新时代背景下中国农村发展战略的重大转型，是一个发展大局问题，关系到我国社会主义现代化建

---

① 岳经纶等：《人民美好生活需要与社会政策创新（2021）》，社会科学文献出版社，2022，第217～218 页。

设与中华民族伟大复兴的实现。

在绝对贫困被消除的背景下，相对贫困问题将成为一个突出的社会问题。从绝对贫困治理走向相对贫困治理，对我国贫困治理的理念和政策体系都提出了新的挑战。因此，要实现脱贫攻坚成果巩固拓展与乡村振兴的有效衔接，需要特别关注我国在较低标准下所取得的反贫困成绩的脆弱性问题，不仅要建立起防止和预防返贫的长效化监测机制，更要建立起解决贫困问题尤其是相对贫困问题的系统化长效机制，还要推进共同富裕的实现。为此，需要进行贫困治理的理念与帮扶政策的创新，发展和完善农村社会政策体系。

实施脱贫攻坚和乡村振兴战略是政府通过经济政策和社会政策介入人民生活、提升人民福祉的战略安排，也是脱贫人口和广泛乡村居民实现幸福生活的制度性机制。实现巩固拓展脱贫攻坚成果和乡村振兴战略的有效衔接，表现为通过政府干预，实现资源再分配，从而增进贫困人口和广泛乡村居民幸福感的具体实践。在我国开展脱贫攻坚工作的各个阶段，社会政策都扮演了重要角色。无论是推动产业振兴、公共服务发展，还是通过社会保障直接兜底，社会政策在帮助农村绝对贫困人口脱贫方面都发挥了重要作用。不过，实践表明，在实施脱贫攻坚战略的过程中，社会政策的作用发挥也存在一些制约：第一，在强化社会救助的同时，如何激发救助对象的内生动力问题；第二，当前农村已经实现社会保障主要项目的制度全覆盖，但保障水平仍然不够，因病致贫等威胁始终存在，如何建立一个广覆盖的、有效的、可持续的社会保险保护网络，有效预防贫困，是脱贫攻坚给乡村振兴留下的一个重大挑战；第三，在政策选择上，如何把瞄准性质的社会救助政策与普惠性质的社会福利和社会服务政策结合起来，如何把考虑短期的"救急难"性质的政策与考虑长远的"社会投资"性质的政策结合起来，也是一个值得思考的问题。因此，在巩固脱贫攻坚成果和乡村振兴战略实施的有效衔接中，需要把着力点放到农村社会政策体系的系统集成、协同高效上来，在社会公平正义的理念下，创新社会政策理念，优化社会政策设计，从而实现共同富裕的目标。

（五）健康中国与人民健康促进政策

"健康中国"基本理念的提出最早可追溯到2008年，原卫生部部长陈竺基于党的十七大报告提出的"健康是人全面发展的基础"重要论断，首次提出实施"健康中国"战略。① 2012 年 8 月，原卫生部发布的《"健康中国 2020"战略研究报告》首次以政府官方文件的形式提出了"健康中国"战略。② 2015年，党的十八届五中全会首次提出推进健康中国建设，"健康中国"正式上升为国家战略。2016 年 8 月，习近平总书记于全国卫生与健康大会上强调"没有全民健康，就没有全面小康"，并正式提出"大健康""大卫生"理念，加快推动健康中国建设。③ 同年 10 月，中共中央和国务院印发《"健康中国 2030"规划纲要》。2019 年 7 月，国务院成立健康中国行动推进委员会，颁布《关于实施健康中国行动的意见》，显示了"健康中国"战略从理念到行动的迈进。

随着"健康中国"战略的提出和实施，"大卫生观""大健康观"开始在全国得到广泛的传播。所谓"大卫生观""大健康观"，就是要超越卫生医疗政策范畴和卫生医疗部门来认识和推进卫生和健康事业，把卫生医疗服务之外的各种影响健康的因素纳入工作范畴。更具体地说，就是要把卫生健康工作理念、服务方式从以治病为中心转变为以人民健康为中心，从健康政策和健康治理角度综合考虑影响健康的各种因素，包括遗传和心理等生物学因素、自然与社会环境因素、医疗卫生服务因素、生活与行为方式因素。"大卫生观""大健康观"要求把健康作为优先原则落实到公共治理和公共服务中。正如中共中央和国务院 2016 年发布的《"健康中国 2030"规划纲要》所明确指出的，要坚持健康优先原则，将健康融入所有政策，将保障和促进人民健康作为工作的出发点和落脚点，将促进健康的理念融入公共政策制定实施的全过程，实现健康与经济社会良性协调发展。

在"健康中国"视角下，健康问题不只是个人问题，也不只是重点群体的问题，而是整个社会乃至国家的战略性问题，事关人民美好生活和民族复兴；健康服务需求不只是城镇居民的问题，也不只是城镇职工的问题，而是全体居民的问题；健康服务供给不只是卫生医疗部门的事情，而是包括卫生、体育、

---

① 陈竺、高强：《走中国特色卫生改革发展道路 使人人享有基本医疗卫生服务》，《求是》2008 年第 1 期。

② 《"健康中国 2020"战略研究报告》编委会编《"健康中国 2020"战略研究报告》，人民卫生出版社，2012。

③ 《全国卫生与健康大会 19 日至 20 日在京召开》，中国政府网，2016 年 8 月 20 日，https://www.gov.cn/xinwen/2016 - 08/20/content_5101024.htm。

民政、教育、食品、职业安全、交通、供水、环保等在内的众多相关部门，乃至所有政策部门的事情；实现健康的手段不只有医疗，还包括预防和康复；健康责任的主体不只是政府，还包括社会、家庭和个人。

健康是重要的社会政策议题，或者说领域。由于影响健康的社会和环境因素众多，因此，健康结果，或者说健康产出，不仅受到医疗卫生政策的影响，也受到其他多个部门政策的影响。这些影响健康状况的政策，可以说都属于社会政策范畴，也属于健康促进政策体系。因此，为了有效推进"健康中国"战略，实现全民健康的政策目标，我们需要积极构建以社会政策为核心的健康促进政策体系。

（六）不断提升社会政策治理能力

社会政策治理能力是国家治理能力的直接体现。推进国家治理能力现代化必须高度重视社会政策治理能力建设。随着社会政策体系的不断发展、社会保障覆盖面的不断扩大，以及社会支出的不断增加，社会政策治理能力必须相应提高，否则无法提升社会政策的制度绩效和人民群体的获得感。因此，在社会政策领域，要统一政策制定与政策执行标准；要统一政策实施过程与预算过程；要优化社保管理体制，加强社保经办能力和服务递送能力；要加强部门联动和业务协同，提高相关职能部门的组织协调效率；要充分利用现代信息科技手段，打破部门信息壁垒，解除利益羁绊，优化服务流程，实现部门协同；要提升职能部门政策执行力，增加社保经办人手和资源，提高经办服务能力；要强化服务意识和业务水平；要不断提高社会政策项目，特别是社会保险的统筹层次；要加强对社保体系的监督，保障社保基金的安全性，防范欺诈行为，提升社保制度的安全规范性。

要增强社会政策治理能力，必须树立并践行共建共治共享的社会治理理念。一个良好的社会政策治理体系，不能只依赖于行政体系中的政策部门，还需要非政府主体的参与，要协调好政府、市场与社会组织三大主体之间的关系。在社会政策中强调社会治理理念，就是要在政府主导下，充分重视和发挥包括市场主体、社会组织在内的社会力量的作用，处理好政府与包括工会、企业家组织、参保人等在内的社会组织和个人在社会保障的供给、筹资和监管中的关系。国家不仅要从工具层面保障家庭、社会组织（社区）、市场主体的福利功能的发挥，更要从价值层面承认其福利功能的不可或缺性和合法性。要改进国家作用发挥的方式，协调好中央政府与地方政府在社会政策中的角色和作用，增强社会组织的福利作用，支持家庭有效发挥福利功能，鼓励市场主体履行社会责任。要重视政府购买服务机制的作用，同时要把家庭政策（儿童政策）作为社会政策改革发展的重要内容。要把现代企业社会责任理念与单位福利制度的社会主义传统有效地结合起来，创新市场主体的社会福利角色。要调动社会力量，激活社会资本，鼓励民间资金积极投入社会福利事业，积极扶持民办福利事业，对民办福利设施与慈善事业给予政策优惠和适当的财政投入，用较少的投入去吸引、撬动更大的民间财力。

概而言之，面对共同富裕的时代要求，政府与企业和社会组织需要在社会政策治理中构建平等协商、合作共赢的治理共同体，清晰界定福利供给、筹资和递送过程中不同参与主体的责权利，将社会福利和服务供给机制与多中心治理相融合，既重视发挥政府的主体功能，又重视与社会力量相互合作，通过推进参与式治理，激活、整合并有效利用社会政策资源，提升整体社会福利水平。

三　2022年人民美好生活需要调查研究设计

中山大学"人民美好生活需要（公众福利态度）调查"团队从2016年开始，围绕美好生活需要的主题，逐步开展建立一个"中国现代社会福利大数据库"的行动，并持续开展了五期调查。该调查借鉴欧洲国家调查问卷〔如国际社会科学项目（International Social Science Program，ISSP）和欧洲社会调查（European Social Survey，ESS）〕和我国香港福利态度调查问卷的设计，对具体问题进行了本土化改良，聚焦人民美好生活需要，探究中国社会福利需求变化规律，为福利支出水平提供预警信息，为社会政策制定提供决策参考。

2022年，中山大学"人民美好生活需要（公众福利态度）调查"团队开展了第六期调查，调查地点设定在广东省、河南省和甘肃省三个省份的53个市（自治州、省直管市），继续围绕"人民美好生活需要"的主题开展问卷调查。此次调查问卷分为8大板块，共43道题，内容涵盖公众对于贫困、社会团结与社会风险、社会照顾、社会态度、乡村振兴战略、延迟退休、时间利用等问题的态度，以及个人基本资料。

此次问卷调查的开展时间为2022年5月到2022年10月，调查对象为18周岁及以上的广东省、河南省和甘肃省居民，调查范围包括广东省21个地级市（广州市、深圳市、珠海市、汕头市、佛山市、韶关市、河源市、梅州市、惠州市、汕尾市、东莞市、中山市、江门市、阳江市、湛江市、茂名市、肇庆市、清远市、潮州市、揭阳市、云浮市），河南省18个地级市和省直管市（郑州市、洛阳市、开封市、漯河市、安阳市、信阳市、南阳市、濮阳市、周口市、新乡市、三门峡市、驻马店市、平顶山市、鹤壁市、商丘市、焦作市、许昌市、济源市），以及甘肃省14个地级市和自治州（兰州市、金昌市、嘉峪关市、白云市、天水市、武威市、张掖市、平凉市、酒泉市、庆阳市、定西市、陇南市、甘南藏族自治州、临夏回族自治州），共计53个地级市（自治州、省直管市）。三省的样本分布情况如下：广东总样本为4400个，其中广州市和深圳市样本配额300个，其他地级市每市200个；河南总样本为2750个，其中省会郑州市300个，济源市50个，其他地级市每市150个；甘肃总样本为2250个，其中省会兰州市300个，其他地级市（自治州）每市（自治州）150个。最终获得有效样本为9400个。

四　2022年人民美好生活需要调查基本情况

本研究的样本数据来自中山大学2022年"人民美好生活需要（公众福利态度）调查"问卷，总样本是9400个。这里根据对应题项的统计结果，对调查样本的基本情况进行描述，具体分为六个方面。

（一）性别与年龄结构

在此次调查受访者性别分布上，男女性别占比分别为54.7%和45.3%，男性占比稍高（见图1）。第七次全国人口普查结果显示我国总人口性别比（以女性为100，男性对女性的比例）为105.07，说明此次样本的性别分布较为符合我国人口特征。从年龄结构来看，18～65岁的样本量占总样本量的97.7%，中青年样本量较多，其中，36～50岁年龄段占比最多，为35.1%，65岁以上的受访者占比为2.3%（见图2）。

（二）受教育程度

总体而言，受访者的教育背景多元，且分布较为符合现实情况，能够真实

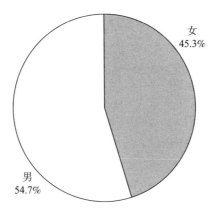

图 1　性别分布

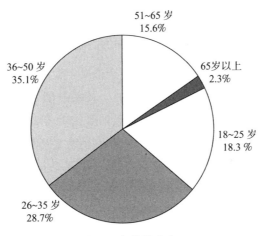

图 2　年龄段分布

反映拥有不同教育背景的公众的美好生活需要。如图 3 所示，占比最多的是大学本科学历的受访者，为 28.7%，占比紧随其后的是大专、初中和普通高中学历的受访者，分别为 22.7%、18.8% 和 14.3%。

（三）家庭人口状况

家庭人口状况包括受访者的婚姻状况、未成年子女数量分布情况以及家中老人数量分布情况。在婚姻状况方面，如图 4 所示，近七成受访者属于已婚人士，占 69.6%，27.6% 的受访者为未婚人士，2.9% 的受访者为离婚人士。就未成年子女数量来看，如图 5 所示，未生育过孩子的受访者占 36.4%，育有 1

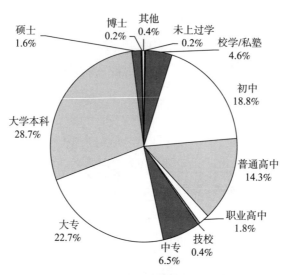

图 3 受教育程度分布

个未成年子女的受访者占28.2%，育有2个未成年子女的受访者占26.3%，育有3个及以上未成年子女的受访者占9.1%。就家中60岁及以上老人的数量来看，如图6所示，家中无60岁及以上老人的受访者占28.16%，有1个60岁及以上老人的受访者占19.76%，有2个60岁及以上老人的受访者占28.03%，有3个60岁及以上老人的受访者占11.19%，有4个60岁及以上老人的受访者占12.09%，有5个及以上60岁及以上老人的受访者占0.77%。

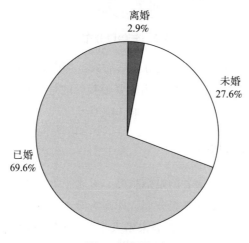

图 4 婚姻状况

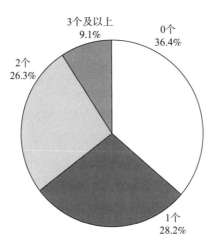

图5　未成年子女数量分布情况

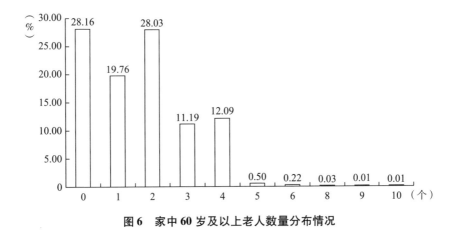

图6　家中60岁及以上老人数量分布情况

（四）工作状况

从受访者的职业群体分布状况看，如图7所示，大部分受访者有工作，只有17.8%的受访者为无工作人员（可能是在学、失业或退休等情况）。从受访者所属的职业群体来看，其他从业人员占比最高（18.0%），说明受访者的职业类型多样化，有相当一部分人不在问卷所列举的职业选项中。从问卷所列职业群体选项来看，受访者分布最多的群体是专业技术人员（15.4%），其次是商业、服务业人员（14.5%），再次是国家机关、党群组织、企业和事业单位负责人（11.5%）。受访者分布的群体还包括：农、林、牧、渔、水利业生产人员（8.9%），办事人员和有关人员（7.6%），生产、运输设备操作人员及有关人员（5.7%），以及网约车司机、外卖骑手等平台经济从业人员（0.6%）。

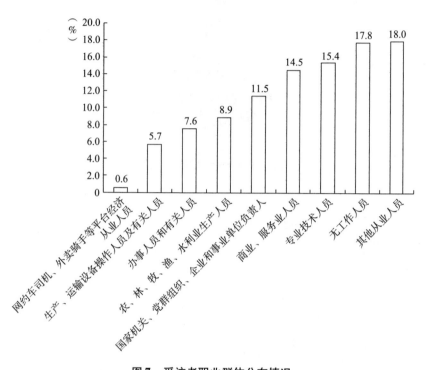

图7　受访者职业群体分布情况

（五）年收入分布及阶层认知情况

从受访者年收入分布来看，如图8所示，受访者年收入主要集中在3万～12万元，有31.0%的受访者年收入在3万～6万元，29.4%的受访者年收入为6万～12万元，说明大部分受访者已属于中等收入群体。13.7%的受访者的年收入在1.2万元以下，7.8%的受访者年收入在12万～24万元，只有4.0%的受访者年收入达到24万元及以上。在对中等收入群体的自我认知上，如图9所示，超七成的受访者认为自己不属于中等收入群体（77.8%），只有22.2%的受访者认为自己属于中等收入群体。

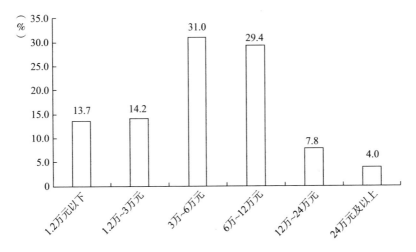

图8　受访者年收入分布情况

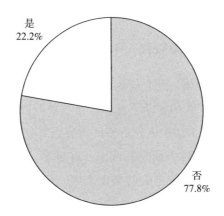

图9　受访者对中等收入群体的自我认知

（六）户籍所在地

从受访者的户籍所在地来看，如图10所示，大部分受访者为本市户籍（81.4%），拥有省内其他城市户籍的受访者占比为13.1%，拥有省外户籍的受访者占5.5%。

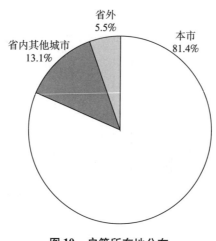

图 10　户籍所在地分布

五　2022 年美好生活调查主要发现

（一）公众生活幸福感较强，中等收入群体认知差异较大

1. 公众幸福感整体较强，民生发展深入人心

2018 年 12 月 18 日，习近平总书记在庆祝改革开放 40 周年大会上的重要讲话中指出："我们要着力解决人民群众所需所急所盼，让人民共享经济、政治、文化、社会、生态等各方面发展成果，有更多、更直接、更实在的获得感、幸福感、安全感，不断促进人的全面发展、全体人民共同富裕。"[①] 幸福感就是人们以社会经济、文化背景和价值取向等为基础对自我存在状态的心理体验，是人们对所需要的物质和精神生活条件满意程度的主观感觉，是人们衡量自己生活质量的重要指标。所以，关注人民群众生活质量，提升人民群众幸福感是党和政府施政的根本落脚点。

从调查结果来看，在被问到"总的来说，您觉得您的生活是否幸福"时，超过六成的受访者认为自己是幸福的（认为"比较幸福"的占 42.1%，"非常幸福"的

---

① 《习近平：在庆祝改革开放 40 周年大会上的讲话》，中国政府网，2018 年 12 月 18 日，https://www.gov.cn/xinwen/2018 – 12/18/content_5350078.htm。

占19.5%)，而认为幸福感"一般"的受访者占33.2%，认为不幸福的受访者只占据很小一部分，为5.3%（认为"非常不幸福"的占2.5%，"比较不幸福"的占2.8%）（见图11）。可以看出，三省的受访者对当前的生活状况整体上较为满意，幸福感较强，这反映了近年来国家在社会发展和民生保障方面的进步。

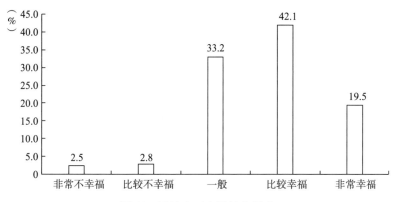

图11 受访者对生活的幸福感

2. 中等收入群体自我认同感低，中等收入群体标准认知差异大

收入是提升主观幸福感的重要因素。有研究表明，在现阶段的中国，收入与城市居民幸福感之间呈一定的正相关。① 目前，中国中等收入群体的规模超过4亿多人，按联合国的标准，我国的人民生活已经进入相对殷实富足的阶段。不过，中等收入群体在国内外一直有不同的判定标准，难以达成共识。其实，在绝对标准的数据统计之外，人们的主观感知也非常重要，因为它在一定程度上能够展现人们对自身所处社会阶层的看法和对生活的满意度。

对三省受访者进行的调查发现，尽管有超过60%的受访者的收入在3万~12万元，37.2%的受访者收入在6万~24万元，但有接近八成的受访者认为自己不属于中等收入群体，其中，广东省这一比例为78.2%，河南省为78.4%，甘肃省为76.1%（见图12）。如果对照全国中等收入群体在总人口中占比28.6%来看，三省受访者认为自己属于中等收入群体的比例要低于全国统计情况。这说明大部分受访者认为自己的收入水平相对较低，对中等收入群体的自我认同感不高。进一步而言，在对中等收入群体的认知标准进行调查时发现，公众对中等收入的划

① 邢占军：《我国居民收入与幸福感关系的研究》，《社会学研究》2011年第1期。

分标准普遍集中在年收入 5 万 ~ 10 万元和 10 万 ~ 20 万元两个区间，其中，有 30.9% 的受访者认为标准应是 5 万 ~ 10 万元，有 30.1% 的受访者认为标准是 10 万 ~ 20 万元（受访者中认为标准为 1 万元以内的有 2.5%，1 万 ~ 2 万元的有 4.4%，2 万 ~ 5 万元的有 11.8%，20 万 ~ 30 万元的有 11.1%，30 万 ~ 50 万元的有 5.8%，50 万元及以上的有 3.4%）。受访者对中等收入群体的年收入标准看法各异，从最低 1 万元以内到最高 50 万元及以上，区间分布差异较大，详见图 13。

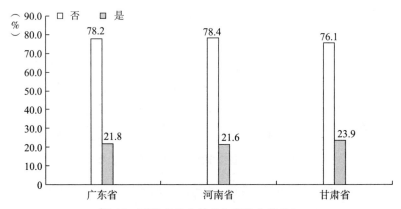

图 12 受访者的中等收入群体自我认知

说明：图中百分比表示三省受访者在题项"请问您认为自己属于中等收入群体吗"中受访者选择"是"或"否"的比例。

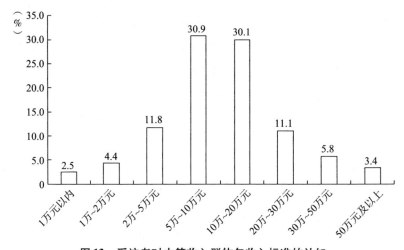

图 13 受访者对中等收入群体年收入标准的认知

说明：图中百分比表示三省受访者在题项"请问您认为成为中等收入群体个人年收入达到的标准是"的回答。

以往有研究认为，经济增长是中国居民幸福感的重要促增来源，因为它保证了居民收入的稳定增长。[①] "十四五"规划和党的二十大报告中都提及要扩大中等收入群体。不过，综合以上调查结果可以发现，虽然有超过七成的人认为自己不属于中等收入群体，但是受访者的幸福感同样很高，有近六成受访者认为自己幸福。这说明幸福感并不完全体现在收入水平的高低上。有研究提出了相似的观点，地区居民幸福指数并没有随国民收入的增长而同步增长。[②] 换言之，更多的人达到中等收入群体自我认知标准，并非意味着公众幸福感的增加，关键在于不断提高人民群众的获得感、幸福感、安全感，关注主观幸福感决定中的非收入因素[③]，如政府质量（包括有限的政府、廉洁的官僚机构、高效的司法系统、适宜的政府税收和管制等）显著影响了居民幸福感，这些因素对居民幸福感的促增效应远远高于经济因素[④]。

（二）公众收入差距感知缓和，制度性不公平亟待矫正

1. 公众收入差距感知缓和，地域差异特征显著

《中华人民共和国国民经济和社会发展第十四个五年规划和 2035 年远景目标纲要》指出，制定促进共同富裕行动纲要，自觉主动缩小地区、城乡和收入差距，让发展成果更多更公平惠及全体人民，不断增强人民群众获得感、幸福感、安全感。不断缩小收入差距是实现共同富裕的必由之路。

为此，研究团队调查了 2022 年受访者对社会公平和收入差距的态度，询问了受访者"您认为您当地的收入差距大吗"这一问题。统计结果表明，受访者认为当地收入差距大的比例为 59.3%（其中"比较大"的比例为 42.0%，"非常大"的比例为 17.3%）；认为当地收入差距小的受访者比例为 29.1%（其中"非常小"的比例为 3.2%，"比较小"的比例为 25.9%）；认为当地收

① 徐映梅、夏伦：《中国居民主观幸福感影响因素分析——一个综合分析框架》，《中南财经政法大学学报》2014 年第 2 期。
② 李桢业：《城市居民幸福指数的省际差异——沿海地区 12 省（区、市）城市居民统计数据的实证分析》，《社会科学研究》2008 年第 3 期。
③ 罗楚亮：《绝对收入、相对收入与主观幸福感——来自中国城乡住户调查数据的经验分析》，《财经研究》2009 年第 11 期。
④ 陈刚、李树：《政府如何能够让人幸福？——政府质量影响居民幸福感的实证研究》，《管理世界》2012 年第 8 期。

入差距"一般"的受访者比例为 11.6%。2020 年认为当地收入差距"比较大"的比例为 37.7%，"非常大"的比例为 15.8%；2021 年认为当地收入差距"比较大"的比例为 44.0%，"非常大"的比例为 16.9%。三年内受访者对收入差距"比较大"的感知水平有所波动，但是认为当地收入差距"一般"的比例明显下降，而认为当地收入差距"比较小"的比例显著上升，总的来说，受访者的收入差距感知有显著的缓和趋势（见图 14）。

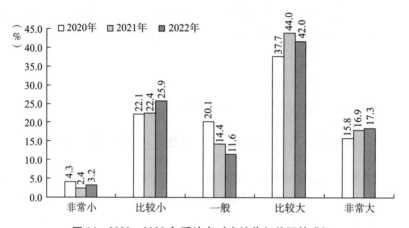

图 14　2020～2022 年受访者对当地收入差距的感知

图 15 显示了 2022 年三省受访者对收入差距的感知。在广东的受访者中，认为当地收入差距大的比例占 63.3%（其中"比较大"的比例为 43.7%，"非常大"的比例为 19.6%），认为当地收入差距"一般"的比例为 13.3%，认为当地收入差距小的比例为 23.3%（其中"非常小"的比例为 2.6%，"比较小"的比例为 20.7%）。在河南的受访者中，认为当地收入差距大的比例占 51.8%（其中"比较大"的比例为 39.9%，"非常大"的比例为 11.9%），认为当地收入差距"一般"的比例为 13.3%，认为当地收入差距小的比例为 34.9%（其中"非常小"的比例为 3.7%，"比较小"的比例为 31.2%）。在甘肃的受访者中，认为当地收入差距大的比例占 60.4%（其中"比较大"的比例为 41.0%，"非常大"的比例为 19.4%），认为当地收入差距"一般"的比例为 6.5%，认为当地收入差距小的比例为 33.1%（其中"非常小"的比例为 3.6%，"比较小"的比例为 29.5%）。

为了更直观地对比三省受访者对收入差距感知的差异性，笔者通过对数据

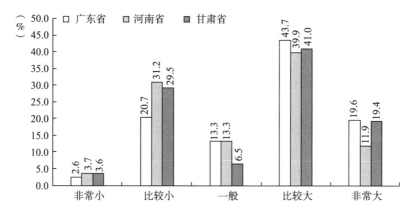

图 15　2022 年三省受访者对当地收入差距的感知

重新赋值得到了各省收入差距感知得分（见图 16）。可以发现，广东、河南和甘肃的得分均高于 3 分，说明受访者倾向于认为当地的收入差距较大，并且这种感知在广东的受访者中最高，甘肃的受访者的感知程度则略高于河南。总体来说，调查数据在一定程度上可表明收入差距问题仍然存在，缩小收入差距也是社会公众的共同期望和目标。

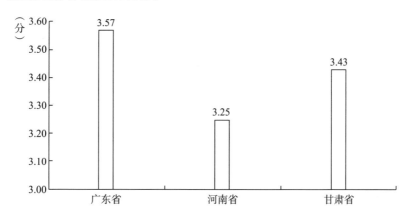

图 16　三省受访者收入差距感知的得分情况

说明：得分根据各省受访者的回答情况进行编码，选项非常小 =1，比较小 =2，一般 =3，比较大 =4，非常大 =5，按照编码后的结果计算出均值，均值越高表示受访者对收入差距的感知越明显。

2. 贫困归因感知多元化，制度公平完善最受期待

共享性是共同富裕的核心元素，既要体现"共同"、"公平"和"平等"，

又不能沦为平均主义。① 这种"共同"和"差别"的可接受程度，可从起点平等、过程平等、结果平等三种社会经济的平等形态来看。起点和过程的不平等往往难以被完全消除，结果平等容易阻碍个人积极性从而陷入平均主义的泥沼，起点平等在当下越来越成为人与人之间难以逾越的鸿沟。据此，探究公众对贫困影响因素的看法，对于缩小贫富差距、促进社会公平具有重要意义。

研究团队调查了三省受访者对致贫原因的看法，在"懒惰""缺乏机会""能力低下""社会不平等""社会保障不完善"五个原因中让受访者进行态度选择。为了更好地体现受访者对致贫原因看法的倾向性，研究团队对结果进行赋值编码，数值越大表示受访者越认同此项解释（见图17）。结果显示，在贫困的归因上，三省受访者的排序大体相似，基本上可排列为"缺乏机会""社会保障不完善""社会不平等""能力低下""懒惰"。

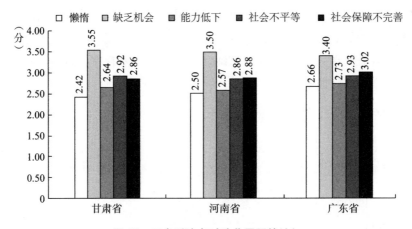

图17　三省受访者对致贫原因的认知

说明：对问题"有关贫困形成原因的说法，您的同意程度如何"中的选项重新编码，赋值非常同意 =5，比较同意 =4，一般 =3，比较不同意 =2，非常不同意 =1。按照编码后的结果计算五类致贫说法"懒惰""缺乏机会""能力低下""社会不平等""社会保障不完善"的均值，均值越高表示某省受访者对这类致贫说法的倾向性更高。

总的来说，对致贫原因五个选项进行均值处理，可以发现，排在前三位的都是制度性因素，个体因素排在后两位，说明公众普遍认为制度性因素是致贫的主要原因。因此，要有效缩小贫富差距，政府需要促进机会平等，建立完善

---

① 郁建兴、任杰：《共同富裕的理论内涵与政策议程》，《政治学研究》2021 年第 3 期。

的社会保障制度。另外，具体对比三省在致贫原因上的得分，可以发现，三省在"缺乏机会"的得分上均超过了3分（广东3.40分，河南3.50分，甘肃3.55分），说明三省受访者都倾向于"缺乏机会"这一原因。其他四个原因中，除广东省"社会保障不完善"的得分为3.02外，河南、甘肃两省则未有其他得分超过3分的致贫原因，说明广东省受访者对于通过加强社会保障以解决贫困问题的倾向性较强。

研究团队以广东省为例进一步观察不同年龄阶段的受访者对于贫困成因的认知，将受访者在五个贫困成因的认同程度进行赋值编码，得到不同年龄段受访者在此项致贫原因上的分数（见图18）。结果显示，"缺乏机会"仍然是广东省各年龄段受访者都比较认同的致贫原因，而在18~25岁年龄段的受访者中"社会保障不完善"的得分最高，说明年轻人对"政府之手"在减贫的作用上寄予更多期望；在65岁以上受访者中，"懒惰"的得分超过了"社会不平等"，这是该年龄段受访者不同于其他年龄段的特点，同时"能力低下"的得分也高于其他年龄段，这说明老年人群体要比中青年群体更看重个体在贫困问题中的主观能动性作用。

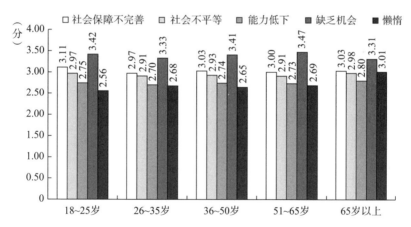

图18　广东省不同年龄段受访者对致贫原因的认知

（三）平台经济备受公众认可，从业者职业保障亟待完善

1. 平台经济备受公众认可，放开参保户籍限制呼声强烈

近年来，国家不断推出对平台就业者的利好政策。李克强总理在第十三届

全国人民代表大会上作《政府工作报告》时指出，要继续对灵活就业人员给予社保补贴，推动放开在就业地参加社会保险的户籍限制。2021年以来，各地都在积极出台政策文件，推动灵活就业人员属地化参保，且主要从医疗、养老保险入手。例如，广东省在2021年5月出台了《广东省灵活就业人员参加企业职工基本养老保险办法》，规定异地户籍灵活就业人员可自愿参加基本养老保险，由个人缴纳基本养老保险费；河南省在2021年10月出台《关于进一步促进灵活就业人员参加企业职工基本养老保险有关问题的通知》，放开外省户籍灵活就业人员在河南省参加企业职工基本养老保险的省域户籍限制；国家发展改革委于2022年7月12日发布《"十四五"新型城镇化实施方案》，要求逐步放开放宽居民在常住地或就业地参加社会保险的户籍限制。调查数据显示，绝大部分受访者认同"平台经济从业者给自己的生活带来了便利"这一观点（见图19），这表明平台经济从业者已深深地影响了公众的生活习惯和生活方式。在这一共识下，三省的受访者对非本地户籍平台就业人群参加本地社保大多呈支持的态度，且持"非常支持"态度的人数占比在三省均为最高（见图20）。这也与近年来国家逐渐放开灵活就业人员在就业地参加社会保险的户籍限制的改革趋势相呼应。

随着平台经济和日常生活的深度融合，平台经济从业者这个自由职业群体也得到了人们的关注和认可，公众对平台经济从业者的社会保障有较高的支持度，这在一定程度上反映了新业态经济发展的必然结果。

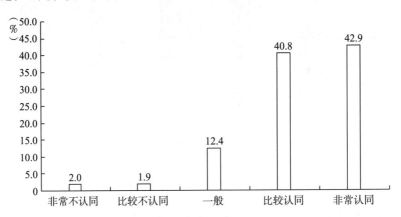

图19　公众对平台就业人群的认同度

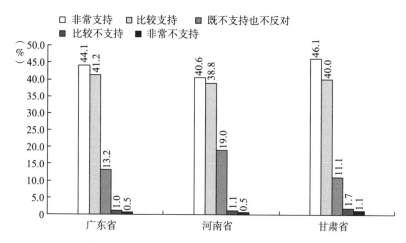

图 20　三省受访者对非本地户籍平台就业人群参加本地社保的态度

2. 平台经济从业者职业保障亟待强化，降低灵活就业风险成为关注焦点

平台经济从业者的职业权益保障体系仍在建设和完善中，部分劳动者还未参保。一方面，平台企业缴费能力强，但出于成本考虑不愿承担更多责任；另一方面，平台经济从业者参保意愿普遍较强，但是参保能力较差。针对平台企业在保障劳动者相关权益的责任问题，三省受访者均较为一致地认为，企业应当为平台经济从业者缴纳职工医疗保险和职工养老保险，这一认知在三省受访者中占比都在 80% 左右（见图 21）。而在失业保险和生育保险的缴纳上，三省受访者的认知有较为明显的差异：63.40% 的河南受访者和 63.90% 的甘肃受访者认为企业应当为平台经济从业者缴纳失业保险，广东省的数据则略高于这两省，为 67.80%。生育保险缴纳上的差距更为明显，55.40% 的河南受访者和 53.60% 的甘肃受访者认可企业应当为平台经济从业者缴纳生育保险，而广东省的数据则达到了 63.10%，显著高于河南和甘肃两省。这一定程度上反映了广东省作为经济较发达省份，在劳工的社会保障方面有更高的社会认知水平。但三省在医疗、养老、失业和生育保险缴纳上的选择差异性也揭示了当前平台经济从业者的职业权益保障体系在一定程度上还有待完善。

新就业形态劳动者的就业关系较为灵活，种类繁多且复杂，面临的职业风险，尤其是职业伤害的风险也更大。有效保障从业者的权益，是积极构建平台经济的重中之重。2022 年《政府工作报告》指出，完善灵活就业社会保障政策，开展新就业形态职业伤害保障试点工作。党的二十大报告指出，支持和规

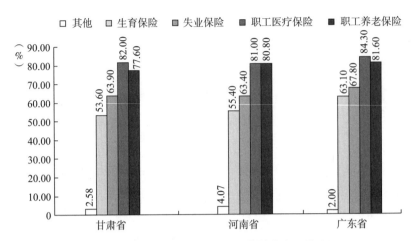

图21　三省受访者对平台企业参保缴费责任的认知

说明：该题项为多选题，问题题干为"对于平台经济从业者，您认为企业应当承担以下哪些社会保险的参保缴费责任"，图中百分比表示选择各选项受访者人数除以各省总受访者人数。

范发展新就业形态，加强灵活就业和新就业形态劳动者权益保障。这些文件的发布为相关就业人员提供了更好的政策支持和保障。但是，在实践中，平台经济从业者在职业伤害保障方面仍然存在较多障碍，主要表现在以下几点。一是劳动关系认定难。在当前的平台用工环境下，平台处于制定劳动规则的优势地位，企业可能通过各种方式否认劳动关系的存在，从而规避其责任和义务。二是职业伤害救济难。我国现行的劳动保障和社会保险体系，与劳动关系的认定存在紧密关联。现行的劳动关系调整机制和基本制度，主要基于传统劳动关系的特点制定，强调员工与用人单位之间的人格从属性和经济从属性。很显然，现行相关保障制度，无法适应新型劳动关系的变化，从而影响平台经济从业人员社会保险资格的认定。此外，相较于工伤保险，商业保险在平台经济从业人员职业伤害救济方面，发挥的作用非常有限。

此次调查结果显示，只有个位数百分比的受访者选择了"其他"选项，其中，广东省受访者的占比是2.00%，河南省是4.07%，甘肃省是2.58%，说明公众除了上文提到的医疗、养老、失业、生育保险外，对于平台经济从业者区别于其他行业的特点还没有形成更全面的认识。不过，值得注意的是，在"其他"一项的开放性回答中，受访者关注的角度也存在一些共性，例如，受访者还关注住房问题和意外伤害问题，有 25.2% 的人在企业应缴纳的"其他"保险中提及意外伤害保险，有 26.0% 的人提到住房公积金。这说明少部分受访者也意识到了平台经济从业者独特的职业风险和自身的需求。当前，平台经济从业者的社会保障问题越来越得到社会广泛的关注和重视，完善对该人群的职业保障体系将更好助推平台经济的良性发展。

（四）养老需求精细化亟须重视，参与主体多元化成为趋势

1. 老年人照护需求多样化，医疗健康仍为是首要关切

据第七次人口普查数据，我国已正式步入中度老龄化社会。① 在日渐低迷的生育率背景下，"4 - 2 - 1"的家庭构成模式不仅让青年劳动力不堪养老重负，还为整个社会保障体系带来了巨大挑战。

调查数据显示，人们对社区提供的养老服务提出了更加精细化的需求，不再局限于传统的照看和基础供食项目，而在多元服务方面发出更强烈的呼声，甚至已经覆盖到了心理需求和互联网技能层面（见图 22）。首先，相比于其他服务，"医药陪护""日间照料""健康护理咨询"是人们最迫切的养老服务需求，这说明健康需求始终是社会养老服务要面对的核心问题。其次，一味追求高供给效率的技术应用在一定程度上对老年群体产生"挤出效应"，为了防止"数字歧视"直接影响养老服务体验，人们越来越希望社区能够为老年人解决互联网养老服务的技术性问题，例如网上挂号、电子账户管理、网络约车等。普及数字化操作的相关技能，能够提高老年人群体自身获取养老服务、参与社会互动的能力。养老的精神需求在数据中也得到了相应体现，智能时代让老年人被科技边缘化，青年人及儿童在压力社会中难以分身给予老年人充足陪伴，自身精神的匮乏和家庭沟通的缺失无疑给老年人的心灵和精神带来负面影响。国家卫健委统计，2022 年中国 60 岁及以上老年人中约有 1000 万人患有阿尔茨海默病②，而精神类的病症无疑会加剧养老照护的难度。基于此，可以认为关注老年人心理健康和精神健康同样是养老服务当中不可或缺的一环，故而"陪

---

① 黄凡、段成荣：《从人口红利到人口质量红利——基于第七次全国人口普查数据的分析》，《人口与发展》2022 年第 1 期。

② 《中国 60 岁及以上老年痴呆患者中约 1000 万人患阿尔茨海默病》，"北青网"百家号，2022 年 9 月 20 日，https://baijiahao.baidu.com/s? id = 1744467888304186144&wfr = spider&for = pc。

聊天"也逐渐成为一项必需的养老服务。

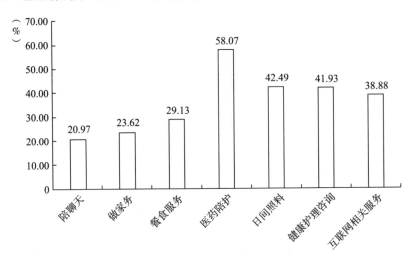

图22　社区养老服务的偏好占比情况

2. 多元主体参与成为共识，子女照护仍是主要选择

面对生活无法自理的老年人，从统计数据上看，照护主体的选择，囊括了子女、配偶、社区、机构和政府，多元参与成为大多数受访者的共识。其中，子女与配偶照顾的养老方式是77%的受访者的优先选择，这说明传统的养老观念仍然占据主流。其他老年人照顾方式，例如养老院和住家保姆，虽然有一定市场，但是仅有不到两成的人认为是合适的选择。可能的解释是，除了亲子之间强烈的情感联结基础外，市场服务的不专业性和难以监督的道德风险显然不是子女心目中理想的照护替代之策。图23呈现了子女对老年人照护支持的具体需求情况。

从这些数据中可以看出以下几个问题：首先是子女对亲自照护家庭中的老年人具有较高意愿；其次是工作挤占大量时间以及物质生活的负担极大地降低了子女照护老年人的实际能力；再次是小型化家庭结构给子女养老带来沉重的精神和物质负担；最后是受访者认为政府有责任且有能力通过社会政策为更好的养老效益创设条件。如果社会政策能够关注到子女在积极的照顾意愿和现实物质生活需要之间存在不易调和的矛盾，并且通过社会福利予以缓解，就可以对养老效益的整体提升产生正向效应。

除此以外，"长期护理险"（以下简称"长护险"）和机构养老方式也得到了部分受访者的支持。在传统家庭养老模式逐渐落后于社会发展需要的时代背

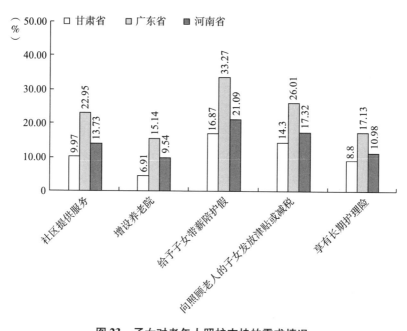

图 23　子女对老年人照护支持的需求情况

景下，机构成为社会养老模式的重要供给主体，但从市场化水平和产业服务承接能力角度来看，"一床难求"和"专业性质疑"的问题同时存在。"长护险"作为近年来养老保障体系改革中的重要议题，正处于地方试点改革的进程之中，其主要功能在于为失能人员提供护理服务的费用补偿。但当前"长护险"政策所覆盖的地区十分有限，据国家医保局公布的数据，截至 2022 年 3 月底，长期护理保险制度试点 6 年覆盖 49 个城市，共 1.45 亿人，累计有 172 万人享受待遇。① 在试点以外的地区公众或对此知之不多，或了解却无法获取相应资源，总体来说，这一方面服务的需求缺口亟待补足。

3. 延迟退休改革仍需完善，老年人就业及权益保障引发担忧

据国家卫健委 2022 年 7 月发布的数据，我国目前的人均预期寿命已经由 2020 年的 77.93 岁提高到 2021 年的 78.20 岁。② 人均寿命的提高固然反映了社

---

① 《长护险：49 个城市试点覆盖 1.45 亿人，保障更多失能老人》，健康界网，2022 年 7 月 27 日，https://www.cn-healthcare.com/articlewm/20220727/content-1407246.html。

② 国家卫生健康委员会：《2021 年我国卫生健康事业发展统计公报》，中国政府网，2022 年 7 月 12 日，https://www.gov.cn/xinwen/2022-07/12/content_5700670.htm。

会生活水平和社会福利水平的极大改善，但对社会保障基金来说则是空前的挑战。国家统计局数据显示，社会保障基金早在 2013 年就已出现入不敷出的情况，且逐年来实际赤字规模不断扩大。这意味着原定的退休年龄本身就存在需要调整的空间，否则在现有的社会条件下，社会保障基金将陷入严重的财务危机，最终影响社会全体成员的生活质量和福利水平，这也是国家推出延迟退休改革方案的初衷。然而，在公众的意愿方面，出现了较多与政策倾向相反的民意表达。此轮调查数据显示，57.00% 的受访者主观上不支持延迟退休，甘肃省支持延迟退休的受访者占当地总体比例的 54.00%，这一政策的支持率在河南省为 45.00%，而广东省支持延迟退休的受访者比例最小，仅有 36.00%，延迟退休的可接受年限最大值是 10 年，37.00% 的受访者能接受不超过 5 年的延迟退休安排，在不同省份，对延迟退休表示认同的受访者群体平均接受的延迟退休年限也存在细微差别，其中河南省能够接受延迟退休的年限最长，为 5.06 年，其次是甘肃省和广东省，分别为 4.74 年和 4.54 年。这说明政府需要在政策解读和传播，以及完善延迟退休机制设计和实施配套措施方面投入更多的努力。

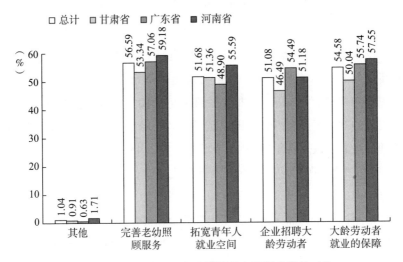

图 24　延迟退休的配套设施需求在不同省份的对比

在认可延迟退休改革的 4029 位受访者中，课题组对其需求做了进一步调查，结果显示（见图 24），超过半数的受访者支持从"大龄劳动者就业的保障"和"拓宽青年人就业空间"两个方面入手，进一步完善延迟退休的配套设施。一方面保护老年雇员的机会获取工作，使其不至于因竞争力下降而被市场自然"挤出"，同时在劳动过程中尽量免除对老年人身体机能造成的负面影响；另一方面，既定经济规模下市场对就业的吸纳是有限的，老年人在位期限增加，在一定程度上意味着年轻人的工作机会减少，政府有责任扶持新业态经济发展，创造更多岗位，弥补青年人的相对损失。而"完善老幼照顾服务"对于老年劳动力和青年劳动力而言都具有免除"后顾之忧"的作用和意义，所以也得到了受访者支持。

（五）育儿压力社会化趋势显著，完善配套政策呼声强烈

1. "三孩"政策背景下，教育、医疗和住房成为育儿三大难关

优生、多生的人口生育倡导不仅对改善老龄社会的人口结构有重要作用，还能够提升我国人力资源禀赋优势。为此，地方政府不断推出"催生妙计"。然而，纵使政策先行，其收效依旧甚微——2021年全年人口自然增长率仅有0.34‰，2022年人口自然增长率出现负增长，幅度为-0.60‰。[①]

调查数据显示，受访者对于"三孩"政策配套措施的期待与实际政府供给之间存在明显差距，这应该是生育政策成效不显著的关键原因。政府推出的"三孩"鼓励措施仅在应对短期层面的矛盾有效，例如延长产假、劳动关系保护、一次性物质奖励等。对于适龄夫妻而言，生育决策往往基于对长期效益的考量，例如孩子成长过程中环境和优质资源的持续性支持，这恰恰是官方政策所没有瞄准的。

图25呈现了受访者对"三孩"政策配套措施的期待。总的来看，图中除"托育服务"之外的其他5项具体措施都得到了较高的民意支持，各种配套措施的意向在两性视角下并没有呈现明显差异。具体来说，教育服务、医疗服务和住房政策是影响公众生育决策的拐点和关键。在政府资源有限的假设当中，仍旧有将近四成受访者坚持教育配套措施优先的观点，医疗服务和住房政策的优先性和紧急性同样不可忽视。这充分说明了当前"三孩"的配套措施并没有真正针对青年夫妇的痛点需求而制定，政策环境并没有为生育主体提供乐观的育儿预期，这为出生率持续低迷提供了解释。当前配套措施具备良好的政策出

---

① 《中华人民共和国2022年国民经济和社会发展统计公报》，国家统计局，2022年2月28日，
https://www.gov.cn/winwen/2023-02/28/content_5743623.htm。

发点，能够在一定程度上帮助特定群体抵御生育所带来物质风险，但是还需要做出更多的定位精准的政策创新。

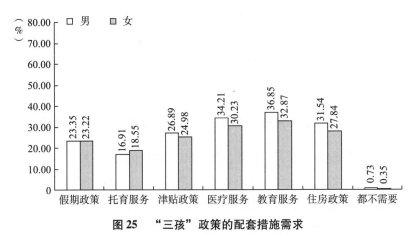

图25 "三孩"政策的配套措施需求

2. 传统育儿观念革新，照料责任趋向共担

"男主外，女主内"在较长的时间内是我国家庭分工结构的主要方式，妻子放弃事业而回归家庭，承担起照护孩子的重担是一般性期待。但随着女性受教育年限的延长、独立自立能力的增强以及婚育观念的迭代，其在家庭当中的谈判能力达到了与男性齐平的高度。

图26反映了所有受访者样本中男女两性对幼儿抚养方式的态度分布，从中人们得以窥见在家庭儿童照护方面责任结构的一些变化。首先，"爸爸妈妈共同照料"的抚养方式，在所有幼儿抚养方式中占主导地位，这说明人们在一定程度上摒弃了幼儿抚养"只是母亲的事"这一陈旧的责任归属观念，父亲的主观参与表现出了十分积极的一面，育儿责任趋向共同分担。其次，除父母和祖辈共同照料之外的其他照顾方式也有一定支持率，但都只占少数。单方面强调"仅由妈妈照料"的支持率虽然不高，但相对于"仅由爸爸照料"的照顾方式，显然前者社会接受度更高。

针对家中3岁以下小孩所增设的假期，如母亲的育儿假、产假和哺乳假得到较多支持，这几种假期主要强调对母亲生育及照顾小孩在时间方面的保障，男女两性对此态度相近（见图27）。需要格外注意的是，对父亲的陪产假指标，男性支持意愿比女性高，这说明男性不仅侧重教养孩子的后期参与，也表明了承担更多家庭责任的态度。尤其在特殊时期，他们希望得到相应的假期为

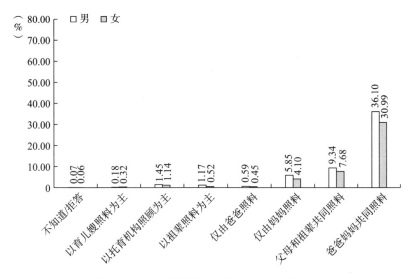

图26　不同性别受访者抚养方式的态度分布

家庭照顾提供时间保障。

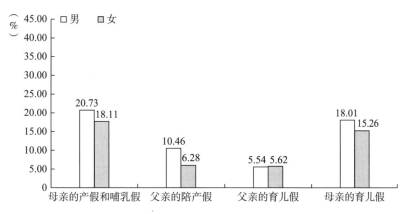

图27　不同性别受访者儿童抚养方式的态度分布

3. 育儿压力从"小家"走向社会，育儿支持性政策呼声强烈

虽然生育政策是覆盖全社会的重大布局，但自古以来育儿都是家庭私人部门的责任。"二孩""三孩"政策给予了多孩家庭一定保障，暗示着育儿的责任主体走出纯粹的私人领域，迈向社会公共领域。当前，人口出生率并没有出现预期的乐观景象，如前文所述的，其中关键的症结在于生育方面公共产品的供给数量和质量。

　　图28呈现了受访者希望政府能够为幼儿提供的政策保障，其中可以观测到"为妇女提供带薪的育儿假期"得到的最高的认可，占比为36.78%。在幼儿的抚养方式上，父母都有较高的参与积极性，但是物质条件的压力又迫使青年夫妻不得不减少家庭活动而转向经济生产。在这个逻辑下，如果社会政策能够支持强制性的带薪育儿假，父母就能够减少经济压力，在子女教养方面增加时间投入。子女教养的互动时间得到保证意味着人们可以达到家庭和工作之间的平衡且不产生额外的沉没成本，从而可以减轻家庭与工作冲突对生育决策产生的抑制作用。普惠性的托育服务和儿童照顾津贴对家庭生育决策有着同样的正面影响，它们或通过弥补因照顾儿童所产生的经济支出和损失，或提供父母照护的替代性方案，使年轻父母不至于在教养下一代的过程中分身乏术。从更长远的目标需求来看，儿童教育、初级教育、高等教育、医疗健康、住房空间等都是造成育儿压力的关键要素，因此社会政策的覆盖维度和供给质量将面临重大考验。

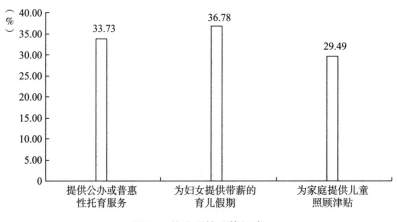

图28　幼儿照护政策保障

（六）乡村振兴战略成效显著，产业振兴评价存在认知差异

1. 产业扶贫主观评价存在两极分化，困难群体政策获得感仍需提振

　　乡村振兴既是区域协调发展的预期目标，又是城乡发展一体化的内在要求。2020年底，国家正式消除了绝对贫困，脱贫攻坚取得重大胜利。有效治理相对贫困的发展目标要求实现巩固脱贫攻坚成果与乡村振兴的有效衔接。产业

振兴是巩固脱贫攻坚成果的关键举措。观测农民的实际收入和收入结构能够评估产业振兴的作用，但农民对产业振兴项目的主观感受作为影响产业振兴政策效益的内生变量常常被忽略。

调查数据显示，对产业振兴受益者的主观认知存在突出差异。如图 29 所示，"非常同意"及"比较同意"产业振兴主要让贫困者获得了利益的受访者超过了整体样本的 55.00%。然而，矛盾的是，"非常同意"及"比较同意"产业振兴主要让农业大户获得了利益的支持率也超过了 50.00%，这说明农民群体对产业振兴政策的真正得利者的认知存有争议。但是，数据没有显示产业振兴主要让贫困者获得利益这一观点的明确态度，甚至主张不支持（持"比较不同意""非常不同意"态度）的受访者比重也超过两成，这说明农民群体内部存在认知差异，而且贫困者的实际获得感并没有伴随可支配收入的增加而增强，反而在对比当中被抑制了。这一现象背后反映了产业振兴效益与政策预期之间仍存有一定差距，这应当是接下来乡村振兴战略布局中需要关注的突出问题。

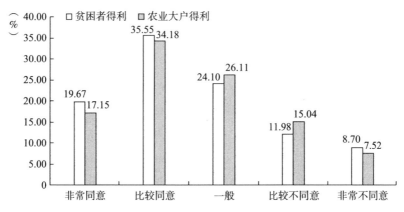

图 29　产业振兴政策受益主体的感知差异性

2. 扶贫产业发展势头较好，资源及政策依赖问题突出

在对扶贫产业（产业振兴）发展形势的感知方面，超过六成受访者对此表示满意，可知从整体上看农民在农村扶贫产业中受益，同时抱有积极的发展预期（见图 30）。除了 13.17% 的受访者不认可当前扶贫产业的发展势头外，对此抱中立态度的受访者也占到 1/4，这说明扶贫产业发展所惠及的群体有限，并且受惠程度差异具有层次性。因此，需要采取更加精细化的测量方法识别"中间派"的真实感受与需求，便于对症下药，争取更多"中间

派"的民意认同。

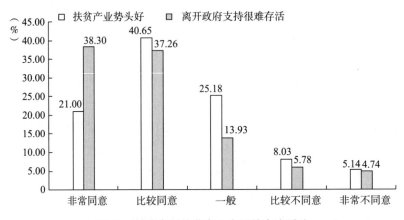

图30　受访者对扶贫产业发展的态度看法

　　地方政府在产业扶贫中处于"发包"方（中央政府）和"抓包"方（农村）的"中间位置"，并且在产业扶贫项目落地过程中起重要作用。[1] 事实上，在"竞争锦标赛"过程中，地方及基层政府有强烈的及组织动机扶持扶贫产业的发展，例如在扶贫项目过程中大包大揽，甚至包办替代，力求扶贫产业在短期内产出高效益。这种行政命令式的扶贫产业发展策略缺乏对乡镇产业和农村集体创新自主性的培育，且在制度保障层面角色缺位，导致扶贫产业在发展中对政府资源和政策支持产生了深刻依赖。数据显示，超过75%的受访者认同扶贫产业离开政府的支持将很难存活，这说明大多数人已经认识到政府过分干预可能会带来负面效应，一旦扶贫产业脱离政府管控与支持，不难想象其将会在市场竞争中以失败收场，最终影响农村发展大局。

　　3. 农村全面发展成效显著，主观感知区域差异不明显

　　此次调查问卷要求受访者表达对"自2017年以来对我国农村建设成效"的看法，并给出评分（10分制）。调查数据显示（见图31），三省受访者在农民就业与收入、医疗教育等水平、自然环境、党群社群关系方面的主观评价平均分处于6.4~7.2分。从整体上看，受访者对各自省份的农村建设情况表达了较为满意的态度，这说明自党的十九大以来国家精准扶贫和乡村振兴战略的推进

---

① 梁晨：《产业扶贫项目的运作机制与地方政府的角色》，《北京工业大学学报》（社会科学版）2015年第5期。

对农村反贫困、公共服务均等化、生态建设以及农村社区治理产生了尤为积极的影响，并取得重大进步。尤其是自然环境的建设在四项建设内容中评分最高，反映了受访者对生态文明建设成效的认同。

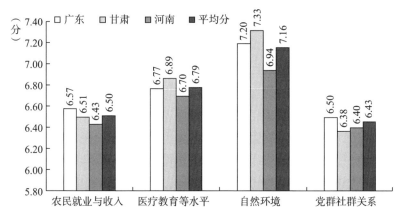

图31　受访者对农村建设成效的主观评分

对不同省份数据进行对比后发现，各省的差异并不显著。各省份具体评分相对于总体样本的平均得分浮动区间不足0.2，这说明受访者的意见较为集中，农村发展在农民主体的自我感知方面并没有呈现明显的省份区域差异。具体而言，广东在四个子项中主观评分最高，甘肃次之，河南最低，且略低于三省的平均水准。

（七）劳动分工观念革新，工作生活平衡亟须得到重视

1. 工作占据个体支配时间，工作—生活关系失衡

为了了解受访者面对的工作—生活之间的平衡关系状况，此次调查问卷将个体日常可支配时间按照性质划分为工作时间、照顾家人时间以及自由支配时间三类，通过访谈调查得到了受访者在不同活动中的时间分配数据。图32反映了三省受访者在不同活动中投入时间的具体分布情况，数据的初步统计结果显示，时间支配在三个省份的差异并不显著。具体来看，在工作时间方面，将近一半的受访者每天工作超过8个小时，工作时间在7个小时及以上的受访者差不多覆盖了样本的80%；在家庭照顾方面，超过70%的受访者每天仅能提供不足4个小时的时间陪伴和照顾家人；在自由闲暇方面，自由支配时间整体

情况与照顾家人时间分布相近。综合来看，工作活动始终是受访者时间支出最主要的部分，在极大的工作压力下，人们用于照顾家人、自由支配的时间非常少，工作—生活处于失衡的状态。

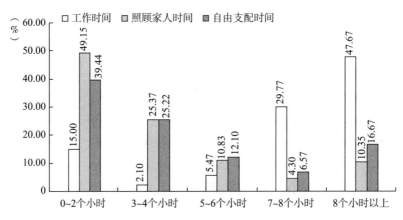

图32　受访者不同活动投入时间分布

受访者时间的有限导致劳动生产与家庭生活、个人闲暇之间存在时间冲突，其中职场竞争的存在使得工作时间具有相对刚性，甚至会不断扩张，从而持续性地侵占个体的非生产时间，最终出现家庭角色缺失、劳动者个体的异化等问题，不利于和谐家庭氛围的营造、劳动者的个人健康以及劳动力再生产积极性的提高。当个人为解决物质生活问题而疲于奔命时，往往会推迟甚至拒绝婚恋与生育的决策，以避免为现有生活带来更大的压力，这与当前鼓励生育的国家政策倡导相背离。因此政策制定者需要思考创新社会政策，创造让个人有更多闲暇的社会环境，让劳动者能够应对工作和家庭活动相互冲突的问题，避免家庭和谐、子女教养和个体健康方面受到负面影响。

2.传统家庭分工模式式微，女性照料压力不容忽视

根据调查数据，研究团队对比了男女两性在工作、照顾家人、自由支配三种类型活动的实际用时情况（见图33）。在工作时间方面，工作时间超过8个小时的男性占比为29.62%，女性占比为18.05%，说明男性承受着更大工作压力；在工作时间不超过8个小时的类别中，性别差异并不显著，从而为女性的劳动分工和角色不局限于家庭这一社会特征提供了更多证据的支持，也反映出"男主外，女主内"的家庭分工模式影响力式微。在自由支配时间方面，任意

一个时间分段的男性比重都超过了女性，这说明男性比女性享受更多自主安排和闲暇的时间。而女性在自由支配时间部分的"差值"则在家庭照顾维度得到了体现。调查数据显示，女性在较长照顾家人时间类别（5个小时及以上）中所占比重超过男性，并且男性照顾家人时间投入不足2个小时的比重为30%左右，这说明女性比男性更会在工作之外牺牲自由支配的闲暇时间以从事家务劳动和亲人照顾。

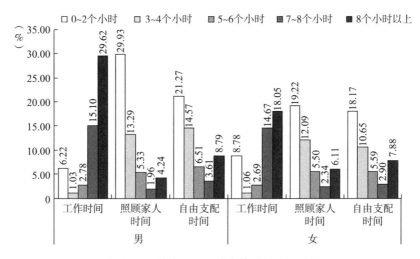

图33　两性在不同活动中的时间分配对比

以上数据表明，女性不仅是经济生产活动的"半边天"，也是家庭建设中的"顶梁柱"，这与中国妇女社会地位调查的结论十分相近。第四期中国妇女社会地位调查主要数据显示，未成年孩子的日常生活照料、课程辅导主要由母亲承担的分别占76.1%、67.5%，女性每天用于完成家务劳动时间和照料家庭成员的时间为154分钟，约为男性的2倍。[①] 这说明女性虽然突破了"男主外，女主内"的劳动分工模式，可"女主内"的思维定式仍旧存在，女性在面对职业压力的同时，仍要担负起大部分的家庭劳动。[②] 尽管人们能够看到两性地位关系趋于平等，女性自主性边界不断拓展，但女性所承受的双重压力依然不可小觑，需要相应的社会政策和公共服务予以支持。

---

① 《第四期中国妇女社会地位调查主要数据情况》，《妇女研究论丛》2022年第1期。

② 王玮玲：《基于性别的家庭内部分工研究》，《重庆大学学报》（社会科学版）2016年第5期。

六　本书的结构与内容

本书延续了《人民美好生活需要与社会政策创新（2021）》的结构布局与写作逻辑，既延续了重点议题的讨论，也结合当前社会政策发展与社会热点进行了适当调整，共有 7 个专题报告，涵盖了中等收入群体的自我感知、公众贫困认知、平台经济从业者社会保障权益的公众态度、养老服务政策公众偏好、儿童照顾政策公众偏好、乡村振兴战略实施成效的主观评价，以及基于时间利用的工作—生活平衡等议题。

专题报告一《中等收入群体：标准、自我感知和幸福感》。要实现共同富裕，一个重要的社会政策着力点就是扩大中等收入群体的规模和比重。本专题研究发现，尽管既往文献对中等收入群体客观标准的定义包括绝对标准与相对标准，但主观自评标准的上限与下限均高于客观标准。主观标准下的中等收入群体规模仍然偏低，受访者的中等收入群体自我感知受到个体收入水平的显著正向影响，居民幸福感主要取决于主观自评中等收入标准。报告认为，以提高低收入群体收入、扩大中等收入群体比重和合理调节过高收入为主线的收入分配制度改革是实现共同富裕的有效路径，为此需要实施有效的政府政策以大力发展经济、缩小收入差距，尤其是让经济增长的成果更多地惠及中低收入群体，促进中等收入群体规模的扩大。要重视人力资本对个人收入增长的直接效应，扩大中等收入群体除了向下兼容，还要关注低收入群体和边界群体。实现共同富裕不仅需要关注财富层面的富裕，也要关注主观幸福感。

专题报告二《共同富裕视域下的公众贫困认知：时空差异与影响因素》。在全面建成小康社会之后，我国踏上了促进共同富裕的新征程。作为一个绝对贫困消灭后的关键问题，相对贫困状况不仅可以反映我国城乡区域一体化协调发展的阶段实效，也将展现人民群众对追求美好生活的向往。公众对贫困现象和归因的认知对于完善反贫困政策和提高困难群体的可行能力具有重要启示。本专题报告深入探究了公众对贫困的态度和观念，研究分析了公众对贫困问题及与之相关的社会政策的认知，比较研究了不同时空下公众对贫困归因和收入差距的认知状况及影响因素，并为面向共同富裕的贫困治理提供实证依据和政策建议。

专题报告三《平台经济从业者社会保障权益的公众态度：职业身份与参保支持》。平台经济从业者面临社会保障不足的突出问题，这种状况不仅给劳动者自身、家庭和社会带来了巨大风险，也不利于新业态经济的持续健康发展和共同富裕目标的实现。本专题报告分析发现，公众对于平台经济从业者的社会保障权益持积极的福利态度，其中对平台经济从业者带来的生活便利具有较高的认可度，对其享受本地社会保障权益具有较高支持度。报告指出，应当充分地、高质量地将该群体纳入社会保障体系，促进平台经济从业者社会保险参保的扩面覆盖，加快取消社会保险参保的户籍限制，以劳动关系认定为基础，完善社会保险缴费规定，厘清平台企业对平台经济从业者的社会保险支出责任。

专题报告四《积极老龄化视角下的养老服务体系建设：服务需求与政策偏好》。我国正处于老龄化叠加少子化的新阶段。虽然 21 世纪以来我国不断建设和完善以"居家为基础、社区为依托、机构为补充、医养结合"的养老服务体系，但这种养老服务体系以照顾和治疗为导向，不符合我国老龄少子化新阶段的现实要求和积极应对老龄化的社会政策理念。本专题报告通过分析发现，公众对社区养老服务的需求、对失能老人家庭照顾方式的选择兼具整体性倾向与群体性差异，其中疾病照顾类服务、家庭支持类政策占据主导位置，不同群体对社区养老服务存在差异化需求。居家照顾与家庭照顾呈互补关系，与机构照顾呈替代关系。此外，本专题报告也发现公众的延迟退休意愿水平整体较低，对延迟退休配套措施的需求呈多元化特点。本专题报告认为，完善积极老龄化养老服务体系，既要注重顶层设计的系统性、配套性与差异性，也要注重养老服务的观念转型与发展前瞻性。

专题报告五《三孩政策背景下的儿童照顾：现实困境、公众偏好与社会政策》。本专题报告认为，在快速老龄化背景下的中国，多维度地缓解低生育率带来的压力已经变得刻不容缓。通过对公众的生育配套政策需求（尤其是儿童照顾政策）和相关政策体制偏好进行分析，本专题报告发现，公众对生育配套政策和相关体制的整体支持度较高，对教育、医疗和住房的支持度要高于对儿童照顾类政策的支持度。在对儿童照顾类政策的支持度方面，由高到低依次是假期政策、服务政策和补贴政策，但区别并不大。公众对儿童照顾政策体制的偏好尚未成形，公众对三孩政策支持度的群体差异和地域差异显著。报告认为，应尽快推动地方出台生育配套政策，推动构建生育友好型社会。应当倡导家庭内部儿童照顾主体的性别平等观念。要关注区域差异，探索符合地区实际情况的生育配套政策体系。要倡导"去家庭化"的儿童照顾政策体系，用发展的眼光解决我国的儿童照顾危机，并关注生育政策目标群体的现实需要。

专题报告六《乡村振兴战略实施成效的主观评价》。实施乡村振兴战略是新发展阶段缩小城乡差距、促进城乡人民共同富裕的重要举措。调查数据发现，2017 年以来我国农村发生了重大变化，公众对农村自然环境改善、医疗卫生水平、上学、居住条件，以及农村就业和收入等议题的关注度排在前列，对产业振兴支持度越高的个体，对乡村振兴战略实施以来的取得的成就更加认可。本专题报告认为，实施乡村振兴战略，首先要了解农村居民对乡村振兴的感知和提高农村居民对乡村振兴战略的认同。为此，必须充分调动农民的积极性、主动性和创造性，要积极动员公众以主体的形式广泛参与乡村振兴的具体行动。在促进共同富裕的战略背景下，应把农村地区产业发展视为实施乡村振兴战略的核心，把提高乡村地区人民生活质量为目标，同时通过密切党群干群关系，汇聚乡村振兴力量。

专题报告七《基于时间利用的我国工作—生活平衡：现状、影响因素与政策意涵》。人口结构的转变给社会和工作人口都带来极大的供养压力和负担，工作和家庭两个领域的冲突逐渐显露，对工作—生活议题的探索也变得十分迫切。本专题报告通过分析发现，当前中国居民普遍存在超长工作时间问题，家庭照顾时间和自由支配时间相对不足，工作—生活冲突的主要表现方式是工作时间对生活时间的挤占。女性上班族和男性上班族相比，长时间工作比例更少，家庭照料时间更长，传统的性别分工模式依然明显。此外，个体、家庭和社会三个层面的因素都对工作时间投入有显著影响。本报告认为，解决工作 - 生活冲突问题，除了家庭成员的互相支持外，灵活工作时间制、远程工作、兼职工作和工作分享制度等来自企业层面的支持需要加快探索和实施。同时，在社会政策维度，政府可以做的并不仅仅是提供"家庭友好型"社会政策。借鉴北欧国家"社会投资型"政策模式，政府可以通过企业提供支持性策略和服务，间接地促进工作—生活平衡，并将合理的职业抱负和生活中无涉性别的角色履职有机地结合起来。

专题报告一

中等收入群体：标准、自我感知和幸福感

王海宁　吕诗颖　张　嫣

一　导言

改革开放以来，在经济上追赶发达国家发展水平成为我国的重要任务之一。基于此，我国在收入分配上提出了遵循"效率优先、兼顾公平"的原则，主张让一部分人先富起来，通过先富带动后富的方式推动国家经济发展，进而实现共同富裕。自此，我国收入分配结构发生了重大变化，但随之而来的问题是收入的两极分化逐渐加重、高收入群体和中等收入群体占比相对较小、低收入群体占比过大，形成了金字塔型的收入分配结构。①

共同富裕是社会主义的本质要求，是人民群众的共同期盼，也是经济发展的根本目标，而金字塔型的收入分配结构不利于我国经济的发展，更不利于共同富裕的实现。党的十八大以来，我国重新审视效率与公平的关系，提出以人民为中心的新发展理念，突出共同富裕的重要战略地位，积极探索实现共同富裕的路径。党的十九大提出了实现共同富裕战略目标的两个阶段的安排：到2035年"中等收入群体比例明显提高，全体人民共同富裕迈出坚实步伐"，到21世纪中叶"全体人民共同富裕基本实现，我国人民将享有更加幸福安康的生活"。党的十九届五中全会通过的《中华人民共和国国民经济和社会发展第十四个五年规划和2035年远景目标纲要》进一步提出要让中等收入群体显著扩大，全体人民共同富裕取得更为明显的实质性进展。2021年8月，中央财经

---

① 刘志国、刘慧哲：《收入流动与扩大中等收入群体的路径：基于CFPS数据的分析》，《经济学家》2021年第11期。

委员会第十次会议特别强调在高质量发展中促进共同富裕时，要着力"扩大中等收入群体比重，增加低收入群体收入……形成中间大、两头小的橄榄型分配结构"。党的二十大报告强调"坚持多劳多得，鼓励勤劳致富，促进机会公平，增加低收入者收入，扩大中等收入群体"。党中央的这一系列重要论述，揭示了扩大中等收入群体和扎实推进共同富裕之间的逻辑关系，表明了加快壮大中等收入群体在实现共同富裕的作用和地位。因此，要实现共同富裕，一个重要的社会政策着力点就是扩大中等收入群体的规模和比重。

2022 年党的二十大报告指出，中国式现代化是全体人民共同富裕的现代化，而分配制度是促进共同富裕的基础性制度。其中，规范财富积累机制、扩大中等收入群体等是推动我国分配结构向橄榄型靠近的比较具体的做法。中等收入群体与共同富裕之间的关系，自 2002 年党的十六大以来在我国的政策文件中不断被提出、强调。在此基础上，学术界也逐渐兴起了对两者关系的探讨。

从经济发展的角度来看，由于人力资本和要素报酬的差异，相较于低收入群体，中等收入群体的致富能力更强，其在总人口中的占比是衡量共同富裕的重要指标。[1] 稳定和扩大中等收入群体，利用其消费促进效应推动经济增长，促进国内经济循环发展，缓解收入不平等，是实现共同富裕的重要路径。[2] 从阶层流动的角度来看，稳定和扩大中等收入群体能够大大减少高收入群体的比重，并通过良好的示范作用带动低收入群体努力向上流动，缩小贫富差别，促进社会收入更趋合理，是推动共同富裕的重要杠杆。[3] 从社会治理的角度来看，中等收入群体对政府合法性和权威性有着较高的认可度，有较强的意愿通过自身的参与影响政府政策行为；稳定和扩大中等收入群体能够促进社会群体和政府之间的良性互动，倒逼户籍制度、基本公共服务均等化等重点领域改革，推动社会善治[4]，促进共同富裕。

① 庞兆丰、周明：《共同富裕中不同群体的致富能力研究》，《西北大学学报》（哲学社会科学版）2022 年第 2 期。
② 许永兵：《扩大中等收入群体：实现共同富裕的重要路径》，《河北经贸大学学报》2022 年第 3 期。
③ 韩康：《共同富裕的中国模式》，《行政管理改革》2022 年第 4 期。
④ 王一鸣：《扩大中等收入群体是构建新发展格局的重要途径》，《金融论坛》2020 年第 12 期。

总结来看，无论是政策实践还是学术研究都表明，综合运用经济发展、体制改革等方式扩大中等收入群体占比，是我国迈向共同富裕新阶段，最终达到促进全体人民共同富裕的重要战略举措。[①] 因此，在了解我国中等收入群体基本状况的基础上，探究其客观、主观规模的影响因素，推动中等收入群体规模扩大，对于推动我国共同富裕战略的实施、促进我国社会主义现代化具有重要意义。

本专题基于中山大学"人民美好生活需要（公众福利态度）调查"2022年数据，在梳理中等收入群体基本概念与国内外文献研究的基础上，首先，对比分析了中等收入群体主观标准和客观标准之间的差异，以及主观标准的主要影响因素；其次，测算了不同标准下中等收入群体的规模和分布状况，以及实现共同富裕社会政策体系的主要政策对象——中等收入边界群体的特征，并探究了中等收入群体自我认同的影响因素；再次，探究了个体年收入水平、客观标准与主观标准下是否为中等收入群体对于居民主观幸福感的影响，并进一步分析个体与中等收入群体之间的收入差距对幸福感的影响；最后，在上述分析结论的基础上，结合国家共同富裕的战略目标，探索了未来实现共同富裕和提高居民整体幸福感的实践途径。

二　共同富裕战略下的中等收入群体：概念与文献综述

（一）中等收入群体的内涵

2002 年，党的十六大首次提出中等收入者的概念，明确要"以共同富裕为目标，扩大中等收入者比重，提高低收入者收入水平"。在这之后，中等收入者、中间阶层、中等收入群体、中产阶层、中等收入阶层等概念逐渐在我国的官方报道中出现，并成为我国社会中间阶层群体的代称。

中等收入群体的概念在政治学、经济学、社会学领域被广泛提及和讨论，该概念最早出现只是源于统计意义上的划分。一些国家统计部门在统计自己国

---

① 陈宗胜：《综合运用经济发展、体制改革及分配举措推进共同富裕》，《经济学动态》2021年第 10 期。

家家庭和个人收入数据时，会将其按收入水平的高低划分为五等分组（每一组群体占比为20%），其中，中低收入组、中间收入组和中高收入组三组通常被称为中等收入群体。但这种界定没有社会内涵，仅仅是统计学意义上的一个区分，直到一些社会学家和经济学家将中等收入群体与中间阶层联系起来，才赋予了这一界定社会内涵。中等收入群体的概念最初源于西方中产阶级的概念，与发达国家中产阶级（或阶层）的概念类似，但两者又有所不同。事实上，国外研究中对于中间阶层、中产阶级、中等收入群体等概念没有做严格的区分，[1]西方学术界普遍使用"middle class"代表这些概念。虽然对于中产阶级的概念界定，西方学界各个流派意见纷呈，没有一个统一的说法，但是形成了两种基本的模式：一是一元分层模式，这种模式是在对马克思主义的阶级理论继承与发展的基础上演化而来的，以经济关系为主要界定指标；二是多元分层模式，这种模式的发展源于韦伯的多元分层理论，以经济地位、声望和权力等多维度的职业关系为主要界定指标。在此基础上，国外学者基于不同的视角对中产阶级概念的界定提出了各种各样的方法，可以概括为三种主要界定方法：客观测量法、主观认同法以及客观和主观相结合的综合判定法。[2]

沿用国外的界定方法，中国学者在社会学领域和经济学领域从不同的侧重点对中间阶层和中等收入群体两个相似的概念内涵进行阐释。在社会分层研究中，国内一些社会学家常用的是中间阶层这一综合性的概念，主张从社会结构视角来定义位于社会中间位置的群体，主要从职业维度来反映社会结构，界定的依据包括收入水平、职业地位、生活方式、财产、教育程度等多个方面。[3]收入水平作为一个较为综合的指标能够在一定程度上反映个体的财产、生活水平、受教育水平等。因此，在经济学领域越来越多的学者提倡用经济标准，尤其是倾向于从收入水平维度定义中间阶层。这种界定方法逐渐成为主流趋势，从而推动中等收入群体概念的发展。从这一角度来看，中等收入群体与中间阶层的概念内涵虽然并不完全相同，但具有较大的重叠性。

一般来说，中等收入群体是收入指标所定义的中间阶层，是一个经济学取

---

① 刘渝琳、许新哲：《我国中等收入群体的界定标准与测度》，《统计研究》2017年第11期。

② 吴鹏、常远：《中等收入群体的测算与现状研究——基于CHNS与CHIP数据》，《社会科学研究》2018年第2期。

③ 李强、徐玲：《怎样界定中等收入群体?》，《北京社会科学》2017年第7期。

向的概念，是从经济学视角出发，以社会成员经济资源占有或支配程度为标准来划分阶层的产物。① 关于中等收入群体的概念，学者们有着大致统一的认识，认为中等收入群体是在一定时期内所有处于中等收入水平区间内的人员所构成的群体，具有全社会中间水平的收入、较强的消费能力、稳定的就业、充足的基本公共服务、一定数量的家庭储蓄、适量的财产收入、稳定的生活水平等特征。②

（二）文献综述

目前，与本报告研究问题相关的文献主要涉及两个部分：一是共同富裕相关研究；二是中等收入群体相关研究。

1. 共同富裕相关研究

学者们对共同富裕的关注度越来越高，目前主要聚焦于共同富裕的内涵、评价体系、面临的挑战、实现路径等方面。

首先，从共同富裕的内涵来看，正如前文所述，学者们认为共同富裕是逐步、全面富裕而不是同等、同时、同步富裕，不是社会的两极分化。③ 共同富裕的实质是共有、共建和共享，理解共同富裕要紧紧抓住富裕和共同两大关键词，实现发展与共享有机统一。④ 总体来看，虽然学者们对共同富裕内涵的理解各有侧重点，但都强调了共同富裕是一个总体概念，本质上是合理差别基础上的普遍富裕。

其次，从共同富裕的评价体系来看，国内部分学者基于总体富裕程度、发展成果共享程度两个维度，群体差距、区域差距、城乡差距、人均国民收入水平、人均财富保有量水平、人均物质财富保有量水平和全员劳动生产率水平七个子维度构建了共同富裕的指标体系。⑤ 也有学者构建了共同富裕三维指标体

① 李炜：《中间阶层与中等收入群体辨析》，《华中科技大学学报》（社会科学版）2020 年第 6 期。
② 刘世锦、王子豪、姜淑佳、赵建翔：《实现中等收入群体倍增的潜力、时间与路径研究》，《管理世界》2022 年第 8 期。
③ 胡鞍钢、周绍杰：《2035 中国：迈向共同富裕》，《北京工业大学学报》（社会科学版）2022 年第 1 期。
④ 李实：《共同富裕的目标和实现路径选择》，《经济研究》2021 年第 11 期。
⑤ 刘培林、钱滔、黄先海、董雪兵：《共同富裕的内涵、实现路径与测度方法》，《管理世界》2021 年第 8 期。

系，包括富裕度、平等度以及共享度①，发展性、共享性、可持续性②，总体富裕、均衡水平、弱势保障③等。此外，基于广泛的共同富裕内涵，还有不少研究者进一步建构了复杂的多维共同富裕指标体系，如以 2035 年和 2050 年为共同富裕的重要节点，从就业与收入、社会福利、生活质量、健康状况、人力资本、精神生活等方面进行指标体系的建构。④ 有学者以经济发展、社会结构、居民收入与财产、公共产品可及性、人民生活质量、收入分配公平度、生命健康七个维度为基础构造共同富裕定量测量框架。⑤ 可以看出，随着研究的不断深入，共同富裕指标体系的设计越来越精细、全面、完善，涵盖方方面面。

再次，从共同富裕面临的挑战来看，现有观点认为当前我国实现共同富裕存在的突出问题大致包括以下三个方面。一是不平衡不充分发展的制约。我国不仅在全国范围内经济社会差距较大，区域之间、城乡之间、行业之间居民收入差距也较大。基本公共服务均等化是再分配的一种重要工具，是解决收入分配不公问题的重要手段，是实现社会公平的有效形式。但是，我国区域、城乡、行业间的养老、教育、医疗等基本公共服务的质量和水平仍然存在较大差异，公共服务不均等。⑥ 二是中等收入群体规模较小，目前我国社会收入结构呈现土字形、金字塔形的特征，低收入群体规模庞大，中等收入群体比重明显偏低。⑦ 三是社会治理的潜在挑战。相对贫困问题的凸显、数字经济快速发展带来的风险、民众感知认同的变化等都会对共同富裕的实现形成新挑战。⑧

最后，从共同富裕的实现路径来看，在主张坚持党的集中统一领导的原则下，有学者从缩小城乡、地区、收入差距的角度出发，指出大力推进基本公共

---

① 郑石明、邹克、李红霞：《绿色发展促进共同富裕：理论阐释与实证研究》，《政治学研究》2022 年第 2 期。

② 陈丽君、郁建兴、徐铱娜：《共同富裕指数模型的构建》，《治理研究》2021 年第 4 期。

③ 徐菁：《共同富裕的指标体系构建与应用》，《西南民族大学学报》（人文社会科学版）2022 年第 11 期。

④ 解安、侯启缘：《新发展阶段下的共同富裕探析——理论内涵、指标测度及三大逻辑关系》，《河北学刊》2022 年第 1 期。

⑤ 韩保江：《实现全体人民共同富裕：逻辑、内涵与路径》，《理论视野》2021 年第 11 期。

⑥ 李实、朱梦冰：《推进收入分配制度改革促进共同富裕实现》，《管理世界》2022 年第 1 期。

⑦ 陶希东：《共同富裕：内涵特点、现实挑战与战略选择》，《社会政策研究》2022 年第 2 期。

⑧ 郁建兴、任杰：《共同富裕的理论内涵与政策议程》，《政治学研究》2021 年第 3 期。

服务均等化、建立完善提高低收入群体收入水平是促进共同富裕实现的重要手段。① 也有学者指出，实现共同富裕要构建"有效市场、有为政府、有爱社会"三轮共同作用的驱动模型②，以高质量发展为基础，推进分配制度改革，发挥市场经济初次分配、社会保障二次分配、慈善事业三次分配的积极作用③。还有不少学者依据国家政策导向，认为"提低扩中"是我国推进橄榄型收入分配结构形成的重要手段，也是实现共同富裕的重要路径之一。④

2. 中等收入群体相关研究

对于中等收入群体相关研究目前主要集中在以下几个方面。

第一，中等收入群体的测算研究。关于其识别标准与测算，学界流行的主要有绝对标准、相对标准、绝对和相对结合标准等几种测算模式。虽然中等收入群体的形成不仅仅受经济因素的影响，但通过经济标准尤其是收入标准来识别中等收入群体是最常用的方法。⑤ 绝对标准以个体收入水平或个人财产或消费支出或恩格尔系数等客观指标进行测算，界定其上下限⑥，常用的有家庭年收入10万~50万元、人均日收入10~20美元（以2022年汇率计算相当于年收入2.4万~4.9万元）、人均年可支配收入2.7万~6.7万元等。相对标准是以收入中位数或者平均值为基准，在其一定区间范围内进行测算，常用的有75%~125%、75%~150%、67%~200%等。绝对和相对结合标准根据双收入标准确定，要求中等收入群体同时满足绝对收入标准和相对收入标准。⑦

第二，中等收入群体的规模及潜在中等收入群体研究。不少学者指出，当

---

① 李实：《共同富裕的目标和实现路径选择》，《经济研究》2021年第11期。

② 唐任伍、孟娜、叶天希：《共同富裕思想演进、现实价值与实现路径》，《改革》2022年第1期。

③ 席恒、余澍：《共同富裕的实现逻辑与推进路径》，《西北大学学报》（哲学社会科学版）2022年第2期。

④ 刘志国、刘慧哲：《收入流动与扩大中等收入群体的路径：基于CFPS数据的分析》，《经济学家》2021年第11期。

⑤ Eisenhauer J., "An Economic Definition of the Middle Class," *Forum for Social Economics* 37 (2008): 103-113.

⑥ 国家发展改革委社会发展研究所课题组、常兴华、李伟：《扩大中等收入者比重的实证分析和政策建议》，《经济学动态》2012年第5期。

⑦ 杨修娜、万海远、李实：《我国中等收入群体比重及其特征》，《北京工商大学学报》（社会科学版）2018年第6期。

前我国实现共同富裕面临许多突出的问题，其中之一就是我国中等收入群体规模比重偏低，尤其是与英、法、美、德、加拿大、挪威等发达国家拥有60%～70%的中等收入群体比重相比，我国中等收入群体（25%～30%）的比重明显偏低，为实现共同富裕带来挑战。因此，提高潜在中等收入群体的收入水平、扩大中等收入群体规模成为我国推动共同富裕战略目标实现的重要途径之一。潜在中等收入群体是指收入低于但接近中等收入群体收入下限的群体[1]，这部分群体是实现中等收入群体规模扩大的重要对象，应该重点关注并帮助。多数学者主张应该将大多数的低收入者作为帮扶的重点对象，将其纳入潜在中等收入群体的范畴。[2] 从宏观和微观层面来看，制度、社会、个体等方面的许多因素会对潜在中等收入群体的收入产生影响，制约中等收入群体的规模。宏观层面主要包括经济发展、收入分配政策、财政政策、收入来源结构、市场化等制度、政策方面的因素。[3] 微观层面主要影响因素包括影响个体收入的个体特征和社会特征，如性别、年龄、受教育程度、婚姻、社会关系、工作情况、贷款情况等。

第三，中等收入群体的主观感知和社会认知研究。中等收入群体主观感知是指个体主观判断"自己是否属于中等收入群体"，从而给自己一个属于中等收入群体或者非中等收入群体的定位。目前国内对这一议题的关注相对较少，这一议题主要表现为对中产阶层的主观认同。有学者采用个人主观社会地位评价作为中产阶层主观认同的标准，通过分析中国社会科学院社会学研究所"当代中国社会结构变迁研究"课题组在全国73个区县的抽样调查数据发现，46.8%的居民认同自己属于中产阶层。[4] 也有学者指出，人们的主观阶层认同受到收入、教育、职业等多种客观因素以及参照系等主观因素的影响，与客观指标测定的中产阶层存在差异性。[5] 还有学者针对当前我国中等收入群体的社

① 李逸飞、王盈斐：《迈向共同富裕视角下中国中等收入群体收入结构研究》，《金融经济学研究》2022年第1期。
② 陈万钦、刘奎庆、徐双军：《我国如何"精准"扩大中等收入群体》，《河北经贸大学学报》2021年第5期。
③ 黄应绘、田双全：《影响中等收入群体比重的宏观因素及城乡差异》，《统计与决策》2022年第14期。
④ 李春玲：《中国当代中产阶层的构成及比例》，《中国人口科学》2003年第6期。
⑤ 李培林、张翼：《中国中产阶级的规模、认同和社会态度》，《社会》2008年第2期。

会态度、政治态度进行了分析描述，认为他们在社会态度和政治态度上有较强的参与和表达意愿。①

第四，扩大中等收入群体比重的路径研究。扩大中等收入群体本质上就是要提高低收入群体的收入，使他们达到中等收入群体的标准，迈入中等收入群体行列。要实现中等收入群体规模的扩大，核心就是要促进机会均等，以提升低收入群体人力资本为重点。② 部分学者认为，扩大中等收入群体除了要促进低收入群体人力资本积累外，还要通过提高低收入群体就业质量、推进以人为本的城镇化等有效方式缩小中等收入群体与低收入群体之间的差距。③ 此外，有学者指出在提高低收入群体收入水平的基础上，稳定现有中等收入群体规模是关键，为此要在就业、转移支付、基本公共服务均等化方面为中等收入群体创造更加公正、平等的发展环境。④

第五，中等收入群体对经济社会的影响研究。中等收入群体作为社会中坚力量，在促进经济发展、维护社会稳定方面发挥着重要作用。⑤ 在促进经济发展方面，中等收入群体规模的扩大会带来经济增长效应和消费示范效应，直接拉动消费，扩大社会消费需求，并进一步通过技术创新以及产业结构升级推动经济高质量发展，构建新发展格局。⑥ 在维护社会稳定方面，扩大中等收入群体规模，有利于增强阶层流动，构建合理的收入分配格局，如橄榄型收入分配格局，这在一定程度上有利于缩小收入差距，实现社会公平，促进共同富裕战略目标的实现，保障社会的稳定。⑦

---

① 李炜：《中等收入群体的价值观与社会政治态度》，《华中科技大学学报》（社会科学版）2018 年第 6 期。

② 刘世锦、王子豪、姜淑佳、赵建翔：《实现中等收入群体倍增的潜力、时间与路径研究》，《管理世界》2022 年第 8 期。

③ 刘志国、刘慧哲：《收入流动与扩大中等收入群体的路径：基于 CFPS 数据的分析》，《经济学家》2021 年第 11 期。

④ 杨宜勇、池振合：《扩大中等收入群体规模的路径探索》，《社会科学研究》2021 年第 6 期。

⑤ 李强：《"丁字型"社会结构与"结构紧张"》，《社会学研究》2005 年第 2 期。

⑥ 何昀、曾波：《我国中等收入群体消费研究框架：一个文献梳理》，《消费经济》2019 年第 4 期。

⑦ 杨宜勇、吴香雪：《中等收入群体：功能定位、现实困境与培育路径》，《国家行政学院学报》2016 年第 6 期。

三 中等收入群体的标准及其影响因素

（一）现有客观标准与主观标准对比分析

在讨论如何实现共同富裕以及显著提高中等收入群体的比重之前，最重要的是对中等收入群体进行界定。当前，我国学者对中等收入群体的界定主要采用客观标准，包括相对标准和绝对标准两个维度。其中，绝对标准是指采用收入或支出等客观指标界定中等收入群体；相对标准则是以中位数收入为中心，通过设定上下浮动的一定比例，对中等收入群体边界的上下限进行界定。具体标准如表1所示。

表1 中等收入群体客观标准比较

维度	标准	学（作）者	提出时间
绝对标准	年人均可支配收入2.2万元为中等收入群体的下限，收入下限的3倍左右为上限	国家发展改革委社会发展研究所课题组、常兴华、李伟[1]；李强、徐玲[2]	2017年
	以巴西和7国集团中最不富裕的国家意大利的人均收入为上下限，即每天人均收入为12~50美元	Milanovic & Yitzhaki[3]	2002年
	家庭年收入为10万~50万元，并按该标准测算（以2018年中国典型三口之家家庭年收入为标准，CPI价格指数平减）	刘世锦[4]	2018年
	按购买力平价计算，发展中国家人均日收入（或支出）10~20美元为中等收入人口	Banerjee & Duflo[5]	2008年
相对标准	收入为中位值的75%~125%	Graham[6]	2000年
	收入为中位值的67%~200%（67%是大部分发达国家制定的贫困线标准）	Pressman[7]	2015年
	收入的上限为收入分布值的第95百分位，下限为第25百分位	李培林、朱迪[8]	2015年
	城镇家庭年人均收入的1~2.5倍	李培林[9]	2007年
	收入五等分的中间60%的人口为中等收入	Davidson[10]	2013年

注：①国家发展改革委社会发展研究所课题组、常兴华、李伟：《扩大中等收入者比重的实证分析和政策建议》，《经济学动态》2012年第5期。

②李强、徐玲：《怎样界定中等收入群体？》，《北京社会科学》2017年第7期。

③Milanovic, B. & Yitzhaki, S., "Decomposing World Income Distribution: Does the World Have a Middle Class?" *Review of Income and Wealth* 48 (2002): 155 - 178.

④刘世锦:《"十四五"和更长时期我国经济社会改革的方向与重点》,《中国经济报告》2021 年第 2 期。

⑤Banerjee, A. V. & Duflo, E., "What Is Middle Class about the Middle Classes around the World?" *Journal of Economic Perspectives* 22 (2008): 3 - 28.

⑥Graham, C., Pettinato, S. & Birdsall, N., "Stuck in the Tunnel: Is Globalization Muddling the Middle Class?" *LIS Working Papers* 14 (2000).

⑦Pressman, S., "Defining and Measuring the Middle Class," *American Institute for Economic Research* (2015): 1 - 27.

⑧李培林、朱迪:《努力形成橄榄型分配格局——基于 2006 ~ 2013 年中国社会状况调查数据的分析》,《中国社会科学》2015 年第 1 期。

⑨李培林:《扩大中等收入者比重的对策思路》,《中国人口科学》2007 年第 5 期。

⑩Davidson, P., "Income Inequality and Hollowing Out the Middle Class," *Journal of Post Keynesian Economics* 36 (2013): 381 - 384.

综合表 1，绝对标准的区间的下限为 2.2 万 ~ 3.5 万元（一年采用 365 天计算，美元兑人民币的汇率采用 1∶7 来计算），上限为 6.6 万 ~ 17.7 万元。相对标准的下限主要包括收入分布的第 25 百分位、收入中位值的 67%，上限为收入分布的第 95 百分位、收入中位值的 200%。综合上述指标，考虑到物价增长等因素，本报告采用刘世锦等学者的计算方式，以 2018 年国家统计局公布的中等收入标准为基准（中国典型三口之家家庭年收入为 10 万 ~ 50 万元），通过 CPI 价格指数平减，计算出 2020 年我国的中等收入群体的绝对客观标准的界限为 3.5 万 ~ 17.7 万元。

针对相对客观标准，本报告采用中国家庭追踪调查（China Family Panel Studies，CFPS）2020 年的收入数据，采用 Graham 等学者 2000 年研究中所使用的标准，即相对标准为收入中位值的 75% ~ 125%，计算我国中等收入群体界定的客观相对标准。中国家庭追踪调查是北京大学中国社会科学调查中心实施的，旨在通过跟踪收集个体、家庭、社区三个层次的数据，反映中国社会、经济、人口、教育和健康的变化，以为学术研究和政策决策提供数据为目标的重大社会科学项目。中国家庭追踪调查重点关注中国居民的经济与非经济福利，以及包括经济活动、教育成果、家庭关系与家庭动态、人口迁移、健康等在内的诸多研究主题，是一项全国性、大规模、多学科的社会跟踪调查项目。该调查样本覆盖了我国 25 个省（区、市）的人口，具有较强代表性。删除样本缺失值后，2020 年 CFPS 个人问卷的样本量为 10251 人。本报告中使用的指标是人均年收入，包括工资收入、经营性收入（包括农业生产收入）、财产收入和转移支付（如养老金和退休金）。统计结果显示，2020 年人均年收入为 3.6 万元，基于此，本报告计算得出的中等收入群体相对收入标准为 2.7 万元~7.2 万元。

截至目前，尚未有研究对中等收入群体的自评标准进行分析。从主观感受的视角研究公众对中等收入群体的标准和自我感知及其对幸福感的影响，可以克服现有依据客观指标研究的不足，进而准确识别稳定和扩大中等收入群体对居民幸福感的影响。一方面，现有大部分研究对中等收入群体的划分主要依据绝对标准和相对标准，其中相对标准以某一群体（如同一省份或城市的居民）的收入中位值为参考值来确立收入区间的上下限。但是，这类客观指标忽略了中等收入群体的标准在个体和地区之间的异质性，如性别、年龄和受教育程度等个体特征以及地区经济发展水平和制度环境均会影响中等收入群体标准的界定。另一方面，根据以往文献对伊斯特林悖论的解释，个体的主观幸福感主要受相对收入的影响，而非绝对收入。并且，个体在评价自身的相对收入时会选择某一个参照组作为依据，如同事、朋友和所在社区的居民。不同个体所依据的参照组会有所不同，这就给实际操作中相对收入指标的创建造成了较大的困难，因此研究者往往会给研究对象强加一个单一的参照组，如假设所有研究对象的参照组为其所在地区的居民。但是，这种强假设会对研究结论产生影响，甚至会歪曲相对收入与幸福感之间的关系。而使用主观标准既有相对收入的含义，也考虑了公众对参照组选择的异质性。

本报告中使用的自评标准依据为 2022 年"人民美好生活需要（公众福利态度）调查"问卷中的问题——"H10. 请问您认为成为中等收入群体的标准是个人年收入达到"，选项为 1 = 1 万元以下、2 = 1 万~2 万元、3 = 2 万~5 万元、4 = 5 万~10 万元、5 = 10 万~20 万元、6 = 20 万~30 万元、7 = 30 万~50 万元、8 = 50 万元及以上。图 1 为中等收入群体主观标准各选项的分布状况，从图中可以看出，选择年收入为 5 万~10 万元和 10 万~20 万元作为中等收入群体的标准的受访者最多，分别为 2904 人和 2827 人，占受访者总量的 60.96%。相比之下，选择 1 万元以下作为中等收入群体标准的受访者最少，为 238 人，占比仅为 2.53%。选择人数最多的区间占比比选择人数最少的区间占比多 28.36 个百分点。其次，选择 1 万~2 万元的受访者为 417 人，占比 4.44%；选择 2 万~5

万元区间的受访者为 1109 人，占比为 11.80%；选择 20 万~30 万元的受访者为 1040 人，占比为 11.06%；选择 30 万~50 万元的受访者为 544 人，占比为 5.79%；选择 50 万元及以上的受访者为 321 人，占比为 3.41%。

本报告将受访者选取最多的两个区间 5 万~10 万元以及 10 万~20 万元进行合并，将年收入 5 万~20 万元作为自评标准的中等收入群体的区间。笔者通过将自评标准同绝对客观标准相比较发现，其下限高于绝对客观标准的 3.5 万元，上限高于绝对客观标准的 17.7 万元。与相对客观标准相比，自评标准的下限高于相对客观标准的 2.7 万元，上限高于相对客观标准的 7.2 万元。总体来看，自评的中等收入群体标准的上限、下限均高于现有的绝对客观标准和相对客观标准，表明受访者对是否属于中等收入群体具有相对较高的要求，以往基于客观标准对中等收入群体规模和比重的分析可能存在高估情况。

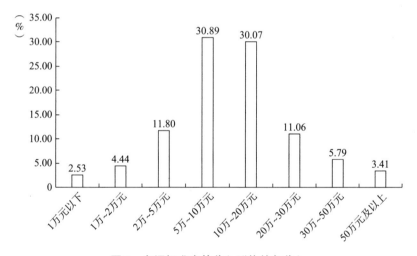

图 1　自评标准中等收入群体的年收入

（二）中等收入群体主观标准的异质性分析

1. 不同性别下自评标准的差异

图 2 显示，选择 10 万~20 万元选项的男性最多，占比为 30.61%。选择 5 万~10 万元的女性占比最多，为 31.73%。在 5 万~10 万元这一区间中，女性比男性高 1.53 个百分点，而在 10 万~20 万元这一区间中，男性占比为

30.61%，比女性高 1.18 个百分点。在最高标准 50 万元及以上这个选项中，男性占比为 3.75%，比女性高 0.74 个百分点，在最低标准 1 万元以下这个选项中，女性占比为 2.75%，比男性高 0.4 个百分点。因此，总体来看，相较于男性而言，女性对于成为中等收入群体的标准要求相对较低。

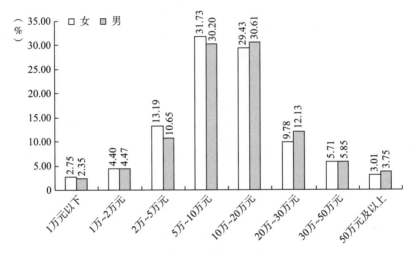

图 2　不同性别自评标准的分布

2. 不同年龄段自评标准的差异

表 2 为不同年龄段受访者对成为中等收入群体的主观标准分布。在 18 ~ 25 岁群体中，选择 10 万 ~ 20 万元的人数最多，占比 32.07%，选择 1 万元以下的群体最少，占比为 1.69%，二者占比的差值为 30.38 个百分点；在 26 ~ 35 岁群体中，选择 10 万 ~ 20 万元的人数最多，占比 34.30%，选择 1 万以下的群体最少，占比为 1.30%，二者占比的差值为 33 个百分点；在 36 ~ 50 岁群体中，选择 10 万 ~ 20 万元的人数最多，占比 30.85%，选择 1 万元以下的群体最少，占比为 2.28%，二者占比的差值为 28.57 个百分点；在 51 ~ 65 岁群体中，选择 5 万 ~ 10 万元的人数最多，占比 33.17%，选择 50 万元及以上的群体最少，占比为 2.25%，二者占比的差值为 30.92 个百分点；在 65 岁以上群体中，选择 5 万 ~ 10 万元的人数最多，占比 35.05%，选择 30 万 ~ 50 万元的人数最少，占比为 0.47%，二者占比差值为 34.58 个百分点。总体来看，以 51 ~ 65 岁为分界线，等于或大于这个年龄段的群体选择 5 万 ~ 10 万元的人数最多，小于这个年龄段的群体选择 10 万 ~ 20 万的人数最多。由此可见，年龄越大越倾向

于选择标准更低的自评标准。

表2 不同年龄段受访者自评标准的分布

单位：%

	18～25岁	26～35岁	36～50岁	51～65岁	65岁以上
1万元以下	1.69	1.30	2.28	5.26	9.81
1万～2万元	4.71	3.13	4.14	6.62	8.41
2万～5万元	9.66	6.93	11.44	21.23	30.84
5万～10万元	30.09	30.73	30.24	33.17	35.05
10万～20万元	32.07	34.30	30.85	21.23	9.35
20万～30万元	12.81	13.07	11.13	6.08	4.21
30万～50万元	5.18	7.26	5.96	4.16	0.47
50万元及以上	3.78	3.28	3.95	2.25	1.87

3. 不同受教育程度自评标准的差异

表3为不同受教育程度受访者的中等收入群体主观标准分布状况。在受教育程度为小学及以下群体中，选择5万～10万元的人数最多，占比32.05%，选择50万元及以上的群体最少，占比为0.64%，二者占比的差值为31.41个百分点；在受教育程度为初中的群体中，选择5万～10万元的人数最多，占比为37.94%，选择50万元及以上区间的群体最少，占比为1.66%，二者占比的差值为36.28个百分点；在受教育程度为高中的群体中，选择5万～10万元的人数最多，占比为35.57%，选择1万元以下区间的群体最少，占比为2.58%，二者占比的差值为32.99个百分点；在受教育程度为大学本科及以上群体中，选择10万～20万元的人数最多，占比为34.99%，选择1万元以下的群体最少，占比为1.03%，二者占比的差值为33.96个百分点。总体来看，以学历为大学本科及以上的群体为分界线，受教育程度为大学本科及以上群体选择10万～20万元的人数最多，而受教育程度为高中及以下的群体选择5万～10万元的人数最多。由此可见，学历越高越倾向于选择更高的自评标准。

表3　不同受教育程度受访者自评标准的分布

单位：%

	小学及以下	初中	高中	大学本科及以上
1万元以下	10.26	4.46	2.58	1.03
1万~2万元	9.40	6.51	4.45	3.24
2万~5万元	24.36	19.09	14.01	7.20
5万~10万元	32.05	37.94	35.57	26.28
10万~20万元	17.74	21.66	28.16	34.99
20万~30万元	4.27	5.94	8.29	14.67
30万~50万元	1.28	2.74	3.89	8.15
50万元及以上	0.64	1.66	3.05	4.45

4. 城乡自评标准的差异

图3为不同居住地受访者的中等收入群体自评标准分布状况。居住在城市的群体中，选择10万~20万元区间的人数最多，占比为32.56%，选择1万元以下的人数最少，占比为1.40%，二者占比差值为31.16个百分点。居住在农村的群体中，选择5万~10万元的人数最多，占比为34.66%，选择50万元及以上区间的人数最少，占比为2.01%，二者占比差值为32.65个百分点。总体来看，居住在城市的群体相较于居住在农村的群体来说，会更倾向于选择更高的自评标准。这可能是因为城乡收入差距所导致的，20世纪90年代以来，我国城乡收入差距在不断增大，城市居民的收入普遍高于农村居民的收入[1]，虽然近年来因城镇化的推动，我国居民的收入明显提高，但是二者因增速不一致仍存在较大的收入差距。[2]

（三）中等收入群体自评标准的影响因素

本部分构建回归模型，探究影响中等收入群体自评标准的因素，主要关注个体收入水平对中等收入群体标准的影响。

---

[1]　钞小静、沈坤荣：《城乡收入差距、劳动力质量与中国经济增长》，《经济研究》2014年第6期。

[2]　穆红梅：《城镇化水平与城乡收入差距关系研究——基于收入结构视角》，《经济问题》2019年第8期。

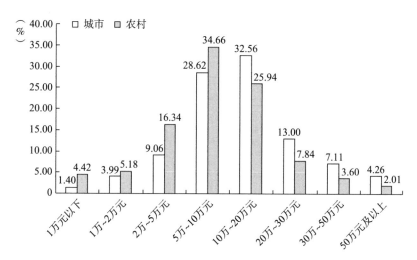

图3　不同居住地受访者自评标准的分布

1. 模型设计

模型表达式如下：

$$Y_{ic} = \alpha + \beta Q_{ic} + \gamma P_{ic} + \theta W_{ic} + \delta C_{ic} + \varepsilon_{ic} \tag{1}$$

其中，下标 i 代表受访者个体，c 为受访者所在的地区。Y_{ic} 为被解释变量，是成为中等收入群体的自评标准。原始数据中自评标准包括1万元以下、1万~2万元、2万~5万元、5万~10万元、10万~20万元、20万~30万元、30万~50万元、50万元及以上这8个选项。在回归中，本报告通过选取每个选项的中间值，如1万元以下取值为5000元、1万~2万元取值为1.5万元、50万元及以上取值为60万元，将原始选项转换为连续变量并取对数。Q_{ic} 为主要关注变量，为个体年收入。P 为个体特征变量，包括性别、年龄、受教育年限、婚姻状况、户口类型、养育负担。W 为工作特征，包括职业类型和年收入。C_{ic} 为地区固定效应，以此来控制地区层面影响个体中等收入群体自评标准的可观测因素和不可观测因素。ε_{ic} 为误差项。各变量的定义和描述性统计见表4。

表4　变量定义和统计性描述

变量名	变量定义	均值	标准差
核心解释变量			
个体年收入对数	受访者去年的年收入取对数	9.95	3.01

续表

变量名	变量定义	均值	标准差
个体年收入区间			
1.2万元以下	1.2万元以下=1	0.14	0.34
1.2万~3万元	1.2万~3万元=1	0.14	0.35
3万~6万元	3万~6万元=1	0.31	0.46
6万~12万元	6万~12万元=1	0.29	0.46
12万~24万元	12万~24万元=1	0.08	0.27
24万元及以上	24万元及以上=1	0.04	0.20
个体特征			
性别	男=1，女=0	0.55	0.50
年龄	岁	38.07	12.49
受教育年限	年	13.08	3.22
婚姻状况			
未婚	未婚=1	0.28	0.45
已婚	已婚=1	0.70	0.46
其他	离婚=1	0.03	0.17
户口所在地	是否拥有本地户口：有=1，无=0	0.65	0.48
户口类型	农业户口=1，非农业户口=0	0.51	0.50
养育负担	家庭内18岁以下儿童人数	1.13	1.15
工作特征			
职业类型			
职业1	国家机关、党群组织、企业和事业单位负责人=1	0.11	0.32
职业2	专业技术人员=1	0.15	0.36
职业3	办事人员和有关人员=1	0.08	0.27
职业4	商业、服务业人员=1	0.14	0.35
职业5	农、林、牧、渔、水利业生产人员=1	0.09	0.28
职业6	生产、运输设备操作人员及有关人员=1	0.06	0.23
职业7	网约车司机、外卖骑手等平台经济从业人员=1	0.01	0.07
职业8	其他从业人员=1	0.18	0.38
职业9	无工作人员=1	0.18	0.38

2. 回归结果分析

首先，本报告将个体的实际年收入水平视为连续变量，考察其对成为中等收入群体的主观标准的影响。表5中模型（1）的结果显示，受访者年收入对于成为中等收入群体的自评标准具有显著的正向影响，其弹性为0.018，即在其他条件不变的情况下，年收入每增加10%，相当于7227元，可提高中等收入群体自评标准0.18%。进一步，本报告将实际年收入分为六组，考察实际年收入对中等收入群体主观标准的影响是否存在非线性的关系。

表5中模型（2）的结果显示，随着实际年收入的提高，受访者成为中等收入群体的客观标准呈现先降后升的U形变化趋势。相对于年收入为1.2万元以下的群体，年收入为1.2万~3万元的群体其自评标准要低出13.11%，而年均收入高于3万元的其他收入区间群体的自评标准高出6.09%~75.81%。该结果表明，年收入为1.2万~3万元的群体可能更倾向于认为自身已经成为中等收入群体。

对于其他变量分析如下。性别对于自评标准具有显著的正向影响，在两个回归模型中，男性对于自评标准的影响比女性分别高出17.78%和11.93%，其原因可能是女性在劳动力市场上的地位相对较低，较低的工资水平和职业声望，使其降低了收入预期以及成为中等收入群体的主观标准，这与上述实际年收入与主观标准之间的正相关关系研究结论相一致。以往研究表明虽然近年来我国男女之间的收入差距有所减小，但是女性的收入水平仍明显低于男性，仅为男性收入水平的75%左右。[1] 性别不同带来的收入差异可能是性别歧视导致的，传统性别文化和性别偏见回归，就业和薪酬上对女性的歧视增加，男性人力资本的生产性收益率明显高于女性，两性收入差距显著存在。[2]

年龄对自评标准具有显著的负向影响。受教育年限对自评标准具有显著的正向影响，受教育年限每增加1年，自评标准在不同回归模型中分别增加6.94%、5.91%，这可能是因为个体受教育年限越长，越有可能获得高的收入，从而正向影响自评标准。在婚姻状况方面，在其他条件不变的情况下，已

① Wang, H. & Cheng, Z. , "Mama Loves You: The Gender Wage Gap and Expenditure on Children's Education in China," *Journal of Economic Behavior & Organization* 188 （2021）: 1015 – 1034.
② 李春玲、李实：《市场竞争还是性别歧视——收入性别差异扩大趋势及其原因解释》，《社会学研究》2008年第2期。

婚群体、离婚群体相较于未婚群体的自评标准值要高 14.60% ~33.36%。户口
类型对自评标准具有显著的负向影响，在两个回归模型中，农业户口比非农业
户口对自评标准的影响分别低 8.66% 和 7.25%。在模型（1）中，职业 5（农、
林、牧、渔、水利业生产人员）比职业 1（国家机关、党群组织、企业和事业
单位负责人）对自评标准的影响低 14.20%，职业 9（无工作人员）比职业 1
对自评标准的影响低 6.71%。在模型（2）中，职业 4（商业、服务业人员）
比职业 1 对自评标准的影响高 8.11%。

表 5　中等收入群体自评标准的影响因素：OLS 模型

模型	（1）	（2）
个体实际年收入对数	0.0182*** (0.0037)	
个体年收入区间（参照组：1.2 万元以下）		
1.2 万 ~3 万元		−0.1311*** (0.0367)
3 万 ~6 万元		0.0609* (0.0342)
6 万 ~12 万元		0.2817*** (0.0364)
12 万 ~24 万元		0.7028*** (0.0467)
24 万元及以上		0.7581*** (0.0562)
性别（参照组：女性）	0.1778*** (0.0194)	0.1193*** (0.0191)
年龄	−0.0135*** (0.0011)	−0.0125*** (0.0010)
受教育年限	0.0694*** (0.0038)	0.0591*** (0.0037)
婚姻状况（参照组：未婚）		
已婚	0.1795*** (0.0295)	0.1460*** (0.0288)
其他	0.3336*** (0.0615)	0.2832*** (0.0598)

续表

模型	（1）	（2）
户口所在地（参照组：外地）	−0.0063 （0.0203）	0.0090 （0.0198）
户口类型（参照组：非农业户口）	−0.0866 *** （0.0210）	−0.0725 *** （0.0204）
养育负担	0.0058 （0.0088）	0.0004 （0.0085）
职业类型（参照组：职业1）		
职业2	0.0349 （0.0363）	0.0317 （0.0353）
职业3	−0.0287 （0.0435）	0.0422 （0.0424）
职业4	0.0531 （0.0382）	0.0811 ** （0.0372）
职业5	−0.1420 *** （0.0462）	−0.0440 （0.0455）
职业6	0.0161 （0.0492）	0.0329 （0.0478）
职业7	0.1780 （0.1252）	0.1737 （0.1216）
职业8	−0.0056 （0.0367）	0.0335 （0.0358）
职业9	−0.0671 * （0.0397）	0.0338 （0.0395）
常数项	10.6736 *** （0.1165）	10.8197 *** （0.1120）
城市固定效应	是	是
观测值	8897	8897
R^2	0.1600	0.2082

注：*、**、*** 分别表示在10%、5%、1%的水平上显著，括号内为稳健标准误。

四 公众的中等收入群体自我感知

本部分首先根据中等收入群体主观和客观标准，分别测算中等收入群体的规模及其分布情况。其次根据中等收入群体的主观标准和客观标准下限，识别位于最低标准附近的边界群体并分析其主要特征。关注这一群体的主要原因是位于中等收入群体标准下限附近的个体收入波动性较大，该群体最有可能成为中等收入群体，其降为低收入群体的概率也相对较高。因此，边界群体是未来制定和执行、巩固和提升中等收入群体相关社会政策的重要对象。最后考察中等收入群体自我感知的影响因素。

（一）不同标准下中等收入群体的规模和分布

表6中横向比较了受访者在主观标准和客观标准下中等收入群体的规模。研究发现，在客观绝对标准和相对标准下，样本中中等收入及以上群体人数分别为5761人、6078人，占比分别为73.31%和77.35%。但是，根据主观标准测算下的中等收入及以上群体人数为2089人，占比仅为22.22%，远低于客观标准下中等收入群体的比重。因此，从构建橄榄型社会要求的70%中等收入群体占比（发达国家中产阶级占比70%左右）的目标来看，客观标准下的中等收入群体规模已达目标，但是主观标准下的规模仍远低于70%的标准。

这一结果可以通过社会心理学理论进行解释，个体在评判自己在社会中的地位时，往往不是依据客观的、绝对的标准，而是会选取特定的参照组，例如亲属、朋友、同事或者住在同一区域的居民。① 虽然在实际生活中根据现有客观测度标准，很多人的收入水平已经达到了中等收入群体的标准，但受到许多其他主客观因素的制约，如参照组选取的差异、个体的收入预期和中等收入群体标准的差异等，这部分群体对于自己是中等及以上收入群体并不认同。可能的原因在于在客观标准下对中等收入群体的测度仅依据收入指标，只要收入属于中等收入群体的区间范围就被定义为中等收入群体，但是在主观标准下，人们对于自己是否为中等收入群体的判断不仅局限于收入标准，还受到许多其他因素的影响，其中最重要的因素即为相对收入水平，所以即使收入相同的两个人也可能由于主观感知的不同而认为自己属于不同的群体。②

---

① 马磊、刘欣：《中国城市居民的分配公平感研究》，《社会学研究》2010年第5期。
② 陈云、李慧芸：《居民收入主观感知状况及其影响因素测度研究——基于北京市居民微观调查数据分析》，《统计与信息论坛》2015年第1期。

表6 主观标准和客观标准下低收入群体与中等收入及以上群体的规模和比重

单位：人，%

		客观绝对标准	客观相对标准	主观标准
低收入群体	频数	2097	1780	7311
	占比	26.69	22.65	77.78
中等收入及以上群体	频数	5761	6078	2089
	占比	73.31	77.35	22.22

接下来，本报告以中等收入群体主观标准为依据，进一步分析中等收入群体规模在城乡之间和不同受教育程度、年龄段、省份、职业之间的分布状况。

1. 城乡分布

根据受访者居住地的不同，将总样本划分为城市样本和农村样本，图4显示了按照主观标准测量的城市和农村样本中中等收入群体比重。统计结果显示，城市和农村两组样本中中等收入群体比重相近，与总体主观标准测量的占比基本保持一致，分别为22.29%和22.12%，说明个体的中等收入群体自我感知水平在城乡之间不存在显著差异。鉴于城乡之间收入水平存在较大的差距，该结果也再次证实了个体评价自身是否属于中等收入群体主要依据的是相对收入水平，而不是绝对收入水平。

进一步，从城乡分布来看，基于主观标准的中等收入群体主要集中在城市，城市中等收入群体占中等收入群体总体的比重为62.61%，而农村地区中等收入群体占中等收入群体总体的比重仅为37.39%，比城市中等收入群体少25.22个百分点（见图5）。因此，未来扩大中等收入群体的社会政策要关注城乡差距。

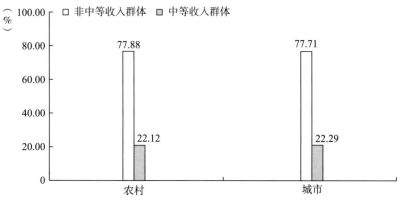

图4 主观标准下的城乡中等收入群体比重

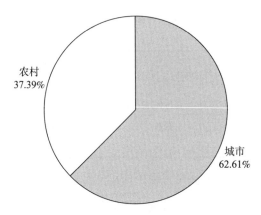

图 5 主观标准下的城乡中等收入群体分布

2. 受教育程度分布

表 7 为按照主观标准测量的不同受教育程度下中等收入群体比重以及中等收入群体的受教育程度分布。调查结果显示，不同受教育程度下中等收入群体比重相近，分布较为均匀，与总样本中中等收入群体占比基本保持一致。其中，受教育程度为小学及以下的群体中中等收入群体的占比最高，为 27.14%，受教育程度为初中和大专的群体中中等收入群体占比最低，均为 21.66%。

从中等收入群体的受教育程度分布来看，小学及以下学历群体的占比最低，为 6.14%，初中及以下学历群体占比为 24.46%，大专、大学本科及以上的占比分别为 21.56%、31.03%，两者合计占中等收入群体的 52.59%，结果表明中等收入群体普遍具有更高的学历水平，其中接受过高等教育（大专及以上）的占比较大，提升受教育程度是扩大中等收入群体的重要措施之一。

表 7 不同受教育程度下中等收入群体的比重及分布

单位：%

受教育程度	总样本中中等收入群体比重	中等收入群体的受教育程度分布
小学及以下	27.14	6.14
初中	21.66	18.32
高中	22.26	22.96
大专	21.66	21.56
大学本科及以上	22.26	31.03

3. 年龄段分布

表 8 为不同年龄段下按照主观标准测量的中等收入群体比重以及中等收入群体的年龄段分布。从表 8 可以看出，在 65 岁以上、51 ~ 65 岁两个年龄段中，中等收入群体占比较大，分别为 40.65% 和 27.71%，而在 26 ~ 35 岁、18 ~ 25 岁两个年龄段中，中等收入群体占比较小，分别为 19.52% 和 18.04%。基于此可以粗略推测，在一定程度上中等收入群体的占比与年龄相关，下文将进一步验证。

从年龄段分布来看，中等收入群体的年龄主要集中在 26 ~ 50 岁，具体来看在中等收入群体中，36 ~ 50 岁的群体占比最高（36.26%），18 ~ 25 岁、26 ~ 35 岁、51 ~ 65 岁的群体占比分别为 14.89%、25.17%、19.50%，65 岁以上的群体比重处于最低水平（4.18%）。整体来看，中等收入群体的年龄段分布呈现中间段占比大、两头占比小的特点。

表 8　不同年龄段中等收入群体的比重及分布

单位：%

年龄段	总样本中中等收入群体比重	中等收入群体的年龄段分布
18 ~ 25 岁	18.04	14.89
26 ~ 35 岁	19.52	25.17
36 ~ 50 岁	22.97	36.26
51 ~ 65 岁	27.71	19.50
65 岁以上	40.65	4.18

4. 省份分布

表 9 显示了按照主观标准测量的不同省份中等收入群体比重以及中等收入群体的省份分布。结果表明，在广东、河南、甘肃三省中中等收入群体的比重差异不大，相较于广东省和河南省来说，甘肃省中等收入群体占比最大，为 23.91%。

从省份分布来看，居住在广东省的中等收入群体占比最大，为 45.81%；其次是河南省，为 28.43%；甘肃省占比最低，为 25.75%。这一结果从一定程度上反映，中等收入群体主要集中在经济发达地区，不同省份由于经济发展水平、社会保障政策等方面的不同，个体收入水平可能存在一定差异，影响中等收入群体的自我感知。

表 9　不同省份中等收入群体的比重及分布

单位：%

省份	总样本中中等收入群体比重	中等收入群体的省份分布
广东省	21.75	45.81
河南省	21.60	28.43
甘肃省	23.91	25.75

5. 职业分布

表 10 为不同职业按照主观标准测量的中等收入群体比重以及中等收入群体的职业分布。调查结果表明，不同职业下中等收入群体的比重存在一定差异，中等收入群体占比较高的前几项为国家机关、党群组织、企业和事业单位负责人，专业技术人员，以及农、林、牧、渔、水利业生产人员，占比分别为27.37%、26.95%、25.78%。其中，无工作人员中等收入群体的占比也较高，为27.37%，有可能是因为这些人刚刚结束一份工作，已经积累了一定的财富，准备寻找下一份更好的工作。

从职业分布来看，受访者中中等收入群体主要为专业技术人员，吸纳了18.72%的中等收入群体。平台经济业和其他行业，国家机关、党群组织、企业和事业单位，商业、服务业，农、林、牧、渔、水利业吸纳的劳动力比例低于专业技术行业，分别为16.71%、14.12%、13.83%以及10.34%。由此来看，中等收入群体职业分布比较分散，知识生产服务型以及劳动密集型行业均有涉及，但以知识生产服务型行业为主。

表 10　不同职业类型中等收入群体的比重及分布

单位：%

职业类型	总样本中中等收入群体比重	中等收入群体的职业分布
国家机关、党群组织、企业和事业单位负责人	27.37	14.12
专业技术人员	26.95	18.72
办事人员和有关人员	23.04	7.90
商业、服务业人员	21.27	13.83

	总样本中中等 收入群体比重	中等收入群体 的职业分布
农、林、牧、渔、水利业生产人员	25.78	10.34
生产、运输设备操作人员及有关人员	17.96	4.64
网约车司机、外卖骑手等平台经济从业人员和其他从业人员	17.19	16.71
无工作人员	27.37	13.74

总体来看，初步的分析表明中等收入群体的占比在不同年龄段、不同职业的群体之间存在差异，下文将进一步进行验证。从中等收入群体的分布来看，调查发现中等收入群体有以下特征：以城市居民为主；受教育程度普遍较好，接受高等教育的比例高，以大专、大学本科为主；年龄上以 26～50 岁为主；地区分布比较均衡，主要分布于经济发达省份；职业分布比较分散，但以知识生产服务型行业为主。

（二）不同标准下中等收入边界群体特征

稳定和扩大中等收入群体，一个重要的议题就是关注在中等收入标准下限附近的群体，本报告将其称为中等收入边界群体。已有个别研究探究潜在中等收入群体，即那些在中等收入群体收入下限以下的群体，推动这一群体提高收入，迈入中等收入群体的行列是扩大中等收入群体规模的重要途径。[①] 但是鲜有研究考虑到中等收入群体下限以上并接近下限的这一部分群体，他们的收入既有可能稳定在中等收入群体区间范围内，甚至迈入高收入群体行列，也存在收入下降从而落入低收入群体的风险。因此，稳定和扩大中等收入群体占比，不仅要考虑在中等收入群体收入下限一定范围以下的群体，还要考虑中等收入群体下限以上的群体。

本报告考察在主观标准和客观标准下中等收入边界群体的规模和特征。其中，依据客观标准，笔者将年收入在中等收入群体下限正负 5000 元范围之内的这部分群体定义为中等收入边界群体；相应地，依据主观标准，以受访者所

---

① 刘世锦、王子豪、姜淑佳、赵建翔：《实现中等收入群体倍增的潜力、时间与路径研究》，《管理世界》2022 年第 8 期。

选择的中等收入群体标准下限为依据，将中等收入边界群体定义为处于下限正
负5000元范围之间的群体。基于表11调查数据测算可知，在客观绝对标准、
客观相对标准以及主观标准下，中等收入边界群体分别为1296人、754人以及
1117人，在调查总群体中的占比分别为13.79%、8.02%和11.88%。可以看
出，中等收入边界群体的规模占比为8%~14%，主观标准和客观标准下测算
的规模和占比之间差距不大。

从城乡分布来看，中等收入边界群体中城市居民占比分别为58.18%、
51.59%、54.25%，高于农村地区，农村居民占比分别为41.82%、48.41%和
45.75%。从地区分布看，中等收入边界群体主要集中于广东（占比分别为
38.89%、36.07%和41.54%）和河南（占比分别为33.41%、37.00%、32.41%）
这两个地区，经济发展欠发达的甘肃中等收入边界群体占比较少（27.70%、
26.92%、26.05%）。从性别分布来看，在客观标准下中等收入边界群体中，
女性占比（51.85%、54.24%）要略高于男性占比（48.15%、45.76%），然
而在主观标准下中等收入边界群体中，女性占比（43.06%）要低于男性占比
（56.94%）。

表11　不同标准下中等收入边界群体规模

单位：人，%

		客观绝对标准		客观相对标准		主观标准	
		频数	占比	频数	占比	频数	占比
中等收入边界群体		1296	13.79	754	8.02	1117	11.88
城乡	城市	754	58.18	389	51.59	606	54.25
	农村	542	41.82	365	48.41	511	45.75
地区	广东	504	38.89	272	36.07	464	41.54
	河南	433	33.41	279	37.00	362	32.41
	甘肃	359	27.70	203	26.92	291	26.05
性别	男	624	48.15	345	45.76	636	56.94
	女	672	51.85	409	54.24	481	43.06

从年龄分布来看，图6统计结果显示，与中等收入群体相一致，中等收入
边界群体也主要集中在26~50岁，无论在客观标准还是在主观标准下，36~

50 岁群体在中等收入边界群体中占比最高。具体来看，在客观绝对标准下，城市中 36～50 岁中等收入边界群体占比为 35.01%，农村中 36～50 岁中等收入边界群体占比为 35.49%。在客观相对标准下，城市中 36～50 岁中等收入边界群体占比为 27.58%，农村中 36～50 岁中等收入边界群体占比为 38.74%。而在主观标准下，城市中 36～50 岁中等收入边界群体占比为 40.76%，农村中 36～50 岁中等收入边界群体占比为 35.83%。基于客观绝对标准、客观相对标准以及主观标准的统计结果都表明，以 36～50 岁中等收入边界群体为中心，18～25 岁、26～35 岁、51～65 岁以及 65 岁以上中等收入边界群体占比呈现从中心向两段逐渐下降的趋势，整体来看，中等收入边界群体的年龄段分布趋势与中等收入群体总体的年龄段分布保持一致。

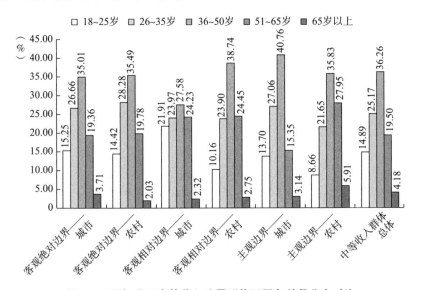

图 6 不同标准下中等收入边界群体不同年龄段分布对比

从平均受教育年限来看，不同标准下中等收入边界群体中城市居民的平均受教育年限都相对较高，分别为 13.27 年、13.03 年、13.48 年。中等收入边界群体中农村居民的平均受教育年限则相对较低，分别为 11.45 年、10.66 年、10.44 年，而中等收入群体总体的平均受教育年限为 13.01 年，可以看出中等收入边界群体中农村居民受教育水平与中等收入群体总体受教育水平存在明显差距。从学历水平看，中等收入群体总体超过半数为大专、大学本科及以上学历；而在中等收入边界群体中，无论是从客观绝对标准、客观相对标准还是从主观标准来看，农村中等收入边界群体的学历水平大多为初中及以下，约占中等收入边界群体的一半；城市边界群体学历水平相对较高，接近中等收入群体总体水平（见表 12）。

表 12 不同标准下中等收入边界群体不同受教育情况分布对比

单位：年，%

		中等收入群体总体	客观绝对标准 - 边界群体		客观相对标准 - 边界群体		主观标准 - 边界群体	
			城市	农村	城市	农村	城市	农村
平均受教育年限		13.01	13.27	11.45	13.03	10.66	13.48	10.44
学历	小学及以下	6.14	1.60	7.95	2.84	11.67	1.83	13.98
	初中	18.32	16.09	36.78	18.09	43.06	16.17	42.72
	高中	22.96	28.32	25.32	29.72	24.44	23.83	23.03
	大专	21.56	29.92	14.97	25.58	12.78	23.67	13.19
	大学本科及以上	31.03	24.07	14.97	23.77	8.06	34.50	7.09

从受访者职业类型来看，图 7 统计结果显示，中等收入边界群体职业以农林牧渔水利业生产以及其他职业为主，其中，城乡之间农、林、牧、渔、水利业、生产人员，生产、运输设备操作人员及有关人员占比差异较大，为 7.82% ~ 38.35%，而城乡之间网约车司机、外卖骑手等平台经济从业人员和其他从业人员占比没有明显差异，为 16.70% ~ 23.14%。从城乡来看，农村中等收入边界群体从事农、林、牧、渔、水利业、生产运输业工作较多，在客观绝对标准、客观相对标准以及主观标准下的占比分别为 29.89%、38.35% 和 37.38%。除此之外，还有部分农村中等收入边界群体从事其他职业，如外卖骑手、网约车司机等，占比为 20.16% ~ 23.01%。城市中等收入边界群体则大多进入国家机关、党群组织、企业和事业单位（客观绝对标准、客观相对标准、主观标准下占比分别为 24.67%、15.42%、25.91%）或商业、服务行业（客观绝对标准、客观相对标准、主观标准下占比分别为 19.10%、17.99%、15.18%）工作。相比之下，中等收入群体大多从事国家机关、党群组织、企业和事业单位或者技术水平相对较高的工作，国家机关、党群组织、企业和事业单位负责人，办事人员和有关人员在中等收入群体总体中占比为 22.02%，专业技术人员占比为 18.72%。

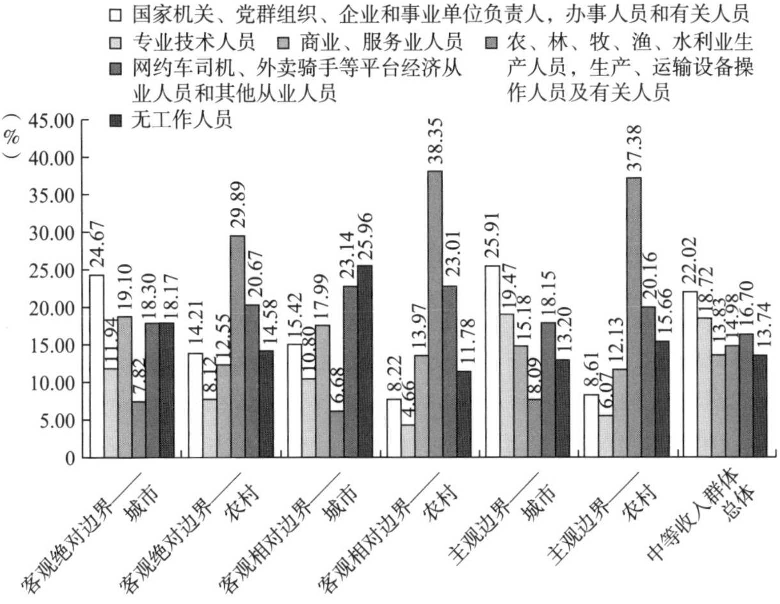

图7 不同标准下中等收入边界群体不同职业分布对比

（三）中等收入群体自我感知的影响因素

基于以下模型，本报告重点考察，以及个体和家庭特征对受访者中等收入群体自我感知的影响。模型表达式如下：

$$Y_{ic} = \alpha + \beta I_{ic} + \theta S_{ic} + \gamma P_{ic} + \delta W_{ic} + \eta C_{ic} + \varepsilon_{ic} \tag{2}$$

其中，下标 i 代表受访者个体，c 为受访者所在的地区。Y 为受访者中等收入群体自我感知，属于中等收入群体 $=1$，否 $=0$。I 和 S 为主要关注的解释变量，I 为个体实际年收入水平，主要通过个体实际年收入数值以及实际年收入区间两个变量来衡量，个体实际年收入数值通过原始平均月收入数据乘以 12，并取对数之后得到，缺失数据由收入区间的中间值填补。个体实际年收入包括 1.2 万元以下、1.2 万 ~ 3 万元、3 万 ~ 6 万元、6 万 ~ 12 万元、12 万 ~ 24 万元、24 万元及以上 6 个收入范围。S 为中等收入群体主观标准，在原始数据中包括 1 万元以下、1 万 ~ 2 万元、2 万 ~ 5 万元、5 万 ~ 10 万元、10 万 ~ 20 万元、20 万 ~ 30 万元、30 万 ~ 50 万元、50 万元及以上这 8 个选项，在回归中的度量方法参照本专题第二部分。P 为个体特征变量，包括性别、年龄、受教育程度、婚姻状况、户口类型、养育负担等。W 为职业类型。C 为地区固定效应，以此来控制地区层面的不可观测因素对回归结果的影响。ε_{ic} 为误差项。各变量的定义和描述性统计见表4。

首先，笔者考察实际年收入和中等收入群体主观标准对总样本中等收入群体自我感知的影响。表13中模型（1）的结果显示，个体年收入数值对中等收入群体自我感知的影响显著为正，在其他条件不变的情况下，个体年收入每增加一个标准差（10%），可提高成为中等收入群体的概率0.08个标准差。模型（2）中，笔者进一步将个体年收入划分为六个区间，考察实际年收入对受访者中等收入群体自我感知是否存在非线性的影响。在控制其他条件不变的情况下，相较于年收入1.2万元以下的群体，年收入在3万~6万元、6万~12万元、12万~24万元以及24万元及以上的群体认为是中等收入群体的概率分别显著提高3.31%、11.80%、21.94%、34.01%。但是收入水平和中等收入群体自我感知之间的关系单调递增，并未呈现非线性特征。此外，年收入在1.2万~3万元的个体与年收入在1.2万元以下个体的中等收入群体自我感知水平差异不显著，这有可能是因为这两个收入区间的群体收入都过低，对收入差距的容忍度相对较高①，收入的轻微变化难以影响他们的自我认同②。其他变量结果与模型（1）回归结果基本保持一致，进一步验证了结论的稳健性。

本专题第二部分结果表明，个体年收入水平会显著正向影响个体自评中等收入标准。那么，接下来笔者进一步考察自评中等收入群体标准会否影响受访者中等收入群体自我感知，并检验自评中等收入标准是否在个体年收入水平与中等收入群体自我感知之间起中介作用。在模型（3）中笔者考察了主观自评标准对受访者中等收入群体自我感知的影响。结果显示，在控制了其他变量之后，主观自评标准对个体中等收入群体自我感知的影响显著为负。自评标准每增加10%，个体对于自己属于中等收入群体的感知降低0.65%。在模型（4）和模型（5）中笔者在模型（1）和模型（2）的基础上加入了受访者自评中等收入群体标准这一变量，探究实际收入是否通过自评中等收入标准这一机制影

---

① 王乃合、黄祺雨：《客观相对收入与主观收入差距容忍度——基于集体主义视角的经验研究》，《南开学报》（哲学社会科学版）2022年第5期。

② 殷晓芬：《城市居民不平等感知现状及影响因素研究》，硕士学位论文，南京大学，2013。

响受访者中等收入群体自我感知。结果显示，在加入中等收入群体自评标准这一变量之后，实际年收入水平对个体中等收入群体自我感知的影响系数上升，同时从年收入区间来看，相较于年收入在1.2万元以下的个体，年收入在1.2万元及以上的个体对中等收入群体自我感知均显著提高。而且，结果表明自评标准和实际年收入水平的影响都显著。进一步依据本专题第二部分回归结果可知，个体年收入水平可显著提高受访者的自评中等收入群体标准，这表明个体实际年收入水平的提高能够提升个体的自评标准，进而降低了个体成为中等收入群体的概率，中介效应为负。综上所述，可以得出结论：一方面，个体年收入水平可显著提高受访者的自评中等收入群体标准，进而间接降低其中等收入群体自我感知；另一方面，个体年收入水平也可以通过直接效应显著提高其中等收入群体自我感知。但总体上来看，个体年收入水平对其中等收入群体自我感知影响的总效应显著为正。

对于其他变量，根据模型（4）的结果分析如下。在控制其他条件不变的情况下，性别对个体中等收入群体自我感知具有显著影响。相较于女性而言，男性对自己属于中等收入群体的主观感知提高约1.89%。现有研究大多数认为，女性的社会阶层认同高于男性[1]，基于中国传统的"安居乐业"思想，在住房等方面男性需要承担相对于女性来说更大的经济压力，使得其社会阶层认同程度弱于女性[2]。但与男性相比，女性就业的可能性相对较低[3]，从而影响个体的水平，对个体的主观中等收入群体感知产生影响。

年龄对个体中等收入群体自我感知也具有显著的正向影响，年龄每增加1岁可提高个体认为自己属于中等收入群体的概率约0.03%，其影响程度仅为个体年收入值的1/3。户口所在地也会显著影响受访者的中等收入群体自我感知，相较于外地户口居民，本地户口居民更加认同自己属于中等收入群体，其中等收入群体自我感知概率高约1.70%。这可能是因为与外地户口居民相比，本地

---

[1]　张传勇、罗峰、黄芝兰：《住房属性嬗变与城市居民阶层认同——基于消费分层的研究视域》，《社会学研究》2020年第4期。

[2]　王敏：《社会阶层认同的性别差异研究——基于住房视角的实证分析》，《社会学评论》2021年第6期。

[3]　杨慧：《社会性别视角下"80后"就业率及其影响因素分析——基于中国妇女社会地位调查数据的实证研究》，《中国青年研究》2013年第7期。

户口居民在社会生活的各个方面可能更加便利，较少面临买房等经济上的困难，在主观上会更加认同自己属于中等收入群体。

在受教育程度方面，个体受教育程度越高，认为自己属于中等收入群体的概率越大，影响程度仅为个体年收入的一半。人力资本经济增长有重要贡献，相较于技术程度较低的人力，高技术知识型人力带来的产出明显更高，能够提升个体的收入主观感知状况。[1]

在职业方面，相对于国家机关、党群组织、企业和事业单位负责人而言，专业技术人员以及网约车司机、外卖骑手等平台经济从业人员的中等收入群体自我感知不受到职业的影响，而办事人员和有关人员，商业、服务业人员，农、林、牧、渔、水利业生产人员，生产、运输设备操作人员及有关人员，其他从业人员以及无工作人员的中等收入群体自我感知与其职业呈显著负相关，他们更倾向于认为自己不属于中等收入群体。在其他条件相同的情况下，农、林、牧、渔、水利业生产人员，办事人员和有关人员，商业、服务业人员，生产、运输设备操作人员及有关人员、其他从业人员、无工作人员认为自己属于中等收入群体的概率比国家机关、党群组织、企业、事业单位的工作人员低约4.15个、4.50个、5.43个、9.62个、6.28个、5.77个百分点。可见，在劳动密集型行业工作的受访者中等群体自我感知较低，这种现象在生产运输业从业群体中尤其严重，原因可能在于个体间的人力资本差异。

表 13　中等收入群体自我感知的影响因素：OLS 模型

	（1）	（2）	（3）	（4）	（5）
个体实际年收入对数	0.0103 *** (0.0017)			0.0115 *** (0.0017)	
个体年收入区间（参照组：1.2 万元以下）					
1.2 万～3 万元		−0.0261 (0.0176)			−0.0381 ** (0.0173)
3 万～6 万元		0.0331 ** (0.0164)			0.0386 ** (0.0161)

---

[1]　陈云、李慧芸：《居民收入主观感知状况及其影响因素测度研究——基于北京市居民微观调查数据分析》，《统计与信息论坛》2015 年第 1 期。

续表

	（1）	（2）	（3）	（4）	（5）
6万~12万元		0.1180 *** (0.0174)			0.1436 *** (0.0172)
12万~24万元		0.2194 *** (0.0224)			0.2834 *** (0.0222)
24万元及以上		0.3401 *** (0.0269)			0.4091 *** (0.0267)
自评中等收入 群体标准			− 0.0645 *** (0.0050)	− 0.0662 *** (0.0050)	− 0.0909 *** (0.0050)
性别 （参照组：女性）	0.0071 (0.0092)	− 0.0121 (0.0091)	0.0239 *** (0.0091)	0.0189 ** (0.0091)	− 0.0013 (0.0090)
年龄	0.0038 *** (0.0005)	0.0043 *** (0.0005)	0.0032 *** (0.0005)	0.0029 *** (0.0005)	0.0031 *** (0.0005)
受教育程度	0.0008 (0.0018)	− 0.0028 (0.0018)	0.0057 *** (0.0018)	0.0054 *** (0.0018)	0.0026 (0.0018)
婚姻状况（参照组：未婚）					
已婚	− 0.0246 * (0.0139)	− 0.0355 ** (0.0138)	− 0.0052 (0.0138)	− 0.0127 (0.0138)	− 0.0222 (0.0136)
其他	− 0.0443 (0.0290)	− 0.0599 ** (0.0286)	− 0.0161 (0.0288)	− 0.0222 (0.0288)	− 0.0342 (0.0281)
户口所在地 （参照组：外地）	0.0174 * (0.0096)	0.0210 ** (0.0095)	0.0155 (0.0095)	0.0170 * (0.0095)	0.0218 ** (0.0093)
户口类型 （参照组：非农业户口）	0.0067 (0.0099)	0.0109 (0.0098)	− 0.0004 (0.0098)	0.0010 (0.0098)	0.0043 (0.0096)
养育负担	0.0103 ** (0.0041)	0.0085 ** (0.0041)	0.0105 ** (0.0041)	0.0107 *** (0.0041)	0.0086 ** (0.0040)
职业类型（参照组：职业1）					
职业2	0.0091 (0.0171)	0.0078 (0.0169)	0.0124 (0.0170)	0.0114 (0.0170)	0.0107 (0.0166)
职业3	− 0.0396 * (0.0205)	− 0.0151 (0.0203)	− 0.0416 ** (0.0204)	− 0.0415 ** (0.0203)	− 0.0113 (0.0199)
职业4	− 0.0486 *** (0.0180)	− 0.0410 ** (0.0178)	− 0.0441 ** (0.0179)	− 0.0450 ** (0.0179)	− 0.0337 * (0.0175)
职业5	− 0.0449 ** (0.0218)	− 0.0141 (0.0218)	− 0.0687 *** (0.0215)	− 0.0543 ** (0.0216)	− 0.0181 (0.0214)
职业6	− 0.0973 *** (0.0232)	− 0.0929 *** (0.0229)	− 0.0955 *** (0.0230)	− 0.0962 *** (0.0230)	− 0.0900 *** (0.0224)

	（1）	（2）	（3）	（4）	（5）
职业7	−0.0244 （0.0591）	−0.0216 （0.0582）	−0.0088 （0.0586）	−0.0126 （0.0585）	−0.0058 （0.0571）
职业8	−0.0624*** （0.0173）	−0.0518*** （0.0171）	−0.0662*** （0.0172）	−0.0628*** （0.0172）	−0.0487*** （0.0168）
职业9	−0.0533*** （0.0187）	−0.0276 （0.0189）	−0.0994*** （0.0175）	−0.0577*** （0.0186）	−0.0245 （0.0186）
常数项	−0.0814 （0.0550）	−0.0058 （0.0536）	0.7007*** （0.0753）	0.6251*** （0.0760）	0.9781*** （0.0755）
城市固定效应	是	是	是	是	是
观测值	8897	8897	8897	8897	8897
调整 R^2	0.0292	0.0587	0.0435	0.0482	0.0926

注：*、**、*** 分别表示在10%、5%、1%的水平上显著，括号内为标准误。

接下来，本报告考察实际年收入和中等收入群体主观标准对不同群体的异质性影响。笔者分别从城乡、受教育程度、职业类型三个维度进行异质性分析。根据受访者受教育程度将其分为两组样本，其中受教育程度为大学本科及以上的受访者归为高教育水平组，而受教育程度为高中及以下的受访者则归为低教育水平组。对于职业类型的划分，我们将国家机关、党群组织、企业和事业单位负责人以及专业技术人员划分为体制内工作者，将办事人员和有关人员，商业、服务业人员，农、林、牧、渔、水利业生产人员、生产运输设备操作人员及有关人员、网约车司机以及外卖骑手等平台经济从业人员、其他从业人员划分为体制外工作者，以及无工作人员。

表14结果显示，无论是在城乡，还是在受教育程度以及职业类型的差异化回归结果中，个体年收入对其中等收入群体自我感知的影响都正向显著。这进一步表明实际年收入是影响个体判断自己是否属于中等收入群体的重要因素，年收入水平作为一个较为综合的指标能够在一定程度上反映出个体的财产、生活水平、受教育程度等。[1]

进一步，从城乡来看，个体年收入的提高对于城市和农村受访者的中等收

---

① 吴鹏、常远：《中等收入群体的测算与现状研究——基于 CHNS 与 CHIP 数据》，《社会科学研究》2018 年第 2 期。

入群体自我感知都具有显著正向影响，而主观标准的提升对于城市和农村受访者的中等收入群体自我感知都具有显著负向影响，且年收入和主观标准的这种影响在城乡之间差异不大。年收入和主观标准对个体中等收入群体自我感知的影响在不同受教育程度的受访者中也没有显著差异，但在不同职业类型的受访者中有差异。在收入方面，在体制内工作的受访者中，年收入每增加10%，个体中等收入群体自我感知相应的提高0.31%，而在体制外工作的受访者以及无工作的受访者中，个体中等收入群体自我感知仅分别提高0.20%和0.04%，这说明相较于在体制内工作的受访者，在体制外工作的受访者以及无工作的受访者中，年收入对个体中等收入群体自我感知的正向影响都较弱。在主观标准方面同样如此，在体制内工作的受访者中，个体主观标准每提高10%，其中等收入群体自我感知相应地降低0.75%，而在体制外工作的受访者以及无工作的受访者中，个体中等收入群体自我感知仅分别降低0.70%和0.57%。

表 14　基于城乡、受教育程度及职业类型的异质性影响

| | 城乡 | | 受教育程度 | | 职业类型 | | |
	城市	农村	低	高	体制内	体制外	无工作
实际年收入的对数	0.0114 *** (0.0021)	0.0115 *** (0.0024)	0.0129 *** (0.0024)	0.0105 *** (0.0022)	0.0314 *** (0.0051)	0.0199 *** (0.0029)	0.0039 * (0.0022)
主观标准	−0.0668 *** (0.0053)	−0.0661 *** (0.0051)	−0.0671 *** (0.0052)	−0.0629 *** (0.0050)	−0.0753 *** (0.0064)	−0.0695 *** (0.0053)	−0.0574 *** (0.0053)
家庭及个体特征	控制	控制	控制	控制	控制	控制	控制
城市固定效应	控制	控制	控制	控制	控制	控制	控制
样本量	5546	3351	4155	4742	2399	4947	1551

注：*、**、*** 分别表示在10%、5%、1%的水平上显著，括号内为标准误。

五　中等收入群体、收入差距与主观幸福感

共同富裕中的富裕不仅是财富上的富裕，也是主观感受的富足、满意、幸福。[1]

①　郭晓飞：《共同富裕的心理层面：主观幸福感视角探析》，《绍兴文理学院学报》（人文社会科学版）2022 年第 4 期。

党的十九届五中全会提出，要坚持把实现好、维护好、发展好最广大人民根本利益作为发展的出发点和落脚点，扎实推动共同富裕，不断增强人民群众的获得感、幸福感、安全感，促进人的全面发展和社会全面进步。扩大中等收入群体是实现共同富裕的重要一环，而共同富裕中包含精神层面的幸福感，那么成为中等收入群体是否意味着拥有更高的幸福感呢？

本部分探究客观标准与主观标准下是不是中等收入群体对于主观幸福感的影响，并进一步分析与中等收入群体之间的收入差距对幸福感的影响。在本报告中，使用 2022 年"人民美好生活需要（公众福利态度）调查"问卷中的问题："总的来说，您觉得您的生活是否幸福"来测量居民的幸福感，采用 5 分类的李克特量表法进行度量，选项 1 = 非常不幸福，2 = 比较不幸福，3 = 一般，4 = 比较幸福，5 = 非常幸福。

（一）居民幸福感

1. 居民幸福感的描述性统计

从表 15 的统计数据中可以看出，认为自己"比较幸福"的受访者规模最大，共计 3953 人，占比 42.05%；其次是认为自己"一般"的受访者，共计 3119 人，占比 33.18%；认为自己"比较不幸福"和"非常不幸福"的受访者占比相对较少，分别为 2.78% 和 2.52%。总的来说，居民幸福感的平均得分为 3.72。居民普遍认为自己的生活比较幸福，这与以往的数据结果一致。在 2020 年 CFPS 数据中，以 10 分制要求居民对幸福感进行评分，得到居民幸福感的平均值为 7.54，换算成 5 分制后得到其平均值为 3.97，本报告相关数据与其只相差 0.25。

表 15　居民幸福感的描述性统计

单位：人，%

	频数	占比
非常不幸福	237	2.52
比较不幸福	261	2.78
一般	3119	33.18
比较幸福	3953	42.05
非常幸福	1830	19.47

2. 居民幸福感的异质性分析

（1）不同性别之间主观幸福感的差异

对不同性别之间主观幸福感的差异分析可以得出，男性幸福感的平均得分为3.66，在"比较幸福"和"非常幸福"之间，低于女性（均值为3.81）0.15。男性受访者中选择"比较幸福"选项的占比最大，达到了38.92%，其次为"一般"，占35.35%，而选择"非常不幸福"和"比较不幸福"的占比最小，分别为3.46%和3.32%。相比之下，女性选择"比较幸福"选项的占比达到了45.84%，高于男性6.92个百分点，而选择"比较不幸福"和"非常不幸福"选项的占比分别为2.12%和1.39%，相比于男性低1.20个和2.07个百分点（见图8）。

无论是男性还是女性，选择"比较幸福"这一选项的占比都最高，这与总体幸福感分析结果一致。而在"非常幸福""比较幸福"选项中，女性的占比高于男性，在"一般""比较不幸福""非常不幸福"选项中，男性占比高于女性。总体而言，女性的幸福感要高于男性。这可能是因为不同性别群体承担的社会责任不同，男性承受的经济压力更大[1]，其幸福感会随之水平下降。同时，社会价值的认同对性别角色的自我认同产生影响，与女性化特质相关的相依性、集体性、关系和谐，在中国集体主义文化背景下通常会受到重视，由此女性对主观幸福感的感知程度更强。[2]

（2）不同受教育程度群体之间主观幸福感的差异分析

对不同受教育程度群体之间主观幸福感的差异进行分析可以得出，受教育程度为小学及以下、初中、高中、大学本科及以上群体的幸福感平均得分是3.48、3.53、3.67、3.84。受教育程度为小学及以下、初中的群体中选择"一般"选项的人最多，分别为43.38%和43.77%。其他群体中，选择"比较幸福"选项的受访者最多，分别为高中38.47%、大学本科及以上48.97%，选择"比较幸福"选项占比最大的不同群体之间差异不大。受教育程度为大学本科及以上、初中的群体，选择"非常不幸福"的选项占比最小，分别为1.43%和3.66%，其他群体中，选择"比较不幸福"的受访者占比较小，小学及以下

---

① 袁正、李玲：《婚姻与幸福感：基于 WVS 的中国微观数据》，《中国经济问题》2017 年第1 期。

② 蔡华俭、黄玄凤、宋海荣：《性别角色和主观幸福感的关系模型：基于中国大学生的检验》，《心理学报》2008 年第 4 期。

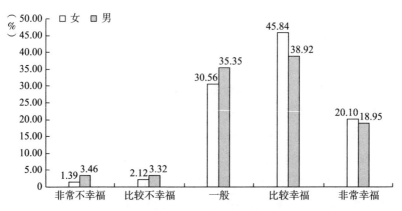

图 8　不同性别之间主观幸福感的差异

占比为 3.63%，高中群体占比为 2.95%（见表 16）。

综上所述，受教育程度越高的群体其主观幸福感越高。这可能是因为，受教育程度在一定程度上反映了个体的收入水平，学历层次较高的劳动力更符合城市工业化与经济发展的需要，高学历群体能获得更多的就业机会与经济收入，居民的幸福感得以提高。①

表 16　不同受教育程度群体之间主观幸福感的差异分析

单位：%

	小学及以下	初中	高中	大学本科及以上
非常不幸福	7.69	3.66	3.00	1.43
比较不幸福	3.63	4.06	2.95	2.21
一般	43.38	43.77	36.64	26.86
比较幸福	23.08	32.11	38.47	48.97
非常幸福	22.22	16.40	18.93	20.52

（3）不同年龄段群体之间主观幸福感的差异分析

对不同年龄段群体之间主观幸福感的差异进行分析可以得出，18～25 岁、26～35 岁、36～50 岁、51～65 岁、65 岁及以上群体的幸福感平均得分分别是 3.91、3.71、3.68、3.64、3.77。无论是哪个年龄段，选择"比较幸福"选项

---

① 黄嘉文：《教育程度、收入水平与中国城市居民幸福感——一项基于 CGSS2005 的实证分析》，《社会》2013 年第 5 期。

的人数都比此年龄段中选其他选项的人数多，其中 18～25 岁群体中选择"比较幸福"选项的占比最大（46.74%），其他依次是 26～35 岁（41.64%）、36～50 岁（41.19%）、65 岁以上（39.72%）、51～65 岁（39.52%）。

在 18～25 岁群体中，占比最大的选项"比较幸福"（46.74%）比占比最小的选项"非常不幸福"（1.51%）高 45.23 个百分点；在 26～35 岁群体中，占比最大的选项"比较幸福"（41.64%）比占比最小的选项"比较不幸福"（2.68%）高 38.96 个百分点；在 36～50 岁群体中，占比最大的选项"比较幸福"（41.19%）比占比最小的选项"非常不幸福"（2.16%）高 39.03 个百分点；在 51～65 岁群体中，占比最大的选项"比较幸福"（39.52%）比占比最小的选项"比较不幸福"（2.05%）高 37.47 个百分点；在 65 岁及以上群体中，占比最大的选项"比较幸福"（39.72%）比占比最小的选项"非常不幸福"（1.40%）高 38.32 个百分点。可见，18～25 岁群体中，占比最大与最小的群体间的差值最大（见表 17）。

上述结果表明，年龄与幸福感不是单一的线性的关系，而呈现先降后升的 U 形关系，这与以往的研究结果一致。从预期角度来看，这可能是人们在青年时期期望过高，而中年时期未满足的期望所造成的挫折感导致的，但随着年龄增长，挫折感会被有意地抛弃。[1] 也有学者认为中国的社会经济转型促使教育、住房、医疗、养老制度改革，影响到中年人群体，导致他们的幸福感降低。[2]

表 17 不同年龄段群体之间主观幸福感的差异分析

单位：%

	18～25 岁	26～35 岁	36～50 岁	51～65 岁	65 岁以上
非常不幸福	1.51	3.28	2.16	3.21	1.40
比较不幸福	2.15	2.68	3.56	2.05	2.34
一般	24.62	32.92	35.35	38.43	35.05
比较幸福	46.74	41.64	41.19	39.52	39.72
非常幸福	24.97	19.48	17.74	16.79	21.50

---

[1] Schwandt, H., "Unmet Aspirations as an Explanation for the Age U-shape in Wellbeing," *Journal of Economic Behavior & Organization* 122 (2016): 75-87.

[2] 孙凤：《主观幸福感的结构方程模型》，《统计研究》2007 年第 2 期。

（4）不同省份之间幸福主观感的对比分析

对不同省份之间主观幸福感的差异进行分析可以得出，广东省、河南省、甘肃省幸福感的平均值分别为 3.70、3.72、3.79。不同省份选择"比较幸福"选项的人数都比选其他选项的人数多。甘肃省的受访者选择"比较幸福"这一选项的占比（51.64%）高于广东省（39.68%）和河南省（38.00%）。广东省受访者选择"比较幸福"的占比最大，比选择"非常不幸福"（2.02%）的高 37.66 个百分点；河南省受访者选择"比较幸福"的占比最大，比选择"比较不幸福"（1.82%）的高 36.18 个百分点；甘肃省受访者选择"比较幸福"的占比最大，比选择"非常不幸福"（3.29%）的高 48.35 个百分点（见表 18）。甘肃省最多与最少选项占比差值最大，受访者更集中于选择"比较幸福"选项。

我国城市化发展存在区域间的不平等，东部地区的城市化率高于中部和西部地区。此调查数据显示，城市化进程越高，幸福感指数越低。在城市发展过程中，出现了"幸福悖论"，即城市化水平提高，居民因为高房价、竞争激烈等现实问题产生压力，幸福感不随城市化水平增长而增加。因此出现了城市化进程越高，而幸福感指数越低的现象。① 虽然城市化水平的提升可以为人们提供较好的教育、社会保障和就业、公共文化、医疗卫生等服务，满足人民的基本需求②，进而提升其幸福感水平，但本报告的研究结论表明这一正向作用强度被城市化水平提升给居民带来的生活压力所产生的负向影响所抵消。

表 18　不同省份之间幸福主观感的对比分析

单位：%

	广东省	河南省	甘肃省
非常不幸福	2.02	2.69	3.29
比较不幸福	2.57	1.82	4.36
一般	37.25	36.47	21.20
比较幸福	39.68	38.00	51.64
非常幸福	18.48	21.02	19.51

① 叶初升、冯贺霞：《城市是幸福的"围城"吗？——基于 CGSS 数据对中国城乡幸福悖论的一种解释》，《中国人口·资源与环境》2014 年第 6 期。
② 伍如昕：《城市化、基本公共服务供给与居民主观幸福感——基于 56 个城市微观数据的经验分析》，《人口与发展》2017 年第 3 期。

（5）城乡之间幸福主观感的对比分析

对城乡间主观幸福感的差异进行分析可以得出，城市居民幸福感均值为
3.78，农村居民的幸福感均值为3.64。农村居民选择"一般"这一选项的占
比最大，为37.75%，比占比最小的选项"比较不幸福"高出35.12个百分点；
城市居民选择"比较幸福"这一选项的占比最大，为45.36%，比占比最小的选
项"非常不幸福"高出43.72个百分点。值得注意的是，农村居民选择"非常不
幸福"选项的占比为3.99%，要显著大于城市居民的1.64%，而选择"比较幸
福"的占比为36.56%，显著小于城市居民的45.36%。这说明城市居民的幸福
感普遍高于农村居民的幸福感（见图9）。这可能因为城市的住房、医疗、教
育等基础公共服务设施更为完善，较农村居民来说，城市居民权益能够得到更
好的保障，居住在城市的受访者主观幸福感更高。①

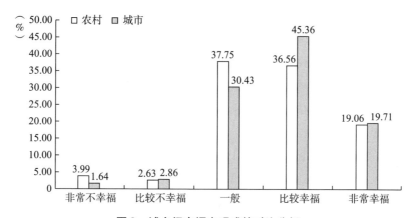

图9 城乡间幸福主观感的对比分析

（二）中等收入群体对幸福感的影响

1. 模型设计

本部分构建回归模型，分析客观标准与主观标准上是否为中等收入群体，
对主观幸福感的影响。模型的表达式如下：

$$Y_{ic} = \alpha + \beta X_{ic} + \gamma P_{ic} + \varphi U_{ic} + \theta W_{ic} + \delta C_{ic} + \varepsilon_{ic} \tag{3}$$

① 周绍杰、王洪川、苏杨：《中国人如何能有更高水平的幸福感——基于中国民生指数调查》，
《管理世界》2015年第6期。

其中，下标 i 代表受访者个体，c 为受访者所在的地区。Y_{ic} 为受访者的主观幸福感，采用 5 分类的李克特量表法进行度量，1 = 非常不幸福，5 = 非常幸福；X_{ic} 为主要解释变量，受访者在绝对客观标准、相对客观标准、主观标准下是否为中等收入群体，1 = 是，0 = 不是。U_{ic} 是个体年收入水平。P 为个体特征变量，包括年龄、受教育年限、婚姻状况、居住地、18 岁以下未成年子女以 60 岁以上老人的抚育数量。W 为工作特征，包括职业类型。C 为受访者所在地区特征。在分析中，笔者控制受访者所在地区的固定效应，以此来更准确地估计客观标准与主观标准上是否为中等收入群体对主观幸福感的影响，ε_{ic} 为误差项。各变量的定义和描述性统计见前述表 4。

2. 回归结果分析

表 19 中模型（1）和模型（2）的结果显示，在绝对客观标准和相对客观标准下，成为中等收入群体对居民幸福感均具有显著的正向影响。在其他条件不变的情况下，相对于低收入群体，中等收入群体的主观幸福感水平高 0.07% ~ 0.08%。客观标准下是否为中等收入群体虽然对幸福感具有显著影响，但影响程度较小。相比之下，受教育年限对主观幸福感具有显著的正向影响，但其影响仅仅为客观标准影响的 1/4，说明客观标准相较于受教育年限来说，对居民幸福感的影响程度更大。

模型（3）的结果显示，相较于绝对客观标准与相对客观标准，主观是不是中等收入群体，对居民幸福感的影响更大。在其他条件不变的情况下，相对于低收入群体，主观上是中等收入群体的幸福感水平高 0.30%，其影响程度是客观标准的 3 倍。

模型（4）和模型（5）同时控制了基于主观标准和客观标准的中等收入群体，以此来考察不同标准下成为中等收入群体对幸福感影响的相对强弱程度。结果显示，虽然绝对标准对幸福感存在一定正面影响，但在加入了主观自评标准后，相对客观标准对幸福感的影响的显著性下降，绝对客观标准对幸福感的影响不显著。模型（5）的结果表明，主观上是中等收入群体的幸福感水平高 0.30%，其影响程度是客观标准的 4 倍，居民幸福感主要取决于基于主观标准的中等收入群体。

模型（1）至模型（5）中，实际年收入对幸福感存在负向的影响，但是其影响程度较小且不显著，这说明居民幸福感主要受相对收入的影响，即基于主观标准的中等收入群体自我感知。这与以往的研究结论相一致，Easterlin 悖论指出，当国家变得富有时，国民的平均幸福感却并未随之提升[1]，虽然绝对收入水平的提高，可以满足人更多的物质需要从而提高幸福感[2]，但是实际上经济增长与幸福感之间的关系呈 U 形的变化趋势，从长期来看，经济增长提高幸福感水平的空间十分有限[3]。基于公众的比较心理，幸福感更多受到"相对收入"的影响。受访者在判断自己是否属于中等收入群体时，会同社会关系网络中的其他人进行比较，社会比较理论认为，个人通过与别人比较获得幸福感，如果自己优于别人则感到幸福。[4] 当受访者认为自己属于中等收入群体时，在一定程度上会对自身的社会阶层与身份地位产生认同，从而获得社会比较理论中的同他人比较而来的幸福感。

对其他变量的分析如下。受教育年限对主观幸福感均具有显著的正向影响，受教育年限每增加 1 年平均可提高幸福感约 0.03%。这可能是因为教育不仅给人带来了直接的心理上的满足，还能够让人获取高薪工作，掌控更多的社会资源、构造更稳定的社会关系，从而影响自身的幸福感。[5] 相较于未婚女性，已婚女性所报告的主观幸福感水平相对较高，而离婚女性的主观幸福感相对较低，这与前文中的结果相一致，婚姻带来的归属等因素对主观幸福感具有积极作用。[6]

在城乡（居住地）方面，居住在城市的群体对主观幸福感的正向影响要显著多于农村群体，在主观标准对主观幸福感的影响回归中，居住在城市的群体和居住在农村的群体对主观幸福感的影响的差值最大，前者比后者多出 0.05%。相较于职业为国家机关、党群组织、企业和事业单位负责人的群体，

① Easterlin, R. A., "Does Economic Growth Improve the Human Lot? Some Empirical Evidence," *Nations and Households in Economic Growth*, Academic Press, 1974, pp. 89–125.
② 张学志、才国伟：《收入、价值观与居民幸福感——来自广东成人调查数据的经验证据》，《管理世界》2011 年第 9 期。
③ 何立新、潘春阳：《破解中国的"Easterlin 悖论"：收入差距、机会不均与居民幸福感》，《管理世界》2011 年第 8 期。
④ 陈姝娟、周爱保：《主观幸福感研究综述》，《心理与行为研究》2003 年第 3 期。
⑤ 赵新宇、范欣：《教育影响幸福吗？——基于中国问卷调查数据的实证研究》，《吉林大学社会科学学报》2014 年第 1 期。
⑥ 黄立清、邢占军：《国外有关主观幸福感影响因素的研究》，《国外社会科学》2005 年第 3 期。

职业为网约车司机、外卖骑手等平台经济从业人员的群体对主观幸福感的影响要更低，均低于前者0.37%。国家机关、党群组织、企业和事业单位负责人这类职业具有稳定收入、高福利待遇的特征，而网约车司机、外卖骑手等平台经济从业人员这类职业具有更大的不确定性、更低的收入，因此后者对幸福感的影响相较于前者来说更低。[①]

表19　绝对客观标准、相对客观标准、主观标准是否为中等收入群体对幸福感的影响：OLS 模型

	主观幸福感				
	（1）	（2）	（3）	（4）	（5）
绝对客观标准下是否为中等收入群体	0.0705 ** （0.0274）			0.0398 （0.0272）	
相对客观标准下是否为中等收入群体		0.0809 *** （0.0295）			0.0562 * （0.0292）
主观标准下是否为中等收入群体			0.3071 *** （0.0220）	0.3045 *** （0.0220）	0.3045 *** （0.0220）
收入	−0.0036 （0.0041）	−0.0046 （0.0042）	−0.0016 （0.0036）	−0.0045 （0.0041）	−0.0058 （0.0042）
年龄	−0.0029 *** （0.0010）	−0.0029 *** （0.0010）	−0.0042 *** （0.0010）	−0.0041 *** （0.0010）	−0.0041 *** （0.0010）
受教育年限	0.0284 *** （0.0037）	0.0284 *** （0.0037）	0.0291 *** （0.0036）	0.0287 *** （0.0036）	0.0286 *** （0.0036）
婚姻状况（参照组：未婚）					
已婚	0.0748 *** （0.0289）	0.0741 ** （0.0289）	0.0863 *** （0.0285）	0.0838 *** （0.0286）	0.0828 *** （0.0286）
离婚	−0.5517 *** （0.0599）	−0.5527 *** （0.0599）	−0.5316 *** （0.0592）	−0.5349 *** （0.0593）	−0.5363 *** （0.0593）
职业（参照组：职业1）					
职业2	−0.0164 （0.0357）	−0.0166 （0.0357）	−0.0192 （0.0354）	−0.0186 （0.0354）	−0.0186 （0.0354）
职业3	−0.0520 （0.0427）	−0.0540 （0.0426）	−0.0423 （0.0422）	−0.0409 （0.0422）	−0.0419 （0.0422）

[①]　孙凤：《性别、职业与主观幸福感》，《经济科学》2007年第1期。

续表

	主观幸福感				
	（1）	（2）	（3）	（4）	（5）
职业4	- 0.1047 ***	- 0.1054 ***	- 0.0933 **	- 0.0907 **	- 0.0905 **
	(0.0376)	(0.0376)	(0.0372)	(0.0372)	(0.0372)
职业5	- 0.1612 ***	- 0.1590 ***	- 0.1660 ***	- 0.1560 ***	- 0.1521 ***
	(0.0459)	(0.0460)	(0.0449)	(0.0454)	(0.0455)
职业6	- 0.1632 ***	- 0.1631 ***	- 0.1304 ***	- 0.1317 ***	- 0.1318 ***
	(0.0482)	(0.0482)	(0.0478)	(0.0478)	(0.0478)
职业7	- 0.3793 ***	- 0.3791 ***	- 0.3699 ***	- 0.3710 ***	- 0.3711 ***
	(0.1243)	(0.1243)	(0.1231)	(0.1231)	(0.1230)
职业8	- 0.1061 ***	- 0.1062 ***	- 0.0924 ***	- 0.0889 **	- 0.0881 **
	(0.0362)	(0.0362)	(0.0358)	(0.0358)	(0.0358)
职业9	0.0196	0.0206	0.0169	0.0281	0.0314
	(0.0396)	(0.0396)	(0.0385)	(0.0392)	(0.0392)
抚育负担	0.0045	0.0047	0.0020	0.0020	0.0021
	(0.0086)	(0.0086)	(0.0085)	(0.0085)	(0.0085)
城乡（居住地）	0.0556 ***	0.0554 ***	0.0586 ***	0.0576 ***	0.0573 ***
	(0.0212)	(0.0212)	(0.0210)	(0.0210)	(0.0210)
常数项	3.4504 ***	3.4513 ***	3.4552 ***	3.4583 ***	3.4596 ***
	(0.1090)	(0.1090)	(0.1079)	(0.1079)	(0.1079)
城市固定效应	是	是	是	是	是
总数	9113	9113	9113	9113	9113
R^2	0.0588	0.0589	0.0781	0.0783	0.0784

注：* 、** 、*** 分别表示在10% 、5% 、1% 的水平上显著，括号内为 t 统计值。

（三）主观标准收入差距与居民幸福感之间的关系

1. 模型设计

本报告进一步探究主观标准下收入差距与主观幸福感之间的关系。模型的表达式如下：

$$Y_{ic} = \alpha + \beta S_{ic高} + \beta S_{ic低} + \gamma P_{ic} + \delta C_{ic} + \theta W_{ic} + \varepsilon_{ic} \tag{4}$$

其中，下标 i 代表受访者个体，c 为受访者所在的地区。Y_{ic} 为受访者的主观幸福感，采用5分类的李克特量表法进行度量，1 = 非常不幸福，5 = 非常幸福；S_{ic} 为主要解释变量，为收入差距，通过受访者实际年收入与其所选择的中等收入群体标准的区间下限之间的差值计算而来（自评标准选择 1 万元以下的，其下限为 5000 元），$S_{ic高}$ 指实际年收入高于自评标准下限的差距，$S_{ic低}$ 指实际年收入低于自评标准下限的差距。P 为个体特征变量，包括自评是否为中等收入群体、性别、年龄、受教育年限、婚姻状况、居住地、18 岁以下未成年子女以 60 岁以上老人的抚育数量。W 为工作特征，包括职业类型和年收入。C 为受访者所在地区特征。在分析中，笔者控制受访者所在地区的固定效应，以此来更准确地分析主观标准下收入差距与主观幸福感之间的关系，ε_{ic} 为误差项。各变量的定义和描述性统计见前述表 4。

2. 回归结果

表 20 中模型（1）的结果显示，对于实际收入水平高于中等收入群体标准下限的群体，收入差距的增加对居民幸福感具有显著的正向影响；对于实际收入水平低于中等收入群体标准下限的群体，其收入差距对居民幸福感的影响不显著。以上结果表明，如果年收入与自评中等收入群体的正向差距越大，则对幸福感产生正向影响越大，这可能是由自身阶层认同所导致的。主观阶层认同是指人们对自己在社会阶层结构中所占位置的感知①，对自身阶层的认同可以转化为自身收入与自评的中等收入标准群体之间差值大小，如果实际收入与自评中等收入的正向差距越大，则说明受访者对自身的阶层认同感越高，并且认为自身处于较高的社会阶层。社会比较理论认为，主观幸福感通过个体在和别人的比较中产生，认为自己处于较高的社会阶层地位的人，会在同别人的比较中认为自身占据优势资源，从而增强主观幸福感。②

表 20　主观标准收入差距与居民幸福感之间的关系：OLS 模型

居民幸福感	
低于下限的收入差距	− 0.0000 (0.0024)

---

① 胡荣、龚灿林：《房产、相对剥夺感与主观阶层认同感》，《吉林大学社会科学学报》2021年第 1 期。

② 侯志阳：《社会保险能否让我们更幸福？——基于阶层认同的中介作用和公共服务绩效满意度的调节作用》，《公共行政评论》2018 年第 6 期。

续表

居民幸福感	
高于下限的收入差距	0.0092 *** （0.0028）
自评是否为中等收入群体	0.2797 *** （0.0229）
性别	− 0.1321 *** （0.0188）
年龄	− 0.0029 *** （0.0010）
受教育年限	0.0271 *** （0.0034）
婚姻状况（参照组：未婚）	
已婚	0.0656 ** （0.0286）
其他	− 0.5558 *** （0.0589）
职业（参照组：职业1）	
职业 2	− 0.0261 （0.0355）
职业 3	− 0.0551 （0.0424）
职业 4	− 0.1068 *** （0.0372）
职业 5	− 0.1624 *** （0.0448）
职业 6	− 0.1258 *** （0.0478）
职业 7	− 0.3583 *** （0.1216）
职业 8	− 0.1098 *** （0.0358）
职业 9	− 0.0011 （0.0366）
抚育数量	− 0.0039 （0.0051）

续表

居民幸福感	
居住地	0.0558***
	(0.0209)
常数项	3.5033***
	(0.1040)
观测值	9070
R^2	0.0833

注：*、**、***分别表示在10%、5%、1%的水平上显著，括号内为t统计值。

六　基于研究结论的政策建议

（一）主要结论

第一，关于主客观标准下中等收入群体的定义与差距。首先是中等收入群体的客观标准，既往文献对客观标准的定义包括绝对标准与相对标准。关于绝对标准的区间划分，下限为2.2万～3.5万元，上限为6.6万～17.7万元，本报告通过综合考虑价格趋势等因素，采用刘世锦等学者的计算方式，以2018年国家统计局公布的中等收入标准为基准（中国典型三口之家家庭年收入为10万～50万元），通过CPI价格指数平减，计算出2020年我国的中等收入群体的绝对客观标准的界限为3.5万～17.7万元。在相关文献中，相对标准的下限主要包括收入值的第25百分位、收入中位值的67%，上限为收入值的第95百分位、收入中位值的200%。本报告采用Graham等学者文中提到的指标，通过计算中国家庭追踪调查2020年数据中年收入中位值3.6万元的75%～125%，选定相对收入标准区间为2.7万～7.2万元。不难发现，绝对客观标准的上限与下限均高于相对客观标准。其次是主观标准，自评中等收入群体标准通过调查问卷，由受访者从8个选项中（1万元以下、1万～2万元、2万～5万元、5万～10万元、10万～20万元、20万～30万元、30万～50万元、50万元及以上）选择自身认可的中等收入群体标准。其中，选择年收入为5万～10万元和10万～20万元作为中等收入群体的标准的受访者规模最大，共占受访者总量的60%左右，由此将5万～20万元作为自评中等收入群体标准。通过将自评标准同绝对客观标准相比发现，其下限 5 万元比绝对客观标准下限 3.5 万元高 1.5 万元，其上限 20 万元比绝对客观标准上限 17.7 万元高 2.3 万元。与相对客观标准相比，其比相对客观标准下限 2.7 万元高 2.3 万元，比相对客观标准上限 7.2 万元高 10.5 万元。综上所述，自评标准的上限与下限均高于客观标准，且与相对客观标准的差值较大。

第二，主观标准下的中等收入群体规模仍然偏低。根据 2022 年"人民美好生活需要（公众福利态度）调查"问卷数据，虽然依据客观标准测算的广东、河南、甘肃三省的中等收入群体规模达到了 70% 的目标要求，但是主观标准下三省的中等收入群体规模占比仍然较小，仅为 22.22%。从主观标准下中等收入群体总体来看，该群体具备以下特征：以城市居民为主；受教育程度普遍较高，接受高等教育的比例高；学历为大专、大学本科及以上的占比较大；年龄上以 26~50 岁为主；地区分布比较均衡，主要分布于经济发达省份；职业分布比较分散，但以知识生产服务型行业为主。同时，在客观绝对标准、客观相对标准以及主观标准下，调查测算出中等收入边界群体的规模占比为 8%~14%，整体分布特征与中等收入群体相近，但在受教育程度上与中等收入群体仍有一定差距。

第三，受访者的中等收入群体自我感知受到个体收入水平的显著正向影响。在其他条件不变的情况下，个体年收入每增加 10%，其中等收入群体自我感知大约提高 0.103%。其他控制变量如年龄、婚育状况、户口所在地以及职业类型等个体、工作特征等也会对个体中等收入群体自我感知产生影响。进一步的分析结果表明，个体自评中等收入群体标准可以作为中介变量间接影响个体收入水平与中等收入群体自我感知之间的关系，起部分中介作用。同时异质性分析结果显示，年收入和主观标准对个体中等收入群体自我感知的影响在不同职业类型的群体中有差异。相较于在体制内工作的受访者，在体制外工作的受访者以及无工作的受访者中，年收入对个体中等收入群体自我感知的正向影响较弱。

第四，居民幸福感主要取决于主观自评中等收入标准。在绝对客观和相对客观标准下，成为中等收入群体对居民幸福感均具有一定正向的影响，但其影响并不显著，居民幸福感主要取决于主观自评的中等收入群体标准，主观标准对幸福感的影响更大。这与以往的研究结论相一致，伊斯特林悖论指出，当国家变得富有时，国民的平均幸福感却并未随之提升，经济增长与幸福感之间的关系呈 U 形的变化趋势，幸福感更多受到"相对收入"的影响。年收入与自评中等收入群体的负向差距越大，则对幸福感产生负向影响越大，主观阶层认同越低，处于"相对剥夺"状态，导致幸福感越低。

（二）政策建议

本报告通过调查发现，当前主观标准下中等收入群体规模占比仍然较低，以提高低收入群体收入、扩大中等收入群体比重和合理调节过高收入为主线的收入分配制度改革是实现共同富裕的有效路径。基于前文分析，笔者提出如下政策建议。

首先，从客观标准的角度来看，收入是影响中等收入群体自评标准和感知的重要因素之一，提高个体收入水平是发展的重要目标，要实施有效政策大力发展经济、缩小收入差距，尤其是让经济增长的价值更多地惠及中低收入群体，促进中等收入群体规模的扩大，形成全方位、多维度的增收保障体系，实现全体人民共同富裕。因此，需要实行以下措施扩大中等收入群体规模。一是建立健全居民收入增长长效机制，多渠道促进个体增收。许多中、低收入家庭的主要收入来源是工资，需要完善最低工资制度，提高离退休人员福利待遇。二是加快建设要素市场化配置，通过市场公平竞争，实现劳动力充分流动，规范劳动力市场秩序，为中、低收入群体提供获取高薪的机会，鼓励劳动者自主创业和自谋职业，健全就业创业扶持体系，增加城乡居民收入。三是加强对中等收入群体人力资源的建设，发挥人力资本对个人收入增长的直接作用，加大普惠性人力资本投入，利用税收减免等财税政策，大力发展中等职业教育和职业培训，推动教育事业公平发展，提高城乡居民发展能力。四是坚决落实党的二十大报告中"健全覆盖全民、统筹城乡、公平统一、安全规范、可持续的多层次社会保障体系"的政策要求，扩大社会保险的覆盖面，提升参保质量，缩小城乡参保差距，坚持统筹规划原则，提高社会保障体系与社会经济发展的协调性。五是推进技术创新、制度变革，促使产业升级与结构优化，加速数据产业基础设施建设，增强数据前沿产业技术自主创新能力，推动数字产业与新兴产业融合。构建城市群网络体系，释放经济发展的结构潜能，以城市群为载体，形成高效集聚，创造更多中高收入的就业岗位，奠定扩大中等收入群体的就业、收入增长基础。六是推进产权制度改革，完善法治化产权制度，加强对国有资产与非公有制经济的经济产权、知识产权、私人财产的保护，通过知识产权法治建设为全面创新提供保障。

其次，扩大中等收入群体除了向下兼容、关注低收入群体外，还要着重考虑中等收入边界群体。本报告通过分析发现，城市的中等收入边界群体数量多于农村，经济发达地区的中等收入边界群体数量多于欠发达地区，农村及经济欠发达地区的中等收入边界群体仍具有一定发展潜力。对于选择留在农村工作的中等收入边界群体来说，需要加快落实农民土地财产权，完善农村集体经营性建设用地入市的收益分配制度；加大对农业科技的投入力度，加强数字农业传感器技术和物联网技术开发应用，推动农机智能化转型，利用高技术水平打破农村资源禀赋约束，不断提升农业资源的利用率，提高农业生产率；坚持党的二十大报告中的"发展乡村特色产业，拓宽农民增收致富渠道"的政策建议，打造乡村旅游品牌，加强乡村旅游规划与本地区域发展规划相衔接，促进乡村基层政府和旅游企业的深度合作，通过发展旅游产业来提高农村居民的收入。对于进城务工的中等收入边界群体，需要加强公共就业服务体系建设，进行就业前和在岗进行培训，引导用人单位与农民工依法签订劳动合同，保障农民工的权益与就业；加强针对农民工群体的住房公积金制度建设，在农民工自愿的前提下采用"允许个人缴存、允许地区间转移接续，多缴多贷、少缴少贷"的灵活管理原则，便于农民工群体在城市安居。

值得注意的一点是，农村属于中等收入边界群体的人的学历大多为小学、初中。教育是积累人力资本的重要途径，应当加强乡村教育的基础设施的建设，提升农村教育的现代化水平，确保提供基础的数字教育设施，如投影仪、电脑设备等；增加对农村教育经费的投入，通过财政转移支付、提供奖助学金等措施，缓解农村居民经济负担；加强农村职业教育建设，制定针对农村职业教育的国家优惠政策和优先发展战略，加强产教融通与校企合作，促进职业技术教育转化为实际工作产出，增加农村居民的就业机会；推动入学与户籍解绑，简化入学手续，对接收随迁农民工子女较多的学校在经费配置、教师编制配置方面给予支持，确保农民工子女能享受与城市居民子女同等的教育资源。

最后，本报告通过分析发现，相较于客观中等收入群体标准来说，主观自评中等收入标准对居民的幸福感影响更大。然而，在现有文献中，学者们更多关注扩大中等收入群体政策的客观标准方面，如前文所提到的产业结构改革、产权制度改革等措施，直接或间接地增加中等收入群体的收入，使其达到客观标准，但对于如何达到主观标准却较少提及。在此次调查中，选择 5 万～20 万元作为自评中等收入群体标准的居民占比最大，而 2022 年我国居民人均可支配收入为 36883 元，远低于自评标准中 5 万元这一下限，可见我国的中等收入群体对自身的认同较低。党的二十大报告指出，"物质富足、精神富有是社会主义现代化的根本要求"。实现共同富裕不仅需要关注财富上的富裕，也要关注精神上的富裕，提高中等收入群体的主观认同感是提高其幸福感的重要途径。

对于中等收入群体而言，收入差距过大会导致他们产生较为强烈的"相对剥夺感"，从而对自身认同产生偏差，因此，需要深化收入分配体制改革，规范财富积累机制，提高劳动报酬在初次分配中的比重，保证劳动、资本、技术和管理等生产要素按要素贡献大小得到公平合理的回报。加大转移支付力度，缩小各收入阶层间的收入差距，促使中等收入群体的收入公平感和社会公平感增强。

同时，一部分中等收入者认为自身抗风险能力弱，在房产、医疗、教育等高负担重压下，还需担忧如果出现突发问题是否会落入社会中下层，产生了"中产焦虑"。对此需要打破医疗城乡分割、管理分割的碎片化状态，提高医疗保险的灵活性，发展商业医疗保险，推动各类型的社会救助模式的发展，防止因病返贫，提高中等收入群体应对风险能力；在健全养老保险制度的基础上，大力推动养老服务社会化，提供社区养老等服务，减轻中等收入群体的养老负担；向中、低收入群体提供一定的应急补贴以应对突发状况，如失业补助金等，防止重大事件伤害中等收入群体，提高其安全感；坚持"房住不炒"政策，建立长期住房保障计划，采取廉租房、公共租赁住房、租赁补贴等多种方式解决中、低收入群体住房问题，为中等收入群体提供基本生活保障，减缓其焦虑情绪。此外，需要扩大中等收入群体的政治参与空间，建立多元、多层次的政治参与渠道，提升其政治参与的积极性，由此来增强其能够通过自身能力来掌控自己生活、外部环境的信念，提高中等收入群体的内部效能感。

专题报告二

共同富裕视域下的公众贫困认知：时空差异与影响因素

程 璆 吴小涵

一 导言

党的二十大报告明确指出，"必须坚持在发展中保障和改善民生，鼓励共同奋斗创造美好生活，不断实现人民对美好生活的向往。我们要实现好、维护好、发展好最广大人民根本利益，紧紧抓住人民最关心最直接最现实的利益问题"①。在消除了绝对贫困的时代背景下，"主观贫困"的重要性逐渐上升，成为理解共同富裕视域下相对贫困问题的重要突破点。共同富裕是有差别的，而不是平均化的，是身体自由和精神解放缺一不可的。因此，深化公众对贫困现象和贫困归因认知的研究，对于完善反贫困政策和提高困难群体可行能力具有重要启示。此外，在后扶贫时代，关注政策对象的主观感受及其对自身处境的评判，不仅有助于提升政策效率、降低政策损耗，也可以促使政策更具回应性、透明性和问责性，从而实现社会各主体之间良性互动。

据此，本专题旨在在我国迈向共同富裕的背景下，深入探究公众对贫困问题的态度和观念，比较分析不同时空下公众对贫困归因和收入差距的认知状况及其影响因素，以期为共同富裕视域下的贫困治理提供实证依据和政策建议。

---

① 《习近平：高举中国特色社会主义伟大旗帜 为全面建设社会主义现代化国家而团结奋斗——在中国共产党第二十次全国代表大会上的报告》，中国政府网，2022 年 10 月 25 日，http://www.gov.cn/xinwen/2022 - 10/25/content_5721685.htm。

二 政策背景

（一）共同富裕愿景

2020年后，随着绝对贫困的消除和全面小康社会的建成，我国迈向实现全体人民共同富裕的新发展阶段。2021年8月17日，中央财经委员会举行第十次会议，专门研究扎实促进共同富裕问题。习近平总书记在会上强调，共同富裕是社会主义的本质要求，是中国式现代化的重要特征，要坚持以人民为中心的发展思想，在高质量发展中促进共同富裕。2022年10月16日，习近平总书记在党的二十大报告中再次强调，实现全体人民共同富裕是中国式现代化的本质要求。事实上，自党的十八大以来，党中央已经把逐步实现全体人民共同富裕摆在更加重要的位置上，并通过不断发展经济、消除绝对贫困、全面建成小康社会为促进共同富裕创造良好条件。实现共同富裕是一个长期的过程。要实现共同富裕，建立现代化国家，需要久久为功、长期努力。

共同富裕是城乡经济社会一体化发展的协调富裕。2023年1月颁布的中央一号文件《中共中央 国务院关于做好2023年全面推进乡村振兴重点工作的意见》强调"坚持农业农村优先发展，坚持城乡融合发展，强化科技创新和制度创新，坚决守牢确保粮食安全、防止规模性返贫等底线，扎实推进乡村发展、乡村建设、乡村治理等重点工作，加快建设农业强国，建设宜居宜业和美乡村，为全面建设社会主义现代化国家开好局起好步打下坚实基础"[①]。党的十八大以来，"三农"问题的解决始终是党和国家主要工作重心之一。2020年底，经过8年的不懈奋斗，9899万农村贫困人口全部实现脱贫，832个贫困县全部摘帽，12.8万个贫困村全部出列，区域性整体贫困问题得到解决。[②] 农村民生显著改善，乡村面貌焕然一新。这是全党全国各行各业人民群众艰辛努力

---

① 《中共中央 国务院关于做好2023年全面推进乡村振兴重点工作的意见》，中国农业农村部网站，2023年2月14日，http://www.moa.gov.cn/ztzl/2023yhwj/2023nzyyhwj/202302/t20230214_6420529.htm。

② 《全国脱贫攻坚总结表彰大会在京隆重举行 习近平向全国脱贫攻坚楷模荣誉称号获得者等颁奖并发表重要讲话》，共产党员网，2021年2月25日，https://www.12371.cn/2021/02/25/ARTI1614255651140664.shtml。

的结果。然而，在完成脱贫攻坚之后，仍需注意脱贫群体的返贫监测，提升其内生动力。首先，脱贫户整体基础比较薄弱，收入水平和能力仍然不高。部分贫困边缘户抵御风险能力弱，依赖民政兜底保障。其次，脱贫地区对外界资金、技术和人才的依赖性较强，内生动力较低。因此，既要充分认识脱贫地区防返贫任务的重要性，又要紧密结合当前"三农"工作的中心任务，推进乡村振兴与脱贫攻坚有效衔接，推进共同富裕的进程。

共同富裕是物质财富和精神财富协同增长的全面富裕。共同富裕不仅包括物质生活的富足，还包括人们精神世界的丰盈。实现共同富裕，既要关注城乡产业建设、道路交通、通信、水电等基础设施建设，也要注重培育"四个自信"与社会主义核心价值观。既要落实专项扶贫资金、建立完善动态监测机制、更新优化防返贫支持体系、贯彻巩固脱贫成果的各种举措，还要关注人民群众尤其是艰难脱贫的低收入困难群众对于自身贫困实际的主客观感受。只有这样，才能为全面巩固脱贫攻坚成果、推进乡村振兴和促进城乡一体化协同发展提供方向性的指导。

（二）后扶贫时代的相对贫困治理

脱贫攻坚取得胜利后，绝对贫困问题得到了历史性解决，不仅实现了"共同富裕路上，一个也不能掉队"①，也提前10年完成了《联合国2030年可持续发展议程》的减贫目标。然而，脱贫不是终点，而是承前启后的转折点，是上一个阶段的结束和下一个阶段的开端。后扶贫时代要正视我国当前东中西部经济基础存在较大差异、城乡之间发展协调化程度不够、公共服务地域分配不均等问题。

2020年12月，《中共中央　国务院关于实现巩固拓展脱贫攻坚成果同乡村振兴有效衔接的意见》提出，到2025年实现"脱贫攻坚成果巩固拓展，乡村振兴全面推进，脱贫地区经济活力和发展后劲明显增强"，"到2035年，脱贫地区经济实力显著增强，乡村振兴取得重大进展，农村低收入人口生活水平显著提高，城乡差距进一步缩小，在促进全体人民共同富裕上取得更为明显的实

---

① 《十九届中共中央政治局常委同中外记者见面》，人民网，2017年10月25日，http://cpc.people.com.cn/19th/GB/414745/414893/。

质性进展"的目标。2021 年，《国务院关于国家基本公共服务标准（2021 年版）的批复》强调要"以满足人民日益增长的美好生活需要为根本目的"，"聚焦人民群众最关心最直接最现实的利益问题"。① 同年 11 月，《国务院关于"十四五"公共服务规划的批复》中指出要"持续推进基本公共服务均等化"，"切实兜牢基本民生保障底线，稳步提升公共服务保障水平"。② 党的十九大以来，党和政府始终把人民利益摆在至高无上的地位，获得感、幸福感和安全感也被具体化为人们生活中的"幼有所育、学有所教、劳有所得、病有所医、老有所养、住有所居、弱有所扶"。同时，伴随"全面建成小康社会"及"三大攻坚战"持续推进，党和各级政府在医疗、教育、社会保障、扶贫和乡村振兴上不断落实惠民举措，极大提升了人民群众尤其是低收入困难群体的生活条件和水平。

2021 年 7 月 1 日，习近平总书记在庆祝中国共产党成立 100 周年大会上宣告我国全面建成小康社会，人民群众的生活水平持续提高，基本公共服务不断优化，社会保障体系不断健全，基层公共治理水平不断提升。然而，在不断提升人民生活物质水平的同时，还应提升公众的政策获得感、幸福感和安全感。民生是最重的工作，民心是最大的政治。关注民生福祉，提升生活品质，才能赢取人民群众更大程度的支持和认同，才能更稳健地迈向全体人民的共同富裕。

（三）美好生活需要与公众贫困认知

共同富裕承载了人民对美好生活的向往和期盼，是关切获得感、幸福感和安全感的可持续富裕，是中国共产党人践行初心使命的重要着力点。只有在"幼有所育、学有所教、劳有所得、病有所医、老有所养、住有所居、弱有所扶"上持续发力，才能够使人民的获得感、幸福感、安全感更加充实、更有保障、更可持续。党的十九大以来，在"以人民为中心"思想的指引下，我国政治生活中出现了诸如"美好生活""人民福祉""获得感""幸福感"等关键

---

① 《国务院关于国家基本公共服务标准（2021 年版）的批复》，中国政府网，2021 年 2 月 18 日，https://www.gov.cn/zhengce/content/2021－02/18/content_5587538.htm。

② 《国务院关于"十四五"公共服务规划的批复》，中国政府网，2021 年 11 月 30 日，http://www.gov.cn/zhengce/zhengceku/2021－11/30/content_5654936.htm。

词。它们被纳入我国新时代社会政策创新发展的崭新话语体系，标志着中国社会政策时代的真正到来。

满足贫困群体的美好生活需要，既需要继续提供物质支持，也要注重其内生动力的提升。对于贫困群体而言，其内生能力既包含了感知社会扶贫政策的能力，也包含了感受自身困难状态并采取行动的积极性。在精准扶贫时期，贫困群体内生动力的提升是脱贫攻坚取得圆满胜利的基础，更是现阶段巩固脱贫成果的基础。在新时期，由于人民日益增长的美好生活需要和不平衡不充分的发展之间的矛盾在短期内不会改变，所以仍应坚持扶贫同扶志、扶智的结合，大力培育脱贫地区和脱贫群体的内生动力，并进一步关注其美好生活需要，增进其主观福祉。

三　文献回顾与述评

（一）主观贫困

贫困是全球性问题。联合国将"在全世界消除一切形式的贫困"和"消除饥饿，实现粮食安全"列在可持续发展目标的首位。[1] 伴随贫困内涵的不断丰富和扩展，客观经济收入无法完全适应贫困治理的现实需要，主观贫困（subjective poverty）吸引了学界的研究注意力。从主观贫困角度探究公众认知，既体现了贫困由"他定"向"自决"的转变，又深化了对公众福利需求的理解，实现"身份本位"向"人类需要本位"的转变。[2]

学界对"贫困"进行了理论建构，并不断扩展和更新。被誉为"贫困研究奠基人"的西伯姆·朗特里（Seebohm Rowntree）认为，"贫困是一个人或一群人因缺乏足够的资源而导致基本生存需要无法得到满足"[3]。汤森（Townsend）

---

① 参见《变革我们的世界：2030 年可持续发展议程》，中国外交部网站，2016 年 1 月 13 日，ht-tp://foreignjournalists. fmprc. gov. cn/web/ziliao_ 674904/zt_ 674979/dnzt_ 674981/qtzt/2030kcxfzyc _686343/zw/201601/t20160113_9279987. shtml。

② 岳经纶、庄文嘉、程璨：《贫困认知与贫困治理：基于广东省的调查数据分析》，中山大学出版社，2021，第 133 页。

③ 转引自闫姝雅《宁夏移民安置区农户主观贫困及其影响因素》，硕士学位论文，宁夏大学，2016。

在郎特里研究的基础上首次为"贫困"注入了"相对"的内涵，认为"贫困是个人缺乏获得所属社会的饮食类型、参加公认的活动或拥有广泛认可的生活条件和便利设施的足够资源"①。1993 年，奥本海默（Oppenheim）在《贫困真相》一书中指出，"贫困包括物质、社会和情感上的贫乏"②。森（Sen）则从人的可行能力视角将贫困界定为剥夺人们创造收入、维持正常生活和参与社会活动的可行能力的现象。③ 2001 年，世界银行将贫困定义为福利被剥夺的状态，并引申出广义福利贫困的概念。综上，学界关于贫困的研究逐渐从以收入为核心的单维贫困扩展到以福利为核心的多维贫困。④

20 世纪 90 年代以来，国内学术界对贫困的理解也经历了由"物质生活困难"到"社会排斥""权利剥夺"，再到"能力贫困""缺乏内生动力"的转变。伴随我国贫困治理取得重大胜利，人们越发重视贫困的相对属性和主观属性。具体来说，贫困相关研究越来越重视反贫困政策中"赋权"理念背后的人文关怀，公众贫困认知在后减贫时代的政策制定和贫困治理格局的转型中扮演着越来越重要的角色。⑤

主观贫困是基于客观贫困线不能满足实际需要而衍生的概念，但主观贫困本身会受到客观贫困标准的影响。例如，2020 年以后，我国农村贫困标准以相对贫困为方向，其核心为多维贫困。⑥ 关于贫困线的设定，目前主要有客观贫困线、相对贫困线以及主观贫困线。其中，客观贫困线是被社会普遍接受的最低生活水平所需的物质总量，具有水平平等、影响个体环境主要因素、一致性三个特征。⑦ 相对贫困线则是绝对贫困线的拓展，主要针对低收入群体的收入不平等问题，重点关注收入分配不公和社会公平性等要素。主观贫困线则与客

① Townsend, P., "Poverty in the United Kingdom: A Survey of Household," *Resources and Standards of Living*（1979）.
② Oppenheim, C., *Poverty: The Facts*, Child Poverty Action Group, 1993.
③ Sen, A., *Commodities and Capabilities*, North-Holland, 1985.
④ 闫姝雅：《宁夏移民安置区农户主观贫困及其影响因素》，硕士学位论文，宁夏大学，2016。
⑤ 左停、杨雨鑫：《重塑贫困认知：主观贫困研究框架及其对当前中国反贫困的启示》，《贵州社会科学》2013 年第 9 期。
⑥ 潘文轩、阎新奇：《2020 年后制定农村贫困新标准的前瞻性研究》，《农业经济问题》2020年第 5 期。
⑦ 池振合、杨宜勇：《贫困线研究综述》，《经济理论与经济管理》2012 年第 7 期。

观贫困线相对应，充分考虑贫困群体和社会公众对贫困的主观评价，其制定具有较强的民意属性。[1]

当前，客观贫困标准仍然是世界各国所主要遵循的标准，而研究主观贫困能为反贫困政策效果提供一种补充视角。具体而言，在测量方法上，个体对自身经济状况的评判可以打破客观贫困线难以界定个体基本需求的局限；在理念上，主观贫困线更具民主色彩，体现了普通公众对于贫困的认知态度。[2] 不过，主观贫困线虽然对客观贫困线有所完善和补充，但是本质上仍然是以收入或者消费能力为主要测量标准的"单一"物质贫困线，因此贫困并没有脱离经济收入的传统理解。[3]

国内外学者围绕主观贫困开展了大量研究。Chang 等指出贫穷包含了心理上的因素，有些不属于客观贫困标准的人仍然认为自己贫穷，主观贫困能够反映多维度的家庭生活标准。[4] Alem 等在对埃塞俄比亚的研究中也指出，随着经济实际生活水平的提高，当地居民主观贫困程度仍然较高表明贫困并不能仅仅依靠客观标准测量。[5] 国内学者中，陈立中与张建华最早注意到我国主观贫困线的问题，他们通过测算七个代表性城市的主观贫困线发现，主观贫困线相较于当时城镇贫困人口实际救助标准是很高的，即存在救助标准过低的问题。[6] 早期主观贫困的相关研究关注了城市情况，但没有对农村地区的主观贫困进行探讨，由于我国的绝对贫困和相对贫困皆集中于农村，贫困线调整后减贫重点仍然是农村。[7] 曲大维则认为主观贫困线的度量，是对客观的绝对贫困标准或

---

① 赵璐：《贫困线计算研究综述》，《中小企业管理与科技》（上旬刊）2015 年第 10 期。
② 闫姝雅：《宁夏移民安置区农户主观贫困及其影响因素》，硕士学位论文，宁夏大学，2016。
③ 左停、杨雨鑫：《重塑贫困认知：主观贫困研究框架及其对当前中国反贫困的启示》，《贵州社会科学》2013 年第 9 期。
④ Chang, Q. S., Peng, C. H., Guo, Y. Q., Cai, Z. Y. and Yip, S. F., "Mechanisms Connecting Objective and Subjective Poverty to Mental Health: Serial Mediation Roles of Negative Life Events and Social Support," *Social Science & Medicine* (2020).
⑤ Alem, Y., Kohlin, G. and Stage, J., "The Persistence of Subjective Poverty in Urban Ethiopia," *World Development* 42 (2014): 51 – 61.
⑥ 陈立中、张建华：《中国城镇主观贫困线测度》，《财经科学》2006 年第 9 期。
⑦ 汪晨、万广华、吴万宗：《中国减贫战略转型及其面临的挑战》，《中国工业经济》2020 年第 1 期。

者相对贫困标准所忽视的群体和政策视角的补充。① 整体而言，国内外学者在衡量减贫与社会福利政策效果时，仍然主要使用绝对贫困标准，仅有部分高收入国家使用相对贫困标准，但无论哪一种标准都采用了以收入为基础的客观划分形式，忽视了政策对象的主观感受。②

随着贫困内涵的拓展，主观贫困研究又可以进一步划分为主观贫困线研究和主观福利贫困研究两方面。国内外学者对贫困内涵的认知从单维的收入贫困逐步走向多维的福利贫困，因此建立的新框架使人们对传统贫困的认知得到进一步充实。③ 根据调查问题的不同，主观贫困线可以分为 SPL（Subjective Poverty Line）、LPL（Leyden Poverty Line）、CSP（Centre for Social Policy Poverty Line）三种类型，分别关注受访者关于维持家庭最低收入、对于家庭不同收入水平的评价，以及利用实际可支配收入维持生活的难度三个方面的问题。主观贫困线研究者认为，个体能够更好地反映其自身状况，同时拥有评判自身的最丰富信息，这与客观贫困线由政府与专家以"他定"方式来决定贫困线标准的做法是相反的。客观贫困线制定者本身的"精英属性"使得真正贫困者的实际情况难以得到全面反映。④ 即便如此，这也并不意味着主观贫困标准与客观贫困标准是相互对立的，主观贫困测量仍然可以作为客观贫困测量的重要补充而存在。

国内学者也对主观贫困的影响因素展开了研究。通过对宁夏移民安置区农户主观贫困及其影响因素的研究，阎姝雅发现年龄、家庭规模、家庭劳动力人数、教育水平以及技术能力对农户的主观贫困的影响具有显著的村庄差异性。⑤田雅娟等则利用中国社会调查数据发现居民主观贫困受到家庭收入水平、家庭规模、人口结构、受教育水平、资产积累、医疗支出、家庭困境事件与居住

① 曲大维：《主观贫困线研究述评》，《当代经济》2021 年第 18 期。

② 阎姝雅：《宁夏移民安置区农户主观贫困及其影响因素》，硕士学位论文，宁夏大学，2016。

③ 左停、杨雨鑫：《重塑贫困认知：主观贫困研究框架及其对当前中国反贫困的启示》，《贵州社会科学》2013 年第 9 期。

④ Van Praag, B., Ferrer-i-Carbonell, A., A Multi-dimensional Approach to Subjective Poverty, paper presented at the conference on The Measurement of Multidimensional Poverty, Theory and Evidence, Brasilia, 2005, p. 221.

⑤ 阎姝雅：《宁夏移民安置区农户主观贫困及其影响因素》，硕士学位论文，宁夏大学，2016。

位置的显著影响。[①] 王春超和叶琴比较中国九省的农民工和城市劳动者在收入、健康、教育和医疗保险四个维度的多维贫困的变动发现农民工的多维贫困与全国水平、所在城市的劳动力水平相比是最高的。其中，由于教育回报持续走低，农民工群体倾向于减少教育投入，其后果就是自身人力资本始终难以得到提升，因此难以真正融入城市。[②] 梁土坤基于六省农村低收入群体调查数据指出，我国农村低收入群体主观贫困程度仍然较高，反主观贫困形势严峻。扶贫政策虽然具有一定的效果，但对于降低农村低收入群体主观贫困程度仍然缺乏显著作用。[③] 上述研究从不同视角讨论主观贫困的影响因素，表明我国主观贫困研究逐渐向精细化方向纵深和推进。

（二）贫困归因

"归因"是心理学词语，表示人的行为都出于某种原因，最早出现于奥地利心理学家海德在 1858 年的著作《人际关系心理学》中。[④] 1967 年，塞利格曼（Seligman）及其合作者通过动物实验提出习得无助归因理论，即个人行为的产生与被试对象对情境的感知有关，当被试对象认为自己无能为力时，则倾向采取消极态度和付出更少的经历。[⑤] 阿伯拉姆森（Abramson）等用归因概念与原则解释习得无助归因理论中人的行为。他们认为，如果人们将事件的发生归因于非内在的、稳定并且具有普遍性的要素，可能不会出现习得性无助，甚至会采取积极的行动。[⑥] 1971 年，班杜拉（Bandura）提出自我效能感归因理论，认为个体的自我效能感对取得成就行为的动机具有决定性作用。[⑦] 韦纳

---

① 田雅娟、刘强、冯亮：《中国居民家庭的主观贫困感受研究》，《统计研究》2019 年第 36 期。

② 王春超、叶琴：《中国农民工多维贫困的演进——基于收入与教育维度的考察》，《经济研究》2014 年第 12 期。

③ 梁土坤：《反贫困政策、家庭结构与家庭消费能力——基于六省城乡低收入家庭调查微观数据的实证分析》，《贵州社会科学》2019 年第 6 期。

④ 郭振芳：《归因理论研究综述》，《科技信息》（科学教研）2007 年第 32 期。

⑤ Overmier, J. B., Seligman, M. E. P., "Effects of Inescapable Shock upon Subsequent Escape and Avoidance Responding," *Journal of Comparative and Physiological Psychology* 63 (1967): 28–33.

⑥ Abramson, L. Y., Seligman, M. E. P., Teasdale, J. D. "Learned Helplessness in Humans: Critique and Reformulation," *Journal of Abnormal Psychology* 87 (1978): 49–74.

⑦ Bandura, A., "Self-efficacy: Toward a Unifying Theory of Behavioral Change," *Psychological Review* 84 (1977): 191–215.

（Weiner）将动机理论与归因理论结合起来，发展出成败归因理论，他认为归因影响期待和情感的变化，同时这种归因将会促动后续行为，成为行为的动因。[1] 这里的归因包含个人归因和人际归因，核心内容就是个人或他人对某项任务成败的归因，会通过情感中介产生不同行为结果。[2]

1969 年，Feagin 对贫困归因与福利政策之间的关系进行研究，并提出了个人归因（能力弱、懒惰、松懈）、结构归因（失业、歧视、工资）、命运归因（坏运气，疾病）的分析框架。Feagin 发现，受教育程度较高的人和中产阶级者倾向于认为贫穷是由个人造成的，从而使得他们对于福利改革秉持较低的支持态度。[3] Kluegei 对福利支持与社会或个人认同之间的关系进行回归分析，得出了与其一致的结论。[4] 进入 20 世纪 90 年代，关于贫困归因的研究得到更多关注，人们愈加关心非专业人士对贫困归因的看法。Zucker 和 Weiner 发现，政治保守派更倾向于个人归因，而自由派倾向于结构归因。[5] 此外，有研究对西欧国家的贫困归因问题进行探究，发现"个人职责 – 社会职责 – 个人命运 – 社会命运"的归因框架，并指出西欧国家公众倾向将个体贫困归因于社会。[6] 1994 年，Harper 通过探究英国人对发展中国家的贫困归因，提出了贫困归因的"四元素因子"框架，即"穷人自身 – 当地政府 – 自然环境 – 富国"。[7] 从现有关于贫困归因的测量结果可以看到，公众的贫困归因与社会福利政策制定、执行环境以及政策效果有密切关系。

贫困归因的测量方式也是学者们关注的重点。虽然学者们建构了不同的贫困归因模型，但在实际测量中，Feagin 的三因素结构，即"个人 – 结构 – 命运"，仍然是量表的主要建构基础。我国目前测量贫困归因的量表主要是《中国大陆版

---

[1] 转引自张爱卿《归因理论研究的新进展》，《教育研究与实验》2003 年第 1 期。

[2] Weiner, B. , "Intrapersonal and Interpersonal Theories of Motivation from an Attributional Perspective," *Educational Psychology Review* 1 (2000): 1 – 14.

[3] Feagin J. R. , "Poverty: We Still Believe That God Helps Those Who Help Themselves," *Psychology Today* 6 (1971): 101 – 129.

[4] 转引自吴胜涛、张建新《贫困与反贫困：心理学的研究》，《心理科学进展》2007 年第 6 期。

[5] Zucker G. S. , Weiner B. , "Conservatism and Perceptions of Poverty: An Attributional Analysis," *Journal of Applied Social Psychology* 23 (1993): 925 – 943.

[6] 吴胜涛、张建新：《贫困与反贫困：心理学的研究》，《心理科学进展》2007 年第 6 期。

[7] Harper D. J. , "Accounting for Poverty: From Attribution to Discourse," *Journal of Community & Applied Social Psychology* 6 (1996): 249 – 265.

贫困归因问卷》（Chinese Mainland Poverty Attribution Questionnaire，CMPAQ），其包含了负担命运、社会制度、个人能力、个人家庭、地理环境5个分量表，共32个项目，采用6分类的李克特量表法进行度量（1 = 非常不赞同，6 = 非常赞同）。该量表主要基于两个量表基础进行设计：一是 Shek 编制的贫困归因量表，内含10个项目，4个维度，采用李克特六点记分方式；[1]二是吴胜涛和张建新对农民工群体的贫困归因量表，由32个项目，5个维度构成，并采用李克特五点记分方式。[2]

当前国内贫困归因研究主要从心理学和教育学角度进行探讨，包括对贫困问题的心理学反思、特定群体的贫困归因与其人格差异[3]、贫困归因与心理健康关系探究[4]、贫困归因与社会剥夺之间的影响机制[5]、贫困学生的人格特征与自我效能的关系研究[6]等。此外，也有少量研究以贫困归因的类型学划分为基础，探讨影响我国居民贫困归因的特征及因素，建立了我国居民贫困归因的分析框架，提出个体缺陷型、命运禀赋型、个体能力型、文化禀赋型和社会制度型5个维度的归因方式，并提出"文化禀赋"的贫困归因类型——形容由于文化资本不足而导致的贫困。[7]

本报告认为，精准扶贫之后，绝对贫困问题得到解决，相对贫困逐渐成为国家贫困治理的主要任务。伴随公众对贫困问题认识的深化，在新的时代背景下，公众贫困归因的时空变化和解释因素仍然有待进一步探究。

---

[1] Shek，D. T. L.，"Chinese People's Explanations of Poverty：The Perceived Cause of Poverty Scale，" *Research on Social Work Practice* 5（2003）：622 – 640.

[2] 吴胜涛、张建新：《贫困与反贫困：心理学的研究》，《心理科学进展》2007 年第 6 期。

[3] 张国政、张晓非：《中西部农民心理贫困与塑造人格现代性》，《雁北师范学院学报》2004年第 4 期。

[4] 王晋、苗丹民、廖成菊、彭李、刘耘、甘利英、冯正直：《重庆市贫困人口归因方式和心理健康的相关研究》《重庆医学》2011 年第 35 期；王佳、蒋娟、刘颖、冯正直、王毅超：《三峡库区贫困人口归因方式与心理健康的关系》，《中国健康心理学杂志》2018 年第 2 期。

[5] 赵伦：《相对贫困从个体归因到社会剥夺》，《商业时代》2014 年第 18 期。

[6] 秦启庚、王新法：《贫困优秀学生的人格特征研究》，《心理科学》2004 年第 6 期；王有智、王淑珍、欧阳仑：《贫困地区初中生学业自我效能、内部动机与学业成绩的关系研究》，《心理科学》2005 年第 4 期。

[7] 程中培：《我国居民贫困归因及其影响因素研究——基于 2017 年中国社会状况综合调查数据》，《湖南农业大学学报》（社会科学版）2021 年第 4 期。

（三）贫困认知税

"认知税"是贫困情境对决策过程中认知资源的损耗，也是贫困者短视、缺乏追求以及对机会不敏感，进而陷入持续贫困、代际贫困的重要原因。将"认知税"引入贫困研究能够为贫困治理提供新思路。"认知税"最早是经济学家 Mani 等在对印度的蔗农收获前后的认知能力进行测量时发现的。他们发现贫穷削弱了农民的智力和执行控制力，并以产生心智负担的方式向"农民"收税。[①] 世界银行相关文件指出，基于认知负担加剧而产生的贫困等于向贫困者征收的"税"，即"认知税"。[②]

"认知税"的相关研究在我国仍处于起步阶段，主要集中于"认知税"的概念界定以及解析其与贫困之间的作用机制。谢治菊与钟金娴认为，贫穷加剧了个体的决策困难程度，基于心理、社会和文化因素的认知资源耗竭所产生的现象称为"认知税"——行为主体在进行决策时受到情境、自身认知因素的限制，导致其产生短视、不愿追求以及对机会不敏感等问题。缺乏特定物质与社会资本的支撑会导致"认知"的扭曲，还会进一步影响决策行为，产生自损性决策。[③] 丁建军认为，贫困认知税同样基于穷人的"非理性决策"，穷人的决策受到心理因素和社会因素的制约，也会因"贫困情境"形成更不合理的决策。[④] 顾世春认为，贫困对个体的认知与才智的消耗就是向贫困者征收的"认知税"。这种作用机制表现在两个方面，其一是贫困对个体的认知与才智的消耗，其二是贫困者的思维模式使其固化了对自我的认知。[⑤]

"认知税"是理解持续贫困的一个新视角，其作用机制在于穷人倾向于关注自身的稀缺资源并产生注意力偏向。由于这些不当认知，贫困户常常会放弃

---

① Mani, A., Mullainathan, S., Shafir, E, et al., "Poverty Impedes Cognitive Function," *Science* 341 (2013): 976 – 980.

② World Bank Group, *World Development Report (2015): Mind, Society and Behavior*, Duke University Press, 2014, p. 23.

③ 谢治菊、钟金娴：《"认知税"：一个理解持续贫困的新视角》，《华中农业大学学报》（社会科学版）2020 年第 6 期。

④ 丁建军：《"认知税"：贫困研究的新进展》，《中南大学学报》（社会科学版）2016 年第 3 期。

⑤ 顾世春：《激发贫困群众脱贫致富的内生动力研究——从"贫困认知税"的视角》，《沈阳干部学刊》2018 年第 1 期。

眼前的机会而陷于持续贫困当中。此处的"稀缺资源"即丁建军所指出的由"认知资源和思维模式"所引致的对于匮乏和自身定位的刻板印象。对于"认知税"如何加剧困难群体的贫困，丁建军认为有三条解释路径。一是贫困情境消耗认知资源，即人们长时间处于稀缺状态时，穷人的认知资源会大量倾向于解决眼前的问题，从而使决策者"短视"，进而明显地削弱其认知能力和执行能力。二是贫困的情境塑造贫困者的思维模式，即当贫困者长时间处于贫困状态时，他们将形成一种对于自身的认知和定位的世界观与价值观。这种认知通常是消极的，例如自身缺乏竞争力、不被尊重等。在此认知路径下，贫困者缺乏足够动机和信念参与尝试和冒险，从而错失摆脱困境的机会。三是贫困情境中缴纳的"社会资本税"，即贫穷者所处群体的资金周转往往仅限于身边人的储蓄，而身处其中就必须在别人困难时施以援手，即出借资金等资源以获取自己化解预期风险的社会资本。[1] 谢治菊与钟金娴则从关注重点、不当认知以及教育重视不足三个方面解释"认知税"如何持续性产生贫困。[2]

（四）文献述评

综上所述，主观贫困和贫困归因的相关研究在学界日渐受到重视，也有部分研究开始关注贫困认知税的影响。但本报告认为仍有以下几点值得拓展和延伸。

首先，贫困内涵的拓展和测量手段有待更新。从经济收入和家庭消费方面来测量贫困的局限性日渐明显，许多学者逐渐转向从政策对象主观福祉的角度探讨贫困标准，体现了政策评估从"他定"到"自决"的新趋势。然而，虽然贫困治理研究开始向主观贫困标准和主观贫困感受拓展，但是相关研究的数量还比较少，也缺乏对公众主观贫困研究的本土化特色化理论解释。

其次，贫困归因的研究仍然有待关注。部分学者虽已尝试探究贫困归因的分类机制，但仍然集中于理论阐释，缺少实证检验。同时，关于不同群体贫困归因差异的分析仍然较匮乏，而识别不同群体的贫困归因感知对减贫政策制定

---

① 丁建军：《"认知税"：贫困研究的新进展》，《中南大学学报》（社会科学版）2016 年第 3 期。
② 谢治菊、钟金娴：《"认知税"：一个理解持续贫困的新视角》，《华中农业大学学报》（社会科学版）2020 年第 6 期。

和政策效果评估具有重要影响。据此，结合当前共同富裕建设背景，有必要进一步深化对公众贫困归因的探讨，为后扶贫时代的减贫治理制度设计提供启示。

最后，贫困认知税的相关研究亟待深化。已有文献对"认知税"与贫困之间的相互作用机制进行了一定揭示，但目前研究仍然是从规范视角论证贫困与"认知税"之间的作用机理，尚未与实证研究结合起来。"认知税"是否会通过影响公众的主观贫困与福利态度从而对其贫困认知产生影响？其作用机制是否与公众的个人特征存在统计上的相关性？这些问题仍然需要进一步的探究证实。

四 变量操作化与研究方法

（一）数据说明

本研究使用中山大学社会政策调查研究团队开展的"人民美好生活需要（公众福利态度）调查"2018 年、2020 年、2021 年以及 2022 年四期数据，这四期数据采用相同的抽样规则①，并集中关注了公众对于贫困、不平等社会现象的态度和看法，为探究公众贫困认知的时空差异和影响因素提供数据支撑。在剔除缺失值后，四个年份最终样本量分别为 9310、10834、5585 以及 7884，样本总量为 33613。

（二）变量操作化与描述性统计

"人民美好生活需要（公众福利态度）调查"问卷设计了贫困归因题项，在"您认为您当地收入差距大吗"与"为什么会有穷人呢"两个题目中，调查者分别要求被访者用"1～5"五个分值表示自身收入差距感受（分别为"非常小""比较小""一般""比较大""非常大"，分值越大则表示认为收入差距越大）。此外，问卷将贫困归因操作化为 6 个定类选项，每一项表达被访者的不同态度。基于学界关于贫困归因类型学划分的现有研究成果，本报告将

---

① 四个年份调查问卷的问题与答项会存在轻微差异，但经过数据净化与重新编码后已基本符合研究需要。

选择"运气不好"（2018年、2020年）或者"缺乏机会"（2021年、2021年）划分为认同宿命论，将选择"懒惰"（2018年、2020年、2021年、2022年）、"缺乏技能"（2018年、2020年），或"能力低下"（2021年、2022年）划分为认同个体论，将选择"社保不完善"（2018年、2020年、2021年、2022年）、"市场经济结果"（2018年、2020年），或"社会不平等"（2021年、2022年）划分为认同结构论。

本研究以调查中"您认为自己属于哪一阶层"（2018年、2020年、2021年）和"您是否认同自己为中等收入群体"（2022年）两个问题的答案作为主要自变量——社会阶层认知的测量。由于2022年该题项设置有轻微变化，本研究将其统一编码为中等收入群体主观认同为"1"，否则为"0"的二分变量。此外，四次调查每年选取三个省份，共选取了东、中、西部八个不同省份，若将四年的数据进行加总分析，存在中部样本基数偏少的问题，因此地区差异讨论将主要基于2022年调查的广东、甘肃和河南三个省份展开。

同时，在本研究中，个体的人口学特征与社会经济地位等维度将被作为控制变量纳入。其中，受教育程度根据接受教育的年限进行转化，婚姻状况变量包括表示已婚、未婚/离婚，年收入则根据现有标准分为五类，由低至高分别赋值为1~5。此外，职业状况重点关注在职群体与失业群体的福利态度差异，操作化为"1"为在职，"0"为待业的虚拟变量，被访者的户籍（是否为本地人）与户口类型（农业户口还是非农业户口）也操作化为虚拟变量。变量基本情况和描述性统计如表1与表2所示。

表1 变量基本情况

变量	操作化	最小值	最大值
因变量			
收入差距感知	分值越大认为收入差距越大	1	5
贫困归因感知	1表示认同宿命论，2表示认同个体论，3表示认同结构论	1	3
自变量			
社会阶层认知	认为自己是中等收入群体=1，否=0	0	1
地域差异	广东省=1，河南省=2，甘肃省=3	1	3

变量	操作化	最小值	最大值
控制变量			
性别	男性 = 1，女性 = 0	0	1
年龄	被访者在调查当年的年龄	19	105
受教育年限	被访者受教育年限，小学文化 = 6，初中文化 = 9，高中、职高、技校、中专 = 12，大专、本科 = 16，硕博士 = 19	6	19
婚姻状况	已婚 = 1，未婚/离婚 = 0	0	1
职业状况	在职 = 1，待业 = 0	0	1
年收入情况	年收入≤1.2万元 = 1，1.2万元 < 年收入≤2.2万元 = 2，2.2万元 < 年收入≤8万元 = 3，8万元 < 年收入≤15万元 = 4，年收入 > 15万元 = 5	1	5
是否为流动人口	本地人 = 0，外来人口 = 1	0	1
户口类型	农业户口 = 1，非农业户口 = 0	0	1

表2　变量描述性统计

变量	均值（标准差）			
	2018 年	2020 年	2021 年	2022 年
因变量				
收入差距感知	3.590 (1.102)	3.384 (1.118)	3.509 (1.085)	3.436 (1.141)
贫困归因感知	2.699 (0.486)	2.675 (0.502)	2.058 (0.772)	2.032 (0.724)
自变量				
社会阶层认知	0.309 (0.462)	0.423 (0.494)	0.462 (0.499)	0.225 (0.418)
地域差异	1.789 (0.806)	1.701 (0.805)	1.596 (0.762)	1.816 (0.821)
控制变量				
性别	0.557 (0.497)	0.634 (0.482)	0.563 (0.496)	0.559 (0.497)
年龄	35.510 (11.890)	37.500 (11.790)	38.060 (10.940)	39.130 (12.410)

续表

变量	均值（标准差）			
	2018 年	2020 年	2021 年	2022 年
受教育年限	13.060 (3.227)	13.300 (3.258)	13.57 (3.101)	13.370 (3.255)
婚姻状况	0.658 (0.474)	0.671 (0.470)	0.727 (0.445)	0.702 (0.457)
职业状况	0.735 (0.441)	0.650 (0.477)	0.885 (0.319)	0.830 (0.376)
年收入情况	2.612 (1.086)	2.971 (1.149)	3.275 (1.086)	3.143 (1.182)
是否为流动人口	0.211 (0.408)	0.258 (0.437)	0.263 (0.440)	0.345 (0.476)
户口类型	0.566 (0.496)	0.531 (0.499)	0.519 (0.500)	0.511 (0.500)
样本量	9310	10834	5585	7884

（三）研究方法

本报告主要采用 multinominal logistic 模型（以下简称"mlogit 模型"）、ordered logistic 模型（以下简称"ologit 模型"）（或 OLS 模型）对数据进行回归分析。

首先，本报告尝试探究公众收入差距感知的影响机制。鉴于收入差距感知为有序的有序多分类变量，因此本报告先尝试使用 ordered logistic 回归模型，即 ologit 模型进行多元统计分析，并对模型统计回归结果进行平行性检验。若不能通过，本报告将采用 OLS 模型对收入差距感知进行回归分析。此外，由于贫困归因感知为无序多值定类变量，本报告选择 multinominal logistic 回归模型进行回归分析。

需要说明的是，在回归分析中，两个模型主要计算在控制其他解释变量的条件下，某一解释变量一个单位的变化对某一类别相对参照类型的对数比率值。然而，无论是 ologit 模型还是 mlogit 模型，都可用来测量和计算自变量对因变量选择概率的影响。ologit 模型和 mlogit 模型不能反映各自变量对于因变量的真实影响程度，因此各自变量对于因变量的影响程度和方向需要通过计算得到。若要对自变量的影响进行比较，就需要在此基础上计算出自变量对于因变量的边际贡献，即在其他变量取均值时，某一变量变动一个单位对因变量的选择造成的概率影响程度。因此，需要借助相关数据分析工具计算出各个变量相应的优势比（odds ratio），即通过优势比（odds ratio）来对各自变量的回归系数进行解释。

五　公众贫困认知的时空差异

（一）公众贫困认知的年份差异

1. 公众收入差距感知的年份差异

关于公众收入差距感知的测量，调查问卷中以1～5表示收入差距感知从"比较小"向"非常大"的递进，分值越大则表明收入差距越大。图1表示四次调查问卷中的收入差距感知的年份差异。结果显示，这四个年份我国公众收入差距感知整体较高。只有较少的人认为我国当前的收入差距"非常小"，分别为2.89%、4.23%、2.31%以及3.07%，总体呈现围绕3%上下波动的态势。此外，从图1可以看出每一年的调查中认为收入差距"比较小"（18.50%、22.42%、22.86%和26.47%）的占比呈现逐年扩大的趋势，其中2018年到2020年和2021年到2022年的增幅大约为4个百分点。

2017年，党的十九大将"精准脱贫"列为决胜全面建设小康社会三大攻坚战之一，自此我国进入打赢"脱贫"攻坚战的冲刺阶段，并于2020年底如期完成战胜绝对贫困的阶段性减贫目标。2021年1月，中央一号文件明确指出要将巩固脱贫攻坚成果与乡村振兴有效衔接，同月，国家乡村振兴局成立。可以发现，我国在两个时期对于"三农"问题和贫困问题的密集性资源投入可能弱化部分公众的收入差距感知。

与此同时，在四次调查中，认为我国的收入差距"比较大"的人数都是最多的（占比分别为40.11%、38.23%、45.57%和41.95%）。数据显示，2020年公众对于较大收入差距的认知比重较2018年有一定下降，在2021年调查中呈现增长趋势后，在2022年又出现一定回落。此外，可以发现有超过半数的人选择"比较大"和"非常大"，2018年和2021年两个年份的受访者在该两

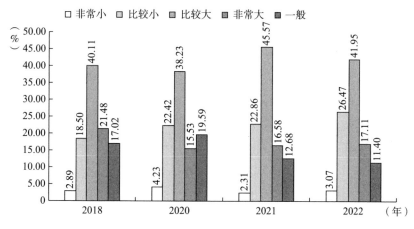

图 1　公众收入差距感知年份差异

项上的比重之和均超过了 60%，分别为 61.59%、62.15%。由此本报告认为，从公众收入差距感知现状看，从公民贫困感知的角度寻找完善后贫困治理时代政策有益思路愈加重要。

图 2 呈现本次调查中各年份受访者对不同收入差距的态度和标准差，从标准差中我们可以看到调查所选取的样本取值波动较小。根据均值的变动可以看到在这四个年份中，受访者对于收入差距的认知集中在"一般"上下波动，并呈现下降的趋势，印证了我国扶贫事业取得的阶段性成就，但是从 2021 年的小幅上升可以看出相关的社会政策成效以及取得的成果仍然不稳定，还需要在新阶段持续巩固。

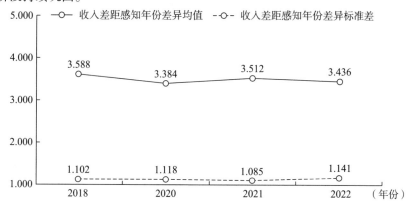

图 2　公众收入差距感知年份差异（均值比较）

2. 公众收入差距感知的年份差异（广东省）

图3与图4呈现四次调查中广东省公众收入差距感知的年份差异。如图4所示，广东省公众对于收入差距的感知与全国调查中呈现的占比基本一致。从广东省的数据来看，该省公众对于收入差距感知的变化幅度最小，且呈现平稳下降的趋势，标准差差异也较小，这在一定程度上说明调查数据变动幅度具有一致性，测量结果亦较为可靠。

从图3来看，广东省公众收入差距感知的变动与全国三个省份的调查数据中呈现的趋势非常相似。具体来说，广东省样本中认为收入差距"非常小"的数据呈现N形变化，即同样在2020年和2022年分别存在波动上涨的迹象；而认为收入差距"比较小"的人数也呈现逐年上升的趋势。虽然2018年和2020年广东省在该项目上的占比小于全国范围的调查结果，但是在2020～2021年出现上涨，并在2022年超越全国数据在该项上的比重，达到了26.87%。与全国调查中在收入差距"比较大"的选项中呈现的下降—上升—再下降的趋势不同，广东省公众对此的态度呈现一定差异，即认为收入差距较大的人数在2021年达到最高值44.33%后在2022年回落到40.76%。然而，将其与认为"非常大"的比例进行求和后会发现（见图3），尽管两项合并后占比仍然逼近60%，但是与2021年广东省在该两项上的占比相比有所降低，为58.08%，这与全国数据呈现的N形变化一致。

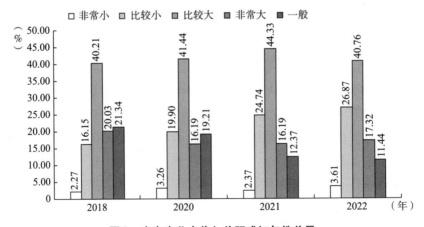

图3 广东省公众收入差距感知年份差异

2021年6月，广东省印发的《广东省乡村振兴驻镇帮镇扶村工作方案》

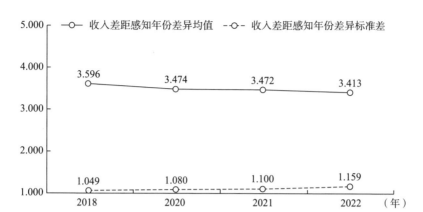

图4 广东省公众收入差距感知年份差异（均值比较）

指出，要采用组团式结对帮扶，以"党政机关＋企事业单位＋科研力量"的形式广泛动员各界力量，在全省开展助镇帮镇扶村工作。[①] 相比之下，河南省与甘肃省目前巩固脱贫攻坚成果的形式并未以全面全域推开为基础，这可以一定程度上解释广东省2022年公众收入差距感知中"非常小"和"比较小"的占比为何均超过全国数据样本。

3. 公众贫困归因感知的年份差异

本报告关于贫困归因感知的测量采用"为什么会有穷人"的提问方式，"1～5"分别表明不同态度。其中2018年与2020年对于宿命论的测量采用的答项为"运气不好"，2021年与2022年为"缺乏机会"；而在个体论的测量上，2018年与2020年采用的是"懒惰、缺乏美德、缺乏技能和品质"，2021年与2022年采用的是"懒惰和能力低下"；在结构论上，2018年和2020年将其操作化为"社会保障制度不完善和市场经济的必然结果"，而2021年与2022年为"社会保障不完善和社会不平等"。虽然题项的具体提问存在细微的差异，但是与Feagin的个人－结构－命运三因素结构分类保持一致。具体而言，本报告将贫困归因感知重新编码为"1～3"，其中"1"表示宿命论（有穷人是因为"运气不好、缺乏机会"），"2"表示个体论（懒惰、缺乏美德、缺乏必要

---

① 《〈广东省乡村振兴驻镇帮镇扶村工作方案〉印发！将分类分级帮扶全省1127个乡镇》，河源市乡村振兴局网站，2021年6月10日，http://www.heyuan.gov.cn/hysfpj/gkmlpt/content/0/441/post_441561.html。

的教育和技能、能力低下），"3"表示结构论（社会保障制度不完善、市场经济的必然结果、社会不平等）。个体论强调贫困的内部归因，而宿命论和结构论强调外部归因，倾向于认为贫困是客观原因造成的。对这四个年份调查数据中基于贫困归因感知的选项进行整合之后，可以发现四次调查以 2020 年为分割线，呈现了两种差异较大的公众贫困归因感知模式。

如图 5 所示，在 2018 年与 2020 年，公众对于贫困归因的整体态度图像较为一致，基本呈现为贫困归因集中在个体论和结构论，二者分别占据归因的近三成和七成，宿命论占比最小（1.31% 和 1.65%）的模式。然而，在 2021 年之后，三种归因的占比发生了较大的变化，三种态度的分布更加均衡。在 2021 年与 2022 年，三种态度均产生了不同程度的改变。其中，宿命论和个体论的归因占比大大增加，分别为 26.93%、24.63% 和 40.04%、47.39%，而认为贫困是基于结构性因素而产生的人数占比由 2020 年的 69.09% 锐减至 2022 年的27.98%。而认为贫困更多是个人责任的人数占比升至第一位并呈现不断扩大的趋势。

"十三五"期间，我国贫困人口数量每年净减少 1000 万人以上。国家和政府消除贫困的不懈努力提振了公众的信心，也对公众的贫困认知产生了形塑作用。可以发现，样本中部分人对结构论中提到的"社会保障制度不完善""市场经济的必然结果""社会不平等"的归因相对弱化，并转而从个体自身和社会上寻找原因。这表明，国家和政府制定相关政策时要逐渐转变瞄准的重点，从扶贫真正转变到扶志和扶智上来。另外，公众贫困归因认知的变化也与问卷答项表述方式不同有一定关系。Feagin 的贫困归因分析中，将宿命维度操作化为"坏运气和疾病"，而个人维度的测量则集中于"能力弱、懒惰和松懈"，结构维度从"失业、歧视和工资"三个方面。由上述关于问卷设计的变化可知，问卷的题项在改变具体用词时并没有跳脱出宿命 - 个人 - 结构的维度，因此本报告倾向于认为变化主要是政治与历史环境因素造成的。这也启示我们在后续的调查和研究中，仍然要持续关注该项测量的变化，谨慎分辨不同维度的操作化可能给测量结果造成的影响。

4. 公众贫困归因感知的年份差异（广东省）

图 6 呈现的是广东省公众的贫困归因感知年份差异，与全国的测量结果对比可以发现两者的变化趋势基本一致，均以 2020 年为分界线呈现两种截然不

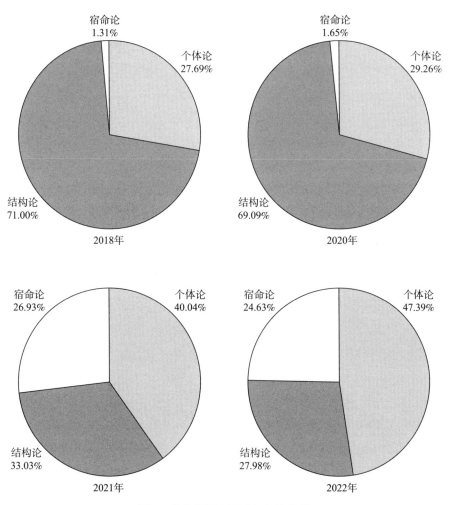

图5　公众贫困归因感知年份差异

同的归因认知模式。虽然二者在不同贫困归因态度的占比有细微的波动，但总体变化模式是一致的，均从结构论为主要归因转向宿命论和个体论为主要归因，并展现出个体归因不断扩大的趋势。

此外，"懒惰、缺乏美德、缺乏技能和品质"与"懒惰和能力低下"均为个体层面的提问，但是后者的涵盖面更广，即更加体现能力的综合性要求。因此，与已有研究关注到被访者更加注重生产功能和就业功能一样，公众强化了"机会公平"的关注，不再只是强调传统的再分配模式或者简单的"由富济贫"，而是关注如何通过再分配实现"成长机会"的相对公平，即"渠道公平"。①

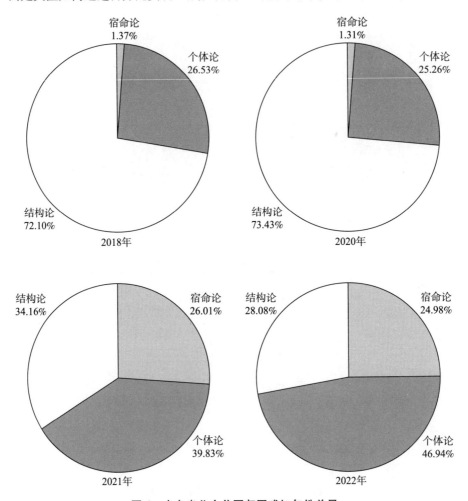

图6 广东省公众贫困归因感知年份差异

（二）公众收入差距感知的地域差异

1. 公众收入差距感知的省际差异

首先，我国居民收入差距感知呈现东部—西部—中部逐渐减小的趋势。从2022年选取的三个省份的数据来看，我国公众对于收入差距的感知仍以"比

---

① 万国威：《中国大陆弱势群体社会福利态度研究》，《公共管理学报》2015年第1期。

较大"为主（见图7）。三个省份中，认为我国收入差距"比较大"和"非常大"的占比总数均超过一半，其中广东省最大，为63.23%；其次是甘肃省，为60.53%；河南省最小，为51.33%。值得一提的是，在认为收入差距"比较小"和"非常小"的人数占比上，也呈现几乎一致的变化趋势。而认为收入差距"非常小"虽然占比在所有选项中最小，但表现出河南省和甘肃省大，广东省最小的规律。需要注意的是，认为收入差距"比较小"和"非常小"的占比增幅在广东省和甘肃省与甘肃省和河南省之间呈现先陡然上升而后放缓的趋势，在"非常小"的选项上分别增加了1.32个百分点和0.12个百分点；在"比较小"的选项上分别增加了8.14个百分点和2.00个百分点。而在认为收入差距"比较大"的答项上，下降幅度也具有类似的表现，从广东省到甘肃省下降了2.8个百分点，而从甘肃省到河南省仅下降了1.77个百分点。若将河南省的收入感知在各项上的占比与广东省相比，这个变化的斜率则更加大，说明与甘肃省相比，河南省与广东省的公众在收入差距感知上有相对更大的分化。

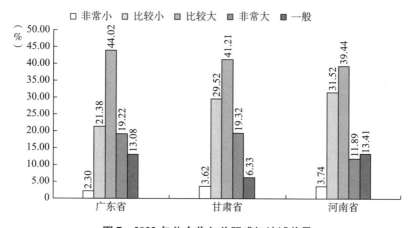

图7　2022年公众收入差距感知地域差异

此外，从认为收入差距"非常大"的占比上看，三个省份的占比人数分布呈现广东省和甘肃省基本相同，而河南省下凹的U形模式。由上述分析可以得出初步结论：在选取的三个省份中，广东省受访者展现了最高的收入差距感知，而河南省对于收入差距的感知则相对是较小的。图8展示了此次抽样调查中公众收入差距感知这一项的均值和标准差，从均值折线可以明显看到公民收入差距感知从广东省到甘肃省再到河南省表现为逐渐降低的模式。而三个省标准差数据表现基本一致，说明三省抽样数据稳健性均较好。

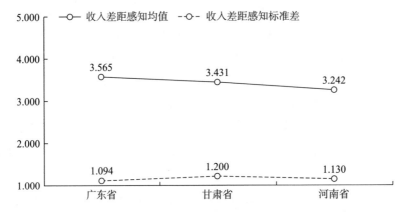

图8 2022年广东省公众收入差距感知地域差异（均值比较）

2.公众收入差距感知的地域差异（广东省内）

2022年广东省公众收入差距感知强度从珠三角、粤东、粤西、粤北呈现先下降后上升的趋势。具体而言，广东省公众对于收入差距的感受主要集中在"比较大"和"非常大"两项，两项加总后占比均超过60%，珠三角、粤东、粤西、粤北占比分别为64.68%、63.12%、60.15%以及63.06%。"非常小"和"比较小"两项加总后整体上也表现出对应的先上升后下降的趋势，依次为22.14%、25.70%、25.60%以及23.22%，粤东与粤西在该项上的变化幅度不大，表明2022年两地的受访者对收入差距较小的感知具有一致性（见图9）。

通过上述分析，我们可以发现广东省内珠三角地区公众对于收入差距的感知最为强烈，而粤西地区公众对此感受相对较弱，而后依次为粤东地区和粤北地区。而图10的均值折线图亦印证前述收入感知强度由珠三角地区沿粤东、粤西和粤北地区先下降后上升的趋势。在均值曲线中可以看出广东省三地样本变异程度基本一致，测量具有较好的稳健性。

基于对图表的分析，我们可以看到居民对于收入差距的感知首先与地方经济发展水平有一定的关系。无论是全国的东、中、西部的U形变化趋势，还是广东省由珠三角到粤东、粤西再向粤北的先下降后上升的变化趋势，在经济最发达和最滞后的地区，人们的收入差距感知较强。然而，在2021年的GDP排名中，广东省的GDP为全国第一，增速为8%；河南省排在第5名，增速为

6.3％；甘肃排在第 29 名，增速为 6.9％。对比甘肃省呈现较河南省更高的公众收入差距感知和更低的经济发展水平可知，在内陆地区，影响居民收入差距感受的因素不仅仅是经济发展水平。

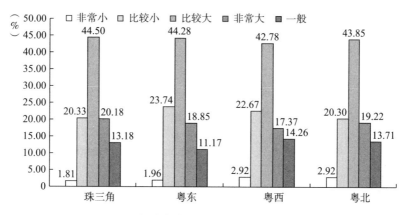

图9　2022 年广东省公众收入差距感知地域差异

从广东省的角度来看，在 2021 年广东省 21 个地级市的 GDP 排名中，粤北五市的经济实力相对较弱，分别位于全省 21 个地级市的第 15、17、19、14 和 21 名，而珠三角九市全部位于全省排名前十名。这说明经济发展水平在一定程度上与收入差距的感知有相关性。但是粤东地区和粤北地区的变化又表明经济发展的单一性，不足以解释全部差异，粤西三市 2021 年 GDP 排名分别为第 10 名、第 7 名和第 16 名；而粤东的 4 个地级市排名分别为第 11 名、第 13 名、第 18 名和第 20 名。就排名而言，粤西地区的经济发展水平似乎较粤东地区更加强劲，而调查结果显示粤东地区与粤西地区相比，收入差距感知似乎更强，因此，其中的差异进一步印证在强调共同富裕背景下对公众的感知进行更加全面和持续调查的重要意义，了解和探究公众对于收入差距的感知的影响因素，才能够制定更有利于实现公众获得感、幸福感和安全感的政策环境。

3. 公众贫困归因感知的省际差异

图 11 是 2022 年粤豫甘三省公众贫困归因的分布情况。整体来看，三省份中个体论归因占比最大，由高至低分别为甘肃省占 50.97％，河南省占 47.15％，广东省占 45.43％；结构论变化呈现河南、广东、甘肃逐渐降低的趋势，分别为（31.43％、29.49％ 和 21.59％）；从宿命论归因的角度三省份的占比变化则表现

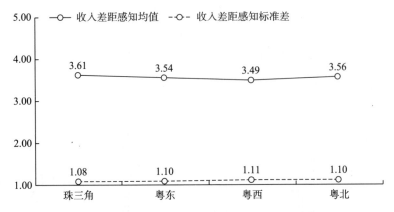

图10　2022年公众收入差距感知地域差异（均值比较）

为，甘肃省最高（27.44%），广东省次之（25.08%），河南省最低（21.42%）。结合以上讨论可以看出，个体－结构－命运的归因的变化规律具有一定异质性，需要进一步结合三个省份的具体背景进行具体分析。

首先，从广东省来看，三种归因的占比分布较为均衡，可能是因为广东省作为东南沿海大省，拥有更多的外来人口存量和流量，多元化的群体结构形成了分布相对均衡的归因。甘肃省公众对于贫困归因的态度与广东省与河南省公众相比呈更显著的分化，主要表现为将贫困归因为个体论和宿命论。相比而言，甘肃省公众认为贫困是因为"社会保障制度不完善"以及"市场经济造成"的人数占比最小。

河南省拥有最高占比的"结构论"归因。相比于广东省和甘肃省，河南省的收入差距感知更弱，公众对于穷人"没有机会"的感受也最低。此外，河南省结构论归因更高可能的原因是，作为中部人口大省，河南省既没有广东省的经济基础和资源优势，在脱贫攻坚战中也没有甘肃省获得的政治注意力和资源支持多。由上述分析，即使不同省份的贫困归因态度呈现一致的分布，但是基于不同省份的具体人口结构、政治历史环境的差异，各省受访者关于贫困归因态度的选择也会不同。

4. 公众收入差距感知的地域差异（广东省内）

图12为2022年广东省公众贫困归因感知的地域差异。整体上看，广东省四个地区均呈现个体论归因占比最大、结构论归因次之，宿命论归因占比最小的特征。首先，珠三角地区三种归因模式的分化程度相对较小，分布较

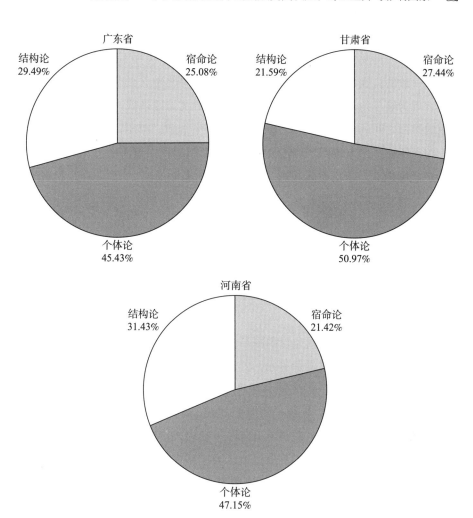

图 11 2022 年粤豫甘三省公众贫困归因感知地域差异

另外三个地区看来更加均衡。根据 2021 年公布的广东省 21 个地级市的 GDP 数据，珠三角 9 个地区经济总量占据全省经济总量的 80.88%，广东省是省外流入人口第一大省，而流入人口主要集中在珠三角，这给珠三角地区带来了更加多元化的人口结构，因此珠三角地区的公众贫困归因感知的分布显得更加均衡。

    具体而言，个体论分布在粤北地区占比最高，并逐渐由粤东向粤西再到珠三角地区递减，分别为 47.95%、45.39%、44.79% 和 43.98%；结构论归因中，四个地区表现为粤北地区沿着粤东、珠三角再到粤西地区逐渐降低的模式，但总体而言变化很小，说明广东省不同区域的公众对于结构论的归因态度是相对一致的；在宿命论的分布中，珠三角和粤北地区的分布异质性再次凸显，表现为珠三角地区最高，占比26.88%，粤北地区最低，占比21.71%，而粤东与粤西之间的差异并不大，分别为25.28%和26.14%。

综上所述，广东省四个地区公众贫困归因感知存在显著的异质性特征。首先，在个体论上，粤北地区与珠三角地区占比差距3.97个百分点，且更多倾向于认为"没有机会"是造成贫困的原因。从区位上看，粤北属于广东省内陆地区，比珠三角、粤东和粤西的资源可达性和基础设施条件更差，而粤北地区公众却更多地将原因归结为个体"懒惰、能力低下"和"社会保障制度不健全、市场经济的必然结果"。可能的原因是，粤北地区隶属于广东省，与珠三角地区毗邻，因此与甘肃省相比，会更多地感受到市场经济带来的相对剥夺感。

此外，珠三角地区的宿命论归因是全省当中最高的，而粤北地区却是最低的。珠三角地区人口构成复杂多元，公众的贫富差距感知较大，这可能在一定程度上强化"机会难得"的感知。粤北地区的宿命归因占比最低，可能的原因是，一方面，2021年《广东统计年鉴》提出，2010～2020年粤北地区的常住人口增长率为-2.81%，这说明该地区属于省内人口流出量较大的地区；另一方面，粤北地区流向珠三角经济发达地区的迁移成本更低，因此粤北地区的人们会更倾向于主动寻找"机会"，从而将更多的贫困原因归结为"个体论"。

六　公众贫困认知的影响因素分析

（一）公众收入差距感知的影响因素分析

由于收入差距感知是定序变量，目前主要方式是将定序变量作为定类或者定距变量处理。前者将测量结果简化为定类变量，这样容易造成信息的部分丢失，而后者则不够严谨。学者们选取的折中方式是建立定序ologit模型，但是其前提是平行线检验不显著。经过验证发现选用的相关数据不能满足这一条件，因此本报告选用OLS回归模型进行分析。

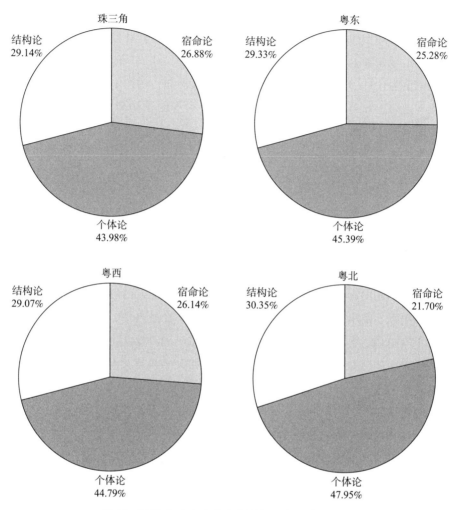

图 12　2022 年广东省公众贫困归因感知地域差异

表 3 显示 2018 年和 2020 年收入差距感知的分析结果。整体来看，社会阶层认知对收入差距感知具有很强的统计显著性。在本报告中，社会阶层认知通过"您认为自己是否属于中等收入群体"这一问题测量。基于四个年份数据的对比，本报告中社会阶层认知的测量与收入差距感知呈反比，即不认为自己属于中等收入群体的人对于收入差距的感知更强。而从地域差异的角度看，虽然四个年份选取的城市不同，但是在统计上对于收入差距感知的影响仍然具有较强的显著性。2018 年和 2020 年，从社会阶层认知与收入差距感知的相关系数

上看，整体差距不大。这说明目前，是否认为自己属于中等收入群体在对于收入差距的感知上的相关性普遍存在，且保持相对稳定的趋势。

在地域差异上，2018年调查的三个省份分别为广东省、湖北省和山西省，分别赋值为"1~3"，根据其负相关系数可以得知，越往中部和北部，受访者的收入差距感知越弱。湖北省的受访者比广东省的受访者的收入差距感知低0.070个单位，而山西省又比湖北省的收入差距感知有所降低。根据2018年统计部门公布的全国各个省份的经济总量数据可以看出，广东、湖北和山西分别为第1、7和22名，因此笔者推测收入差距的感知变化与当地的经济发展水平有关。

此外，随着年龄的增加，居民收入差距感知在逐渐强化，即年龄每增加1岁，人们的收入差距感知强度将上升0.011个单位。同时，随着受教育年限的增加，受访者对于收入差距的感知也有所增强。婚姻状况对于收入差距的感知具有显著的正向影响，与未婚或者离异的受访者相比，已婚人士对于收入差距的感知更强，高出0.061个单位。在年收入这一变量当中，以年收入在1.2万元以下（低收入群体）的受访者为基准，年收入在1.2万~2.2万元的群体对于收入差距的感知更加强烈，二者具有正向相关的显著关系。此外，与属于非农业户口的人相比，属于农业户口的受访者会感受到更大的收入差距，二者相关系数为0.083。此外，从2018年数据呈现的结果看，性别、职业状况以及是否为流动人口对于收入差距感知不具有统计显著性，而根据年收入建立的虚拟变量，中等收入群体、中高收入群体以及高收入群体均不具有统计显著性。

2020年，"人民美好生活需要（公众福利态度）调查"选取了广东、浙江和贵州三省，从回归结果可以得知，从广东到浙江再到贵州，受访者的收入感知逐渐弱化，其变化量为0.161。同时，年龄每增加1岁，受访者收入感知也有微弱地增强，其变化量为0.009；此外，随着受教育年限的不断增加，收入差距感知也呈现受教育年限越多，其收入差距感知越高的趋势。在收入差距中，与2018年调查数据有所不同，年收入在8万~15万元（中高收入群体）以及15万元以上（高收入群体）的受访者对于收入差距的感知分别提高了0.102和0.140，均与收入水平在1.2万元以下的受访者呈显著的正相关。与此同时，属于农业户口的受访者在收入差距上也表现出相对于非农业户口受访者更强的收入差距感知，其变化量为0.039。需要指出的是，性别、婚姻状况、是否在职以及是否属于流动人口的影响在统计上仍然不具有统计显著性。基于年收入建立的虚拟变量中，以低收入群体为基准，中低收入与中等收入群体与收入差距感知亦不具有统计显著性。

表3　公众收入差距感知的影响因素分析（2018年、2020年）

	2018年	2020年
自变量		
社会阶层认知	−0.297 *** (0.025)	−0.292 *** (0.023)
地域差异	−0.070 *** (0.015)	−0.161 *** (0.014)
控制变量		
性别	0.022 (0.024)	0.006 (0.023)
年龄	0.011 *** (0.001)	0.009 *** (0.001)
受教育年限	0.017 *** (0.004)	0.013 *** (0.004)
婚姻状况	0.061 ** (0.030)	0.015 (0.029)
职业状况	0.020 (0.029)	−0.014 (0.025)
年收入情况（以低收入群体为参照组）		
中低收入群体	0.067 * (0.040)	0.029 (0.043)
中等收入群体	0.048 (0.033)	0.035 (0.034)
中高收入群体	0.061 (0.045)	0.102 ** (0.040)
高收入群体	0.096 (0.063)	0.140 *** (0.047)
是否为流动人口	−0.035 (0.029)	0.018 (0.025)
户口类型	0.083 *** (0.025)	0.039 * (0.023)

续表

	2018 年	2020 年
截距项	3. 055 *** (0. 085)	3. 175 *** (0. 083)
样本量	9218	10755
R^2	0. 034	0. 035

注：* $p<0.1$，** $p<0.05$，*** $p<0.01$；括号内数字表示标准误。

表 4 汇报了 2021 年和 2022 年收入差距感知影响因素的分析结果。2021 年数据源于对广东、江苏和陕西三省的调查，就地域因素给收入差距感知带来的影响来看，从广东到江苏再到陕西，受访者的收入差距感知在逐渐弱化，其变化量为 0.1。同时，随年龄的增加，受访者的收入差距感知也呈现弱正相关，即年龄每增加 1 岁，人们的收入差距感知将会上升 0.01 个单位。受访者的受教育年限与收入差距感知的关系也呈正相关，受教育的年限每增加一年，收入差距感知就会增加 0.023 个单位。在年收入的维度，属于中等收入群体的受访者相对于低收入群体具有负向的统计显著性，变化量为 0.105。值得指出的是，性别、婚姻状况、是否在职、是否为流动人口、是否为农业户口，以及基于年收入中的低收入群体建立的虚拟变量在中低收入、中高收入和高收入群体等变量中上仍然不具有统计显著性。

表 4　公众收入差距感知的影响因素分析（2021 年、2022 年）

	2021 年	2022 年
自变量		
社会阶层认知	− 0. 256 *** (0. 031)	− 0. 267 *** (0. 031)
地域差异	− 0. 098 *** (0. 020)	− 0. 075 *** (0. 016)
控制变量		
性别	− 0. 003 (0. 030)	0. 012 (0. 027)
年龄	0. 008 *** (0. 002)	0. 007 *** (0. 001)

续表

	2021 年	2022 年
受教育年限	0.023 *** (0.005)	0.008 * (0.005)
婚姻状况	−0.032 (0.039)	0.068 * (0.035)
职业状况	0.030 (0.052)	0.030 (0.040)
年收入情况（以低收入群体为参照组）		
中低收入群体	−0.103 (0.078)	0.151 *** (0.053)
中等收入群体	−0.105 * (0.057)	0.060 (0.048)
中高收入群体	−0.070 (0.063)	0.079 (0.051)
高收入群体	−0.068 (0.069)	0.224 *** (0.060)
是否为流动人口	−.0001 (0.034)	0.002 (0.027)
户口类型	0.020 (0.032)	0.065 ** (0.028)
截距项	3.225 *** (0.123)	3.030 *** (0.107)
样本量	5511	7860
R^2	0.021	0.023

注：* $p<0.1$，** $p<0.05$，*** $p<0.01$；括号内数字表示标准误。

　　2022 年"人民美好生活需要（公众福利态度）调查"选取广东省、河南省和甘肃省的公众作为受访者。从回归分析结果来看，甘肃省在当年的调查中显示出相对最低的收入差距感知，河南省次之，广东省的受访者表现出的收入差距感知是三省份中最强的，其中相邻两个省份之间的变化量为 0.075。与前几次调查呈现一致变化趋势，年龄的增加也会使得受访者的收入差距感知渐趋增强，此外，受教育年限与公众的收入差距感知也呈现正向弱相关。在婚姻状况上，未婚和离婚的受访者与已婚人士相比，其收入差距感知更弱。此外，在年收入状况上，相比于低收入群体，中低收入群体收入差距感知更强，变化量为 0.151。而高收入群体与低收入群体的收入差距感知也呈现显著的正相关，即高收入群体比低收入群体的收入差距强度高出 0.224 个单位。此外，属于农业户口的受访者比属于非农业户口的受访者在收入差距感知的程度上会高出 0.065 个单位。此外，在性别、职业状况、是否为流动人口以及中等收入群体和中高收入群体两个变量上就目前而言尚不具有统计显著性。

此外，我们对变量进行了因子独立性检验，四个模型中方差膨胀因子均小于 5，最高为 2022 年的分析模型，平均方差膨胀因子为 1.77，这表明纳入多元回归方程的变量之间不存在多重共线性问题。综上所述，对四个年份回归结果进行比较可以发现，基于目前数据，社会阶层认知与收入差距感知的作用均为负，这说明自认为中等收入群体的受访者感受到的收入差距更小。相对而言，低收入群体和高收入群体虽然所占有的社会资源总量不同，但有一个共同点，即处于社会资源分配不均的两端。因此，其对于社会收入差距的感知也许比认为自己属于中等收入群体者更强。在地域差异上，四个年份的调查都呈现反向相关关系。由于广东省每年的经济总量都是全国第一，并在每一年份的三个省的调查中都存在经济总量逐渐递减的关系，因此我们主要从经济发展水平来解释出现这一特征的原因，即经济发展水平更高的省份，公众的收入差距感知更高。就目前而言，在经济发展水平更高的省份，其发展不平衡问题更加突出，公众的相对剥夺感更加强烈，进而更易形成较强的收入差距感知。

同时，年龄在每个年份的调查中都与收入差距感知呈弱正相关。一方面可能由于年龄划分的间隔较小（以年为单位），其效应分摊面更广从而与收入差距感知呈现微弱的关系；另一方面其正相关关系仍然能够在一定程度上说明年长者对收入差距有更强的感知。从个体发展的角度来说，个人对于社会的认知水平会随年龄增加而受到不同职业生涯和生活经历的多重影响，即与社会不同群体和具体事务的接触越多，对于社会不平等的感知就更加强烈，更可能因此产生更强的收入差距感知。此外，受教育年限的增加给收入差距感知带来的影响也是正向的，说明受访者受教育程度越高，其对于社会收入差距相对更加敏感。究其背后的原因也许在于受教育程度越高，其对于事务的认知和分析越全面，视野越开阔，并且更加倾向于关注社会的整体事务。

值得一提的是，除了 2021 年，2018 年、2020 年和 2022 年三个年份的回归结果均显示，属于农业户口的人相较于属于非农业户口的人有更强的收入差距感知。这表明"三农"的问题仍然需要足够重视，城乡差距在人们的认知上造成的影响仍然显著。而婚姻状况在 2018 年和 2022 年与收入差距感知之间的统计关系均具有统计性，说明在这两个年份所调查的省份中已婚者的收入差距感知较未婚和离婚者更强。从现实角度而言，已婚者处于核心家庭中，其关注焦点均涉及家庭整体所需和能够获得的资源。因此，未婚或者已离婚的受访者更多关注个体的生存和发展，而已婚者所面临的住房、养老、教育、医疗和托幼问题则更加突出，相关领域资源的拥挤和分配不均衡更容易给已婚者带来较强的收入差距感知。此外，据本次研究的结果，性别、是否在职以及是否为流动人口与收入差距感知之间并不存在统计显著性关系。因此本研究的探讨暂时未能对该变量与收入差距之间的关系进行有力的解释，还需要在后续研究中进一步验证。

（二）公众贫困归因感知的影响因素分析

本研究中，公众的贫困归因感知赋值为 1~3，分别代表宿命论、个体论和结构论，三者是多分类的，并且相互之间不存在大小前后的定序关系。因此，本报告采用多分类无序变量的 mlogit 模型对公众贫困归因感知影响因素进行估计。此处，我们将"宿命论（贫困归因 = 1）"作为基准组。2018 年、2020 年数据分析后结果如表 5 所示，2021 年和 2022 年数据分析后结果如表 6 所示。

2018 年，山西省受访者认为贫困的原因是个体论而不是宿命论的概率是广东省的 1.669 倍。此外，男性认为贫困的原因是个体论（以宿命论为基准）的概率比女性低 44.9%。受教育年限更多的人选择个体论相对于受教育年限更少的人增加 1.089 倍，即受教育年限更多的人会在更大程度上认为个体论是造成贫困的主要原因。在年收入方面，中等收入群体相对于低收入群体选择个体论而不是宿命论的概率增加 2.387 倍，说明中等收入群体较低收入群体更多地将贫困归因为个体。其余变量（是否认为自己属于中等收入群体、年龄、是否为流动人口与是否为农业户口）在基于宿命论的比较中不具有统计显著性。同时，在地域差异上，湖北省与广东省的受访者选择个体论和宿命论之间的关系亦不具有统计显著性。

从结构论的角度来看，相较于不认为自己属于中等收入群体的人，认为自己属于中等收入群体者选择结构论作为贫困归因的比选择宿命论的概率低

30.8%，说明中等收入群体更加倾向于将贫困当作运气因素的结果。相较于女性，男性在选择结构论作为贫困归因的概率低52.1%，说明男性更倾向于把运气等宿命论说法作为贫困现象的主要解释，而女性此时更倾向于认为是制度和市场结构的原因。与受教育年限更少的人相比，受教育年限更多的人归因于结构论而不是宿命论的概率高1.127倍，说明受教育年限更多的人会优先从社会保障制度和市场经济而不是运气的角度去看待贫困的问题。收入水平在2.2万~8万元的受访者相对于收入在1.2万元及以下的受访者选择结构论的概率将会增加至原来的2.168倍，说明低收入群体与中等收入群体相较更少将贫困归为结构的产物，而认为自己属于中等收入群体的人更多时候会选择用结构论来解释贫困问题。其余变量（地域差异、年龄、婚姻状况、职业状况、其他收入阶层、是否为流动人口和是否为农业人口）选择结构论还是宿命论作为贫困归因在统计上不具显著性。

2020年，相较于选择宿命论作为归因，认为自己是中等收入阶层的人更倾向于选择个体论作为贫困归因的概率是不持该种想法者的1.471倍。同时，贵州省的受访者比广东省的受访者选择个体论而不是宿命论作为贫困归因的概率高出1.457倍。受教育年限每上升一个层级，选择个体论的概率将会上升1.115倍。同时，2020年已婚人士比未婚和离婚的受访者选择个体论而不是宿命论的概率为2.085倍，说明已婚的受访者更愿意将贫困归因为个体能力和意愿。同时，与年收入在1.2万元及以下的受访者相比，年收入在2.2万~8万元的受访者选择个体论的概率为其1.717倍。值得一提的是，与广东省相比，浙江省和贵州省中年收入处于中低收入、中高收入以及高收入阶层与低收入阶层相比在选择个体论还是宿命论作为贫困归因的比较中并不具有统计显著性。其余变量（性别、职业状况、是否为流动人口和是否为农业人口）亦在此比较中不具统计显著性。

从结构论与宿命论的比较看，与广东省的受访者相比，浙江省受访者选择前者的概率低29.5个百分点，而贵州省低50.3个百分点，说明广东省的受访者在比较中显示出将贫困归为结构问题的更强意愿。相较于女性，男性选择结构论归因的概率降低为32.2个百分点，说明男性更多把宿命论作为贫困归因。在教育层面，相比于受教育年限在6年及以下的受访者，受教育年限每上升一个层级，个体选择结构论而非宿命论的概率就高出1.164倍。此外，已婚者相对于未婚和离婚者在选择结构论归因的概率高出 2.082 倍，因此可以看出已婚人士更倾向于从制度和市场结构上考虑贫困问题。年收入处于 2.2 万~8 万元的受访者在结构论归因上的概率为低收入群体做出此选择的 1.608 倍。流动人口相较于户籍在本市的人在选择结构论而非宿命论的概率降低 30.7 个百分点，说明流动人口更愿意将运气等因素而不是结构要素作为造成贫困的最主要原因。其余变量（是否认为自己是中等收入阶层、年龄、职业状况、中低收入群体、中高收入群体和高收入群体以及是否为农业户口），在该项比较中没有统计显著性。

表5　2018 年、2020 年贫困归因感知影响因素 mlogit 统计结果

贫困归因（宿命论为参照组）	2018 年		2020 年	
	个体论	结构论	个体论	结构论
阶层感知	0.916 (0.195)	0.692 * (0.146)	1.471 ** (0.257)	1.077 (0.186)
地域差异（广东省为参考组）				
湖北/浙江	1.447 (0.355)	1.159 (0.281)	0.833 (0.155)	0.705 * (0.128)
山西/贵州	1.669 * (0.446)	1.182 (0.312)	1.457 * (0.303)	0.497 *** (0.103)
控制变量				
性别	0.551 *** (0.122)	0.479 *** (0.105)	0.841 (0.153)	0.678 ** (0.122)
年龄	0.997 (0.010)	1.002 (0.010)	0.986 * (0.008)	0.989 (0.008)
受教育年限	1.089 ** (0.037)	1.127 *** (0.038)	1.115 *** (0.030)	1.164 *** (0.031)
婚姻状况	1.104 (0.284)	1.145 (0.291)	2.085 *** (0.409)	2.082 *** (0.402)
职业状况	0.813 (0.192)	0.892 (0.208)	0.768 (0.141)	0.823 (0.149)
年收入情况（年收入≤1.2 万元为参照组）				
1.2 万元 < 年收入≤2.2 万元 =2	1.128 (0.318)	1.098 (0.305)	1.230 (0.364)	1.426 (0.414)

续表

	2018 年		2020 年	
2.2 万元 < 年收入 ≤ 8 万元 = 3	2.387 *** (0.631)	2.168 *** (0.565)	1.717 ** (0.405)	1.608 ** (0.373)
8 万元 < 年收入 ≤ 15 万元 = 4	1.648 (0.597)	1.552 (0.555)	0.914 (0.244)	0.969 (0.254)
年收入 > 15 万元 = 5	1.189 (0.546)	1.034 (0.467)	1.117 (0.375)	1.079 (0.357)
是否为流动人口	1.053 (0.249)	0.908 (0.212)	0.884 (0.154)	0.693 ** (0.119)
户口类型	0.927 (0.204)	0.710 (0.154)	0.840 (0.148)	0.792 (0.138)
截距项	7.483 *** (4.987)	16.600 *** (1.910)	4.895 *** (2.772)	11.100 *** (6.187)
样本量	9218		10755	

注：* $p < 0.1$，** $p < 0.05$，*** $p < 0.01$；括号内数字表示标准误。

在 2021 年的数据分析中（见表 6），男性选择个体论概率是女性的 1.131 倍。该变化方向较前两次调查有所不同，说明在 2021 年的调查中，男性开始倾向于选择个体论作为贫困归因。此外，年龄大的人倾向于选择个体论而不是宿命论作为贫困归因，其概率是年轻人的 1.018 倍。随着受教育年限的增加，归因于个体论而不是宿命论的概率将以每个阶段降低 3.9 个百分点的速度变化。在年龄和受教育年限上，其态度比较中呈现的变化方向较前两个年份的调查有所不同，即年龄越大越倾向于归因个体论；受教育年限越长的人在 2021 年的调查中则显示出更加偏向选择宿命论作为贫困的归因，即"穷人缺乏机会"。同时，相对于户籍在本地的受访者，流动人口个体论归因的概率增加 1.319 倍，即流动人口看待贫困问题上更注重穷人因素与其境遇之间的关系，这也展现了与 2020 年的调查相反的变化方向。其余变量（是否认为自己是中等收入阶层、地域差异、婚姻状况、职业状况、年收入状况以及是否为农业户口）在 2021 年个体论与宿命论的比较中不具有统计显著性。

从结构论与宿命论的归因态度比较来看，认为自己属于中等收入群体的受访者归因结构论的概率降低 24.4 个百分点，说明此时中等收入群体更加倾向于认为贫穷的原因是"穷人缺乏机会"。同时，陕西省的受访者相比于广东省的受访者更认为贫困是"缺乏机会"导致的。随着年龄的增加，人们归因结构论而非宿命论的概率增加 1.028 倍。在职的受访者认为结构论而不是宿命论是造成贫困的最主要原因的概率增加 1.249 倍，即在职的人相较于失业的人，其贫困归因更多集中于制度和市场结构，这是在三个年份的调查中首次出现是否在职与贫困归因态度的显著关系。年收入水平在 15 万元以上的受访者与年收入水平在 1.2 万元及以下的受访者相比将贫困归因为结构论的概率降低 26.3 个百分点，即该年数据显示，高收入群体倾向于认为穷人是由于缺乏机会而产生的，而其余收入阶层的受访者在该项态度中不存在显著性，这与前两个年份的回归模型中呈现的结果存在一定差异。其余变量（江苏省相对于广东省、性别、受教育程度、婚姻状况、是否为流动人口和是否为农业户口）在此项比较中不具有统计显著性。

2022 年的数据回归分析中，相较于选择宿命论的归因，认为自己属于中等收入阶层的受访者选择个体论（以宿命论为基准）的概率降低 24.4 个百分点。说明与不认为自己属于中等收入的群体相比，该调查年份的受访者更倾向于选择宿命论为贫困归因，即穷人"缺乏机会"。河南省的受访者比广东省的受访者更倾向于选择个体论而不是宿命论，其概率增加了 1.172 倍。在受教育年限上，受访者选择个体论而不是宿命论的概率也随着受教育年限的延长而增加，其增长率为 102.5%，说明受访者受教育年限越长，越认同贫困的原因是个人的能力和意愿。同时，已婚者相较于未婚和离婚的受访者归因于个体论而不是宿命论的概率降低了 15.3 个百分点，说明已婚人士更倾向于认为缺乏机会是造成贫困的主要原因。而在职者选择个体论而不是宿命论的概率降低了 20 个百分点，即相比于失业的人，在职人士更多认为机会的获得与否是影响贫困的主要因素。在年收入水平上，与年收入在 1.2 万元及以下的受访者相比，年收入在 2.2 万~8 万元的受访者选择个体论归因的概率降低了 22.8 个百分点；年收入在 8 万~15 万元的则降低 2.7 个百分点；而年收入在 15 万元以上则降低 21.4 个百分点。这说明随着年收入的增加，相较于低收入群体，人们更多地将贫困看作"机会不平等"的产物。与户籍在本地的人相比，流动人口归因个体论的概率增加 1.107 倍，即流动人口相比本地人有更显著的意愿认为贫困的原因在个人身上。其余变量（甘肃省相较于广东省、性别、年龄、中低收入群体

相较于低收入群体、农业户口相较于非农业户口）在该项比较中不具有统计显
著性。

在结构论的比较中，河南省受访者选择结构论归因的概率是广东省受访者
做出该选择的 1.210 倍，甘肃省的概率则降低 34.1 个百分点，说明河南省受
访者相较于广东省受访者更倾向于认为贫困是结构因素造成的，而甘肃省受访
者与广东省受访者相比则更多认为贫困是由于宿命论造成的。从受教育方面
看，其受教育的年限与归因于结构论而不是宿命论之间呈现系数为 1.019 的正
比例关系。此外，已婚受访者相较于未婚和离婚的受访者结构论归因较宿命论
归因概率下降 14.7 个百分点。从年收入水平的角度看，与年收入在 1.2 万元
及以下的受访者相比，年收入在 2.2 万~8 万元的受访者选择个体论归因的概
率下降 25.8 个百分点；年收入在 8 万~15 万元的则降低 25 个百分点；而年收
入在 15 万元以上的则降低 37.8%。综上，这三个变量的变化均呈现与 2021 年
调查数据回归结果相同的方向，即已婚人士相较于未婚和离婚的受访者更倾向
于宿命论的贫困归因，中等收入、中高收入和高收入群体相较低收入群体也更
多认为贫困的原因在于"穷人缺乏机会"。此外，流动人口与本地人相比选择
结构归因而不是宿命归因的概率为 1.221 倍，说明流动人口相比于本地人，偏
向将贫困看作社会保障制度和社会不平等的结果。其余变量（是否认为自己是
中等收入群体、性别、职业状况、中低收入群体相较于低收入群体、是否为农
业户口）在此项上不具有统计显著性。

表6　2021 年、2022 年贫困归因感知影响因素 mlogit 统计结果

贫困归因（宿命论为参照组）	2021 年		2022 年	
	个体论	结构论	个体论	结构论
阶层感知	1.113 (0.080)	0.756 *** (0.057)	0.756 *** (0.051)	0.973 (0.072)
地域差异（广东省为参考组）				
江苏/河南	1.137 (.094)	0.945 (0.083)	1.172 ** (0.084)	1.210 ** (0.093)
陕西/甘肃	0.882 (0.085)	0.770 *** (0.077)	1.034 (0.073)	0.659 *** (0.054)

续表

贫困归因（宿命论为参照组）	2021 年		2022 年	
	个体论	结构论	个体论	结构论
控制变量				
性别	1.131 *	1.050	.918	1.000
	(0.080)	(0.077)	(0.054)	(0.066)
年龄	1.018 ***	1.028 ***	0.996	0.995
	(0.004)	(0.004)	(0.003)	(0.003)
受教育年限	0.961 ***	0.980	1.025 **	1.019 *
	(0.012)	(0.013)	(0.011)	(0.012)
婚姻状况	1.076	1.060	0.847 **	0.853 *
	(0.097)	(0.101)	(0.067)	(0.075)
职业状况	1.092	1.249 *	0.800 **	0.957
	(0.134)	(0.158)	(0.074)	(0.099)
年收入情况（年收入≤1.2 万元为参照组）				
1.2 万元 < 年收入≤2.2 万元 =2	0.995	0.899	0.924	0.892
	(0.183)	(0.165)	(0.113)	(0.121)
2.2 万元 < 年收入≤8 万元 =3	1.241	1.022	0.772 **	0.742 **
	(0.170)	(0.141)	(0.086)	(0.091)
8 万元 < 年收入≤15 万元 =4	1.154	0.895	0.793 **	0.750 **
	(0.172)	(0.136)	(0.093)	(0.097)
年收入 > 15 万元 =5	1.238	0.737 *	0.786 *	0.622 ***
	(0.200)	(0.124)	(0.106)	(0.094)
是否为流动人口	1.319 ***	0.964	1.107 *	1.221 ***
	(0.105)	(0.083)	(0.068)	(0.083)
户口类型	1.085	1.072	1.101	1.010
	(0.080)	(0.083)	(0.069)	(0.070)
截距项	0.774	0.553 **	2.633 ***	1.590 *
	(0.221)	(0.164)	(0.613)	(0.411)
样本量	5511		7860	

注：* $p < 0.1$，** $p < 0.05$，*** $p < 0.01$；括号内数字表示标准误。

　　基于上面的描述与分析可以了解，在四个年份调查中，不同影响因素对于收入差距感知表现出不同程度的显著性。在 2018 年调查中，阶层感知对于结构论还是宿命论的归因具有显著的影响；而 2020 年调查选中的三个省份里认为自己是中等收入群体与否显著影响着受访者是选择个体论还是宿命论来解释贫困的概率；在 2021 年调查中，阶层感知对结构因素还是机会的缘故造成贫困的选择概率具有统计显著性；而2022年调查中，其统计显著性关系又出现在个体论和宿命论的比较中。此外，值得注意的是，2022年调查中不同收入阶层的受访者在贫困归因上的态度变化更加显著，相对于前几年，不同收入群体的受访者与低收入群体相比，对贫困的归因的态度开始出现一定程度的分化。

　　在地域差异上，不同年份选取的不同省份对贫困归因态度的影响也有一定的差异。例如，2018年调查中的湖北省和山西省与广东省相较，仅山西省在个体论还是宿命论的归因概率上表现出正向显著性。表明山西省受访者相较于广东省受访者更倾向于认为贫困是个人的能力和意愿造成的。而在2020年调查中，贵州省的受访者归因于个体论的概率高于广东省的受访者，而归因于结构论而不是宿命论的概率又显著低于广东省。而浙江省的受访者相较于广东省，也有显著概率表明他们更倾向于认为"运气不好"是贫穷的原因，而不是市场经济或者社会保障制度的原因。2021年调查中，陕西的受访者相比于广东省的公众，将贫困归因为"运气不好"而非结构因素的概率显著增加。而在2022年调查中，河南省的受访者相对于广东省，在宿命论和个体论的选择上更倾向于将贫困看作个体行为的后果，而在宿命论还是结构论的归因上，河南省的受访者也更大概率会选择后者。此外，甘肃省的受访者相较于广东省则更大概率选择宿命论，即"缺乏机会"，而非结构论作为贫困的归因。

　　从四个年份调查数据的地域差异比较来看，在个体论与宿命论、结构论与宿命论的归因上，不同区位的省份与广东省相比展现了一定规律性。基于当前的数据结果，个体与宿命两个解释的对比中，相较于经济更发达的东南沿海省份（本研究中，广东省），中部和西部的省份更重视个体的因素与贫困境遇之间的关系，如山西、贵州、河南；而在结构论与宿命论的归因中，呈现统计显著性的省份（如贵州、陕西和甘肃）更多地倾向于选择宿命论而不是结构论作为贫困归因。但这仍然是基于数据分析结果提出的尝试性解释，其中的关系是否实际存在，关系强度如何测量和定义则需要进一步的分析和探讨。

七　结论与政策启示

（一）主要结论

　　首先，公众贫困认知存在显著的年份差异。收入差距感知整体呈现下降趋势，但仍处在较高水平。在贫困归因感知方面，公众贫困归因由以结构与个体归因为主，逐渐转向以个体归因为主，再转变为宿命论、个体论与结构论三种归因均衡分布的特征。具体来说，2018 年和 2020 年，近七成的受访者认为贫困是社会保障制度不完善和市场经济的负外部性的产物。在 2021 年和 2022 年，公众贫困归因分布特征发生转变，呈现个体论主导、结构论次之、宿命论归因人数占比骤增的趋势。这说明公众逐渐强化了对个体能力与贫困境遇相互作用的认识。同时，由宿命论归因占比的显著变化可以推测，公众越来越看重社会公平和机会平等性。

其次，公众贫困认知存在显著的区域差异。在收入差距感知方面，公众的收入差距感知整体呈现 U 形特征，与东南沿海和内陆地区相比，中部地区公众表现出相对持中的收入差距态度。在贫困归因感知方面，整体分布特征虽然有一定相似性，但不同区域内部又存在异质性。在 2022 年的调查中，广东省、河南省与甘肃省的个体归因占比均为最大，但结构论归因与宿命论归因在三个省份占比量分布存在差异。

就广东省而言，公众收入差距感知珠三角最高，粤东、粤西次之，粤北最低。四个地区的贫困归因呈现以个体论为主导，结构论与宿命论基本持平的特征。值得一提的是，粤北是广东省唯一一个结构论归因占比超过宿命论归因的地区，珠三角、粤东和粤西在两种归因的分布较为一致。粤北地区在广东省内相对落后的特征与甘肃省在全国层面的比较结果有一定的相似性，这与孙炜红等人研究发现农村地区和东部地区的相对贫困发生率总是更高具有一致性①。

最后，公众贫困认知的影响因素。主观阶层认知更低、受教育年限更长、年龄更大、内陆省份、低收入阶层、已婚的受访者具有更强的收入差距感知。主观阶层感知在解释公众贫困归因差异上具有不同程度的显著性，主观阶层认知更低的受访者在 2018 年、2021 年、2022 年更倾向于将贫困归因为宿命论，在 2020 年倾向于将贫困归因于个体论。地域差异方面，西部省份的公众整体更加倾向于选择宿命论（如贵州省、陕西省和甘肃省），中部省份公众更愿意选择个体论与结构论（如河南省）。此外，其余人口学特征也能够部分解释贫困归因差异，由于在不同年份上有所差异，不再一一详细论述。

---

① 孙炜红、伍骏骞、刘定、王卓：《中国弱相对贫困标准与测量》，《当代财经》2022 年第 5 期。

（二）政策启示

《2021 中国住户调查年鉴》表明，我国居民人均可支配收入基尼系数 2018 年、2020 年、2021 年依次为 0.468、0.468、0.466，呈现平稳下行的趋势。这与本报告公众整体的收入差距感知逐渐降低的情况基本一致。从地区分布来看，不同省份的收入差距感知存在强弱之分，西部内陆与东南沿海省份相较于中部地区公众收入差距感知更高，而农业户口居民相较于非农业户口居民具有更强的主观收入差距感知。本报告的研究发现具有以下几点重要的政策启示。

首先，关注公众主观福祉，重视政策的主观绩效评价。在构建新发展格局、全面促进高质量发展的进程中，不仅要始终坚持以经济建设为中心，逐渐缩小地域和城乡经济发展差距，更要瞄准问题、优化政策，在测量指标上关注公众的主观福祉和政策满意度。共同富裕是有差别的、渐进的共同富裕，经济发展水平也不是反映公众主观生活水平的唯一标准，所以要坚持因地因时制宜。一方面要以各个省份的社会历史文化环境及其人口特征为着力点，量身定制回应公众美好生活诉求的社会政策；另一方面，稳步推进基本公共服务的均等化，让民生福利更切实、更精准地面向城乡居民提供，逐步实现住有所居、老有所养、病有所医、学有所教、幼有所育、育有所托，建立与经济发展水平相适应的多层次、有重点的基本公共服务体系，持续提高公众的获得感、幸福感和安全感。

其次，关切个体可持续发展，提升内生发展动力。本报告发现公众贫困归因整体呈现个体论归因为主导，结构论归因次之，宿命论归因比重陡增的趋势。公众的贫困归因态度是我国未来贫困治理新阶段政策制定的重要参考。从当前的态度模式来看，个体论和宿命论的变化说明公众更看重个体能力和发展意愿对于贫困者境遇的作用，而贫困者的机会可及性也逐渐成为人们解释贫困的主要因素。因此，在制定面向低收入困难群体相关政策时，一方面要注重低收入群体社会生存技能的提高，逐步实现扶贫助困由短周期资源投入向长效赋能转变，构建困难边缘家庭和个体自主脱困能力提升的多元途径；另一方面，提高人口综合素质，实现扶贫与扶志、扶智相结合。提高相对落后地区教育支出在财政支出中的比重，完善基础教育体系，健全职业教育体系，扩大助学贷款支付和覆盖比例，打破贫困的代际循环。

　　最后，共同富裕视域下的相对贫困治理应实现由注重"结果公平"向"机会公平"的转变。新时期提及"再分配注重公平"，应逐渐将更多注意力放在社会的"机会公平"上。古语有云，"不患寡而患不均"，在综合国力持续增强、经济实力不断提升的当代中国，这个"不均"的治理除了需要防止收入差距过大外，还应该包含避免机会持续高度不均。机会不均的扩大最为直接地影响人民日常生活，因此容易产生累积性的相对剥夺感。面向共同富裕建设愿景，在满足基本的生存需求和安全需求之后，政策制定还需要考量不同群体的合理诉求，听取多元社会主体意见，重视政策目标群体的获得感、安全感和幸福感。

专题报告三

平台经济从业者社会保障权益的公众态度：职业身份与参保支持

申梦晗　李佳威　甘　泉

一　研究背景与研究问题

（一）新业态经济成为拉动发展的"新引擎"和吸纳就业的"蓄水池"

随着信息技术的迭代和数字经济的繁荣，依托互联网平台的新业态经济快速发展，创造了更为优质高效的服务供给体系，成为拉动经济发展和技术创新的"新引擎"，也催生了规模庞大的平台经济从业者群体，成为吸纳和扩大就业的"蓄水池"。根据商务部数据，2021 年我国由新业态、新模式驱动的电子商务市场交易规模达 42.3 万亿元，同比增速 19.6%，电子商务从业人员达到 6700 万人。① 而另一组由国家信息中心统计数据则显示，2020 年我国依托互联网平台的平台经济从业者达到 8400 万人，同比增长 7.7%。② 可见，在第四次科技革命纵深发展的未来，互联网技术驱动的新业态保民生、稳就业、促发展的作用会越发突出，对实体经济提质增效的作用也会越加明显，而平台经济从业者也将成为最重要的劳动者群体之一。事实证明，在面临新形势新任务时，新业态经济及其从业者有效保障了我国企业和居民的生产生活需求，推动了复

---

① 参见《中国电子商务报告 2021》，中国商务部网站，2022 年 11 月 18 日，http://images. mofcom. gov. cn/dzsws/202211/20221118180137127. pdf。

② 参见《中国共享经济报告 2021》，国家发展改革委网站，2022 年 2 月 22 日，https://www. ndrc. gov. cn/xxgk/jd/wsdwhfz/202102/P020210222307942136007. pdf。

工复产和复商复市，促进了经济发展的企稳回升。

（二）解决平台经济从业者社会保障不足问题"迫在眉睫"

然而，在新业态蓬勃发展和经济社会秩序稳中向好的同时平台经济从业者也面临突出的社会保障不足问题。由于新业态聘雇性质多样化、雇佣主体多元化的特征，平台经济从业者也相应具有灵活性、兼职性和不确定性等职业特性，因此其职业身份性质和劳动关系认定还存在较大的争议。这就导致他们的社会保障权益与现行的制度体系并不完全适配。[①] 在未能与平台企业签订正式劳动合同的情况下，平台经济从业者只能以灵活就业者身份自愿参加企业职工社会保险或以普通居民身份参加城乡居民社会保险。

习近平总书记在题为《促进我国社会保障事业高质量发展、可持续发展》的重要文章中指出，部分农民工、灵活就业人员、新业态就业人员等人群存在"漏保""脱保""断保"的情况。[②] 考虑到灵活就业人员、新业态就业人员的主体是平台经济从业者，可以认为后者的社会保险参保问题非常突出。如果平台经济从业者凭借灵活就业者身份参加职工保险，则需要全额承担较为高昂的参保费用，因此他们大多选择居民保险，而且通常选择最低缴费档次。[③] 官方统计公报和调查研究数据显示，平台经济从业者的参保比例、参保层次和险种覆盖都较低。以医疗保险为例，根据国家医疗保障局发布的《2021 年全国医疗保障事业发展统计公报》，2021 年参加了企业职工基本医疗保险的灵活就业人数仅为 4853 万人，这一数字远低于平台经济从业者的估计人数[④]，这意味着他们中的大多数人参加的是居民医保或没有参保。2018 年全国总工会发布的

① 王全兴、王茜：《我国"网约工"的劳动关系认定及权益保护》，《法学》2018 年第 4 期；谢增毅：《互联网平台用工劳动关系认定》，《中外法学》2018 年第 6 期；常凯、郑小静：《雇佣关系还是合作关系？——互联网经济中用工关系性质辨析》，《中国人民大学学报》2019 年第 2 期。

② 习近平：《促进我国社会保障事业高质量发展、可持续发展》，《求是》2022 年第 8 期。

③ 席恒、余澍：《共同富裕的实现逻辑与推进路径》，《西北大学学报》（哲学社会科学版）2022 年第 2 期；郑秉文、董克用、赵耀辉、房连泉、朱俊生、张冰子、蒙克、贾珅：《养老金改革的前景、挑战与对策》，《国际经济评论》2021 年第 4 期。

④ 参见《2021 年全国医疗保障事业发展统计公报》，国家医疗保障局网站，2022 年 6 月 8 日，http://www.nhsa.gov.cn：8000/art/2022/6/8/art_7_8276.html。

《关于新产业、新业态、新模式下从业者劳动经济权益问题研究情况的报告》称，有33%的平台经济从业者没有缴纳社会保险。① 2021年中山大学"人民美好生活需要（公众福利态度）调查"数据显示，35.49%在平台就业的受访者没有参加社会保险。② 社会保险的参保不足大大减弱了平台经济从业者抵御多种风险的能力。

针对上述情况，中央和地方政府相继出台了一定数量的政策文件，以切实维护平台经济从业者的社会保障权益。2021年7月，人社部等八部门联合印发《关于维护新就业形态劳动者劳动保障权益的指导意见》。③ 2022年3月，李克强总理在《政府工作报告》中将"完善灵活就业社会保障政策，开展新就业形态职业伤害保障试点"列为重点工作目标。④ 面对这一重大的现实关切，社会政策的学术研究应该积极回应。本专题报告旨在对平台经济从业者社会保障不足问题的现状、成因、风险和需求等命题进行探究，对各级政府的试点工作和社会公众的态度取向开展调查、评估和分析，从而为制度优化和政策完善提供科学依据，以更好地促进新业态经济的高质量发展和共同富裕目标的实现。

（三）公众福利态度是社会政策的"肌肤"和社会发展的"晴雨表"

在针对社会政策领域问题的研究中，公众福利态度（welfare attitudes）发挥着"举足轻重"的参考价值。公众福利态度可以被认为是社会大众对政府福利政策及其对社会价值进行权威性分配的看法，反映出他们对政府承担福利责任的期待水平和对社会再分配的偏好程度。⑤ 政策的冷暖和社会的晴雨可以通过公众的态度知晓。⑥ 具体而言，公众福利态度至少在以下三方面有着重要的

---

① 袁朝辉：《新就业形态人员社会保险状况研究》，《中国劳动关系学院学报》2021年第1期。

② 岳经纶等：《人民美好生活需要与社会政策创新（2021）》，社会科学文献出版社，2022。

③ 《人力资源社会保障部 国家发展改革委 交通运输部 应急部 市场监管总局 国家医保局 最高人民法院 全国总工会关于维护新就业形态劳动者劳动保障权益的指导意见》，中国政府网，2021年7月16日，http://www.gov.cn/zhengce/zhengceku/2021-07/23/content_5626761.htm。

④ 参见《2022年政府工作报告》，新华社，2022年3月12日，http://www.news.cn/politics/2022lh/2022-03/12/c_1128464848.htm。

⑤ 万国威：《中国大陆弱势群体社会福利态度研究》，《公共管理学报》2015年第1期。

⑥ 臧其胜：《政策的肌肤：福利态度研究的国际前沿及其本土意义》，《公共行政评论》2016年第4期。

参考价值。第一，公众福利态度是社会政策实施效果和影响的具象化表达，从中可识别出政府在一段时间内的治理绩效和社会公众的满意度。[①] 这一领域的系统性研究之所以始于 20 世纪 70 年代，是因为福利国家危机的出现。[②] 在中国，党和政府以不断满足人民日益增长的美好生活需要为奋斗目标。因此，公众福利态度可以成为反映人民主观福祉水平和社会政策保障功能的重要窗口。第二，社会政策的调整变动会影响公众福利态度，公众福利态度也可以形塑社会政策形态，并促进其发展。在由新一轮科技革命驱动的新业态经济蓬勃发展的当下，考察公众福利态度的现状和趋势，或将揭示出其对可能存在的新社会风险的隐忧[③]，从而为社会政策的制定提供参考依据。第三，在考察平台经济从业者社会保障问题方面，"他者"视角下的公众福利态度可以提供重要补充。在公众福利态度研究中，微观层面的研究主要遵循个人自利路径。相较于直接研究平台经济从业者自身的福利态度，对"他者"视角下的公众福利态度开展研究可以丰富研究维度，更全面地展现福利态度的全景。

（四）问题的提出

随着新业态经济的发展，越来越多的新场景、新应用走进寻常百姓家，而社会公众与该种经济形态及其从业人员的交流也更为频繁且紧密。一方面，新业态经济要素在居民消费中能自由流通且规模庞大，成为驱动消费升级的重要发力点。另一方面，平台经济从业者已经发展成为劳动者群体中的主力军，越来越多的个人和家庭的生计和他们捆绑在一起。可以说，对于我国国民来说，新业态已经不算是"新鲜事物"，在互联网平台中谋求职业发展也不算是"新奇选择"。

在这样的背景下，探究社会公众对平台经济从业者社会保障权益的福利态度就变得尤为关键。在群际接触理论看来，群体间的相互接触和信息交流有助于增进群体之间的了解和信任，从而减少偏见和误会，甚至达成在群体特征和

---

① 黄叶青、余慧、韩树蓉：《政府应承担何种福利责任？——公民福利态度的影响因素分析》，《公共行政评论》2014 年第 6 期。

② 岳经纶：《福利态度：福利国家政治可持续性的重要因素》，《公共行政评论》2018 年第 3 期。

③ 范梓腾、宁晶：《技术变革中的福利态度转变——自动化替代对个体养老责任偏好的影响》，《社会学研究》2021 年第 1 期。

价值观上的共享。① 积极的群际接触可以产生利他型的集体行动意愿，这也意味着如果社会公众与平台经济从业者保持良性互动，前者就很有可能在社会福利政策方面支持后者。反之，如果社会公众与平台经济从业者之间的交互关系并不理想，则很有可能在社会福利政策方面采取保守立场或冷漠态度。此外，在自利人假设与社会人假设的争辩当中，一个同时包含效用最大化和亲社会偏好的分析框架也逐渐得到认可和应用。② 在个人自利解释路径下，社会公众可能就平台经济从业者福利获取对自身造成的福利"挤入"和福利"挤出"展开理性分析，并据此做出表态和判断。例如，人们普遍认为高收入群体可能不愿在再分配政策中做出利益让渡。然而，在社会偏好解释路径下，个体也会产生公平、互惠、利他、差异厌恶的亲社会行为，关注其他群体福利水平的提高，因此高收入群体也可能有"达则兼济天下"的心态，从而在平台经济从业者的社会保障方面表现出积极的态度。可见，公众福利态度的影响因素需要结合特定的条件加以分析。

为了探究我国公众对新业态的看法及其对平台经济从业者的福利态度，本报告将具体研究以下几个问题：一是考察平台经济从业者给居民生产生活带来的便利，从而判断我国公众与新业态及其从业者的互动是否良性；二是考察我国公众对平台经济从业者的职业身份性质、社会保险本地参保支持和企业参保缴费责任的基本认知，从而总结我国公众对该群体社会保障权益的福利态度，在此基础上，开展个体层面和地区层面的异质性分析，归纳公众福利态度的分化情况；三是对第二个问题所涉及的福利态度现状展开影响因素探究，分析个体特征、价值观念和地区特征等，其中重点考察公众的平台经济便利程度感知。在此基础上，开展影响机制探究，讨论前述结果背后的可能原因。

后文第二部分是对公众福利态度的相关研究进行文献综述，其中重点讨论公众福利态度的影响因素；第三部分是对本报告的数据来源和研究设计进行说明和介绍；第四、五、六部分分别是我国公众对平台经济便利程度感知、对平台经济从业者职业身份认知、对平台经济从业者本地参保支持程度、对平台企

① 李森森、龙长权、陈庆飞、李红：《群际接触理论———一种改善群际关系的理论》，《心理科学进展》2010 年第 5 期；石晶、崔丽娟、戚玮：《想象积极群际接触对利他型集体行动意愿的影响：系统公正感和群际评价的中介作用》，《心理科学》2021 年第 6 期。
② 王云、张昀彬：《社会偏好理论：争议与未来发展》，《学术月刊》2021 年第 6 期。

业参保缴费责任态度的描述性统计和异质性分析；第七部分是对前述问题的影响因素探究和机制讨论；第八部分是本报告的结论和政策建议。

二　文献综述

（一）公众福利态度的概念讨论与研究沿革

公众福利态度是社会政策的"肌肤"和社会发展的"晴雨表"，反映出公众对自身和他人福利状况的认知和期望，以及对政府承担福利供给责任的态度和对社会再分配政策的偏好。[①] 还有一些相对狭义的定义则将公众福利态度视为公众对福利的总体认知、公众对社会再分配政策的总体认识、公众对国家承担福利责任的态度、公众对自身福利现状的关切和期待。[②] 总体而言，福利（welfare）和态度（attitudes）本身具有多个方面的意涵，因此福利态度也会根据分析所需呈现不同的解释和定义。但无论怎样定义，都体现了社会大众对某一（些）领域社会政策框架和细节的或支持或反对的倾向，反映出社会大众普遍性的价值追求和福利诉求，是需要政府予以感知和回应的重要议题，因为这关涉公众对政权合法性的认同。福利态度的概念产生及其受到重视并不是古已有之的，而是伴随着现代国家和福利国家的产生而发展变迁的。

在传统社会中，个体的福祉主要依靠家庭单位的生产劳动获得，因此生育、疾病、老年、天灾等风险也由个体和家庭承担，国家政权层面仅存在临时性、象征性、非制度化的救济赈灾活动。[③] 随着工业革命和市场经济的发展，个体需要通过在市场上出卖劳动力来换取生计，这也导致个体及其家庭不可避

---

① 臧其胜：《政策的肌肤：福利态度研究的国际前沿及其本土意义》，《公共行政评论》2016年第4期；岳经纶：《福利态度：福利国家政治可持续性的重要因素》，《公共行政评论》2018年第3期。

② 黄叶青、余慧、韩树蓉：《政府应承担何种福利责任？——公民福利态度的影响因素分析》，《公共行政评论》2014年第6期；杨琨：《老年人的福利态度及影响因素》，《重庆社会科学》2015年第3期；臧其胜：《政策的肌肤：福利态度研究的国际前沿及其本土意义》，《公共行政评论》2016年第4期；杨琨、袁迎春：《共识与分化：福利国家公民的福利态度及其比较研究》，《公共行政评论》2018年第3期。

③ 高永建：《中国历代社会救济政策之研究》，《首都经济贸易大学学报》2000年第4期。

免地遭受"工业化"和"商品化"带来的冲击，失业、工伤等风险连同疾病、老年等风险一起将个体推向"悬崖边沿"。至此，社会上已经出现了不少反思并主张政府应当承担起责任的声音。例如，西伯姆·朗特里（Seebohm Rown-tree）对英国约克郡的贫困问题开展了三轮调查研究，其在 1899 年开展的第一轮调查中就发现 27.84% 的调查对象生活于贫困线之下，而他们中的大多数是因为工资水平太低（而非社会普遍认为的个人懒惰）而陷入贫困的[①]，将贫困归因推向结构性视角。但由于福利体制尚未确立，公众福利态度仍未能进入人们的视野。二战后期，在凯恩斯主义的影响下，西方发达国家普遍达成了国家承担福利责任的共识，深度介入社会再分配的领域。彼时，零散的选举研究和公众调查会或多或少地涉及福利态度问题，但未成气候。到了 20 世纪晚期，福利国家面临经济滞胀、财政赤字、福利依赖等发展危机，国家干预再分配的合法性也开始遭受质疑。系统性的福利态度研究随之出现，部分代表人物如泰勒·顾柏（Taylor Gooby）和斯瓦尔福斯（Svallfors）开始涌现。例如，泰勒·顾柏在 1982 年的研究中就指出，公众的福利态度可能同时存在个体私人利益和集体共同需要两种倾向。[②] 斯瓦尔福斯在 1997 年利用国际社会调查数据（International Social Survey Program）对比分析了八个国家、四种福利体制的福利态度影响因素，并发现福利体制对福利态度有明显的塑造作用。[③]

从现代国家和福利国家的发展变迁来看，研究公众福利态度至少有三方面的必要性。第一，社会政策的评估不仅要关注再分配效应和经济后果，也要考虑它对公众价值观念的形塑。社会政策作为福利领域国家意志的表达，可以潜移默化地引导公民的价值倾向，其可能促进社会团结，也可能造成社会撕裂。第二，社会政策制定需要考虑公众的福利态度。福利态度分析可以把精英们的意见和普罗大众的看法区分看来，从而让来自公众的声音更加畅通地向上反馈

---

① 林闽钢：《如何面对贫困和消除贫困：贫困视角及其政策转换的社会历程》，《南国学术》2018 年第 1 期。

② Taylor-Gooby, P., "Two Cheers for the Welfare State: Public Opinion and Private Welfare," *Journal of Public Policy* 2（1982）：319 – 346.

③ Svallfors, S., "Worlds of Welfare and Attitudes to Redistribution: A Comparison of Eight Western Nations," *European Sociological Review* 13（1997）：283 – 304.

或开启政策议程。① 通过回应公众诉求和解决人民需要，国家政权的合法性得以存续。第三，对于公众福利态度的研究，有助于识别出不同利益群体的福利诉求，从而为调和不同群体间的利益冲突提供空间，也为政府更好地设计政策方案提供依据。

（二）公众福利态度的影响因素

对于公众福利态度的影响因素或形成路径探讨，是该领域研究的重要议题。公众福利态度本身就呈现复杂的多样性，因此对于影响因素的讨论也非常多元。总体上，这些讨论可以被分为不同的层次，如微观上关于个体特征和价值观念的影响，中观上关于家庭、社区或族群的影响，宏观上关于政治、经济、文化等环境性因素的影响。② 此外，以往的研究可以被归纳为不同的研究路径，包括个人自利路径、意识形态路径和风险预期路径。③ 为讨论方便，本报告主要采用不同层次的论述思路。

1. 个体性因素

个体性因素关注公众的个体特征，主要包括人口学特征和价值观念特征。在性别方面，男性一般会对社会福利政策持更加保守或负面的态度，原因可能是男性通常在劳动力市场和社会秩序中处于优势地位，对社会福利的需求低于女性。④ 在年龄方面，相关研究并未得出一致结论。一些研究认为年龄与态度之间呈现正向影响，原因是随着年龄的增长，个体遭遇新旧风险的可能性提高，而抗风险能力减弱，因而呼吁国家在再分配领域进行干预；另外一些研究则认为年龄与态度之间呈现负向关系，因为年轻人正处于劳动力市场中，真切地感受着社会的收入差距，而已经完成财富积累的中老年群体则持保守态度。

---

① 岳经纶：《专栏导语：福利态度：福利国家政治可持续性的重要因素》，《公共行政评论》2018 年第 3 期。

② Gingrich, J., Ansell, B., "Preferences in Context: Micro Preferences, Macro Contexts and the Demand for Social Policy," *Comparative Political Studies* 45.

③ 杨琨、袁迎春：《共识与分化：福利国家公民的福利态度及其比较研究》，《公共行政评论》2018 年第 3 期；范梓腾、宁晶：《技术变革中的福利态度转变——自动化替代对个体养老责任偏好的影响》，《社会学研究》2021 年第 1 期。

④ Alston, J., Dean, I., "Socioeconomic Factors Associated with Attitudes Toward Welfare Recipients and the Cause of Poverty," *Social Service Review* 46 (1972): 13 – 23.

吴玉玲认为福利态度可能与不同世代所经历的重大社会事件和历史变迁有直接关系。[1] 在经济社会地位方面，福利水平较低的弱势群体会出于自身利益的考量，倾向于支持政府的社会政策或保持较高的福利期待；反之，经济社会地位高的人不仅自身福利水平较高，而且可能不愿通过缴纳更多税等方式来部分让渡自身的福利。[2] 在受教育程度方面，受过良好教育的个体会有更强的知识基础和权利意识，因此会对政府在承担福利供给方面提出更高的要求或扮演积极推动的角色。在工作性质方面，非正式就业的个体不仅收入水平更低，也面临更高的失业风险，因而更有可能支持政府在社会政策方面提供的补充保障。在宗教信仰方面，信奉主流宗教的公众会更加推崇美德和正义，从而对社会不公产生更强烈的感知，对弱势群体也抱有怜悯之心，因而往往会积极支持政府在改善福利水平方面做出的努力。[3]

然而，有一些问题可能是人口学因素无法解释的，例如为何经济社会地位高的人也愿意在社会福利政策领域扮演积极公民的角色。原因在于，即使同一人群在人口学特征上相似，但可能在价值观念上差异巨大，从而影响了福利态度的形成。哈森菲尔德（Hasenfeld）和拉弗蒂（Rafferty）1989 年的研究发现，与自由主义者相比，抱有社会民主主义观念的人认为福利保障是社会公民权的体现，是促进和维护社会公平的手段，因此会更加支持国家在福利领域的干预。[4] 白洁等则发现人们的社会偏好可能会鼓励亲社会行为，促使优势群体产生谦卑心态和助人动机，因而选择在社会再分配方面为弱势群体发声，体现出"达则兼济天下"的思维。[5]

[1] Hasenfeld, Y. & Rafferty, J. A., "The Determinants of Public Attitudes toward the Welfare State," *Social Forces* 67 (1989).

[2] Pardos-Prado, S. & Xena, C., "Skill Specificity and Attitudes toward Immigration," *American Journal of Political Science* 63 (2019): 286 – 304.

[3] Stegmueller, D., Scheepers, P., Robteutscher, S. & Jong, E., "Support for Redistribution in Western Europe: Assessing the Role of Religion," *European Sociological Review* 8 (2012): 482 – 497.

[4] Hasenfeld, Y. & Rafferty, J. A., "The Determinantsz of Public Attitudes toward the Welfare State," *Social Forces* 67 (1989).

[5] 白洁、杨沈、龙步霄、郭永玉：《达者何以兼济天下：高阶层再分配偏向的心理机制及谦卑的作用》，《心理学报》2021 年第 10 期。

2. 环境性因素

环境性因素关注公众所处时空的政治、经济、文化、社会等背景，相关讨论较为丰富。在政治制度方面，最为重要的是关于福利国家体制与公众福利态度之间的关系探讨。斯瓦尔福斯研究发现，人们对平等、再分配和政府干预的支持在自由主义体制中最弱，在保守主义体制中次之，而在社会民主主义体制中则最强。[①] 原因就在于，北欧国家普遍实行的"高税收高福利"体制已然成为民众普遍接受的社会规范，公众对政府在福利供给中的责任抱有天然的期待。[②] 在经济环境方面，当经济下行压力加大或面临产业结构调整时，劳动者失业和被裁员的风险会上升，或经历可支配收入的锐减，此时公众就更加迫切需要来自政府的社会保护和兜底保障，历史上多次周期性经济危机说明了这一问题。在文化规范方面，处于不同文化环境的人对社会公平正义的理解可能存在显著差异，这也会直接影响他们对社会再分配政策的态度。处于相对平等文化环境的人会认同并倡导公民权的理念，从而形成一种共识性的福利态度；主张自由的文化环境的人则会认为每个人应该对自己负责，从而反对国家的过度干预。[③] 在社会风险方面，随着经济全球化、人口老龄化、家庭原子化等社会变迁，家庭照顾赤字、社会保障覆盖不足、劳动技能迅速落后等新社会风险涌现。[④] 在这样的背景下，公众对福利供给主体和内容多元化的要求不断提升，对政府承担的责任也更期待。范梓腾和宁晶研究发现，在"机器换人"的职业自动化趋势影响下，个体因职业被替代的风险会强化对政府养老的倾向。[⑤]

已有的研究涉及不同的讨论层次和分析路径，并建构起分析公众福利态度的

[①] Svallfors, S., "Worlds of Welfare and Attitudes to Redistribution: A Comparison of Eight Western Nations," *European Sociological Review* 13 (1997): 283 – 304.

[②] 沈冰清、林闽钢：《社会福利态度研究的动态与趋势》，《江西财经大学学报》2020 年第 6 期。

[③] 杨琨、袁迎春：《共识与分化：福利国家公民的福利态度及其比较研究》，《公共行政评论》2018 年第 3 期；杨琨：《我国老年人个体—家庭福利态度的影响因素及特征研究》，《西北人口》2018 年第 1 期。

[④] 彼得·泰勒 – 顾柏编著《新风险·新福利：欧洲福利国家的转变》，马继森译，中国劳动社会保障出版社，2010。

[⑤] 范梓腾、宁晶：《技术变革中的福利态度转变——自动化替代对个体养老责任偏好的影响》，《社会学研究》2021 年第 1 期。

"全景式图景"。不过，需要指出的是，已有研究大多关注公众对自身福利状况的态度，尚未有充足的研究去讨论公众对其他群体福利状况的态度。即使有，也主要集中在国际移民领域之中，例如岳经纶和尤泽锋对在华国际移民的讨论。[①]

三　数据来源与研究设计

（一）数据来源

本报告使用中山大学"人民美好生活需要（公众福利态度）调查"数据。该调查借鉴欧洲国家社会调查问卷和我国香港福利态度调查问卷的设计，并对具体问题进行了改良。为了保证问卷的有效性和实时性，调查人员每年在开展数据调查之前会对问卷涉及的板块进行调整，即根据国内当年社会热点议题对其进行补充和更新。2022年问卷囊括了"主体部分""社会团结与社会风险""社会照顾""社会态度""乡村振兴战略""延迟退休""时间利用""个人资料"等板块，调查对象为18周岁及以上的广东省、河南省和甘肃省居民，调查范围包括广东省21个地级市、河南省18个地级市（省直管市）和甘肃省14个地级市（自治州），最终获得9400个有效样本。

（二）模型介绍

本部分基于中山大学"人民美好生活需要（公众福利态度）调查"数据，考察公众的平台经济便利度感知对平台经济从业者职业身份性质看法及社会保障态度的影响。本专题研究的核心自变量为公众的平台经济便利度感知，主要通过问卷所询问的"您在多大程度上认同，平台经济从业者（如外卖小哥、网约车司机等）给您的生活带来了便利"进行衡量，答案采用五分类的李克特量表法进行度量，其中非常不认同=1，非常认同=5。与此同时，本报告的三个问题对应三个因变量：公众对非本地户口平台就业人群参与城市社会保险的支持度、公众对平台经济从业者职业身份性质的态度，以及公众对平台企业社会

---

① 岳经纶、尤泽锋：《在华国际移民能享受社会福利吗？——基于公众福利态度的分析》，《华南师范大学学报》（社会科学版）2020年第1期。

保险缴费责任态度。首先是公众对非本地户口平台就业人群参与城市社会保险的支持度，主要通过问卷中询问的"您支持非本地户籍平台就业人群（如外卖小哥、网约车司机等）参加您所在城市的社会保险吗"计算衡量，答案采用五分类的李克特量表法进行度量，1＝非常不支持，5＝非常支持。其次是公众对平台经济从业者职业身份性质的态度，主要通过问卷中询问"对于平台经济从业者，您认为他们应该是哪种职业身份"得到，主要陈述表达有"平台企业的职工""自由职业者""介于平台企业的职工与自由职业者之间"。最后是公众对平台企业社会保险缴费责任态度，问卷中设计了"对于平台经济从业者，您认为企业应当承担以下哪些社会保险的参保缴费责任"这一多选问题，问卷选项包括"职工养老保险"、"职工医疗保险"、"工伤保险"、"失业保险"以及"生育保险"。

本报告分别采用 logistic（以下简称"logit"）回归模型和 OLS 回归模型对平台经济从业者职业身份及权益保障的公众态度背后的影响因素进行实证分析。

$$\text{logit } Y_i = \alpha + \beta_1 V_i + \sigma P_i + \delta A_i + \gamma C_i + \varepsilon_i \tag{1}$$

$$M_i = \alpha + \beta_2 V_i + \sigma_2 P_i + \delta_2 A_i + \gamma_2 C_i + \varepsilon_i \tag{2}$$

其中，下标 i 代表受访者个体，Y 为受访者对平台经济从业者职业身份性质的看法以及应享有的福利保障的看法，主要包括公众对平台经济从业者职业身份性质的态度，以及公众对平台企业社会保险缴费责任态度。M 则为公众对非本地户口平台就业人群参与城市社会保险的支持度。P 为受访者个人特征变量，包括性别、年龄、受教育程度、婚姻状况、收入区间、户口类型、政治面貌、职业类型。A 为受访者的价值观念变量，包括收入差异感知、生活幸福感知、社会医疗保险满意度、社会养老保险满意度及贫困归因。C 为受访者所在城市的地区特征。在分析中，本报告通过依次控制受访者的个体特征、价值观念特征因素和城市层面的宏观变量，如地区外卖平台商家信息数量、人均GDP、人口结构、社会保险参保人数等来考察公众平台经济便利度感知对其对非本地户口平台就业人群参与城市社会保险的支持度、公众对平台经济从业者职业身份性质的态度，以及公众对平台企业社会保险缴费责任态度的影响，ε_i 为误差项。各变量的定义和描述性统计，如表1所示。

表1　各变量说明及统计描述

变量层次	变量		均值	标准差	说明
因变量	公众对非本地户口平台就业人群参与城市社会保险的支持度		4.25	0.78	五分变量，分值越高则越支持非本地户口平台企业职工参与城市社会保险
	公众对平台经济从业者职业身份性质态度		0.34	0.47	平台企业职工=1
			0.25	0.43	自由职业者=1
			0.40	0.49	介于其中=1
	公众对平台企业社会保险缴费责任态度		0.80	0.40	职工养老保险=1
			0.83	0.38	职工医疗保险=1
			0.72	0.45	工伤保险=1
			0.66	0.48	失业保险=1
			0.59	0.49	生育保险=1
自变量	平台经济便利感知		4.21	0.87	五分变量，分值越高则越认同平台经济从业者给生活带来了便利

控制变量

			均值	标准差	说明
个人特征	性别		0.55	0.50	女=0，男=1
	年龄		37.98	12.52	18~89岁
	受教育程度		3.26	0.95	小学及以下=1，初中=2，高中=3，大学本科与专科=4，硕士及以上=5
	婚姻状况		0.72	0.45	未婚=0，已婚=1
	政治面貌		0.18	0.38	非党员=0，党员=1
	收入区间		2.29	1.08	低收入（2500元以下）=1，中低收入（2500~5000元）=2，中收入（5000~10000元）=3，中高收入（10000~20000元）=4，高收入（20000元以上）=5
	户口类型		0.51	0.50	非农业户口=0，农业户口=1
	职业类型	体制内工作	0.27	0.44	体制内工作=1
		体制外工作	0.37	0.48	体制外工作=1
		非正式工作	0.19	0.39	非正式工作=1

续表

变量层次	变量		均值	标准差	说明
价值观念	收入差异感知		3.44	1.14	五分变量，分值越高则认为收入差异越大
	生活幸福感知		3.73	1.24	五分变量，分值越高则认为生活幸福度越高
	社会医疗保险满意度		2.94	1.04	五分变量，分值越高则对社会医疗保险越满意
	社会养老保险满意度		3.35	1.01	五分变量，分值越高则对社会养老保险越满意
	贫困归因	懒惰	2.56	1.24	五分变量，分值越高则归因程度越强
		缺乏机会	3.46	1.11	五分变量，分值越高则归因程度越强
		能力不足	2.66	1.17	五分变量，分值越高则归因程度越强
		社会不平等	2.90	1.25	五分变量，分值越高则归因程度越强
		社会保障不完善	2.94	1.24	五分变量，分值越高则归因程度越强
城市特征	平台商家信息数量		3.87	0.45	平台商家信息数量取对数最大值为4.93，最小值为2.38
	第一产业增长值占GDP比重		12.00	7.34	最小值为0.09，最大值为30.72
	第二产业增长值占GDP比重		40.43	10.81	最小值为13.31，最大值为63.64
	第三产业增长值占GDP比重		49.58	8.23	最小值为28.47，最大值为72.51
	人均GDP		4.71	0.21	人均GDP取对数，最小值为4.19，最大值为5.20
	户籍人口数量		6.56	0.35	户籍人口数量取对数，最小值为5.49，最大值为7.27
	人均职工平均工资		4.91	0.08	人均职工平均工资取对数，最小值为4.72，最大值为5.14
	普通本专科在校学生数		4.63	0.59	普通本专科在校学生数取对数，最小值为3.29，最大值为6.12

续表

变量层次	变量	均值	标准差	说明
城市特征	城镇职工基本养老保险参保人数	5.78	0.52	城镇职工基本养老保险参保人数取对数，最小值为4.39，最大值为7.10
	城镇基本医疗保险参保人数	5.80	0.49	城镇基本医疗保险参保人数取对数，最小值为5.06，最大值为7.26
	失业保险参保人数	5.55	0.53	失业保险参保人数取对数，最小值为4.47，最大值为7.09
	医院、卫生院床位数	3.98	0.32	医院、卫生院床位数取对数，最小值为3.07，最大值为4.79

四 公众对平台经济的主观便利度感知

（一）公众对平台经济的主观便利度感知整体情况

整体而言，受访者对平台经济的便利度感知均值为4.21，由此说明，受访者对平台经济所带来的便利具有较高的认可度。具体而言，从图1的描述性统计可以看出，调查中受访者选择"非常认同"平台经济所带来的便利的所占比重最高，在9328位有效受访者样本中，有4006位选择了"非常认同"，占比达到了42.95%。与此同时，有3806位受访者选择"比较认同"平台经济所带来的便利，占比为40.80%。而受访者选择"非常不认同"以及"比较不认同"的占比仅为1.97%和1.90%。

（二）公众对平台经济主观便利度感知的省际差异

1. 不同省份公众主观便利度感知比较

如图2所示，横向比较不同省份受访者对平台经济的便利度感知均值发现，三个省份的受访者对平台经济所带来的便利都有较高的认同度，在平台经济便利度感知上并没有显著差异。其中，甘肃省的公众平台经济便利度感知均值为4.26，略高于广东省（4.18）和河南省（4.21）。从图3对不同省份的描述性统计可发现，调查中三个省份的受访者选择"非常认同"平台经济所带来

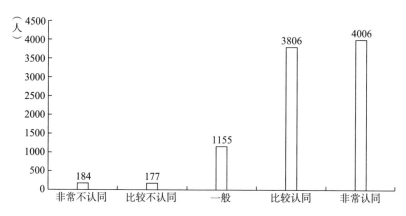

图1　公众对平台经济的主观便利度感知

的便利的所占比重均为最大，其中甘肃省占比为45.31%，依次高于河南省
（43.01%）和广东省（41.70%）。而河南省"非常不认同"平台经济所带来的
便利的受访者所占比重为1.28%，低于广东省（2.08%）和甘肃省（2.59%）。
此外，广东省、河南省、甘肃省的受访者比较认同平台经济所带来的便利的受
访者占比依次为41.03%、39.23%、42.27%，而比较不认同平台经济所带来
的便利的受访者占比依次为2.13%、1.32%、2.14%，总体来看，甘肃省受访
者比较认同和非常认同平台经济所带来的便利的所占比重最大，达到87.58%，
依次大于广东省（82.73%）和河南省（82.24%）。

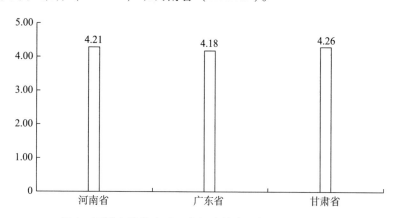

图2　不同省份公众对平台经济的主观便利度感知均值

2. 不同省份公众主观便利度感知与客观便利度均值比较

图4对比了广东省、河南省、甘肃省受访者对平台经济的主观便利度感知

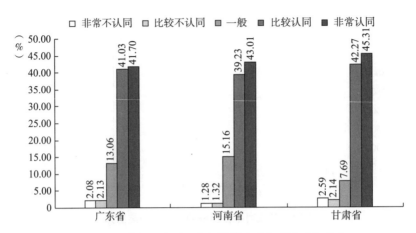

图3 不同省份公众对平台经济的主观便利度感知分布

和平台经济的客观便利度情况。其中地区平台经济的客观便利程度通过2020～
2021年内该地区美团外卖平台商家信息数量来衡量，并进行对数处理。可以看
出，广东省的实际平台经济便利度高于河南省和甘肃省，而甘肃省受访者对平
台经济便利感知均值要高于河南省与广东省。具体而言，广东省、河南省和甘
肃省的主观便利度感知均值为4.18、4.21和4.26，而地区平台经济的客观便
利程度指数分别为4.03、3.98、3.41。整体而言，甘肃省平台经济便利度的主
观感知与实际便利程度之间的差异最大，而广东省的差异最小。

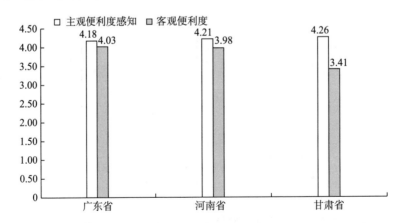

图4 不同省份平台经济客观便利度与公众主观便利度感知均值对比

（三）公众平台经济便利度感知的个体差异

1. 性别

在性别方面，整体而言，男性受访者的平台经济便利度感知均值为4.15，女性受访者的平台经济便利度感知均值为4.28，男性受访者对平台经济便利的认可度低于女性。图5对比了不同省份男性和女性对平台经济的便利度感知情况，从中可以发现，不同省份女性受访者对平台经济所带来的便利的认同度都高于男性受访者。其中，广东省、河南省、甘肃省女性受访者平台经济便利度感知的均值分别为4.26、4.30、4.33，而男性受访者平台经济便利度感知的均值分别为4.10、4.15、4.21。

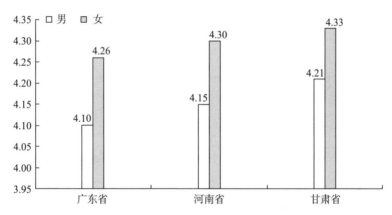

图5　不同省份公众对平台经济的主观便利度感知均值的性别差异

2. 受教育程度

在受教育程度方面，图6反映的是不同学历背景的受访者平台经济便利度感知情况。整体而言，学历水平与受访者平台经济便利度感知有较为明显的相关性。学历水平越高，受访者的平台经济便利度感知均值越高。其中硕士及以上学历的受访者对平台经济所带来便利的认同度最高，便利度感知均值为4.43，而小学及以下学历的受访者对平台经济所带来便利的认同度最低，便利度感知均值为3.91。

从图7对不同学历背景受访者选择选项的描述性统计可发现，不同学历背景下，多数受访者对于平台经济所带来的便利持认同态度，其中硕士及以上学历受访者选择"非常认同"平台经济所带来的便利的所占比重最高，达到

57.32%，高于大学本科与专科（47.29%）、高中（38.51%）、初中（36.30%）及小学及以下（37.22%）学历受访者。小学及以下学历受访者选择"非常不认同"和"比较不认同"平台经济所带来的便利的比重最高，达到10.13%，高于初中（5.75%）、高中（4.58%）、大学本科与专科（2.43%）、硕士及以上（1.22%）学历受访者。

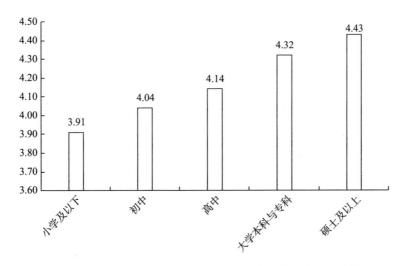

图6　不同学历背景下公众对平台经济的主观便利度感知均值

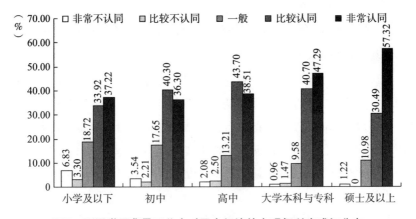

图7　不同学历背景下公众对平台经济的主观便利度感知分布

3. 收入水平

本报告按照收入区间划分收入水平。图8反映的是不同收入水平的受访者平台经济便利度感知情况。整体而言，收入水平与受访者平台经济便利度感知呈现倒U形关系。在低收入、中低收入及中收入受访者中，收入水平越高，平台经济便利度感知均值越高；随着收入水平的提高，中收入、中高收入、高收入水平下，受访者的平台经济便利度感知均值逐渐降低。其中，中收入的受访者对平台经济所带来便利的认同度最高，便利度感知均值为4.26，而低收入的受访者对平台经济所带来便利的认同度最低，便利度感知均值为4.15。

从图9对不同收入水平受访者选择选项的描述性统计可发现，不同收入水平背景下，多数受访者对于平台经济所带来的便利持认同态度，中高收入受访者选择"非常认同"平台经济所带来的便利，所占比重最大（45.42%），大于中收入（44.61%）、高收入（43.94%）、中低收入（42.14%）及低收入（41.23%）受访者。中收入受访者选择"比较认同"平台经济所带来的便利，所占比重最大（41.45%），大于中低收入（40.93%）、低收入（40.50%）、高收入（39.62%）及中高收入（39.53%）受访者。与此同时，高收入受访者选择"非常不认同"和"比较不认同"平台经济所带来的便利，所占比重最大，达到5.12%，大于低收入（4.77%）、中高收入（4.66%）、中低收入（3.62%）及中收入（2.91%）受访者。

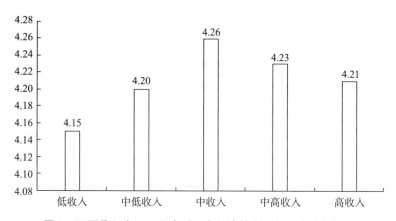

图8 不同收入水平下公众对平台经济的主观便利度感知均值

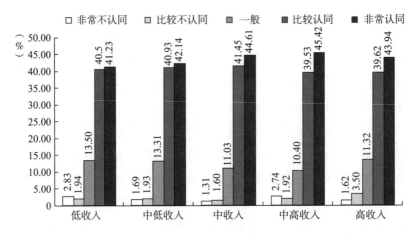

图9　不同收入水平下公众对平台经济的主观便利度感知分布

五　平台经济从业者职业身份性质认知

（一）公众对平台经济从业者职业身份性质认知现状

1. 公众对平台经济从业者职业身份性质认知整体情况

在该问题的8913个有效样本中，认为平台经济从业者的职业身份为自由职业者的受访者比例相对较低，占整体受访者的25.31%，而认为平台经济从业者是平台企业职工的受访者占比达到34.14%。整体而言，有更多的受访者认为平台经济从业者的职业身份介于平台企业职工与自由职业者之间，共有3614人，多于认为平台经济从业者职业身份是自由职业者（2256人）和平台企业职工（3043人）的受访者，占比为40.55%。该分析表明，公众对于平台经济从业者的职业身份没有较统一的认知，较为模糊。这一结果出现的原因较为复杂，与平台经济就业形态复杂交互、职业灵活性大、劳动关系界定较为困难存在较大关系，同时性别、受教育程度、收入区间等个体化因素差异和地区经济水平、制度等环境差异也会造成公众认知的不同。因此，本报告将引入个体特征因素和地区环境因素对受访者对平台经济从业者职业身份性质认知差异进行描述。

2. 公众对平台经济从业者职业身份性质认知的省际差异

如图10所示，横向比较不同省份公众对平台经济从业者职业身份性质认知发现，从整体认知分布结构来看，三个省份呈现相似性，与整体认知结构保持一致，即认为平台经济从业者的职业身份介于平台企业职工与自由职业者之间的受访者比例最高，而认为平台经济从业者的职业身份为自由职业者的受访者比例最低。其中，广东省内认为平台经济从业者是平台企业职工的受访者比例为35.01%，高于河南省（33.84%）和甘肃省（32.49%），而认为平台经济从业者职业身份介于平台企业职工与自由职业者之间的受访者比例为41.27%，依次高于河南省（39.02%）和甘肃省（40.59%）。与之相对，河南省与甘肃省认为平台经济从业者职业身份为自由职业者的受访者比例则高于广东省（23.38%），分别为26.96%和26.69%。

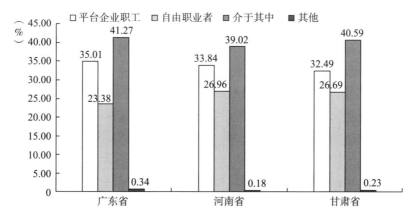

图10　不同省份公众对平台经济从业者职业身份性质认知分布

3. 公众对平台经济从业者职业身份性质认知的个体差异

（1）性别

根据问卷调查数据，总体而言，男性和女性对于平台经济从业者职业身份的认知都与整体认知分布结构保持一致。但如图11所示，女性受访者更多认为平台经济从业者职业身份介于平台企业职工与自由职业者之间，占比达到42.88%，高于男性（34.78%），而男性受访者认为平台经济从业者是自由职业者的人数比重则高于女性（男性为26.89%，女性为20.50%）。认为平台经济从业者为平台企业职工的男女人数占比差异不大，分别为32.45%和32.28%，各占男性受访者总数和女性受访者总数的1/3。图12反映的是不同省份不同性别人群对平台经济从业者职业身份性质的认知情况。结果表明，不同省份的男性受访者与女性受访者对平台经济职业身份的认知在结构分布上有相似性。

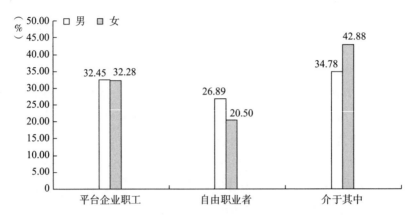

图11　不同性别公众对平台经济从业者职业身份性质认知分布

说明：数据未包含"其他"选项。

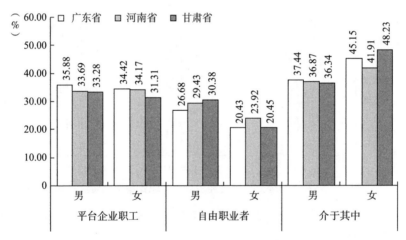

图12　不同省份公众对平台经济从业者职业身份性质认知分布性别差异

说明：数据未包含"其他"选项。

（2）受教育程度

图13反映的是不同学历背景的受访者对平台经济从业者职业身份的认知情况。整体而言，学历水平与平台经济从业者职业身份认知具有较为明显的相关性。随着学历水平的提高，认为平台经济从业者的职业身份为介于平台企业职工与自由职业者之间的受访者占比越来越高，而认为平台经济从业者属于自由职业者的受访者比例随之降低。

其中，小学及以下初中学历的受访者中有较多人认为平台经济从业者为自由职业者，分别占 46. 42% 和 38. 28%，而大学本科与专科和硕士及以上学历的受访者认为平台经济从业者为自由职业者的比例仅为 18. 30% 和 10. 37%。小学及以下、初中学历的受访者认为平台经济从业者介于自由职业和企业职工之间的比例为 23. 08% 和 33. 23%，与此相对，大学本科与专科和硕士及以上学历的受访者认为平台经济从业者职业身份性质介于其间的比例高达 44. 66% 和 51. 83%。

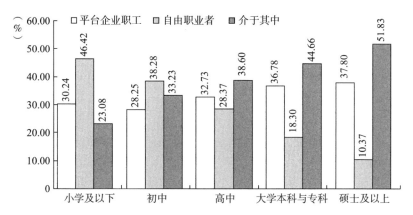

图 13　不同学历背景下公众对平台经济从业者职业身份性质认知分布
说明：数据未包含"其他"选项。

（3）收入水平

如图 14 所示，本报告按照收入区间划分收入水平，分为"低收入"、"中低收入"、"中收入"、"中高收入"和"高收入"五个等级。分析结果显示，不同收入水平的受访者对平台经济从业者职业身份的认知分布结构具有相似性，即认为平台经济从业者的职业身份介于平台企业职工与自由职业者之间的受访者占比最高，而认为平台经济从业者的职业身份为自由职业者的受访者占比最低。整体而言，除高收入之外的四个等级中收入水平越高，认为平台经济从业者职业身份为平台企业职工或介于平台企业职工与自由职业者之间的受访者占比越高，而认为平台经济从业者属于自由职业者的受访者比例随之降低。但在高收入受访者中，这一比例有所变化，认为平台经济从业者为自由职业者的受访者比重较中高收入受访者提高了 5. 60 个百分点，而认为平台经济从业者职业身份介于平台企业职工与自由职业者之间的受访者比例较中高收入受访者则降低了 2. 75 个百分点。

具体而言，在"平台企业职工"与"介于其中"这两个选项上，中高收入受访者的比例最高，分别为 37.80% 和 42.91% ，低收入受访者的比例最低，分别为 32.07% 和 28.07% ；而在 "自由职业者" 这一选项上，中高收入受访者选择的比例最低，为 19.25% 。低收入受访者的比例最高，为 28.07% 。

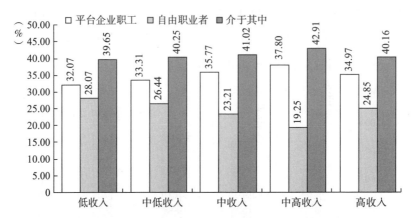

图 14 不同收入背景下公众对平台经济从业者职业身份性质认知分布
说明：数据未包含 "其他" 选项。

六 平台经济从业者参保支持的态度

（一）公众对非本地户口平台就业人群参与城市社会保险支持度现状

1. 公众对非本地户口平台就业人群参与城市社会保险支持度的整体情况

整体而言，受访者对非本地户口平台就业人群参与城市社会保险支持度均值为 4.25 ，由此说明，受访者对保障平台就业人群在本地的社会权益具有较高的支持度。具体而言，调查中受访者选择 "非常支持" 非本地户口平台就业人群参与城市社会保险的占比最高，在 9327 位有效受访者样本中，有 4064 位选择了 "非常支持"，占比达到了 43.57% 。与此同时，有 3752 位受访者选择 "比较支持" 平台经济所带来的便利，占比为 40.23% 。而受访者选择 "非常不支持" 以及 "比较不支持" 的占比仅为 0.63% 和 1.17% 。

2. 公众对非本地户口平台就业人群参与城市社会保险支持度的省际差异

如图 15 所示，横向比较不同省份受访者对非本地户口平台就业人群参与城市社会保险支持度均值发现，三个省份的受访者对非本地户口平台就业人群参与城市社会保险都有较高的支持度。其中，甘肃省对非本地户口平台就业人群参与城市社会保险支持度均值为4.29，略高于广东省（4.27）和河南省（4.18）。

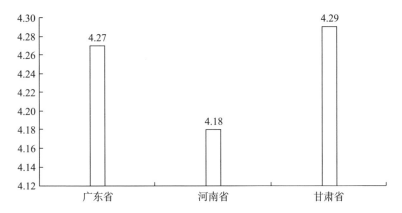

图15　不同省份公众对非本地户口平台就业人群参与城市社会保险支持度均值

从图16对不同省份的描述性统计可发现，调查中三个省份的受访者选择"非常支持"非本地户口平台就业人群参与城市社会保险的所占比重均为最高，其中甘肃省占比为46.14%，高于广东省（44.09%）和河南省（40.64%）。而非常不支持非本地户口平台就业人群参与城市社会保险的受访者所占比重最少，其中，河南省占比为0.48%，低于广东省（0.50%）和甘肃省（1.07%）。此外，广东省、河南省、甘肃省的受访者"比较支持"非本地户口平台就业人群参与城市社会保险的占比分别为41.22%、38.81%、40.03%，而"比较不支持"

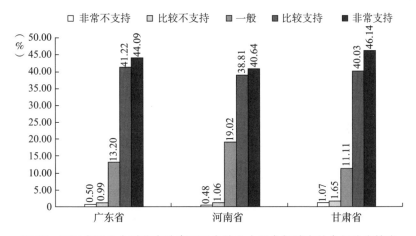

图16　不同省份公众对非本地户口平台就业人群参与城市社会保险支持度

非本地户口平台就业人群参与城市社会保险的所占比重分别为0.99%、1.06%、1.65%，总体来看，甘肃省受访者"比较支持"和"非常支持"非本地户口平台就业人群参与城市社会保险的占比均为最高，达到86.17%，高于广东省（85.31%）和河南省（79.45%）。

3. 公众对非本地户口平台就业人群参与城市社会保险支持度的个体差异

（1）性别

在性别方面，整体而言，男性受访者和女性受访者对非本地户口平台就业人群参与城市社会保险支持度均值均为4.25，男性与女性没有显著差异。其中，广东省、甘肃省、河南省女性受访者对非本地户口平台就业人群参与城市社会保险支持度的均值分别为4.30、4.27、4.16，而男性受访者对非本地户口平台就业人群参与城市社会保险支持度的均值分别为4.25、4.29、4.20（见图17）。

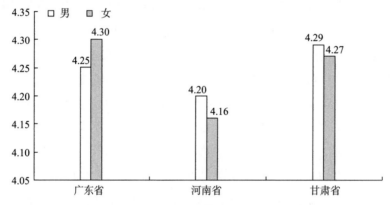

图17　不同省份公众对非本地户口平台就业人群参与城市社会保险支持度均值性别差异

（2）受教育程度

在学历背景方面，图18反映了不同学历背景的受访者对非本地户口平台就业人群参与城市社会保险支持度。整体而言，学历水平与对非本地户口平台就业人群参与城市社会保险支持度有较为明显的相关性。学历水平越高，受访者对非本地户口平台就业人群参与城市社会保险支持度均值越高。其中硕士及以上学历的受访者对非本地户口平台就业人群参与城市社会保险支持度的认同度最高，支持度均值为4.47，而小学及以下学历的受访者对非本地户口平台就业人群参与城市社会保险支持度最低，便利度感知均值为4.12。

　　从图 19 对不同学历背景受访者选择选项的描述性统计可发现，不同学历背景下，多数受访者对于平台经济所带来的便利持认同态度，其中硕士及以上学历受访者选择"非常支持"非本地户口平台就业人群参与城市社会保险的所占比重最高，高于大学本科与专科（45.36%）、小学及以下（43.24%）、高中（41.45%）及初中（39.61%）学历受访者。没有硕士及以上学历受访者选择"非常不支持"以及"比较不支持"本地户口平台就业人群参与城市社会保险，而小学及以下学历受访者选择"非常不支持"和"比较不支持"本地户口平台就业人群参与城市社会保险的比重最高，达到 5.32%。

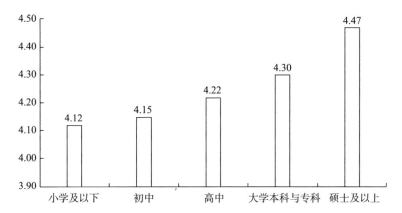

图 18　不同学历背景下公众对非本地户口平台就业人群参与城市社会保险支持度均值

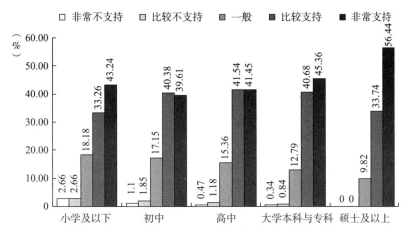

图 19　不同学历背景下公众对非本地户口平台就业人群参与城市社会保险支持度分布

（3）收入水平

本报告按收入区间划分收入水平。在收入水平方面，图 20 反映的是不同收入水平的受访者对非本地户口平台就业人群参与城市社会保险支持度的情况。整体而言，收入水平与对非本地户口平台就业人群参与城市社会保险支持度有较为明显的相关性。收入水平越高，受访者对非本地户口平台就业人群参与城市社会保险支持度均值越高。其中，高收入的受访者对非本地户口平台就业人群参与城市社会保险的支持度最高，支持度均值为4.42，而低收入的受访者对非本地户口平台就业人群参与城市社会保险的支持度最低，支持度均值为4.13。

从图 21 对不同收入水平受访者选择选项的描述性统计可发现，不同收入水平背景下，多数受访者对非本地户口平台就业人群参与城市社会保险支持度较高，高收入受访者选择"非常支持"的占比最高，达到53.76%，高于中高收入（53.50%）、中收入（48.22%）、中低收入（40.73%）及低收入（37.54%）受访者。中低收入受访者选择"比较支持"的占比最高，达到42.59%，高于低收入（40.99%）、中收入（39.64%）、高收入（34.68%）及中高收入（33.20%）受访者。

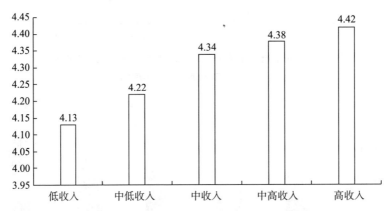

图20　不同收入水平公众对非本地户口平台就业人群参与城市社会保险支持度均值

（二）公众对平台企业在平台经济从业者社会保险中的参保缴费责任态度现状

1.公众对平台企业在平台经济从业者社会保险中的参保缴费责任态度整体情况

在该问题的 9400 个有效样本中，认为平台企业应当为平台经济从业者缴

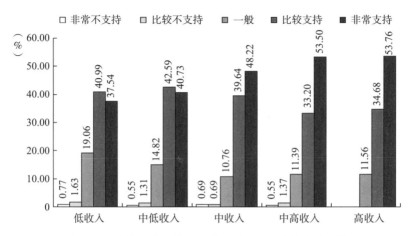

图21　不同收入水平公众对非本地户口平台就业人群参
与城市社会保险支持度分布

纳职业医疗保险的受访者占比最高，为整体受访者的82.80%，高于职业养老
保险（80.41%）、工伤保险（72.27%）、失业保险（65.56%）及生育保险
（58.56%）。整体而言，受访者认为平台企业应该更加关注对平台经济从业者
在医疗和养老方面的权益保障。

2. 公众对平台企业在平台经济从业者社会保险中的参保缴费责任态度的省
际差异

如图22所示，横向比较不同省份公众对平台企业在平台经济从业者社会
保险中的参保缴费责任态度发现，三个省份的受访者认为企业应当承担起平台
经济从业者职工医疗保险责任的比重均为最高，分别为84.32%、81.02%以及
82.00%。其中广东省受访者在各类型保险中对平台企业缴费责任的支持占比
也高于河南省与甘肃省，这一现象在生育保险方面尤为突出，较河南省与甘肃
省分别高出了12.71个百分点和14.49个百分点。

3. 公众对平台企业在平台经济从业者社会保险中的参保缴费责任态度的个
体差异

（1）性别

如图23所示，在性别方面，整体而言，男性受访者与女性受访者对于职
工医疗保险的重视程度均为最高，占比分别达到了80.43%、85.67%。与此同
时，男性受访者对平台企业在平台经济从业者在各险种中的参保缴费支持率均

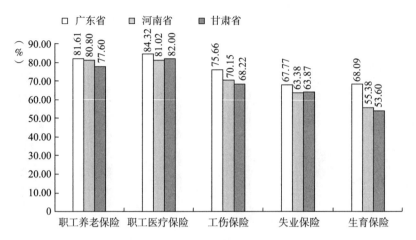

图22 不同省份公众对平台企业在平台经济从业者社会保险中的参保缴费责任态度

低于女性受访者，这种差异在生育保险方面最为显著，有62.53%的女性受访者认为平台企业应当承担平台经济从业者在生育保险中的参保缴费责任，而男性受访者认为平台企业应当承担平台经济从业者在生育保险中的参保缴费责任的比重为55.29%。

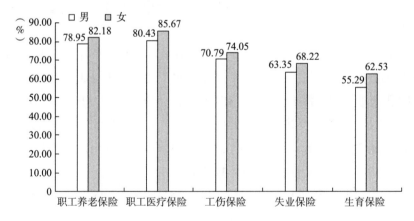

图23 不同性别公众对平台企业在平台经济从业者社会保险中的参保缴费责任态度

（2）受教育程度

从图24对不同学历背景受访者选择选项的描述性统计可发现，不同学历背景下，多数受访者对于平台企业在平台经济从业者职业医疗保险中的参保缴费责任重视度最高，其中硕士及以上学历受访者在职工医疗保险、工伤保险、失业保险以及生育保险中的支持率占比均为最高，而小学及以下学历受访者则在各个险种中的支持率比重均为最低。这说明，受访者学历水平越高，对于平台企业在平台经济从业者各项保险的参保缴费责任要求越高。另外，不同学历背景受访者关注的社会保障权益也存在差异，小学及其以下和初中学历受访者较其他险种更关注职工养老保险的缴纳，占比达到 67.52% 和 73.43%，而高中、大学本科与专科、硕士及以上学历受访者则更关注职工医疗保险的缴纳，占比分别达到 81.35%、88.55%、92.07%。

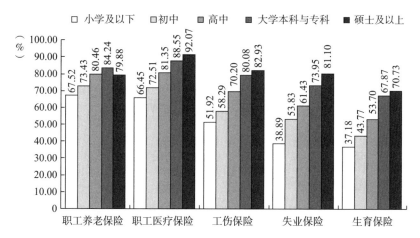

图 24　不同学历背景下公众对平台企业在平台经济从业者社会保险中的参保缴费责任态度

（3）收入水平

本报告按收入区间划分收入水平。从图 25 对不同收入水平受访者选择选项的描述性统计可发现，不同收入水平下，受访者对于平台企业在平台经济从业者职业医疗保险中的参保缴费责任重视度最高，其中高收入受访者在职工养老保险和生育保险中的支持率占比均为最高，分别为 84.45%、66.22%，中高收入受访者则在职工医疗保险、工伤保险及失业保险中的支持率占比最高。分析结果在一定程度上说明，受访者收入水平越高，对于平台企业在平台经济从业者各项保险中的参保缴费责任要求越高，且对生育保险的重视程度也越高。

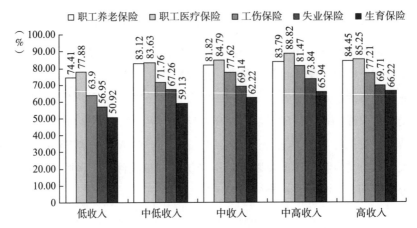

图25　不同收入水平受访者对平台企业在平台经济从业者社会保险中的
参保缴费责任态度

七　实证结果分析

（一）平台经济从业者职业身份认知的影响因素分析（个体特征、价值观念、城市特征）

表2、表3、表4显示的是平台经济便利感知对公众产生的平台经济从业者不同的职业身份认知（依次为平台企业职工、自由职业者、介于其中）的影响回归分析结果。各表中的模型（1）皆为核心自变量（平台经济便利感知）与因变量（公众对平台经济从业者职业身份认知）的回归分析结果，初步判断核心自变量对因变量的影响情况，模型（2）、模型（3）、模型（4）则是在模型（1）的基础上依次加入个人特征变量、价值观念变量及城市特征变量作为控制变量，以进一步探究公众平台经济便利感知对其平台经济从业者职业身份认知的影响。

表2展示的是平台经济便利感知对公众是否认为平台经济从业者是平台企业职工影响的回归结果。模型（1）表示，公众平台经济便利感知对公众是否认为平台经济从业者是平台企业职工有着显著的正向影响（在5%的水平上显著），但是随着模型（2）、模型（3）、模型（4）将个人特征变量、价值观念

变量和城市特征变量依次加入回归模型发现，平台经济便利感知对公众是否认为平台经济从业者是平台企业职工没有显著的影响。而通过显著性的变量有年龄、受教育程度、婚姻状况、省份、贫困归因。

由模型（4）可知，在个人特征变量中，就年龄而言，受访者的年龄每增加1岁，其认为平台经济从业者为平台企业职工的概率显著减少0.06%（在5%的水平上显著）。就学历而言，大学本科与专科学历的受访者认为平台经济从业者为平台企业职工的概率是小学及以下学历受访者的1.413倍（在5%的水平上显著）。在婚姻状况上，已婚受访者认为平台经济从业者为平台企业职工的概率是未婚受访者的1.238倍（在1%的水平上显著）。

在价值观念变量中，越将贫困归因于懒惰以及缺乏机会的受访者，越不会认为平台经济从业者为平台企业职工，即受访者将贫困归因于缺乏机会的认同度每提高1个单位，其认为平台经济从业者为平台企业职工的概率显著减少6.00%（在1%的水平上显著），而受访者将贫困归因于能力不足的认同度每提高一个单位，其认为平台经济从业者为平台企业职工的概率显著减少5.00%（在5%的水平上显著）。

在城市特征变量中，受访者所在城市的平台外卖商家信息数量显著影响其是否认为平台经济从业者为平台企业职工，即受访者所在城市的平台外卖商家信息数量每提高1个单位，受访者认为平台经济从业者为平台企业职工的概率显著提高101.60%。

综上所述，比较年轻、学历较高、所处城市平台经济客观便利程度较高的受访者更可能认为平台经济从业者为平台企业职工，越将贫困归因于懒惰以及缺乏机会的受访者，越不会认为平台经济从业者为平台企业职工。与此同时，受访者的平台经济便利度感知并不会显著影响其认为平台经济从业者是否为平台企业职工。

表2　平台经济便利感知对公众的平台经济从业者职业身份
认知的影响（平台企业职工）

	变量	(1) 平台企业职工	(2) 平台企业职工	(3) 平台企业职工	(4) 平台企业职工
核心自变量	平台经济便利感知	1.066**	1.028	1.036	1.047

续表

	变量		(1) 平台企业职工	(2) 平台企业职工	(3) 平台企业职工	(4) 平台企业职工
个人特征	男性			1.039	1.013	1.012
	年龄			0.993**	0.993**	0.994**
	初中			0.867	0.918	0.974
	高中			1.010	1.091	1.168
	大学本科与专科			1.257*	1.343**	1.413**
	硕士及以上			1.227	1.168	1.257
	已婚			1.239***	1.278***	1.238***
	党员			1.067	1.077	1.110
	体制外工作			1.000	0.985	0.992
	非正式工作			1.015	1.009	0.999
	农业户口			0.978	0.974	0.981
	收入			1.024	1.022	1.011
	河南省			1.034	1.045	1.099
	广东省			1.143**	1.162**	1.254*
	贫困归因	懒惰			0.995	1.000
		缺乏机会			0.938***	0.940***
		能力不足			0.957*	0.950**
		社会不平等			0.988	0.980
		社会保障不完善			1.032	1.016
	收入差异感知				1.002	1.008
	生活幸福感知				0.958	0.957
	社会医疗保险满意度				1.006	1.003
	社会养老保险满意度				1.015	1.001
城市特征	平台商家信息数量					2.016**
	第一产业增长值占 GDP 比重					6.061
	第二产业增长值占 GDP 比重					6.031
	第三产业增长值占 GDP 比重					6.067
	人均 GDP					0.807
	户籍人口数量					0.339*
	人均职工平均工资					0.562

续表

变量		(1) 平台企业职工	(2) 平台企业职工	(3) 平台企业职工	(4) 平台企业职工
城市特征	普通本专科在校学生数				0.873
	城镇职工基本养老保险 参保人数				1.121
	城镇基本医疗保险参保人数				0.959
	失业保险参保人数				0.905
	医院、卫生院床位数				1.849
	n	8886	7853	7496	7095

注：*、**、*** 分别表示在 10%、5%、1% 的水平上显著。

表 3 展示的是平台经济便利感知对公众是否认为平台经济从业者是自由职业者影响的回归结果。模型（1）表示，公众平台经济便利感知对公众是否认为平台经济从业者是自由职业者有着显著的正向影响（在 1% 的水平上显著），且随着模型（2）、模型（3）、模型（4）将个人特征变量、价值观念变量和城市特征变量依次加入回归模型发现，平台经济便利感知对公众是否认为平台经济从业者是自由职业者仍然有着显著的影响，通过显著性的变量还有性别、年龄、学历、户口类型、贫困归因、生活幸福感。由模型（4）可知，公众平台经济便利感知每提高 1 个单位，其认为平台经济从业者为平台企业职工的概率显著减少 9.30%（在 1% 的水平上显著）。

在个人特征变量中，就年龄而言，受访者的年龄每增加 1 岁，其认为平台经济从业者为自由职业者的概率显著提高 2.90%（在 1% 的水平上显著）。就性别而言，男性受访者认为平台经济从业者为自由职业者的概率是女性受访者的 1.305 倍（在 1% 的水平上显著）。就学历而言，初中学历的受访者认为平台经济从业者为平台企业职工的概率是小学及以下学历受访者的 0.681 倍（在 1% 的水平上显著），高中学历的受访者认为平台经济从业者为自由职业者的概率是小学及以下学历受访者的 0.514 倍（在 1% 的水平上显著），大学本科与专科学历的受访者认为平台经济从业者为自由职业者的概率是小学及以下学历受访者的 0.346 倍（在 1% 的水平上显著），硕士及以上学历的受访者认为平台经济从业者为自由职业者的概率是小学及以下学历受访者的 0.186 倍（在 1% 的水平上显著）。在户口类型上，农业户口受访者认为平台经济从业者为自由职

181

业者的概率是非农业户口受访者的 1.174 倍（在 1% 的水平上显著）。

在价值观念变量中，越将贫困归因于懒惰以及缺乏机会的受访者，越认为平台经济从业者为自由职业者，即受访者将贫困归因于缺乏机会的认同度每提高 1 个单位，其认为平台经济从业者为自由职业者的概率显著提高 6.80%（在 1% 的水平上显著），而受访者将贫困归因于能力不足的认同度每提高 1 个单位，其认为平台经济从业者为自由职业者的概率显著提高 8.30%（在 1% 的水平上显著）。与此同时，公众生活幸福感知每提高 1 个单位，其认为平台经济从业者为自由职业者的概率显著降低 7.10%。城市特征变量并不显著影响公众是否认为平台经济从业者为自由职业者。

综上所述，比较年长、男性、学历相对较低、农业户口、生活幸福感较低的受访者更可能认为平台经济从业者为自由职业者，越将贫困归因于懒惰以及缺乏机会的受访者，越会认为平台经济从业者为自由职业者。受访者的平台经济便利度感知会显著影响其认为平台经济从业者是否为自由职业者，而受访者所在城市的客观平台经济便利度对其认为平台经济从业者是否为自由职业者没有显著的影响。

表 3　平台经济便利感知对公众的平台经济从业者职业身份认知的影响（自由职业者）

	变量	（1）自由职业者	（2）自由职业者	（3）自由职业者	（4）自由职业者
核心自变量	平台经济便利感知	0.824 ***	0.922 ***	0.916 ***	0.907 ***
个人特征	男性		1.305 ***	1.314 ***	1.305 ***
	年龄		1.029 ***	1.029 ***	1.029 ***
	初中		0.741 **	0.698 ***	0.681 ***
	高中		0.536 ***	0.517 ***	0.514 ***
	大学本科与专科		0.366 ***	0.355 ***	0.346 ***
	硕士及以上		0.176 ***	0.185 ***	0.186 ***
	已婚		0.902	0.881	0.877
	党员		1.036	1.023	1.001
	体制外工作		0.876 *	0.873 *	0.860 *
	非正式工作		0.973	0.98	0.978

续表

	变量		(1) 自由职业者	(2) 自由职业者	(3) 自由职业者	(4) 自由职业者
个人特征	农业户口			1.179 ***	1.188 ***	1.174 **
	收入			0.974	0.986	1.009
	河南省			1.025	1.01	1.137
	广东省			0.841 **	0.814 ***	0.86
	贫困归因	懒惰			0.978	0.976
		缺乏机会			1.071 ***	1.068 ***
		能力不足			1.04	1.044
		社会不平等			1.070 ***	1.083 ***
		社会保障不完善			0.946 **	0.961
	收入差异感知				1.02	1.014
	生活幸福感知				0.928 **	0.929 **
	社会医疗保险满意度				1.067 *	1.066 *
	社会养老保险满意度				0.956	0.965
城市特征	平台商家信息数量					0.554
	第一产业增长值 占 GDP 比重					476.447
	第二产业增长值 占 GDP 比重					469.461
	第三产业增长值 占 GDP 比重					468.102
	人均 GDP					1.371
	户籍人口数量					1.32
	人均职工平均工资					1.486
	普通本专科在校学生数					1.061
	城镇职工基本养老保险 参保人数					1.022
	城镇基本医疗保险 参保人数					1.171
	失业保险参保人数					1.146
	医院、卫生院床位数					0.896
	n		8886	7853	7496	7095

注：* 、** 、*** 分别表示在 10%、5%、1% 的水平上显著。

表4展示的是平台经济便利感知对公众是否认为平台经济从业者职业身份介于平台企业职工和自由职业者之间影响的回归结果。模型（1）表示，受访者平台经济便利感知对受访者是否认为平台经济从业者是自由职业者有着显著的正向影响（在5%的水平上显著），但随着模型（2）、模型（3）、模型（4）将个人特征变量、价值观念变量和城市特征变量依次加入回归模型中发现，平台经济便利感知对收房则是否认为平台经济从业者职业身份介于平台企业职工和自由职业者之间没有显著的影响，通过显著性的变量有性别、年龄、学历、户口类型、贫困归因、生活幸福感。

由模型（4）可知，在个人特征变量中，就年龄而言，受访者的年龄每增加1岁，其认为平台经济从业者为自由职业者的概率显著提高1.90%（在1%的水平上显著）。就性别而言，男性受访者认为平台经济从业者为自由职业者的概率是女性受访者的0.81倍（在1%的水平上显著）。就学历而言，初中学历的受访者认为平台经济从业者为平台企业职工的概率是小学及以下学历受访者的1.647倍（在1%的水平上显著），高中学历的受访者认为平台经济从业者为自由职业者的概率是小学及以下学历受访者的1.830倍（在1%的水平上显著），大学本科与专科学历的受访者认为平台经济从业者为自由职业者的概率是小学及以下学历受访者的1.997倍（在1%的水平上显著），硕士及以上学历的受访者认为平台经济从业者为自由职业者的概率是小学及以下学历受访者的2.996倍（在1%的水平上显著）。在户口类型上，农业户口受访者认为平台经济从业者为自由职业者的概率是非农业户口受访者的0.884倍（在5%的水平上显著）。

在价值观念变量中，越将贫困归因于社会不平等的受访者，越不会认为平台经济从业者职业身份介于平台企业职工和自由职业者之间，即受访者将贫困归因于社会不平等的认同度每提高1个单位，其认为平台经济从业者职业身份介于平台企业职工和自由职业者之间的概率显著降低4.40%（在5%的水平上显著）。而公众生活幸福感知每提高1个单位，其认为平台经济从业者为自由职业者的概率显著提高9.60%。城市特征变量并不显著影响公众是否认为平台经济从业者为自由职业者。

综上所述，比较年长、女性、学历较高、非农业户口、生活幸福感较高的受访者更可能认为平台经济从业者职业身份介于平台企业职工和自由职业者之间。越将贫困归因于能力不足的受访者越不会认为平台经济从业者职业身份介于平台企业职工和自由职业者之间。受访者的平台经济便利度感知以及所在城市平台经济的客观便利度不会显著影响其是否认为平台经济从业者职业身份是否介于平台企业职工和自由职业者之间。

表4　平台经济便利感知对公众的平台经济从业者职业身份认知的影响（介于其中）

	变量	（1）介于其中	（2）介于其中	（3）介于其中	（4）介于其中
核心自变量	平台经济便利感知	1.102 ***	1.037	1.034	1.029
个人特征	男性		0.789 ***	0.803 ***	0.810 ***
	年龄		0.981 ***	0.982 ***	0.981 ***
	初中		1.702 ***	1.721 ***	1.647 ***
	高中		2.016 ***	1.959 ***	1.830 ***
	大学本科与专科		2.133 ***	2.081 ***	1.997 ***
	硕士及以上		3.067 ***	3.221 ***	2.996 ***
	已婚		0.938	0.922	0.952
	党员		0.893 *	0.894 *	0.878 *
	体制外工作		1.088	1.102	1.106
	非正式工作		0.987	0.989	0.998
	农业户口		0.886 **	0.882 **	0.884 **
	收入		1.007	1.001	0.995
	河南省		0.946	0.954	0.827
	广东省		0.998	1.009	0.909
	贫困归因 懒惰			1.025	1.022
	缺乏机会			1.006	1.007
	能力不足			1.011	1.016
	社会不平等			0.956 **	0.956 **
	社会保障不完善			1.007	1.009
	收入差异感知			0.985	0.984
	生活幸福感知			1.097 ***	1.096 ***
	社会医疗保险满意度			0.946 *	0.950 *
	社会养老保险满意度			1.020	1.025

续表

	变量	(1) 介于其中	(2) 介于其中	(3) 介于其中	(4) 介于其中
城市特征	平台商家信息数量				0.793
	第一产业增长值占 GDP 比重				0.001
	第二产业增长值占 GDP 比重				0.001
	第三产业增长值占 GDP 比重				0.001
	人均 GDP				0.966
	户籍人口数量				2.121
	人均职工平均工资				1.220
	普通本专科在校学生数				1.076
	城镇职工基本养老保险参保人数				0.893
	城镇基本医疗保险参保人数				0.943
	失业保险参保人数				0.944
	医院、卫生院床位数				0.692
n		8886	7853	7496	7095

注：*、**、*** 分别表示在 10%、5%、1% 的水平上显著。

（二）公众对非本地户口平台就业人群参与城市社会保险支持度的影响因素分析（个体特征、价值观念、城市特征）

表 5 是平台经济便利感知对非本地户口平台就业人群参与城市社会保险支持度影响的 OLS 模型回归分析结果。表中模型（1）为核心自变量（平台经济便利感知）与因变量（公众对非本地户口平台就业人群参与城市社会保险支持度）的回归分析结果，初步判断核心自变量对因变量的影响情况，模型（2）、模型（3）、模型（4）则是在模型（1）的基础上依次加入个人特征变量、价值观念变量及城市特征变量作为控制变量，以进一步探究公众平台经济便利感知对非本地户口平台就业人群参与城市社会保险支持度的影响。

模型（1）表示，受访者平台经济便利感知对非本地户口平台就业人群参与城市社会保险的支持度有着显著的正向影响（在 1% 的水平上显著），并且随着模型（2）、模型（3）、模型（4）将个人特征变量、价值观念变量和城市宏观层面变量依次加入回归模型中发现其影响依然显著，通过显著性的变量有年龄、受教育程度、婚姻状况、职业类型、收入水平、贫困归因、收入差异感知、社会保险满意度、养老保险满意度、城市人均 GDP。

由模型（4）可知，在个人特征变量中，就年龄而言，受访者的年龄每增加 1 岁，其对非本地户口平台就业人群参与城市社会保险的支持度显著提高 0.005 个单位（在 1% 的水平上显著）。就学历而言，大学本科与专科学历的受访者对非本地户口平台就业人群参与城市社会保险的支持度较小学及以下学历受访者显著提高 0.133 个单位（在 5% 的水平上显著），硕士及以上学历的受访者对非本地户口平台就业人群参与城市社会保险的支持度较之小学及以下学历受访者显著提高 0.274 个单位（在 1% 的水平上显著）。在婚姻状况上，已婚受访者较未婚受访者对非本地户口平台就业人群参与城市社会保险的支持度显著提高了 0.082 个单位（在 1% 的水平上显著），在职业类型上，非正式工作的受访者对非本地户口平台就业人群参与城市社会保险的支持度显著降低 0.084 个单位（在 1% 的水平上显著）。在收入水平方面，受访者收入水平每提高一个单位，其对非本地户口平台就业人群参与城市社会保险的支持度显著提高 0.040 个单位（在 1% 的水平上显著）。

在价值观念变量中，越认为社会收入差距较大的、对社会养老保险满意度越高的受访者，越支持非本地户口平台就业人群参与城市社会保险，即受访者对收入差距的感知每提高 1 个单位，其对非本地户口平台就业人群参与城市社会保险的支持度将提高 0.028 个单位（在 5% 的水平上显著），受访者对养老保险的满意度每提高 1 个单位，其对非本地户口平台就业人群参与城市社会保险的支持度将提高 0.051 个单位（在 1% 的水平上显著）。而受访者将贫困归因于懒惰的认同度每提高 1 个单位，其对非本地户口平台就业人群参与城市社会保险的支持度将提高 0.02 个单位（在 1% 的水平上显著）。

在城市特征变量中，受访者所在城市人均 GDP 越高，受访者对非本地户口平台就业人群参与城市社会保险的支持度越低，所在城市人均 GDP 每提高一个单位，其对非本地户口平台就业人群参与城市社会保险的支持度将降低 0.251 个单位（在 5% 的水平上显著）。

综上所述，比较年长、学历较高、已婚的、有较正式工作、收入水平较高的受访者更可能支持非本地户口平台就业人群参与城市社会保险。越认为当前

社会收入差距较大、对养老保险整体满意度较高且将贫困归因于社会因素的受
访者也越支持非本地户口平台就业人群参与城市社会保险。越将贫困归因于个
人能力不足的受访者则越不支持非本地户口平台就业人群参与城市社会保险。
受访者的平台经济便利度感知会对其对非本地户口平台就业人群参与城市社会
保险的支持度造成显著的正向影响，而受访者所在城市平台经济的客观便利度
不会对此有显著影响。

表5　平台经济便利感知对非本地户口平台就业人群参与城市社会保险支持度的影响

	变量	（1）参与城市社会保险的支持度	（2）参与城市社会保险的支持度	（3）参与城市社会保险的支持度	（4）参与城市社会保险的支持度
核心自变量	平台经济便利感知	0.248 ***	0.254 ***	0.245 ***	0.236 ***
个人特征	男性		− 0.001	0.008	0.014
	年龄		0.005 ***	0.005 ***	0.005 ***
	初中		− 0.003	− 0.012	0.008
	高中		0.060	0.056	0.074
	大学本科与专科		0.103 **	0.108 **	0.133 **
	硕士及以上		0.243 ***	0.253 ***	0.274 ***
	已婚		0.091 ***	0.091 ***	0.082 ***
	党员		0.030	0.010	0.009
	体制外工作		− 0.004	0.001	0.004
	非正式工作		− 0.089 ***	− 0.088 ***	− 0.084 ***
	农业户口		0.017	0.027	0.029
	收入		0.054 ***	0.050 ***	0.040 ***
	河南省		− 0.078 ***	− 0.051 **	− 0.016
	广东省		− 0.022	0.003	− 0.031
贫困归因	懒惰			0.020 ***	0.020 **
	缺乏机会			− 0.001	0.003
	能力不足			0.010	0.009
	社会不平等			− 0.026 ***	− 0.029 ***
	社会保障不完善			− 0.012	− 0.014
收入差异感知				0.026 ***	0.028 ***

	变量	（1） 参与城市社会 保险的支持度	（2） 参与城市社会 保险的支持度	（3） 参与城市社会 保险的支持度	（4） 参与城市社会 保险的支持度
个人特征	生活幸福感知			0.009	0.009
	社会医疗保险满意度			0.025 **	0.021 *
	社会养老保险满意度			0.045 ***	0.051 ***
城市特征	平台商家信息数量				0.012
	第一产业增长值 占 GDP 比重				-1.121
	第二产业增长值 占 GDP 比重				-1.116
	第三产业增长值 占 GDP 比重				-1.116
	人均 GDP				-0.251 **
	户籍人口数量				-0.130
	人均职工平均工资				0.278
	普通本专科在校学生数				-0.025
	城镇职工基本养老保险 参保人数				0.076
	城镇基本医疗保险 参保人数				0.080
	失业保险参保人数				-0.018
	医院、卫生院床位数				-0.014
	常数项	3.205 ***	2.798 ***	2.477 ***	114.157
	n	9265	8167	7782	7364
	R^2	0.0758	0.1104	0.1188	0.1158
	调整 R^2	0.0757	0.1088	0.116	0.1115

注：*、**、*** 分别表示在 10%、5%、1% 的水平上显著。

（三）公众对平台企业在平台经济从业者社会保险中的参保缴费责任态度的影响因素分析（个体特征、价值观念、城市特征）

表6、表7、表8、表9、表10 显示的是平台经济便利感知对公众认为平台企业应当在平台经济从业者社会保险中承担的参保缴费责任的态度（包括职工医疗保险、职工养老保险、工伤保险、失业保险以及生育保险）的影响回归分

析结果。各表中的模型（1）皆为核心自变量（平台经济便利感知）与因变量（公众对平台企业参保缴费责任的态度）的回归分析结果，初步判断核心自变量对因变量的影响情况，模型（2）、模型（3）、模型（4）则是在模型（1）的基础上依次加入个人特征变量、价值观念变量及城市特征变量作为控制变量，以进一步探究其中的影响机制。

由回归模型可知，在各种险种下，受访者的平台经济便利度感知对其认为平台企业在平台经济从业者社会保险中应当承担的参保缴费责任的态度都有显著的正向影响。具体而言，受访者的平台经济便利度感知每提高一个单位，受访者认为平台企业应为平台经济从业者缴纳职工医疗保险的概率将提高22.1%（在1%的水平上显著），认为平台企业应为平台经济从业者缴纳职工养老保险的概率将提高19.7%（在1%的水平上显著），认为平台企业应为平台经济从业者缴纳工伤保险的概率将提高22.2%（在1%的水平上显著），认为平台企业应为平台经济从业者缴纳失业保险的概率将提高15.4%（在1%的水平上显著），认为平台企业应为平台经济从业者缴纳生育保险的概率将提高18.0%（在1%的水平上显著）。而受访者所在城市平台经济的客观便利度不会对此有显著影响。

与此同时，个体特征变量中的年龄、受教育程度、工作类型在不同险种下也会对受访者认为平台企业在平台经济从业者社会保险中应当承担的参保缴费责任的态度产生显著的影响。具体而言，女性、学历水平较高、有正式工作的受访者对平台企业在平台经济从业者社会保险参保缴费中的责任更加重视。在此基础上，具体到不同的险种，通过显著性的变量也有所差异，例如在职工医疗保险中，女性、已婚、将贫困归因于个人因素，且所在城市基本医疗保险参保人数较多的受访者更加认为平台企业应为平台经济从业者缴纳职工医疗保险；在职工养老保险中，女性、属于非农业户口、不倾向于将贫困归因于外部社会因素、对社会养老保险满意度较低、所在城市基本养老保险参保人数较多的受访者更加认为平台企业应为平台经济从业者缴纳职工养老保险；在工伤保险中，已婚、是党员、属于非农业户口、收入水平较高、倾向将贫困归因于个人懒惰而不倾向于归因于缺乏机会和社会不平等、对社会医疗保险有较高满意度、对社会养老保险满意度较低、所在城市基本养老保险参保人数较多的受访者更加认为平台企业应为平台经济从业者缴纳工伤保险；在失业保险中，女性、已婚、有正式工作、属于非农业户口、倾向于将贫困归因于个人懒惰而不倾向于归因于缺乏机会和社会不平等、对社会医疗保险有较高满意度、对社会养老保险满意度较低、所在城市户籍人口较少且养老保险参保人数较多的受访者更加认为平台企业应为平台经济从业者缴纳失业保险；在生育保险中，女性、已婚、是党员、属于非农业户口、倾向于将贫困归因于个人懒惰而不倾向于归因于缺乏机会和社会不平等、对社会医疗保险有较高满意度、对社会养老保险满意度较低、养老保险参保人数较多的受访者更加认为平台企业应为平台经济从业者缴纳生育保险。

问卷中对应本题为多选题，因此本报告将受访者选择的险种数量进行加总，并进行了回归分析，结果如表 11 所示。回归结果发现，整体而言，受访者的平台经济便利度感知对其选择的平台企业应当为平台经济从业者缴纳的社会保险种类数量有着显著的影响，即受访者的平台经济便利度感知每增加 1 个单位，其选择的平台企业应当为平台经济从业者缴纳的社会保险种类数量将会显著增加 0.161 个，而受访者所在城市平台经济的客观便利度不会对此有显著影响。与此同时，性别为女性、较为年轻、学历水平较高、已婚、有正式工作、属于非农业户口、认为社会收入差距较大、不倾向于将贫困归因于个人懒惰和能力不足、对社会医疗保险有较高满意度、对社会养老保险满意度较低、所在城市户籍人口较少且养老保险参保人数较多的受访者选择的险种数量会更多。

表 6　平台经济便利感知对平台企业在平台经济从业者社会保险中的参保缴费责任态度的影响：职工医疗保险

	变量	（1）职工医疗保险	（2）职工医疗保险	（3）职工医疗保险	（4）职工医疗保险
核心自变量	平台经济便利感知	1.254 ***	1.224 ***	1.228 ***	1.221 ***
个人特征	男性		0.801 ***	0.780 ***	0.792 ***
	年龄		1.013 ***	1.013 ***	1.013 ***
	初中		1.497 ***	1.446 ***	1.450 ***
	高中		2.343 ***	2.219 ***	2.144 ***
	大学本科与专科		2.989 ***	2.790 ***	2.696 ***
	硕士及以上		2.028 ***	1.744 **	1.727 **
	已婚		1.295 ***	1.281 ***	1.283 ***
	党员		1.075	1.093	1.049
	体制外工作		1.012	1.005	0.977

续表

变量			（1） 职工医疗保险	（2） 职工医疗保险	（3） 职工医疗保险	（4） 职工医疗保险
个人特征	非正式工作			0.708 ***	0.701 ***	0.674 ***
	农业户口			0.870 **	0.858 **	0.894 *
	收入			1.065 **	1.060 *	1.048
	河南省			1.306 ***	1.367 ***	1.140
	广东省			1.307 ***	1.317 ***	1.120
	贫困归因	懒惰			1.102 ***	1.102 ***
		缺乏机会			0.965	0.980
		能力不足			1.073 ***	1.076 ***
		社会不平等			0.924 ***	0.922 ***
		社会保障不完善			0.994	0.989
	收入差异感知				0.985	0.982
	生活幸福感知				0.993	1.009
	社会医疗保险满意度				1.027	1.026
	社会养老保险满意度				0.963	0.957
城市特征	平台商家信息数量					0.540
	第一产业增长值占 GDP 比重					0.002
	第二产业增长值占 GDP 比重					0.002
	第三产业增长值占 GDP 比重					0.002
	人均 GDP					1.125
	户籍人口数量					0.361
	人均职工平均工资					0.361
	普通本专科在校学生数					0.780 *
	城镇职工基本养老保险参保人数					1.588
	城镇基本医疗保险参保人数					1.869 **
	失业保险参保人数					0.877
	医院、卫生院床位数					3.090
n			9328	8213	7821	7399

注：*、**、*** 分别表示在 10%、5%、1% 的水平上显著。

表7 平台经济便利感知对平台企业在平台经济从业者社会保险中的参保缴费责任态度的影响：职工养老保险

	变量		（1）职工养老保险	（2）职工养老保险	（3）职工养老保险	（4）职工养老保险
核心自变量	平台经济便利感知		1. 285 ***	1. 177 ***	1. 191 ***	1. 197 ***
个人特征	男性			0. 716 ***	0. 713 ***	0. 708 ***
	年龄			0. 989 ***	0. 990 ***	0. 991 **
	初中			1. 172	1. 140	1. 139
	高中			1. 860 ***	1. 732 ***	1. 827 ***
	大学本科与专科			2. 727 ***	2. 526 ***	2. 644 ***
	硕士及以上			4. 256 ***	3. 800 ***	3. 843 ***
	已婚			1. 219 **	1. 141	1. 110
	党员			0. 920	0. 954	0. 912
	体制外工作			1. 097	1. 109	1. 106
	非正式工作			0. 670 ***	0. 677 ***	0. 661 ***
	农业户口			0. 711 ***	0. 688 ***	0. 684 ***
	收入			1. 044	1. 043	1. 031
	河南省			0. 952	0. 943	0. 913
	广东省			1. 243 ***	1. 210 **	0. 921
	贫困归因	懒惰			1. 052 *	1. 052 *
		缺乏机会			0. 980	0. 980
		能力不足			1. 047	1. 036
		社会不平等			0. 933 **	0. 937 **
		社会保障不完善			0. 914 ***	0. 896 ***
	收入差异感知				1. 055 *	1. 056 *
	生活幸福感知				1. 042	1. 041
	社会医疗保险满意度				1. 078 **	1. 056
	社会养老保险满意度				0. 853 ***	0. 874 ***
城市特征	平台商家信息数量					0. 759
	第一产业增长值占 GDP 比重					0. 083
	第二产业增长值占 GDP 比重					0. 083

续表

	变量	（1）职工养老保险	（2）职工养老保险	（3）职工养老保险	（4）职工养老保险
城市特征	第三产业增长值占 GDP 比重				0.085
	人均 GDP				0.960
	户籍人口数量				0.998
	人均职工平均工资				1.315
	普通本专科在校生数				0.917
	城镇职工基本养老保险参保人数				2.140 **
	城镇基本医疗保险参保人数				0.948
	失业保险参保人数				1.023
	医院、卫生院床位数				0.636
	n	9328	8213	7821	7399

注：*、**、***分别表示在 10%、5%、1%的水平上显著。

表8　平台经济便利感知对平台企业在平台经济从业者社会保险中的参保缴费
责任态度的影响：工伤保险

	变量	（1）工伤保险	（2）工伤保险	（3）工伤保险	（4）工伤保险
核心自变量	平台经济便利感知	1.282 ***	1.174 ***	1.202 ***	1.222 ***
个人特征	男性		0.903 *	0.906 *	0.943
	年龄		0.983 ***	0.984 ***	0.982 ***
	初中		1.094	1.068	1.117
	高中		1.735 ***	1.646 ***	1.718 ***
	大学本科与专科		2.272 ***	2.112 ***	2.163 ***
	硕士及以上		3.138 ***	2.793 ***	2.816 ***
	已婚		1.331 ***	1.274 ***	1.306 ***
	党员		1.345 ***	1.367 ***	1.330 ***
	体制外工作		0.894	0.902	0.890
	非正式工作		0.673 ***	0.669 ***	0.674 ***
	农业户口		0.884 **	0.865 **	0.874 **

续表

	变量		(1) 工伤保险	(2) 工伤保险	(3) 工伤保险	(4) 工伤保险
个人特征	收入			1.095 ***	1.101 ***	1.082 ***
	河南省			1.128 *	1.182 **	1.116
	广东省			1.543 ***	1.590 ***	1.325 *
	贫困归因	懒惰			1.069 ***	1.049 *
		缺乏机会			0.909 ***	0.904 ***
		能力不足			1.007	1.006
		社会不平等			0.963	0.968
		社会保障不完善			0.984	0.972
	收入差异感知				0.976	0.975
	生活幸福感知				1.019	1.011
	社会医疗保险满意度				1.075 **	1.070 **
	社会养老保险满意度				0.893 ***	0.895 ***
城市特征	平台商家信息数量					1.288
	第一产业增长值 占 GDP 比重					70.975
	第二产业增长值 占 GDP 比重					70.826
	第三产业增长值 占 GDP 比重					70.944
	人均 GDP					0.817
	户籍人口数量					0.423
	人均职工平均工资					0.990
	普通本专科在校学生数					0.841
	城镇职工基本养老保险 参保人数					2.077 ***
	城镇基本医疗保险 参保人数					1.006
	失业保险参保人数					0.884
	医院、卫生院床位数					1.296
	n		9328	8213	7821	7399

注：*、**、*** 分别表示在 10%、5%、1% 的水平上显著。

表9 平台经济便利感知对平台企业在平台经济从业者社会保险中的参保缴费责任态度的影响：失业保险

	变量	（1）失业保险	（2）失业保险	（3）失业保险	（4）失业保险
核心自变量	平台经济便利感知	1.237***	1.131***	1.157***	1.154***
个人特征	男性		0.854***	0.851***	0.890**
	年龄		0.992***	0.991***	0.990***
	初中		1.702***	1.657***	1.675***
	高中		2.150***	2.073***	2.066***
	大学本科与专科		3.344***	3.142***	3.153***
	硕士及以上		5.374***	4.531***	4.503***
	已婚		1.221***	1.203**	1.206**
	党员		1.123*	1.169**	1.137*
	体制外工作		0.957	0.947	0.942
	非正式工作		0.801***	0.803***	0.803***
	农业户口		0.841***	0.827***	0.838***
	收入		1.066**	1.075***	1.047*
	河南省		0.990	1.053	1.072
	广东省		1.208***	1.234***	1.074
	贫困归因 懒惰			1.128***	1.122***
	缺乏机会			0.919***	0.922***
	能力不足			1.019	1.012
	社会不平等			0.937***	0.937***
	社会保障不完善			0.996	0.984
	收入差异感知			1.015	1.019
	生活幸福感知			0.978	0.977
	社会医疗保险满意度			1.091***	1.084***
	社会养老保险满意度			0.914***	0.921***
城市特征	平台商家信息数量				0.911
	第一产业增长值占GDP比重				0.001
	第二产业增长值占GDP比重				0.001

续表

	变量	（1） 失业保险	（2） 失业保险	（3） 失业保险	（4） 失业保险
城市特征	第三产业增长值 占 GDP 比重				0.001
	人均 GDP				0.521 *
	户籍人口数量				0.204 ***
	人均职工平均工资				2.031
	普通本专科在校学生数				0.853
	城镇职工基本养老保险 参保人数				1.962 ***
	城镇基本医疗保险 参保人数				1.252
	失业保险参保人数				0.896
	医院、卫生院床位数				3.383 *
	n	9328	8213	7821	7399

注：*、**、*** 分别表示在 10%、5%、1% 的水平上显著。

表 10 平台经济便利感知对平台企业在平台经济从业者社会保险中的参保缴费责任态度的影响：生育保险

	变量	（1） 生育保险	（2） 生育保险	（3） 生育保险	（4） 生育保险
核心自变量	平台经济便利感知	1.237 ***	1.142 ***	1.170 ***	1.180 ***
个人特征	男性		0.802 ***	0.809 ***	0.837 ***
	年龄		0.989 ***	0.989 ***	0.987 ***
	初中		1.166	1.139	1.171
	高中		1.718 ***	1.648 ***	1.685 ***
	大学本科与专科		2.606 ***	2.428 ***	2.408 ***
	硕士及以上		3.114 ***	2.693 ***	2.650 ***
	已婚		1.318 ***	1.256 ***	1.283 ***
	党员		1.142 **	1.199 ***	1.169 **
	体制外工作		0.947	0.934	0.936
	非正式工作		0.733 ***	0.723 ***	0.722 ***
	农业户口		0.897 **	0.880 **	0.876 **
	收入		1.043 *	1.051 *	1.042

续表

	变量	(1)生育保险	(2)生育保险	(3)生育保险	(4)生育保险
个人特征	河南省		1.091	1.119 *	1.179
	广东省		1.521 ***	1.530 ***	1.353 **
	贫困归因 — 懒惰			1.120 ***	1.109 ***
	贫困归因 — 缺乏机会			0.938 ***	0.937 ***
	贫困归因 — 能力不足			1.033	1.033
	贫困归因 — 社会不平等			0.928 ***	0.933 ***
	贫困归因 — 社会保障不完善			0.998	0.998
	收入差异感知			1.002	0.994
	生活幸福感知			1.033	1.040
	社会医疗保险满意度			1.090 ***	1.082 ***
	社会养老保险满意度			0.858 ***	0.858 ***
城市特征	平台商家信息数量				0.694
	第一产业增长值占 GDP 比重				0.001
	第二产业增长值占 GDP 比重				0.001
	第三产业增长值占 GDP 比重				0.001
	人均 GDP				0.641
	户籍人口数量				0.414
	人均职工平均工资				1.431
	普通本专科在校学生数				0.943
	城镇职工基本养老保险参保人数				1.646 **
	城镇基本医疗保险参保人数				1.208
	失业保险参保人数				1.266
	医院、卫生院床位数				1.441
n		9328	8213	7821	7399

注：*、**、*** 分别表示在10%、5%、1%的水平上显著。

表 11　平台经济便利感知对平台企业在平台经济从业者社会保险中的参保缴费责任态度的影响：险种数量

	变量	（1）险种数量	（2）险种数量	（3）险种数量	（4）险种数量
核心自变量	平台经济便利感知	0.230 ***	0.146 ***	0.160 ***	0.161 ***
个人特征	男性		− 0.175 ***	− 0.177 ***	− 0.150 ***
	年龄		− 0.008 ***	− 0.008 ***	− 0.008 ***
	初中		0.314 ***	0.287 ***	0.305 ***
	高中		0.729 ***	0.677 ***	0.689 ***
	大学本科与专科		1.042 ***	0.969 ***	0.970 ***
	硕士及以上		1.167 ***	1.038 ***	1.036 ***
	已婚		0.219 ***	0.187 ***	0.190 ***
	党员		0.097 **	0.126 ***	0.099 *
	体制外工作		− 0.010	− 0.016	− 0.023
	非正式工作		− 0.290 ***	− 0.293 ***	− 0.297 ***
	农业户口		− 0.150 ***	− 0.168 ***	− 0.157 ***
	收入		0.053 ***	0.057 ***	0.042 **
	河南省		0.077	0.113 **	0.092
	广东省		0.285 ***	0.293 ***	0.169 *
	贫困归因　懒惰			0.087 ***	0.079 ***
	缺乏机会			− 0.058 ***	− 0.055 ***
	能力不足			0.031 *	0.028 *
	社会不平等			− 0.059 ***	− 0.055 ***
	社会保障不完善			− 0.019	− 0.028 *
	收入差异感知			0.004	0.003
	生活幸福感知			0.011	0.012
	社会医疗保险满意度			0.066 ***	0.059 ***
	社会养老保险满意度			− 0.101 ***	− 0.095 ***
城市特征	平台商家信息数量				− 0.139
	第一产业增长值占 GDP 比重				− 3.483
	第二产业增长值占 GDP 比重				− 3.483

续表

	变量	（1） 险种数量	（2） 险种数量	（3） 险种数量	（4） 险种数量
城市特征	第三产业增长值占 GDP 比重				−3.478
	人均 GDP				−0.311
	户籍人口数量				−0.936 **
	人均职工平均工资				0.002
	普通本专科在校学生数				−0.107
	城镇职工基本养老保险参保人数				0.582 ***
	城镇基本医疗保险参保人数				0.156
	失业保险参保人数				−0.035
	医院、卫生院床位数				0.526
常数项		2.636 ***	2.323 ***	2.354 ***	353.028
n		9328	8213	7821	7399
R^2		0.0145	0.0921	0.104	0.1069
调整 R^2		0.0146	0.0938	0.1067	0.1112

注：*、**、*** 分别表示在 10%、5%、1% 的水平上显著。

（四）实证分析结果总结

实证分析进一步探究了平台经济便利度感知对平台经济从业者职业身份认知及平台企业社会保险缴费责任态度的影响机制，模型回归结果表明，在公众对平台经济从业者职业身份认知方面，虽然平台经济便利度感知对受访者是否认为平台经济从业者为平台企业职工或介于平台企业职工与自由职业者之间并无统计学意义上的显著影响，但会显著影响其认为平台经济从业者是否为自由职业者，即受访者越认同平台经济所带来的便利，则越倾向于认为平台经济从业者为自由职业者。这可能是由于平台企业面对复杂多变的市场动态和灵活多样的消费者个性化需求，适应了平台经济服务个性化程度高的要求，提高了服务质量与效率。自由职业者这一对职业身份性质的描述与平台经济自由度、灵活性强的特点相适应。对平台经济便利度认同度越高的受访者，对平台经济的依赖程度越高，对平台经济的特点了解程度也越高，因此更倾向于认为平台经济从业者为自由职业者。

在公众认为平台企业应承担的社会保险缴费责任方面，受访者的平台经济便利度感知会对其对非本地户口平台就业人群参与城市社会保险的支持度造成显著的正向影响，同时也显著影响着公众对平台企业在平台经济从业者社会保险中参保缴费责任的态度，即受访者越认同平台经济所带来的便利，则越支持非本地户口平台就业人群参与城市社会保险，且越重视平台企业承担起为平台经济从业者缴纳相关社会保险的责任。这可能是由于，平台经济借助互联网搭建交易平台，实现了线上和线下服务的结合，为用户提供了更全面、及时的信息和高效的服务，平台经济从业者作为与用户直接接触的劳动群体，是平台服务便利度的直接化、实体化、具象化体现，越认同平台经济便利度的受访者对平台的使用黏性越高，与平台经济从业者的接触频率、服务满意度也相应更高，因此对于平台经济从业者的福利状况、职业生存情况更为关注。

八　研究结论与政策建议

随着第四轮科技革命的纵深发展，新业态经济成为拉动发展的"新引擎"和吸纳就业的"蓄水池"。近年来，我国的新业态相关产业规模已达到42万亿元，平台经济从业者已超过8400万人，对保民生、稳就业、促发展的作用会愈加突出。然而，平台经济从业者却因职业身份性质等面临社会保障不足的困境，具体表现为社会保险的参保比例、参保层次和项目覆盖较低，这将给他们带来极大的社会风险。解决平台经济从业者社会保障不足问题"迫在眉睫"。在这样的时代背景下，探究社会公众对平台经济从业者社会保障权益的福利态度就变得尤为关键。

本报告利用2022年中山大学"人民美好生活需要（公众福利态度）调查"数据，设计实证模型，重点考察以下三个问题。一是平台经济从业者给居民生产生活带来的便利程度；二是我国公众对平台经济从业者的职业身份性质、社会保险本地参保支持和企业参保缴费责任的基本认知；三是对第二个问题所涉及的福利态度现状展开影响因素探究，分析个体特征、价值观念和城市特征等的具体影响，其中重点考察公众的平台经济便利度感知。

描述性统计表明，我国公众对平台经济从业者带来的便利具有较高的认可度，均值为 4.21（最高值为 5），这说明该经济形态已经和广大企业、居民的日常生产生活紧密联系起来，并发挥着举足轻重的价值。我国公众对于平台经济从业者的职业身份没有较统一的认知，认为其为介于平台企业职工与自由职业者之间的受访者最多（40.55%），平台企业职工次之（34.14%），最少的是自由职业者（25.31%）。我国公众对平台经济从业者在本地的社会保障权益具有较高的认可度和支持度。选择"不支持"的受访者仅占 1.8%。我国公众普遍认为平台企业应当承担对平台经济从业者的社会保险参保缴费责任，支持程度从高到低为职工医疗保险（82.80%）、养老保险（80.41%）、工伤保险（72.27%）、失业保险（65.56%）及生育保险（58.56%）。同时，本报告按照性别、年龄、受教育程度和经济收入水平分组进行了异质性分析。

影响因素的实证分析结果表明如下。在职业身份认知方面，平台经济便利度感知会显著影响公众对平台经济从业者是否为自由职业者的判断，即受访者越认同平台经济所带来的便利，则越倾向于认为平台经济从业者为自由职业者；但对平台经济从业者是否为平台企业职工或介于平台企业职工与自由职业者之间并无统计学意义上的显著影响。在参保支持方面，平台经济便利度感知会对非本地户口平台就业人群参与城市社会保险的支持度造成显著的正向影响，同时也显著影响着公众对平台企业在平台经济从业者社会保险中参保缴费责任的态度，即受访者越认同平台经济所带来的便利，则越支持非本地户口平台就业人群参与城市社会保险，且越重视平台企业承担起为平台经济从业者缴纳相关社会保险的责任。

综上所述，我国公众对于平台经济从业者的社会保障权益持积极的福利态度，认为应当充分地、高质量地将该群体纳入社会保障体系。这反映出，我国人民在追求自身日益增长的美好生活需求的同时，也保持着对同胞福祉水平的关切，保持着对社会公平正义的追求，保持着与全国各族人民一道迈向共同富裕的美好憧憬。据此，本报告提出如下政策建议。

第一，提高平台经济从业人员社会保险参保的扩面覆盖率，争取早日实现"应保尽保"目标。调查结果显示，公众的平台经济便利感知程度高和对平台经济从业者的参保支持程度高，这意味着公众与平台经济从业者的互动交往频繁，后者对经济社会发展的贡献也得到了社会的普遍认可。当前，社会保险的扩面压力也主要集中在平台经济从业者等相关人员身上，因此各省份应当结合实际情况出台相关文件，尽快将平台经济从业者纳入社会保障体系，促进我国社会保障事业高质量、可持续发展。

第二，进一步加快取消社会保险参保的户籍限制，支持平台经济从业人员在就业所在地参保。调查结果显示，公众普遍支持平台经济从业者在自己的城市参保，这意味着公众普遍认可平台经济从业者对城市发展的贡献，也认为他们应当享受均等的公共服务。考虑到平台经济从业者多为外来务工人员，因此建议加快取消城乡居民养老保险、城乡居民医疗保险等的户籍限制，支持该人群在就业所在地参保。例如，从 2023 年起，广州市允许持有居住证的非本市户籍居民参加本市的城乡居民医疗保险，值得肯定和推广。

第三，以劳动关系认定为基础，完善社会保险缴费规定，厘清平台企业对平台经济从业者的社会保险支出责任，允许平台企业为平台经济从业者单项参保。调查结果显示，公众普遍认为平台企业应当承担其平台经济从业者的社会保险参保缴费责任，因此建议根据劳动关系实际情况确定平台的法定义务。例如，可根据平台经济从业人员的劳动时长和收入占比等来判断和界定劳动关系，进而确定用人单位的支出责任。此外，现行规定要求企业为劳动者参保包含养老、医疗、生育、工伤、失业在内的五项社会保险，可能并不适用于劳动关系和职业性质尚存争议的平台经济，因此建议以工伤保险和失业保险等为切入口，试点允许平台企业为其平台经济从业人员单项参保的相关政策，而后再根据实际情况逐步扩大参保范围。

专题报告四

积极老龄化视角下的养老服务体系建设：服务需求与政策偏好

钟晓慧　刘　蔚　方诗琪　郑碧施

一　导论

从健康老龄到积极老龄的养老服务体系

中国正处于老龄化叠加少子化的新阶段。一方面，我国家庭生育率持续走低，中国总人口在 2022 年进入负增长阶段。[①] 另一方面，我国的老龄人口比例快速提高。国家统计局数据预测，2022～2036 年是我国急速人口老龄化阶段，在 2050 年 60 岁及以上老人占比将超 30%，社会将进入深度老龄化阶段。[②] 同时，全国老龄工作委员会预测，2050 年我国 80 岁及以上高龄老年人口将达 1 亿人，高龄比为 22.3%[③]，失能老人规模也将于 2030 年与 2050 年分别达到 6168 万人和 9750 万人[④]。在可预见的未来，我国家庭养老负担与照顾压力愈加沉重，社会养老服务的需求将大幅增长。

[①]　陈卫：《中国人口负增长与老龄化趋势预测》，《社会科学辑刊》2022 年第 5 期。

[②]　《国家应对人口老龄化战略研究总报告》指出，2022～2036 年我国老龄化水平从 18.5% 升至 29.1%，为我国急速人口老龄化和应对人口老龄化最艰难阶段；2036～2053 年我国人口老龄化水平从 29.1% 升至 34.8%，为我国深度人口老龄化和老龄化形势最严峻阶段。

[③]　国际上通用的高龄比计算方法是 80 岁及以上人口占 60 岁及以上人口的比例，以衡量老年人口的长寿水平。

[④]　总报告起草组、李志宏：《国家应对人口老龄化战略研究总报告》，《老龄科学研究》2015 年第 3 期。

为了有效应对老人照顾需求，21世纪以来我国建成并不断完善以"居家为基础、社区为依托、机构为补充、医养结合"的养老服务体系，该体系注重关注老年人的保健、照顾和治疗。参与主体、服务方式与服务内容的多元化，有效推进了我国健康老龄化的发展。

但是，这种养老服务体系以照顾和治疗为导向，不符合我国老龄少子化的现实要求和积极应对老龄化的社会政策理念。这种养老服务体系将老年人当作体弱需要依赖的弱势群体。一方面，这导致政府和纳税人将养老服务体系片面理解为消耗性的福利政策，对社会和经济发展造成沉重负担。另一方面，尽管该体系倡导扶老和敬老的社会观念，但是加剧了公众对老年人群体的年龄歧视①，这导致劳动力市场、退休制度以人为设定的退休年龄为限制禁止老年人继续参与生产性活动，加重了社会保障体系的财政负担，造成了劳动力短缺。反过来，老年劳动力的价值和老年人社会地位进一步被削弱。② 因此，养老服务体系需要拓展政策目标和服务内容。

2020年，党的十九届五中全会提出要"实施积极应对人口老龄化国家战略"。倡导政府和公众要转换观念，摆脱健康老龄化的思维限制，全面理解老年人的需求，以保障老年人的社会权利为目标，实现更高的积极老龄化理想。学者们在1997年首次提出"积极老龄化"概念。它是指让全社会共同为老年人的身心健康、社会参与和基本权利保障而行动，让老年人健康地参与社会经济、文化与公共事务，从而有更自主的选择，能独立地生活，确认并促进老年人成为社会财富的创造者和社会发展的积极贡献者。③

在积极老龄化视角下，养老服务体系有两大定位。第一，养老服务体系是延长生命和遏制健康与护理成本的良方。它能够把握老年人的健康与活动之间的关系，并以识别和预防疾病为目标，老年人能自由地选择跟自己健康相匹配的活动，也能够自由地选择活动以促进健康。第二，养老服务体系是消除年龄歧视的利刃。它主要通过消除劳动就业市场的年龄壁垒，让老年人持续地创造

---

① 付再学：《增权：老年服务工作新理念》，《黑龙江社会科学》2008年第2期。

② Walker, A., "A Strategy for Active Ageing," *International Social Security Review* 55（2002）。

③ 宋全成、崔瑞宁：《人口高速老龄化的理论应对——从健康老龄化到积极老龄化》，《山东社会科学》2013年第4期。

自我价值，减轻家庭与社会保障的负担，促进代际团结。① 由此可见，从健康老龄化到积极老龄化，本质上要求养老服务体系从"以需要（need）为基础"向"以权利（right）为基础"转变，以一种积极的、生产性的立场看待老年人需求、老年人相关社会服务政策与银发社会。②

《中华人民共和国国民经济和社会发展第十四个五年规划和 2035 年远景目标纲要》（以下简称"'十四五'规划"）在关于完善养老服务体系方面明确转向积极老龄化的政策方向，提出要"逐步延迟法定退休年龄，促进人力资源充分利用"。这意味着养老服务体系从传统的健康老龄化模式的社会照顾和医疗护理服务范畴，延伸至老年人的就业及其保障的配套服务措施，为我国实现"积极老龄化"迈出关键一步。我国延迟退休政策从酝酿到暂缓修正、再到新方案的提出，历时十余年。③ 在现收现付的养老金制度背景下，延迟退休能够在一定程度上解决由老龄少子化带来的养老金赤字和社会劳动力不足等问题。④在处于劳动年龄的人口进一步减少的现实背景下，"十三五"规划提出"实施渐进式延迟退休年龄政策"，标志着延迟退休政策正式出台。"十四五"规划进一步明确"小步调整、弹性实施、分类推进、统筹兼顾"等原则。尽管延迟退休的具体方案细节仍未出台，但是延迟退休政策不仅要调整法定退休年龄，还需要修改出台各项配套措施。因此，与照顾和就业相关的服务内容，成为积极老龄化视角下我国养老服务体系建设的重要议题。

本报告将围绕着老人照顾与老人就业两大政策议题，对养老服务体系展开分析和讨论。第一类政策是为老年人和家庭提供照顾支持的措施，具体包括通过发放补贴、税收减免来减轻家庭照顾经济负担；发展市场服务、社区服务和养老机构等社会服务体系；赋予成年子女陪护假权利；等等。其旨在提高家庭照顾能力，提高老年人照顾水平。第二类政策是促进和保障老年人就业的措

---

① Walker, A., "A Strategy for Active Ageing," *International Social Security Review* 55（2002）。
② 晏月平、李雅琳：《健康老龄化到积极老龄化面临的挑战及策略研究》，《东岳论丛》2022年第 7 期。
③ 汪惠怡：《主流媒体在社会政策制定过程中的双向沟通作用——以人民日报社属媒体对"延迟退休"政策的报道（2005—2021）为例》，《青年记者》2021 年第 19 期。
④ 张川川：《延迟退休年龄：背景、争议与政策思考》，《武汉大学学报》（哲学社会科学版）2017 年第 5 期。

施，具体包括构建老有所学的终身学习体系来为老年人增权赋能，① 提供就业和创业服务充分发挥低龄老年人积极性，健全相关法律法规和政策来保障老年人的劳动就业权益，为老年人经济参与营造健康的社会环境。根据世界卫生组织对积极老龄化的定义，笔者拓展了养老服务体系的内涵，从身心健康、社会参与和基本权利保障三个维度归纳我国养老服务体系的相关政策（见表1）。

表1　积极老龄化视角下的养老服务体系概览

积极老龄化维度	政策分类	政策意涵	政策法规或措施
身心健康	医疗健康保障	维持老年人良好的生理健康水平	《关于全面加强老年健康服务工作的通知》《"十四五"优质高效医疗卫生服务体系建设实施方案》《关于开展老年医疗护理服务试点工作的通知》《关于实施进一步便利老年人就医举措的通知》等
社会参与	老年教育	提供教育、就业、社会交往等支持，促使老年人积极参与社会	扩大老年教育资源供给；鼓励有条件的高校、职业院校开设老年教育相关专业和课程，加强学科专业建设与人才培养；等等
	老年就业		完善就业及相关配套服务，建立老年人才信息库，为有劳动意愿的老年人提供职业介绍、职业技能培训和创新创业指导服务；健全相关法律法规和政策，保障老年人劳动就业权益和创业权益；支持老年人依法依规从事经营和生产活动，按照单位按需聘请、个人自愿劳动原则，鼓励专业技术人才合理延长工作年限；等等
	社会网络支持		盘活空置房、公园、商场等资源，支持街道社区积极为老年人提供文化体育活动场所，组织开展文化体育活动；积极开展"银龄行动"，支持老年人参与文明实践、公益慈善、志愿服务、科教文卫等事业；等等

---

① 杨志超：《北欧老年就业政策对我国延迟退休制度的启示》，《学术界》2013 年第 7 期；雷晓康、王炫文、雷悦橙：《城市低龄老年人再就业意愿的影响因素研究——基于西安市的个案访谈》，《西安财经大学学报》2020 年第 6 期。

续表

积极老龄化维度	政策分类	政策意涵	政策法规或措施	
基本权利保障	法律权益保障	保障老年人合法权益	《中华人民共和国老年人权益保障法》《关于养老领域非法集资的风险提示》《法律援助志愿者管理办法》等	
	居住与出行保障	为老年人打造适老化环境，强化老年人的幸福感	《推进老年宜居环境建设的指导意见》《全国无障碍设施建设示范城（区）标准（试行）》《无障碍环境建设"十四五"实施方案》《关于加快发展数字家庭提高居住品质的指导意见》《关于切实解决老年人运用智能技术困难便利老年人日常交通出行的通知》等	
	社会救助与社会保险	通过经济支持等手段分散养老压力，保障养老经济安全	完善《农村五保供养条例》、完善《城乡居民最低生活保障制度》、完善全国基本养老保险与基本医疗保险、完善职工基本养老保险与基本医疗保险、完善长期护理保险等	
	照顾支持	增加照料资源供给，缓解家庭压力，提升家庭照顾水平，提高老年人照顾质量	资金支持	《关于建立健全经济困难的高龄失能等老年人补贴制度的通知》《个人所得税专项附加扣除暂行办法》等
			时间支持	独生子女护理假制度、时间银行养老支持政策等
			服务支持	《"十四五"积极应对人口老龄化工程和托育建设实施方案》《关于促进老年用品产业发展的指导意见》《社会养老服务体系建设规划》《关于做好政府购买养老服务工作的通知》《全面推进居家养老服务工作的意见》《社区老年人日间照顾中心建设标准》《加快发展养老服务业的若干意见》等
	社会文化观念	倡导社会对老年人的重视与关爱，弘扬孝文化优良传统，塑造敬老、孝老、爱老的社会风气	实施中华孝亲敬老文化传承和创新工程；持续推进"敬老月"系列活动和"敬老文明号"创建活动；加强老年优待工作；发挥广播电视和网络视听媒体作用，加强宣传引导，营造良好敬老社会氛围；等等。	

资料来源：由笔者收集并制作。

由上可知，积极老龄化视角下的养老服务体系包含多维度、多元化的政策内容。除了照顾服务和就业服务外，还有社会保险和救助、改善老年人居住和出行环境、推行老龄友好的社会文化观念等方面。但是，受制于篇幅和数据，本报告仅对老人照顾服务和老人就业服务这两个最重要的养老服务内容展开论述。

二 文献回顾：积极老龄化视角下的服务 需求与政策偏好

（一）公众的照顾服务需求与照顾方式

学者们认为照顾服务需求涉及三类，即经济供养、生活照顾、精神慰藉[1]，但新一代老年群体的收入与储蓄、健康、教育、科技适应、个体独立与社会参与意识等方面都呈现更高水平[2]，"医养结合"的政策倡议与信息科技也在迅速发展。新时代下的照顾服务需求可在上述基础上，纳入医疗服务与科技应用范围。

综合已有文献可知，照顾服务需求因家庭特征与老人个体特征而异。一方面，家庭特征包括家庭结构、子女数量、居住方式、子女性别、婚育状况、教育与收入水平等。以往的传统家庭结构演变为主干家庭、核心家庭、多种非传统类型家庭（如"纯老家庭""空巢家庭"等）并存。[3] 家庭照顾能力与需求满足能力参差不齐，进一步导致服务需求差异化。在"四二一"结构家庭中，老人依赖代际关系获取照顾资源，而代际支持存在性别差异，即儿子提供经济支持，女儿满足生活照顾需求。此外，双独夫妇由于难以兼顾照顾与工作，对家庭以外照顾资源有较大需求。[4] 然而，宋健与黄菲对比独生子女家庭与非独

---

[1] 穆光宗：《家庭养老面临的挑战以及社会对策问题》，《中州学刊》1999 年第 1 期；杜鹏、孙鹃娟、张文娟、王雪辉：《中国老年人的养老需求及家庭和社会养老资源现状——基于 2014 年中国老年社会追踪调查的分析》，《人口研究》2016 年第 6 期。

[2] 姚远：《老年群体更替对我国老年社会工作发展的影响》，《国家行政学院学报》2015 年第 3 期；翟振武：《"新一代"老年人呼唤养老政策设计新思路》，《探索与争鸣》2015 年第 12 期。

[3] 彭希哲、胡湛：《当代中国家庭变迁与家庭政策重构》，《中国社会科学》2015 年第 12 期。

[4] 宋健：《"四二一"结构家庭的养老能力与养老风险——兼论家庭安全与和谐社会构建》，《中国人民大学学报》2013 年第 5 期；许琪：《儿子养老还是女儿养老？基于家庭内部的比较分析》，《社会》2015 年第 4 期。

生子女家庭的代际互动状况发现，二者在经济支持与情感联络方面无显著差异，子女在业、已婚已育状态使父母与子女分居，减少了情感联络而增加了经济支持。① 这说明子女数量的解释力度有限，而子女的工作与婚育，以及代际居住方式影响更大。刘亚飞和胡静基于机会成本视角研究家庭照顾分工，发现受教育程度与收入水平越低的子女越可能成为照顾资源主体。②

另一方面，照顾服务需求也因老人的社会经济条件及其主观意愿而存在差异，即老人的经济储蓄、居住状况、教育水平、观念态度等。王晓峰等发现老人居住状态、性别、代际关系与受教育程度分别对其经济需求、健康医疗需求和休闲娱乐需求产生显著影响。③ 杜鹏等发现在生理照顾方面城乡老人对家庭资源的需求相当，但在心理健康与经济状况方面农村老人对家庭的依赖性较城市老人更强。④ 王永梅和杜鹏则选择从更微观的角度构建"老年人行为态度—行为利用—行为意向"分析框架，以研究老年人主观意愿与服务需求间的关系。⑤

照顾是养老服务体系中的重要组成部分，根据照顾提供者的类型可以分为正式照顾和非正式照顾。正式照顾主要指政府提供的社区照顾、机构照顾服务，又被称为社会照顾，广义上也包括市场提供的服务。非正式照顾则包括家庭亲属、邻里朋友、社区志愿者等非制度化的照顾方式。现有研究关注家庭照顾与社会照顾之间的关系。纪竞垚总结了五种关于家庭照顾与社会照顾间的关系模型，即替代模型、任务分工模型、补充模型、层级补偿模型、照顾传递模型，且指出两种照顾方式关系的形成或转换既涉及个体层面因素，也与社区、机构、政策制度等有关。⑥ 此外，家庭照顾者的特征（包括主客观条件）对照顾方式选择具有重要影响。一方面，传统道德观念及代际示范效应使子女形成

① 宋健、黄菲：《中国第一代独生子女与其父母的代际互动——与非独生子女的比较研究》，《人口研究》2011 年第 3 期。
② 刘亚飞、胡静：《谁来照顾老年父母？——机会成本视角下的家庭分工》，《人口学刊》2017 年第 5 期。
③ 王晓峰、刘帆、马云博：《城市社区养老服务需求及影响分析——以长春市的调查为例》，《人口学刊》2012 年第 6 期。
④ 杜鹏、孙鹃娟、张文娟、王雪辉：《中国老年人的养老需求及家庭和社会养老资源现状——基于 2014 年中国老年社会追踪调查的分析》，《人口研究》2016 年第 6 期。
⑤ 王永梅、杜鹏：《老年人对待社会养老服务的行为态度研究——以北京城六区为例》，《人口研究》2018 年第 6 期。
⑥ 纪竞垚：《中国居家老年人家庭－社会照料模型》，《人口研究》2020 年第 3 期。

了对自觉承担照顾责任的统一认知，且照顾资源与不同需求的对接也受制于子女对老人健康、经济状况与居住方式的认知。[①] 少子老龄化、婚育延迟与女性就业率上升使子女陷入"一老一小"照顾资源竞争困境，而老人家庭威信下降，子女的儿童抚育倾向强化，由此挤占老人照顾资源，重塑家庭照顾格局。[②] 另一方面，家庭照顾者的年龄、身份特征、就业状况、健康状况、代际关系、家庭权威地位等客观条件则与照顾失能老人的时间投入有关。[③]

（二）公众对照顾支持的政策偏好及其影响因素

为了减少家庭照顾的压力，各国的养老服务体系设立了面向家庭照顾者，即老人的配偶与子女的照顾支持政策。照顾支持政策主要有医疗护理类支持、生活照顾类支持、经济与就业支持、信息支持、心理或社交支持等类别。其中，医疗护理类支持包括老人病情监测等，生活照顾类支持包括居家、机构、日托中心喘息服务，经济与就业支持包括补助与津贴、保险支持、环境适老化改造、带薪休假等，信息支持包括政策内容普及或知识技能培训等，心理或社交支持包括情感疏导、户外娱乐活动等。[④] 照顾支持政策的目的在于抵消家庭照顾成本或为家庭照顾者提供辅助性支持[⑤]，以缓解照顾者压力并提升其照顾能力。

总结已有文献可知，影响公众对照顾支持政策偏好的因素有政策供给、照

[①] 熊跃根：《成年子女对照顾老人的看法——焦点小组访问的定性资料分析》，《社会学研究》1998 年第 5 期。

[②] 刘汶蓉：《孝道衰落？成年子女支持父母的观念、行为及其影响因素》，《青年研究》2012 年第 2 期；钟晓慧、彭铭刚：《养老还是养小：中国家庭照顾赤字下的代际分配》，《社会学研究》2022 年第 4 期；李磊、莫森鑫、李连友：《挤压、失衡与弥合："一老一小"家庭照料功能的演变及重塑》，《学习与实践》2022 年第 8 期。

[③] 王来华、瑟夫·施耐德约：《论老年人家庭照顾的类型和照顾中的家庭关系——一项对老年人家庭照顾的"实地调查"》，《社会学研究》2000 年第 4 期；赵怀娟、陶权：《失能老人家庭照护的现状及影响因素分析——对 W 市 305 名照护者的调查》，《老龄科学研究》2013 年第 3 期。

[④] 黄晨熹、汪静、王语薇：《长者亲属照顾者支持政策的国际经验与国内实践》，《华东师范大学学报》（哲学社会科学版）2019 年第 3 期；朱浩：《西方发达国家老年人家庭照顾者政策支持的经验及对中国的启示》，《社会保障研究》2014 年第 4 期。

[⑤] 朱浩：《西方发达国家老年人家庭照顾者政策支持的经验及对中国的启示》，《社会保障研究》2014 年第 4 期。

顾者及被照顾者特征。首先，黄晨熹等发现照顾支持政策存在涵盖对象与覆盖范围有限、服务支持乏力等问题，从而限制公众的需求表达。[1] 其次，照顾者对照顾压力的负荷与消解能力影响其政策偏好，这与其经济地位、照顾技能、社会网络支持、身心健康、性别、就业等因素有关。第一，经济基础薄弱、知识技能不足、照顾人员匮乏、身心健康受损的照顾者分别对经济支持、信息支持或服务支持有较大需求[2]；第二，成年子女因照顾老人而承担着时间、心理与经济压力[3]，其中男性照顾者的经济压力较大，而女性照顾者的心理与时间压力较大，故不同性别群体对经济与就业支持或情感支持的偏好不同[4]；第三，工作与照顾双重职能对公众的时间管理与生活平衡能力提出较大挑战，因此在职照顾者对职场优待或时间资源支持政策具有较强偏好[5]。最后，被照顾者的年龄、健康状况、文化程度与自我调适能力等也影响公众的政策偏好。当被照顾者年龄较小、健康状况良好、文化程度较高且情绪调节能力较好时，照顾者所负荷的各项压力较小，故其对相关支持的需求较小。[6] 失能老人照顾者更容易面临工作强度大、难度大、心理压力大、个人事业或社交生活受影响等困难[7]，因而对各种支持有强烈需求。

---

① 黄晨熹、汪静、陈瑛：《家庭长期照顾者的特征需求与支持政策——以上海市失能失智老人照顾者为例》，《上海城市管理》2016 年第 5 期。

② 杜娟、徐薇、钱晨光：《失能老人家庭照料及家庭照顾者社会支持需求——基于北京市东城区的实证性研究》，《学习与探索》2014 年第 4 期；黄晨熹、汪静、陈瑛：《家庭长期照顾者的特征需求与支持政策——以上海市失能失智老人照顾者为例》，《上海城市管理》2016年第 5 期。

③ 唐咏、楼玮群：《长期护理对老人居家和社区照顾的影响和挑战研究——以深圳为例》，《兰州学刊》2010 年第 7 期。

④ 唐咏、楼玮群：《长期护理对老人居家和社区照顾的影响和挑战研究——以深圳为例》，《兰州学刊》2010 年第 7 期。

⑤ 刘爱玉：《男人养家观念的变迁：1990—2010》，《妇女研究论丛》2019 年第 3 期；朱荟、陆杰华：《工作抑或家庭：多重角色视角下性别红利释放的理论探讨》，《中山大学学报》（社会科学版）2021 年第 5 期。

⑥ 刘贵平：《慢性病老人照顾者的照顾负荷研究》，《卫生经济研究》2017 年第 9 期；汤娟娟、王俊杰、余兰仙：《失能老人家庭照顾者照顾负担及影响因素研究》，《中国护理管理》2015年第 12 期。

⑦ 黄晨熹、汪静、陈瑛：《家庭长期照顾者的特征需求与支持政策——以上海市失能失智老人照顾者为例》，《上海城市管理》2016 年第 5 期。

（三）公众对延迟退休意愿及配套服务的偏好

既有文献主要通过公众对延迟退休政策的态度[①]、意愿延迟退休年限（理想退休年龄与法定退休年龄）[②]、退休选择（提前退休、按时退休、延迟退休）[③]来衡量公众的延迟退休意愿。目前我国公众存在明显的提前退休倾向[④]，大部分人的延迟退休意愿较低[⑤]。李雪等的研究将意愿延迟退休年限分为 1～3 年、4～6 年、6 年以上三种情况，进一步发现超过 2/3 的受访者延迟退休意愿较低，即选择延迟退休 1～3 年。[⑥] 换句话说，虽然公众整体延迟退休的意愿较低，但可能也存在愿意适度延迟退休的人。

不同群体在政策影响感知不同的前提下，对延迟退休的态度受到其个体特征、工作特征和家庭特征的影响，学界对此进行了丰富的实证研究。首先，个体特征包括性别、年龄、受教育程度、健康状况等。李琴和彭浩然利用 2011年中国健康与养老追踪调查（China Health and Retirement Longitudinal Study，CHARLS）的数据研究发现，在城镇中老年人群体中，受教育程度越高的人越不愿意延迟退休，女性比男性具有更强的延迟退休意愿，具有高级技术职称的人更倾向于延迟退休。[⑦] 其他学者研究也发现，健康状况与退休意愿呈正相关，

[①] 王竹、陈鹏军：《我国职工延迟退休意愿决定因素实证分析——基于全国 28 个省级行政区的调查数据》，《江苏大学学报》（社会科学版）2018 年第 6 期；王军、李向梅：《中国城镇职业女性的延迟退休政策态度研究》，《南方人口》2019 年第 5 期。

[②] 王军、王广州：《中国城镇劳动力延迟退休意愿及其影响因素研究》，《中国人口科学》2016年第 3 期。

[③] 田宋、席恒：《在岗职工退休意愿及影响因素实证研究——基于中国 10 个省（市、区）的调查数据》，《经济体制改革》2017 年第 6 期；弓秀云：《我国劳动者退休意愿的实证研究》，《云南财经大学学报》2018 年第 6 期。

[④] 阳义南、才国伟：《推迟退休年龄和延迟领取基本养老金年龄可行吗——来自广东省在职职工预期退休年龄的经验证据》，《财贸经济》2012 年第 10 期。

[⑤] 席恒、王昭茜：《不同职业类型劳动者退休意愿差异及影响因素研究——基于我国 10 省市调查数据的实证分析》，《西北大学学报》（哲学社会科学版）2017 年第 2 期；张锋、孔雯雯、王慧、杨瑶瑶、封丹珺：《中高龄护士延迟退休意愿及其影响因素调查》，《护理学杂志》2020 年第 6 期。

[⑥] 李雪、吴得成、李妍、夏紫璇：《"延迟退休"对劳动力和就业市场的影响研究——基于政策对象视角》，《商展经济》2022 年第 8 期。

[⑦] 李琴、彭浩然：《谁更愿意延迟退休？——中国城镇中老年人延迟退休意愿的影响因素分析》，《公共管理学报》2015 年第 2 期。

即身体越健康的人群越有可能愿意延迟退休。① 其次，工作特征包括工作属性、工作机构性质等。有研究发现"白领"（脑力劳动者）更有可能希望提前退休，而"蓝领"（体力劳动者）则倾向于延迟退休。② 陈鹏军和张寒基于中国28 个省级行政区的调查数据发现，体力劳动者相较于脑力劳动者更不愿意延迟退休。因此可能需要结合工作机构、雇佣关系的类型进一步分析。最后，部分学者认为劳动者的退休行为不仅是个体意愿的结果，还会受到家庭和配偶的影响。③ 董娜和江蓓发现，相较于离异和未婚的女性，已婚和再婚的女性更倾向于提前退休为家庭提供照顾。④ 李凯发现有抚养孙辈和照顾老人的负担的群体更不愿意延迟退休。⑤

关于延迟退休的相关配套措施，我国学者已进行了较多的讨论和构想，结合国外相关政策，主要可以从三个角度来看，分别是劳动力市场与老年教育、社会照顾、社会保险体系，对于相关政策的偏好也具有明显的群体特征。

第一，从劳动力市场与老年教育角度来看，延迟退休政策对城镇新增就业人口的就业可能产生消极影响，某些老年劳动者也可能很难获得就业机会。⑥ 首先，对青年人口来说，提高就业福利与实施积极的劳动力市场政策能够降低或抵消老年就业对青年就业的挤出效应。⑦ 其次，对老年劳动者来说，年龄较大、缺乏技能的劳动者更容易下岗或失业⑧，因此要通过禁止就业歧视立法与

① 钱锡红、申曙光：《经济收入和健康状况对退休期望的影响——一个交互效应模型》，《经济管理》2012 年第 3 期；王军、王广州：《中国城镇劳动力延迟退休意愿及其影响因素研究》，《中国人口科学》2016 年第 3 期。

② Natalie, J., Maggie, W., "Which of Australia's Baby Boomers Expect to Delay Their Retirement?: An Occupational Overview," *Australian Bulletin of Labour* 36 (2010)；王军、王广州：《中国城镇劳动力延迟退休意愿及其影响因素研究》，《中国人口科学》2016 年第 3 期。

③ 陈鹏军、张寒：《我国延迟退休的职工意愿及影响因素分析——基于全国 28 个省级行政区的调查研究》，《经济体制改革》2015 年第 6 期。

④ 董娜、江蓓：《苏州女性延迟退休意愿的影响因素研究》，《社会保障研究》2015 年第 3 期。

⑤ 李凯：《企业职工延长退休年龄影响因素实证研究——以 W 市为例》，《科学决策》2016 年第 4 期。

⑥ 《中国是否应该推出弹性退休制度》，《中国经济周刊》2004 年第 38 期。

⑦ 李亚军、张亮：《延迟退休背景下青年就业促进政策的作用——OECD 国家经验及对我国的启示》，《中国社会科学院研究生院学报》2017 年第 5 期。

⑧ 封进、胡岩：《中国城镇劳动力提前退休行为的研究》，《中国人口科学》2008 年第 4 期。

健全老年教育体系，保障老年劳动者的就业权益①，提高老年劳动者的就业技能等能力②，为老年就业"增权赋能"。另外，有研究表明老年就业者对在职培训存在一定的偏好，提供培训能显著提高老年就业者的忠诚度与工作意愿。③

第二，从社会照顾角度来看，婴幼儿与老人照顾服务都在一定程度上影响公众的退休决策。徐彩琴研究发现，基于老年劳动者隔代抚育的压力，公众对托幼机构建设存在明显的政策偏好。④ 随着老龄化的发展，退休老年人还可能面临高寿父母的照顾负担，因而对养老服务可能也存在一定的需求。⑤

第三，从社会保险体系角度来看，在延迟退休政策下，个人领取退休金的时间被推迟，但又必须继续工作并缴纳社会保险。⑥ 基本养老保险的参与年数的修改与医疗保险的完善会降低公众提前退休的意愿⑦，失业保险的完善则会提高公众继续工作意愿。封进和胡岩研究发现，规避失业带来的收入下降风险是个体选择提前退休的一个重要因素，而中国较低的失业保险费率使得本应由失业保险承担的压力转移给养老保险。⑧ 因此，在延迟退休政策背景下，加大失业保险的保障力度有可能提高公众延迟退休的意愿。

由此可见，既有文献发现我国公众整体延迟退休意愿低，但不同特征群体的延迟退休意愿呈现差异。同时，学者们也注意到延迟退休政策的推行需要从劳动力市场与老年教育、社会照顾服务、社会保险体系等方面提供配套服务。但是，与延迟退休政策相关的配套服务尚缺乏较全面的研究，尤其缺少延迟退休意愿与配套服务措施偏好之间关系的研究。

① 齐传钧：《如何延迟退休：方案选择与配套措施》，《中国党政干部论坛》2016年第4期。
② 杨志超：《北欧老年就业政策对我国延迟退休制度的启示》，《学术界》2013年第7期。
③ James, J. B., McKechnie, S., Swanberg, J., "Predicting Employee Engagement in an Age-diverse Retail Workforce," *Journal of Organizational Behavior* 32 (2011).
④ 徐彩琴：《渐进式延迟退休年龄的配套政策研究》，硕士学位论文，上海工程技术大学，2017，第82页。
⑤ 丛金洲、吴瑞君：《退休老年人再就业的实现机制——基于马斯洛需求层次理论的实证分析》，《西北人口》2022年第6期。
⑥ 刘大卫：《退休人员再就业保障缺位反思及对延迟退休制度的重构设想》，《社会科学家》2016年第8期。
⑦ 朱文娟、江百炼：《城镇职工社会保险对劳动者退休意愿的影响——基于CHARLS数据的实证》，《吉林工商学院学报》2022年第4期。
⑧ 封进、胡岩：《中国城镇劳动力提前退休行为的研究》，《中国人口科学》2008年第4期。

三 研究设计

数据来源

本报告使用中山大学政治与公共事务管理学院"人民美好生活需要（公众福利态度）调查"数据进行分析。该调查从 2016 年至 2022 年已开展 6 期调查，借鉴了欧洲国家和我国香港地区福利态度调查问卷的设计，并对具体问题进行了本土化改良。为了保证问卷的有效性和实时性，调查人员每年在开展数据调查之前会根据国内社会热点议题对问卷涉及的板块进行调整。2022 年第 6 期调查问卷囊括了"贫困"、"社会团结与社会风险"、"社会照顾"、"社会态度"、"乡村振兴战略"、"延迟退休"、"时间利用"与"个人资料"八大板块，调查对象为 18 周岁及以上的广东省、甘肃省和河南省居民，调查范围包括广东省 21 个地级市、甘肃省 14 个地级市（自治州）、河南省 18 个地级市（省直管市），最终获得 9400 个有效样本。

本报告主要针对问卷中"社会照顾"（老人照顾）和"延迟退休"两个板块问题所得的数据进行分析和讨论。在剔除无效回答或不回答的样本后，各个题目的有效样本如表 2 所示。需要说明以下三点。第一，在异质性分析中加入年龄、性别、婚育状况、收入水平、城乡地域状况、职业类型、受教育程度与抚赡压力等相关变量后，再一次剔除了相关变量的无效回答，因此有效样本有所变动，在此不一一列举。第二，"关于推行延迟退休政策，您认为需要哪些配套措施"一题剔除了无延迟退休意愿的样本，即在对问题"您希望延迟退休多少年（0～10 年）"的回答为 0 的样本，公众的延迟退休意愿与配套措施偏好的回归样本也是同样操作。除了其他措施的有效样本为 1379 外，总需求与其他各项措施有效样本均为 3125。第三，公众的社区养老需求与失能老人照顾方式倾向对照顾支持政策偏好的卡方检验样本为 7504。

1. 变量操作化

本报告试图研究以下三个问题，即公众的社区照顾服务需求对照顾支持政策偏好的影响、公众的失能老人照顾方式偏好对照顾支持政策偏好的影响、公众的延迟退休意愿对配套措施偏好的影响，主要使用到"社会照顾"、"延迟退休"与"个人资料"三个板块的题目。

首先，在探究公众的社区养老照顾服务需求对公众的老人照顾支持政策偏好的影响中，自变量为社区照顾服务需求，为二分虚拟变量，来自题项"对于家里的老人照顾，您认为最需要哪三项社区服务支持"。如果公众选择了"社区老人日间照料中心（如临时托管）"，则视为存在社区照顾的服务需求，赋值为"1"；如果公众没有选择该选项，则视为不存在社区照顾的服务需求，赋值为"0"。因变量为机构照顾、对家庭照顾的时间支持、对家庭照顾的经济支持，来自题项"对于家里的老人照顾，您认为子女最需要哪三项支持措施"。答案选项为"增设养老院""子女享有带薪陪护假""对照顾老人的子女发放津贴或减免个税"。这三个变量均为二分虚拟变量，如果公众选择该选项，则视为公众偏好该项支持措施，赋值为"1"；如果未选，则视为公众不偏好该项支持措施，赋值为"0"。本报告通过对自变量与三个因变量分别进行卡方检验，以期探索家庭在存在外溢家庭的照顾需求时会选择何种照顾方式，社区照顾与机构照顾、家庭照顾之间存在何种关系。

其次，在探究公众的失能老人照顾方式偏好对老人照顾支持政策的影响中，自变量为子女照顾和住家保姆照顾，来自题项"如果您家里有无法自理的 60 岁及以上父母，您认为最理想的照料方式是哪种"。答案选项为"以子女照料为主""以住家保姆照料为主"。两个变量均为二分虚拟变量，如果公众选择该选项，则视为公众偏好该照顾方式，赋值为"1"；若未选，则视为公众不偏好该照顾方式，赋值为"0"。因变量为家庭照顾的时间支持和经济支持，与前文变量操作相同。对两个自变量与两个因变量两两组合分别进行卡方检验，以期探索在不同的失能老人照顾方式下，家庭存在何种照顾压力，需要何种照顾支持政策。

最后，在探究公众延迟退休意愿对配套服务措施偏好的影响中，自变量为延迟退休意愿，为定序变量，来自题项"您希望延迟退休多少年"。本报告根据已有文献，将回答 1～3 年的归为低意愿，4～6 年的归为中等意愿，7 年及以上的归为高意愿。因变量为公众对延迟退休配套服务措施偏好，来自题项"关于推行延迟退休政策，您认为需要哪些配套措施"。答案选项包括整体配套措施需求、老人就业保障措施、企业招聘措施、青年就业措施、社会照顾服务措施及其他措施。本报告通过对二者进行回归分析，欲探究在不同的延迟退休意愿下，公众存在何种配套措施偏好。在此基础上，本报告希望了解通过何种配套措施，能够提升公众的延迟退休意愿或为延迟退休高意愿的群体提供保障。

2. 统计描述

本报告对公众的社区养老照顾服务需求、失能老人照顾方式偏好、老人照顾支持政策偏好、延迟退休意愿和延迟退休配套措施偏好五个变量进行了描述统计，进行单向排序、分类排序以及异质性分析（见表2）。其中，异质性分析的维度主要包括性别、年龄、婚育状况、收入水平、城乡地域状况、职业类型与受教育水平。

表 2　描述统计变量

变量	问卷中对应的问题（有效样本）	单个项目	分类项目
社区养老照顾服务需求	对于家里的老人照顾，您认为最需要哪三项社区服务支持（7928）	陪同就医、送药及护理服务上门	疾病照顾
		社区老人日间照料中心（如临时托管）	
		保健康复咨询及护理技能培训	
		上门做家务	生活照顾
		老年食堂或送饭	
		上门陪聊解闷	精神慰藉
		为老人解决线上、手机端等互联网养老服务的技术问题（如网上挂号）	科技应用
失能老人照顾方式偏好	如果您家里有无法自理的60岁及以上父母，您认为最理想的照料方式是哪种（9331）	以老人的配偶照料为主	家庭照顾
		以子女照料为主	
		以其他亲属照料为主	
		养老院	机构照顾
		以住家保姆照料为主	住家保姆照顾
老人照顾支持政策偏好	对于家里的老人照顾，您认为子女最需要哪三项支持措施（6987）	社区为居家老人提供服务	社区服务
		增设养老院	机构服务
		子女享有带薪陪护假	家庭支持
		对照顾老人的子女发放津贴或减免个税	
		设立长期护理险	

续表

变量	问卷中对应的问题 （有效样本）	单个项目	分类项目
延迟退休意愿	您希望延迟退休多少年 （9400）	0~10 年	无意愿（0）
			低意愿（1~3 年）
			中等意愿（4~6 年）
			高意愿（7 年及以上）
延迟退休配套措施偏好	关于推行延迟退休政策，您认为需要哪些配套措施（2915）	加大对大龄劳动者就业的保障	老年就业
		鼓励企业招聘大龄劳动者	
		完善育婴、托幼及老人护理等社会服务	
		鼓励新业态就业，拓宽青年人就业空间	青年就业
		其他	其他措施

四　社区养老照顾服务需求及家庭照顾方式

（一）公众对社区养老照顾服务需求的偏好

1. 陪同就医、送药及护理服务上门的需求最高

如图 1 所示，公众选择"陪同就医、送药及护理服务上门"这一选项的频数最多，为 5417，说明公众对此服务的需求最高。接下来的选项依次是"社区老人日间照料中心（如临时托管）""保健康复咨询及护理技能培训""为老人解决线上、手机端等互联网养老服务的技术问题（如网上挂号）"，频数分别为 3960、3906、3632，而选择"老年食堂或送饭""上门做家务""上门陪聊解闷"三种服务的次数均较少，分别为 2726、2197 与 1946。

2. 疾病照顾类服务的需求远超其他服务

在本报告中，社区养老照顾服务需求分为生活照顾、精神慰藉、疾病照顾与科技应用四类。由图 2 可知，公众选择疾病照顾类服务的比例最高，为 55.85%；其次，选择生活照顾类与科技应用类服务的频数占比分别为 20.70% 与 15.27%，而选择精神慰藉类服务的最少，仅占比 8.18%。这说明：第一，

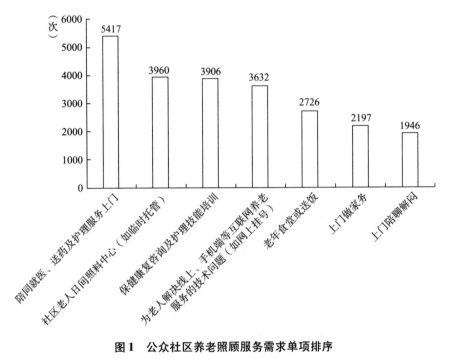

图1 公众社区养老照顾服务需求单项排序

公众的健康意识较强，重视生理健康，但对精神健康的关注相对不足；第二，疫情持续增加了老年人患病的风险，老年人需要通过互联网医院、平台购物等方式远程就医。因此，公众对疾病照顾、生活照顾和科技应用三类服务的需求较高。同时，公众的感知价值与数字能力显著地影响其对智慧养老服务的使用意愿，这可能减少公众对科技应用类服务的选择。①

3. 不同群体对社区养老照顾服务的差异化需求

笔者发现，不同群体对社区养老照顾服务的需求具有差异。对此，本报告将从性别、年龄、婚育状况、收入水平、城乡地域状况、职业状况与受教育水平七个维度对公众的社区养老照顾服务需求进行异质性分析。需要说明的是，对于不同的服务内容，上述七个因素对群体差异性需求的显著性是不同的，具体情况如表3所示。因此，笔者仅选取具有显著性的因素进一步分析不同群体对社区养老照顾服务的差异化需求。

---

① 张钊、毛义华、胡雨晨：《老年数字鸿沟视角下智慧养老服务使用意愿研究》，《西北人口》2023年第1期。

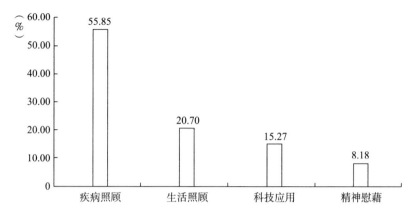

图 2　公众社区养老照顾服务需求分类排序

说明：图中数值为百分比，表示题项"对于家里的老人照顾，您认为最需要哪三项社区服务支持"中受访者选择"疾病照顾、生活照顾、科技应用、精神慰藉类服务"作为对老年人照顾最需要的服务支持的频率，频率越高表示有更多的受访者将其作为最需要的支持。

表 3　关于社区养老照顾服务需求的群体差异显著情况说明

人群分类标准	类别数	类别	群体差异显著的养老服务类型
性别	2	男	老年食堂或送饭；陪同就医、送药及护理服务上门；社区老人日间照料中心（如临时托管）
		女	
年龄	5	18～25 岁	上门陪聊解闷；上门做家务；老年食堂或送饭；陪同就医、送药及护理服务上门；社区老人日间照料中心（如临时托管）；保健康复咨询及护理技能培训；为老人解决线上、手机端等互联网养老服务的技术问题
		26～35 岁	
		36～50 岁	
		51～65 岁	
		65 岁以上	
婚育状况	6	未婚	上门陪聊解闷；上门做家务；陪同就医、送药及护理服务上门；社区老人日间照料中心（如临时托管）；为老人解决线上、手机端等互联网养老服务的技术问题（如网上挂号）
		已婚无孩	
		已婚 1 孩	
		已婚 2 孩及以上	
		离婚无孩	
		离婚有孩	

续表

人群分类标准	类别数	类别	群体差异显著的养老服务类型
收入水平	5	低收入	上门做家务；老年食堂或送饭；社区老人日间照料中心（如临时托管）
		中低收入	
		中等收入	
		中高收入	
		高收入	
城乡地域状况	2	城市	上门陪聊解闷；上门做家务；老年食堂或送饭；陪同就医、送药及护理服务上门；社区老人日间照料中心（如临时托管）；为老人解决线上、手机端等互联网养老服务的技术问题（如网上挂号）
		农村	
职业类型	3	体制内	社区老人日间照料中心（如临时托管）；为老人解决线上、手机端等互联网养老服务的技术问题（如网上挂号）
		体制外	
		非正式工作	
受教育程度	5	小学及以下	老年食堂或送饭；陪同就医、送药及护理服务上门；社区老人日间照料中心（如临时托管）；保健康复咨询及护理技能培训
		初中	
		高中	
		大学本科或专科	
		硕士或博士	

（1）性别差异

笔者发现，如图3所示，女性认为家中老人需要"老年食堂或送饭""陪同就医、送药及护理服务上门""社区老人日间照料中心（如临时托管）"服务支持的人数占比比男性更高。

这说明女性对生活照顾类与疾病照顾类服务的需求都比男性大。一方面，大多数研究表明女儿在养老领域发挥越来越大的作用，即在经济支持、生活照顾、情感照顾方面女儿的贡献都大于儿子的支持。① 另一方面，"男主外，女主内"的传统家庭分工模式赋予儿媳以照顾家庭的任务，女性几乎承担家庭场域内的所有事务。因此，除了血缘基础上的代际支持，通过姻亲关系提供养老

---

① 郑丹丹、易杨忱子：《养儿还能防老吗——当代中国城市家庭代际支持研究》，《华中科技大学学报》（社会科学版）2014年第1期。

资源也增强了女性对养老服务的要求。同时，照顾支持政策的支持对象虽然以女性为主，但这并没有显著地改变传统的性别分工，女性仍需承担养老育幼责任。①

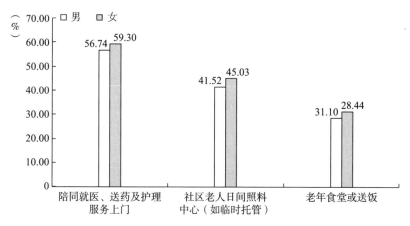

图3　公众对社区养老照顾服务需求的性别差异

（2）年龄差异

笔者发现，如图4所示，"18～25岁""65岁以上"群体的养老服务需求较"26～35岁""36～50岁""51～65岁"群体的需求差异更显著。"18～25岁"群体中，选择家中老人需要"陪同就医、送药及护理服务上门""为老人解决线上、手机端等互联网养老服务的技术问题（如网上挂号）""上门陪聊解闷"三个选项的人数比例在五类群体中都位列第一，分别为63.54%、46.72%、29.80%。然而，该群体认为家中老人需要"社区老人日间照料中心（如临时托管）"服务支持的人数比例最低。这说明相较于其他年龄段，此年龄段的群体较关注老人的身心健康状况。可能原因为，18～25岁群体的父母尚有健康的体魄与良好的自理能力，故而对生活照顾类服务的需求较低。此年龄段正是该群体为完成学业、投身职场而与父母分居的阶段，他们对学习与工作的投入与对家庭的关注形成"挤出效应"，因此需要社区为其父母提供照顾服务，尤其是疾病照顾和精神慰藉。而且，这一群体互联网意识更强，倾向于使

---

① 房莉杰、陈慧玲：《平衡工作与家庭：家庭生育支持政策的国际比较》，《人口学刊》2021年第2期。

用智能技术为父母提供支持，但分居使其无法实时为老人解决智能技术问题，因此有较大的科技应用需求。

对于"65岁以上"群体，有48.65%与35.14%的人分别选择"老年食堂或送饭"及"上门做家务"，但只有22.97%与20.27%的人选择"为老人解决线上、手机端等互联网养老服务的技术问题（如网上挂号）"与"保健康复咨询及护理技能培训"。一方面，该群体本身是老年人，其对生活照顾类的需求较高说明其对社区服务有较高的接受度，养儿防老的观念有所减弱，而且随着年龄的增长，其身体状况与自理能力下降，无法实现自我养老，需要社区提供生活上的帮助，该群体的父母是高龄老年人，需求更甚。另一方面，老年人始终存在严重的"数字鸿沟"问题，且随着年龄的增长，学习能力逐渐衰退。[1] 这种对于自我能力感知的降低可能会让老年人不愿意去学习新的知识，尤其是专业的科技和护理知识等。

（3）婚育状况差异

笔者发现，如图5所示，未婚、已婚无孩、已婚1孩、已婚2孩及以上、离婚无孩、离婚有孩各个群体的养老服务的需求差异显著。

未婚群体对"陪同就医、送药及护理服务上门""为老人解决线上、手机端等互联网养老服务的技术问题（如网上挂号）"这两类服务的需求较其他群体更高，比例分别为63.20%与46.54%，但对"社区老人日间照料中心（如临时托管）"服务需求相对较小，人数占比（38.06%）低于其他群体。这说明未婚群体对疾病照顾与科技应用类服务需求较高。未婚群体的需求状况及其原因与上述关于"18~25岁"群体的养老服务需求分析相似。

"离婚无孩"群体对"陪同就医、送药及护理服务上门"服务的需求较其他群体小，但对"上门陪聊解闷""上门做家务"的服务需求均偏大，比例位居前列；"离婚有孩"群体中选择"上门做家务"服务支持的比例最大，有31.14%。这说明：第一，我国独生子女家庭持续增加，成年独生子女与非独生子女离婚后更有可能跟父母同住[2]，因此，"离婚无孩"群体能够为其父母买药送医和提供

---

① 杨菊华、刘轶锋：《数字时代的长寿红利：老年人数字生活中的可行能力与内生动力》，《行政管理改革》2022年第1期。

② 风笑天：《也论我国独生子女群体的婚姻稳定性——兼与吴瑞君等先生商榷》，《探索与争鸣》2010年第6期。

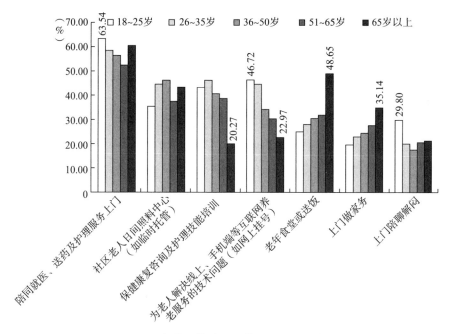

图4 不同年龄群体对社区养老照顾服务的需求

照顾，但是可能因忙于工作而存在对上门做家务、上门陪聊解闷等日常照顾的需求；第二，"离婚有孩"群体同时承担着养老和养小的责任，而且家中老人可能还承担照顾孙辈的责任，因此，对上门做家务的服务需求更高；第三，"离婚无孩"群体同时缺失了配偶和孩子的支持，因此也有较高的精神慰藉的需求。

在已婚的情况下，"已婚1孩"群体对"社区老人日间照料中心（如临时托管）"服务的需求是最大的，"已婚2孩及以上"群体则更关注"上门做家务"服务支持，比例分别为46.92%、24.46%。这说明已婚有孩群体对家庭以外的资源支持，老人照顾和家务劳动有迫切需求，尤其是家庭内部"一老一小"对有限资源的竞争与中间一代对育幼的倾向共同形塑了此类群体对社区临时托管类服务的需求。[1]

（4）收入水平的差异

笔者发现，如图6所示，不同收入群体对"上门做家务""老年食堂或送

---

[1] 钟晓慧、彭铭刚：《养老还是养小：中国家庭照顾赤字下的代际分配》，《社会学研究》2022年第4期。

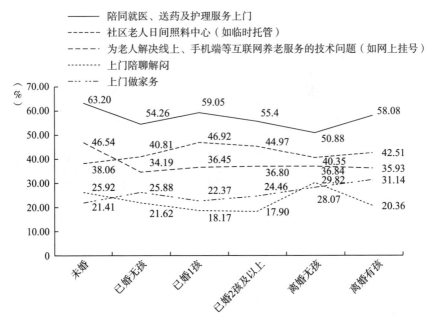

图5　不同婚育状况群体对社区养老照顾服务的需求

饭""社区老人日间照料中心（如临时托管）"这三类服务的需求各异。具体而言，"高收入"群体对"社区老人日间照料中心（如临时托管）""老年食堂或送饭"服务的需求是所有群体里人数比例最大的，分别为48.70%、34.49%；"中高收入"群体对"社区老人日间照料中心（如临时托管）"的需求人数比例紧随"高收入"群体之后。"低收入"群体对"社区老人日间照料中心（如临时托管）"的需求人数比例最小。"中低收入"群体对"上门做家务"服务的需求人数比例是所有群体中最小的，为21.31%。

这说明收入水平影响着公众对社区生活照顾类服务的需求。收入水平较高的老人更有能力承担社区所提供养老服务的成本与费用，因此其对生活照顾资源支持的利用率更高、需求更大。[1] 成本负担能力与养老服务利用的相关性解释同样适用子女。再者，对于收入水平较高的子女而言，需要在工作上投入更多的时间与精力，其为老人提供的生活照顾资源有限，从而增加了对社区支持老人生活照顾类服务的需求。总结而言，收入较高的群体对生活照顾类服务的

---

[1]　杜鹏、王永梅：《中国老年人社会养老服务利用的影响因素》，《人口研究》2017年第3期。

需求人数比例较收入水平低的群体高。

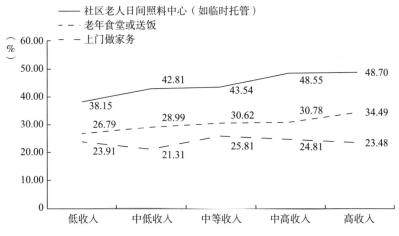

图6　不同收入水平群体对社区养老照顾服务的需求

（5）城乡地域差异

笔者发现，如图7所示，城乡地域状况主要影响公众对"上门陪聊解闷""上门做家务""老年食堂或送饭""陪同就医、送药及护理服务上门""社区老人日间照料中心（如临时托管）""为老人解决线上、手机端等互联网养老服务的技术问题（如网上挂号）"这几类服务的需求。城市居民认为家中老人需要"上门做家务""老年食堂或送饭""陪同就医、送药及护理服务上门""社区老人日间照料中心（如临时托管）"这四类服务支持的人数比例比农村居民大。农村居民更多地选择"上门陪聊解闷"与"为老人解决线上、手机端等互联网养老服务的技术问题（如网上挂号）"这两类服务。这说明城市居民对生活照顾类与疾病照顾类服务的需求更大，而农村居民对精神慰藉类与科技应用类服务的需求较大。

这可以总结为以下两个方面的原因。第一，城市化与社会转型使得农村青壮年流向城市①，农村空心化严重，冲击了家庭内部与村集体社会网络②。同

---

①　郑晓冬、方向明：《居住模式、居住距离与农村老年人主观福利的关系研究》，《华中农业大学学报》（社会科学版）2018年第5期。

②　田毅鹏、闫西安：《过疏化村落社会联结崩坏对脱贫攻坚成果巩固拓展的影响——基于T县过疏化村落的研究》，《南京社会科学》2021年第7期。

时，农村地区的留守老人和纯老年人家庭也频繁使用互联网和智能手机与远方的亲人保持情感联系，或者实现生活支持①。第二，城市各类养老服务设施较为完善、养老保障较好，城市老年人能获得更优质的照顾服务，而且子女与老年人能够负担得起。因此，城市居民对生活照顾类与疾病照顾类服务有较高需求。②

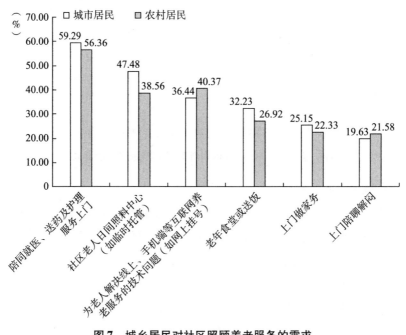

图7　城乡居民对社区照顾养老服务的需求

（6）职业类型的差异

笔者发现，如表4所示，"体制内"群体中有46.76%的人认为家中老人需要"社区老人日间照料中心（如临时托管）"服务支持，人数比例较其他群体大，而其选择"为老人解决线上、手机端等互联网养老服务的技术问题（如网上挂号）"的人数比例在三个群体中最低。

一方面，"体制内"群体对生活照顾类服务需求较高，可能由于其拥有良

---

① 宋士杰、宋小康、赵宇翔、朱庆华：《互联网使用对于老年人孤独感缓解的影响——基于CHARLS数据的实证研究》，《图书与情报》2019年第1期。
② 杜鹏、孙鹃娟、张文娟、王雪辉：《中国老年人的养老需求及家庭和社会养老资源现状——基于2014年中国老年社会追踪调查的分析》，《人口研究》2016年第6期。

好的学历水平与经济条件，故而对"社区老人日间照料中心（如临时托管）"服务的支付能力与接受认可度都更大。[1] 另一方面，"体制内"群体获得的养老福利相对较好，在经济支持责任、精神慰藉责任、权益维护责任、日常照料责任上都更认同自己承担[2]，可能导致其对科技应用类服务和与社会资源发生交换互动的需求较小。

表4　不同职业类型群体对社区养老照顾服务的需求

单位：%

选项	职业类型		
	体制内	体制外	非正式工作
社区老人日间照料中心（如临时托管）	46.76	41.26	40.99
为老年人解决线上、手机端等互联网养老服务的技术问题（如网上挂号）	35.54	39.27	40.93

（7）受教育程度的差异

对比图8数据可知，受教育程度为"硕士或博士"的群体对"社区老人日间照料中心（如临时托管）""老年食堂或送饭"服务的需求是所有群体里最大的，人数比例分别为53.03%、38.64%；受教育程度为"大学本科或专科"的群体则对"陪同就医、送药及护理服务上门"与"保健康复咨询及护理技能培训"服务的需求最大。而受教育水平为"小学及以下"的群体对"社区老人日间照料中心（如临时托管）""保健康复咨询及护理技能培训"服务的需求都较其他群体更小。

这说明受教育程度偏高的群体对生活照顾类与疾病照顾类服务有更大的需求，受教育程度偏低的群体对这两类服务的需求都更小。一方面，受教育程度与收入水平的正相关性解释了学历为"硕士或博士""大学本科或专科"的群体拥有更高的学历变现能力，较好的个人经济状况提高了其购买养老服务的能力。另一方面，受教育程度较高的群体的健康素养与健康投资能

---

① 张海川、张利梅：《个性化养老服务需求的调查分析——以成都市为例》，《首都经济贸易大学学报》2017年第1期。

② 龚志文：《责任分类下城市社区老人的养老责任认知及其影响因素——基于北京市S街道的实证分析》，《湖北社会科学》2020年第8期。

力都更高①，对养老服务的认知也更高，因而该群体有较强的生活照顾与疾病照顾类服务的使用意识，对这两类服务的需求也较受教育程度偏低的群体大。

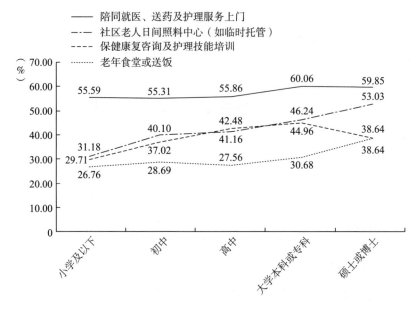

图8　不同受教育程度群体对社区养老照顾服务的需求

4. 2021～2022年公众社区养老照顾服务需求变化

在调查过程中笔者发现，如表5所示，相较于2021年的公众社区照顾服务需求状况，2022年公众对社区养老照顾服务的需求呈现新的变化趋势。公众的服务需求状况不仅从整体上发生新的变化，而且基于公众不同的特征而形成的显著性差异也随着时间的变化而展现新的图景。2021年笔者选取了"性别、年龄、职业类型、收入水平与婚育状况"五个显著性因素对公众的社区养老照顾服务需求进行异质性分析，而2022年我们则基于"性别、年龄、职业类型、收入水平、城乡地域状况、婚育状况、受教育程度"七个维度分析不同类型的公众间照顾服务需求的显著性差异。本报告将2021年公众对社区养老照顾服务需求结果与2022年公众对社区养老照顾服务需求结果做对比，采用

---

①　徐雷、余龙：《社会经济地位与老年健康——基于（CGSS）2013数据的实证分析》，《统计与信息论坛》2016年第3期；孙鹃娟：《中国城乡老年人的经济收入及代际经济支持》，《人口研究》2017年第1期。

表格形式呈现两年的变化。

表5　2021年与2022年的社区养老照顾服务需求状况对比

		2021年	2022年
整体状况		偏重疾病照顾与科技服务需求	疾病照顾需求最大； 精神慰藉需求最小； 生活照顾与科技应用需求相当
异质性分析	性别	女性需求比男性大，且主要是生活照顾、疾病照顾与科技服务需求； 男性更注重精神心理需求	女性需求比男性大，且主要是生活照顾与疾病照顾需求
	年龄	"18~25岁"群体的精神心理需求较大，但生活照顾需求小； "36~50岁"群体的生活照顾需求最大； "60岁及以上"老人的疾病照顾、科技服务与精神心理需求较大，但生活照顾需求小	"18~25岁"群体的精神慰藉、疾病照顾与科技应用需求最大，但生活照顾需求较小； "65岁以上"群体的生活照顾需求大，但疾病照顾与科技应用需求较小
	职业类型	分为"正规就业""非正规就业""无业"三类 "正规就业"群体的需求都较"非正规就业"群体的需求更大	分为"体制内""体制外""非正式工作"三类 "体制内"群体的需求较大，且主要是生活照顾或疾病照顾需求
	收入水平	整体而言，"中等收入"群体的需求最大； "高收入"与"低收入"群体的需求较低	"高收入"与"低收入"群体的需求存在差异； 收入水平偏高的群体生活照顾需求更大； 收入水平偏低的群体需求状况与之相反
异质性分析	婚育状况	分为"未婚""已婚""离婚"三类，"未婚"群体的整体需求偏高，但生活照顾需求较低； "有未成年子女"群体的需求均大于"无未成年子女"群体	分为"未婚""已婚无孩""已婚1孩""已婚2孩及以上""离婚无孩""离婚有孩"六类 "未婚"群体的疾病照顾与科技应用需求较大； "离婚无孩"群体的精神慰藉与生活照顾需求大； "已婚1孩"与"已婚2孩及以上"群体的生活照顾需求较大
	城乡地域状况	/	城市居民的生活照顾与疾病照顾需求更大； 农村居民的精神慰藉与科技应用需求更大

		2021 年	2022 年
异质性分析	受教育程度	/	受教育程度较高的群体生活照顾与疾病照顾需求更大；受教育程度较低的群体需求状况与之相反

（二）公众对失能老人照顾方式的偏好

1. 选择家庭照顾的公众远多于选择机构照顾或住家保姆照顾的公众

图 9 数据表明，"家庭照顾"是公众认为最理想的失能老人照顾方式，占比达 80.39%。对于不同家庭照顾方式，半数以上的公众认为最理想的家庭照顾方式为"子女照料"，其次为"老人的配偶照料"，二者一起构成公众对失能老人照顾方式的主要偏好，共占比 77.35%，如图 10 所示。这表明公众认为配偶及成年子女是失能老年人照顾资源最重要的支持。然而，"其他亲属照料"的选择人数比例是最低的，这说明公众对此类家庭照顾方式选择不太认同。

与人们的惯常印象相反，"机构照顾"居于"家庭照顾"之后。这表明公众对养老机构的接受度在增加，尤其对其在失能老人照顾领域中的功能认可度和接受程度在增加。公众对"住家保姆照顾"方式的偏好是最弱的，仅占比7.31%。"住家保姆照顾"是由市场提供照顾服务，老人在家庭环境获得照顾。这说明三种情况。一是相较于家庭与机构，公众对市场照顾模式的使用风险存在顾虑、利用率偏低。二是与服务收费高、家庭和老人支付能力不足有关。[1]三是如果把失能老人留在家中照顾，成年子女或其他家庭成员仍然需要投入时间和精力，相较于机构照顾，没有起到明显减少压力的作用，因此，不是一个理性选择。

2. 公众对失能老人理想照顾方式的群体性差异

笔者发现性别、年龄、婚育状况、收入水平、城乡地域状况、职业类型与受教育程度这七个因素都与公众对失能老人照顾方式的偏好具有显著性关系。因此，本报告同样基于这七个因素对群体偏好进行异质性分析（见表6）。

---

[1] 刘卫东、李爱：《我国居家养老服务发展面临的现实困境及应对策略》，《东岳论丛》2022年第9期。

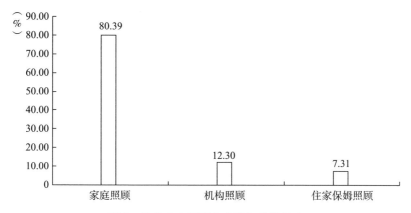

图 9　失能老人照顾方式偏好分类排序

说明：图中数值为百分比，表示题项"如果您家里有无法自理的 60 岁及以上父母，您认为最理想的照顾方式是哪种"中受访者选择"家庭照顾、机构照顾、住家保姆照顾模式"作为对失能老人照顾最理想的照顾方式的频率，频率越高表示有更多的受访者将其作为最理想的照顾方式。

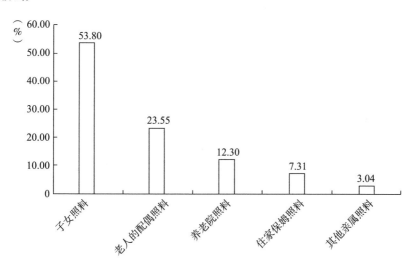

图 10　失能老人照顾方式偏好单项排序

表 6　关于失能老人照顾方式偏好的群体差异显著情况说明

人群分类标准	类别数	类别	群体差异是否显著
性别	2	男	是
		女	

233

续表

人群分类标准	类别数	类别	群体差异是否显著
年龄	5	18～25 岁	是
		26～35 岁	
		36～50 岁	
		51～65 岁	
		65 岁以上	
婚育状况	6	未婚	是
		已婚无孩	
		已婚 1 孩	
		已婚 2 孩及以上	
		离婚无孩	
		离婚有孩	
收入水平	5	低收入	是
		中低收入	
		中等收入	
		中高收入	
		高收入	
城乡地域状况	2	城市	是
		农村	
职业类型	3	体制内	是
		体制外	
		非正式工作	
受教育程度	5	小学及以下	是
		初中	
		高中	
		大学本科或专科	
		硕士或博士	

（1）性别的差异

笔者发现，如图 11 所示，男性选择"子女照料"与"其他亲属照料"的人数比例较女性高，而女性选择"老人的配偶照料"、"住家保姆照料"与"养老院照料"的人数比例较男性高。需要强调的是，笔者尚未对照顾老人的女性群体进行细分（以女儿身份照顾直系血亲老人或以儿媳身份照顾直系姻亲老人），仅将其视为无差别整体收集数据，后续研究可参考上述思路获取相关数据，以推进失能老人照顾领域研究。

上述性别差异可能与传统家庭观念、居住方式及女性"多重角色"有关。父母与子女间形成"抚育"与"反哺"的双向互动关系①，从家庭道德与子女义务角度看，子女对父母进行家庭照顾是理所应当的；同时，由于"女儿出嫁"习俗，父母通常选择与儿子共同居住，这强化了男性对于"子女照料"或"其他亲属照料"方式的认知合法性。

相较于男性，女性受社会文化制度的社会角色期待、男女两性关系间的角色冲突与博弈、依赖角色与独立角色间的调和失灵三重机制约束②，最终成为"工作者、养育者与照顾者"的集合体③。这种观念挤占其个人生活空间，消耗女性的时间与精力。再者，即便现有家庭支持政策（如个人税收优惠、子女带薪陪护假等）给予照顾者以经济、时间支持，也并未改变传统性别分工与女性"工作—家庭"失衡的境况，难以消解对女性可持续职业发展的消极影响，④ 因此女性期望寻求其他主体协助。此外，现代化进程中家庭内部权力关系的变迁与权力重心的向下转移对女性态度与认知的转变也有影响，⑤ 且社会对女性就业权益的保障给予其更多的生活机会与选择机会，女性通过其他主体的照顾支持以维护与巩固其现有地位，因此较男性在"老人的配偶照料"、"住家保姆照料"或"养老院照料"三个题项上有更高的选择比例。

---

① 费孝通：《家庭结构变动中的老年赡养问题——再论中国家庭结构的变动》，《北京大学学报》（哲学社会科学版）1983 年第 3 期。

② 朱荟、陆杰华：《工作抑或家庭：多重角色视角下性别红利释放的理论探讨》，《中山大学学报》（社会科学版）2021 年第 5 期。

③ 刘云香、朱亚鹏：《中国的"工作—家庭"冲突：表现、特征与出路》，《公共行政评论》2013 年第 3 期。

④ 郭林、高姿姿：《"老有所养"家庭支持政策体系的完善——基于"资源 - 服务"视域下的家庭养老功能》，《中国行政管理》2022 年第 10 期。

⑤ 阎云翔：《中国社会的个体化》，陆洋等译，上海译文出版社，2012，第 116 ~ 117 页。

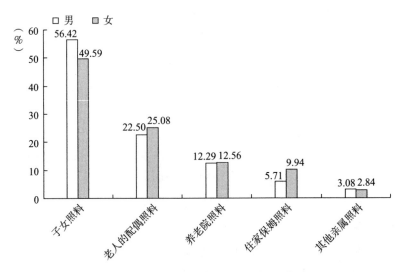

图 11　男性、女性对失能老人照顾方式的偏好

（2）年龄的差异

笔者发现，如图 12 所示，年龄这一因素在失能老人照顾方式偏好的选择上主要影响"18～25 岁"、"51～65 岁"与"65 岁以上"的群体。"18～25 岁"受访者选择"子女照料"的人数占比在各年龄段群体中是最大的，为 63.78%，"65 岁以上"群体该项选择占比只有 37.84%，但"65 岁以上"群体选择"住家保姆照料"与"养老院照料"的人数比例均位居前列。而"51～65 岁"群体选择"养老院照料"的人数比例是所有群体里最大的。上述数据说明各年龄段群体均更多地选择家庭照顾，"18～25 岁"群体尤甚，而"51～65 岁"及"65 岁以上"群体则在住家保姆或机构照顾方面的选择人数比例较其他几个年龄段群体要高。

一方面，"18～25 岁"群体对"子女照料"方式的强烈偏好与权威性和相互性孝道有关。[①] 父母对维系代际亲密关系的主动性需求使其依旧努力为子女未来的人生负责，试图构建"协商式亲密关系"[②]，进一步巩固了年轻群体

---

① 胡安宁：《老龄化背景下子女对父母的多样化支持：观念与行为》，《中国社会科学》2017年第 3 期。

② 钟晓慧、何式凝：《协商式亲密关系：独生子女父母对家庭关系和孝道的期待》，《开放时代》2014 年第 1 期。

"回报父母"的道德义务观，因此该群体倾向于"子女照料"。另一方面，新时代老年群体在经济储蓄、受教育程度与房产状况等条件上都相对优越[1]，故而年龄较大的老人能够自行承担"住家保姆照料"与"机构照料"的费用。另外，子代照顾者的消极感受在一定程度上影响代际亲密关系，消解了老人对子女的依赖性[2]，因此"51～65岁"与"65岁以上"受访者选择"住家保姆照料"与"养老院照料"的人数比例较其他几个年龄段群体高。

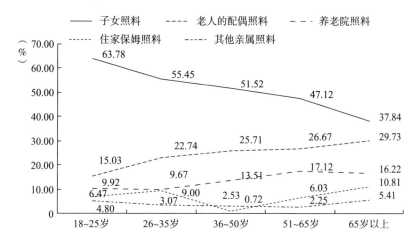

图 12　不同年龄群体对失能老人照顾方式的偏好

（3）婚育状况的差异

笔者发现，如图 13 所示，婚育因素在对失能老人照顾方式的偏好方面主要影响"未婚"、"已婚无孩"与"已婚 2 孩及以上"群体。"未婚"群体与"离婚无孩"群体中均有 61.40% 的人人选择"子女照料"照顾方式，"已婚 2 孩及以上"群体选择此项的人数占比为 53.13%。此外，"已婚无孩"群体选择"养老院照料"方式的人数比例是所有群体中较大的，但其选择"子女照料"方式的人数比例最少。

这可以说明：第一，"未婚"、"已婚 2 孩及以上"与"离婚无孩"群体可

---

①　翟振武：《"新一代"老年人呼唤养老政策设计新思路》，《探索与争鸣》2015 年第 12 期。

②　赵怀娟、陶权：《失能老人家庭照护的现状及影响因素分析——对 W 市 305 名照护者的调查》，《老龄科学研究》2013 年第 3 期。

能受到文化观念与社会压力的影响而选择"子女照料"，在传统孝道观念[①]和子女是老人照顾责任归属的社会压力[②]影响下，子代愿意由自己照顾老人，老人也希望由子女照顾；第二，已婚无孩的群体由于没有子女，倾向于选择社会化照顾[③]，这可能是"已婚无孩"群体选择养老院照顾方式的人数比例较其他群体（除离婚有孩群体）高的原因。

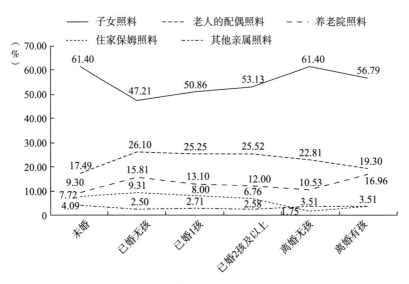

图13　不同婚育状况群体对失能老人照顾方式的偏好

（4）收入水平的差异

笔者发现，如图14所示，"高收入"群体选择"老人的配偶照料""养老院照料"的人数比例比其他群体高，同时"高收入"与"中高收入"群体选择"住家保姆照料"方式的人数比例较高；然而"高收入"与"中高收入"群体选择"子女照料"方式的人数比例较小，反而是"低收入"群体选择"子女照料"方式的人数比例最大，为57.55%。

---

① 陆杰华、张莉：《中国老年人的照料需求模式及其影响因素研究——基于中国老年社会追踪调查数据的验证》，《人口学刊》2018年第2期。

② 杜娟、徐薇、钱晨光：《失能老人家庭照料及家庭照顾者社会支持需求——基于北京市东城区的实证性研究》，《学习与探索》2014年第4期。

③ 陆杰华、张莉：《中国老年人的照料需求模式及其影响因素研究——基于中国老年社会追踪调查数据的验证》，《人口学刊》2018年第2期。

行为机会成本可作为公众选择照顾方式的一种解释。首先，收入水平较高的子代群体意味着其人力资本与生产率高，而家庭照顾活动会分散这类群体的工作时间资源，减损其经济产出价值。[①] 他们对"养老院照料"与"住家保姆照料"方式的支付能力较强，因此收入水平偏高的子女需要老人配偶、住家保姆或养老机构的照顾支持，其选择"老人的配偶照料"与"住家保姆照料"的人数比例较高，可以协调失能老人照顾与工作的关系。其次，基于成本—收益视角能够理解"低收入"群体对代际照顾支持的偏好，即"子女照料"在利用内生资源、降低外源成本的同时，能够提高老人的生活满意度，从而保障其身心健康，具有较高收益。[②]

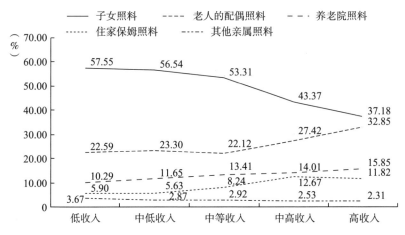

图 14　不同收入水平群体对失能老人照顾方式的偏好

（5）城乡地域差异

笔者发现，如图 15 所示，城市居民对"子女照料"、"老人的配偶照料"与"其他亲属照料"的偏好比农村居民强，而农村居民对"住家保姆照料"与"养老院照料"方式的偏好比城市居民强。这可能归因于家庭支持网及其功能在城乡社区间的差异。张友琴指出老年人的家庭支持网与社会支持网都是由其配偶、子女及亲属构成的，支持系统的功能变化形塑其在城乡

---

① 朱纪广：《劳动力技能互补的时空效应及其对城市工资的影响》，《经济经纬》2021 年第 6 期。
② 张栋、郑路、褚松泽：《养儿防老还是养女防老？——子女规模、性别结构对家庭代际赡养影响的实证分析》，《人口与发展》2021 年第 3 期。

的差异性。① 城市化削弱了农村家庭支持网与社会支持网的整体功能，即人口流动与农村"空心化"、市场经济的发展需求与就业市场的强竞争冲击并消解了家庭照顾模式的支持功能，增强了农村居民内心的孤独感②，因而虽然大多数农村居民倾向于家庭照顾，但是对社会照顾方式也有较强的偏好。住家保姆照顾与机构照顾中的"弱关系"与异质性关系比家庭照顾中的"强关系"及同质性关系更有利于实现互助养老③，其中的社会性支持能在一定程度上抑制农村居民的消极心理④。反观城市居民，家庭对其的支持作用要强于农村居民，且家庭成员间的空间距离是非跨域性的，其对不同家庭照顾方式的可及性都比农村居民强，因此城市居民更可能选择家庭的照顾支持。⑤

（6）职业类型的差异

笔者发现，如图16所示，"体制内"群体选择"老人的配偶照料""住家保姆照料""养老院照料"方式的人数比例均比其他群体比例高。"非正式工作"群体则有55.79%的人选择"子女照料"，比例位居首位。上述差异可能与群体的可支配收入与消费能力有关。第一，"体制内"群体大多属于中产阶级，享有较高的工资福利与较好的社会保险待遇，有较高的可支配收入，因而对社会养老照顾服务的购买能力也较强，故而其倾向于选择由住家保姆照顾或机构照顾老人，"体制内"退休人员也有能力实现自我养老和购买社会养老照顾服务。第二，在非正规部门工作的非正式工作者收入偏低，社区照顾服务购买能力偏弱。非正规部门是指在依法设立的独立法人单位之外的规模很小的经营单位⑥，

① 张友琴：《老年人社会支持网的城乡比较研究——厦门市个案研究》，《社会学研究》2001年第4期；张友琴：《城市化与农村老年人的家庭支持——厦门市个案的再研究》，《社会学研究》2002年第5期。
② 闫志民、李丹、赵宇晗、余林、杨逊、朱水容、王平：《日益孤独的中国老年人：一项横断历史研究》，《心理科学进展》2014年第7期。
③ 聂建亮、孙志红、吴玉锋：《社会网络与农村互助养老实现——基于农村老人养老服务提供意愿视角的实证分析》，《社会保障研究》2021年第4期。
④ 卞青阳、李彤阳：《社会性支持对农村空巢老人孤独感的影响——以苏州、许昌两地为例》，《中国老年保健医学》2020年第6期。
⑤ 谢桂华：《老人的居住模式与子女的赡养行为》，《社会》2009年第5期。
⑥ 胡鞍钢、杨韵新：《就业模式转变：从正规化到非正规化——我国城镇非正规就业状况分析》，《管理世界》2001年第2期。

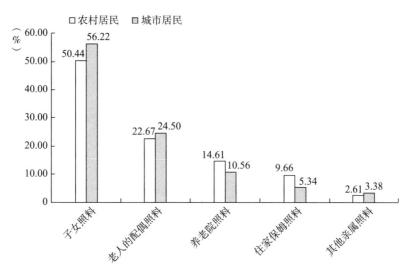

图15 城乡居民对失能老人照顾方式的偏好

具有小型化、低技术、低产出、低福利特征①。"非正式工作"群体的购买能力低，也难以获得较好的养老保障，因此对于子代和老人来说，"子女照料"是选择最多的照顾方式。

（7）受教育程度的差异

笔者发现，如图17所示，受教育程度为"小学及以下"的群体中有68.42%的人选择"子女照料"方式，但只有13.74%的人选择"老人的配偶照料"；受教育程度为"初中"的群体选择"养老院照料"的人数比例最小，只有9.13%。而受教育程度为"大学本科或专科""硕士或博士"的群体选择"住家保姆照料"的人数比例在所有群体中位居前列。

上述数据可以说明，受教育程度低的群体更倾向于子女照顾，受教育程度高的群体对社会照顾方式的排斥较小。一方面，学者认为受教育程度偏低的子女实施家庭照顾活动的机会成本较低，此类子女成为父母的主要照顾者的可能性更大。② 另一方面，受教育程度低的群体思想观念上更保守，而受教育程度

---

① 彭希哲、姚宇:《厘清非正规就业概念，推动非正规就业发展》，《社会科学》2004 年第 7 期。
② 刘亚飞、胡静:《谁来照顾老年父母?——机会成本视角下的家庭分工》，《人口学刊》2017年第 5 期。

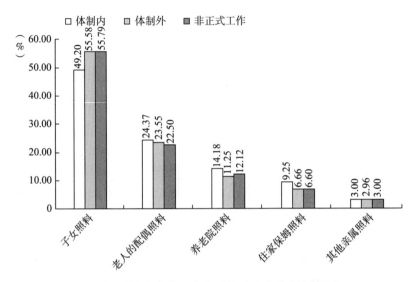

图16 不同职业类型群体对失能老人照顾方式的偏好

偏高的公众的信息渠道多元、信息检索与鉴别能力更强、信息质量更高①，其观念与认知在教育过程中不断得到重塑，且经济实力更强，因此此类公众对住家保姆照顾模式的辨别度和接受度较高。

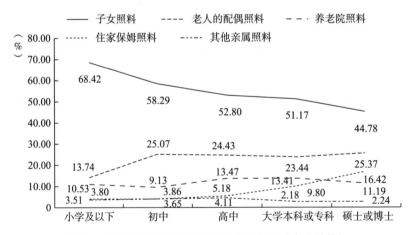

图17 不同受教育程度群体对失能老人照顾方式的偏好

---

① 杜鹏、王永梅：《中国老年人社会养老服务利用的影响因素》，《人口研究》2017年第3期。

五 公众对老人照顾支持政策的偏好及影响因素

（一）公众对老人照顾支持政策的偏好

1. 超半数受访者希望作为照顾者的子女获得资金与时间的政策支持

根据前文数据结果和文献可知，子女被认为是老人最理想的照顾者，在现实中也是最重要的照顾者。[①] 在问卷中，笔者列出五项支持子代照顾老人的政策措施："社区为居家老人提供服务""增设养老院""子女享有带薪陪护假""对照顾老人的子女发放津贴或减免个税""设立长期护理险"。如图18所示，受访者对"子女享有带薪陪护假"、"对照顾老人的子女发放津贴或减免个税"这两项措施表现出较强偏好，选择比例分别为30.31%与24.52%，这说明超半数（54.83%）的受访者认为应为子女提供资金与时间的政策支持，以降低由照顾老人带来的贫困风险，或减少子女工作与家庭的时间赤字。同时，受访者对社区照顾服务支持、护理保险支持、养老机构支持的偏好较弱，比例分别为17.79%、15.59%、11.80%；这说明受访者更倾向于突出子代照顾者在老人照顾方面的功能与作用，期望通过正式支持资源强化子女，即照顾者的照顾能力。

2. 受访者对家庭支持类政策具有强烈偏好

如图19所示，笔者发现受访者选择"家庭支持"类政策的最多，占比高达68.44%，表明受访者对此类政策措施有强烈偏好，其次是对"社区服务"类措施的偏好，比例为18.76%；而选择"机构服务"的受访者最少，占比为12.80%，这表明受访者更支持资源进入家庭内部，提高家庭照顾能力。

在"家庭支持"类别中，如图20所示，笔者依据受访者对其中三项措施的选择频数进行了偏好排序，分别为"子女享有带薪陪护假""对照顾老人的子女发放津贴或减免个税""设立长期护理险"，这表明相较于为老人提供经济支持，受访者认为增加子女照顾老人的时间和经济支持更为急迫。

3. 老人照顾支持政策偏好的群体性差异

为更加准确地了解公众对支持家庭照顾老人措施的政策偏好，笔者将做进

---

① 刘二鹏、张奇林：《失能老人子女照料的变动趋势与照料效果分析》，《经济学动态》2018年第6期。

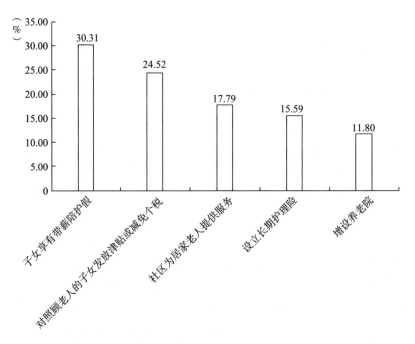

图18　支持家庭照顾老人措施的政策偏好单项排序

说明：图中数值为百分比，表示题项"对于家里的老人照顾，您认为子女最需要哪三项支持措施"中受访者选择"子女享有带薪陪护假""对照顾老人的子女发放津贴或减免个税""社区为居家老人提供服务""设立长期护理险""增设养老院"作为对老年人照顾最需要的支持措施的频率，频率越高表示有更多的受访者将其作为最需要的支持措施。

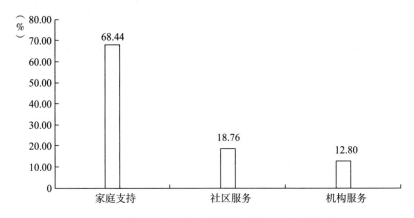

图19　支持家庭照顾老人措施的政策偏好分类排序

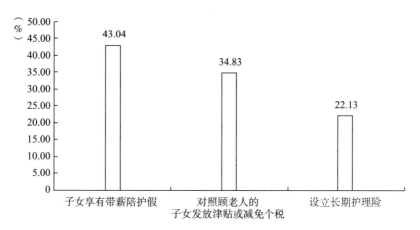

图20　家庭支持类政策措施的内部排序

一步异质性分析。由上述数据可知，受访者主要对"家庭支持"类政策表现出强烈偏好，同时其对此类别中的"子女享有带薪陪护假"与"对照顾老人的子女发放津贴或减免个税"支持措施更是具有明显倾向。因此，笔者主要基于这两项支持措施对受访者的政策偏好进行异质性分析（见表7），以把握整体的政策态度。笔者将从受访者的性别、年龄、婚育状况、收入水平、城乡地域状况、职业类型与受教育程度七个维度进行分析。需要明确的是，并非所有因素都与公众的政策偏好存在显著性关系；故而本报告只选取具有显著性的因素进行异质性分析。

表7　关于支持家庭照顾老人措施的政策偏好的群体差异显著情况说明

人群分类标准	类别数	类别	群体差异显著的支持家庭照顾老人措施
性别	2	男	/
		女	
年龄	5	18~25岁	子女享有带薪陪护假
		26~35岁	
		36~50岁	
		51~65岁	
		65岁以上	

续表

人群分类标准	类别数	类别	群体差异显著的支持家庭照顾老人措施
婚育状况	6	未婚	/
		已婚无孩	
		已婚1孩	
		已婚2孩及以上	
		离婚无孩	
		离婚有孩	
收入水平	5	低收入	子女享有带薪陪护假；对照顾老人的子女发放津贴或减免个税
		中低收入	
		中等收入	
		中高收入	
		高收入	
城乡地域状况	2	城市	子女享有带薪陪护假
		农村	
职业类型	3	体制内	子女享有带薪陪护假
		体制外	
		非正式工作	
受教育程度	5	小学及以下	子女享有带薪陪护假
		初中	
		高中	
		大学本科或专科	
		硕士或博士	

（1）年龄的差异

笔者发现，如图21所示，"26～35岁"受访者与"51～65岁"受访者对比其他群体表现出显著的政策偏好差异。"26～35岁"群体中有78.12%的人选择"子女享有带薪陪护假"措施，人数比例最大，偏好较强。相反，"51～65岁"群体中选择"子女享有带薪陪护假"支持措施的人数比例是所有群体中最小的，说明此年龄段群体对该项支持措施的偏好最弱。

工作－家庭冲突论与家庭内部"一老一小"对照顾资源的代际竞争论为

"26～35 岁"群体对"子女享有带薪陪护假"支持措施的强政策偏好提供了解释。"26～35 岁"年龄段是已婚率较高的阶段[①]，已婚子女需要兼顾工作与家庭事业，然而，激烈的就业竞争与快速变化的劳动力市场形势迫使子女不得不调用更多的时间资源提升人力资本与相对竞争优势，从而减少对家庭的关注，婚育延迟使子女需要同时进行养老与育幼工作，形成"恩往下流"的局面。[②] 因此，"子女享有带薪陪护假"措施有利于"26～35 岁"受访者群体在获得正式工作保障的同时提高老人照顾能力。

"51～65 岁"群体的弱政策偏好体现了该群体个体独立意识的觉醒与养老观念的转向。良好的物质条件及对现代环境、观念的适应能力令新时代老年人逐步摆脱"依赖养老"的传统养老观念，老年群体形成"独立养老"意识。[③] 与此同时，养老保障体系的完善、服务设施资源的增加等正式与非正式的支持也强化了老人"独立养老"的观念[④]，从而削弱此年龄段群体对"子女享有带薪陪护假"措施的政策偏好。

（2）收入水平的差异

相较而言，受访者关于"子女享有带薪陪护假"措施的显著政策偏好差异主要体现为"低收入""高收入"群体与"中等收入"群体的差值较大，如图 22 所示。而公众关于"对照顾老人的子女发放津贴或减免个税"措施的显著政策偏好差异则主要在于"中低收入"群体与"高收入"群体的差值较大，如图 23 所示。

对于"子女享有带薪陪护假"支持措施，"中等收入"群体对其具有最强的政策偏好，选择此项支持措施的人群比例为 77.99%。然而，收入水平较低

---

① 育娲人口研究智库：《中国婚姻家庭报告 2022 版》，2022 年 3 月，https://file.c-ctrip.com/files/6/yuwa/0R71o120009dwkxcgE938.pdf，第 11 页。

② 钟晓慧、彭铭刚：《养老还是养小：中国家庭照顾赤字下的代际分配》，《社会学研究》2022 年第 4 期；李磊、莫淼鑫、李连友：《挤压、失衡与弥合："一老一小"家庭照料功能的演变及重塑》，《学习与实践》2022 年第 8 期。

③ 姚远：《老年群体更替对我国老年社会工作发展的影响》，《国家行政学院学报》2015 年第 3 期；翟振武：《"新一代"老年人呼唤养老政策设计新思路》，《探索与争鸣》2015 年第 12 期。

④ 朱海龙、欧阳盼：《中国人养老观念的转变与思考》，《湖南师范大学社会科学学报》2015 年第 1 期。

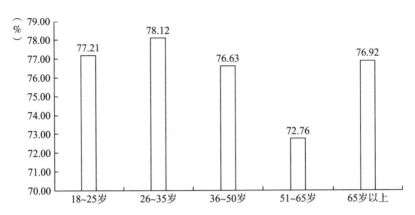

图21　不同年龄群体对"子女享有带薪陪护假"政策的偏好

或收入水平偏高的群体对该项支持措施的偏好都相对较弱，甚至"高收入"群体的政策偏好相较于其他群体而言是最弱的。这说明公众对"子女享有带薪陪护假"支持措施的偏好随着收入的增长呈现倒U形特征。

对于"对照顾老人的子女发放津贴或减免个税"支持措施，"中低收入"群体中有64.53%的人认为此项措施是子女照顾老人时最需要的支持资源，群体比例最大。而"高收入"群体对该项支持措施所表现出的政策倾向是最弱的。总而言之，收入水平为中等或偏低水平的受访者对上述两项支持措施的偏好都较明显，但"高收入"群体的政策偏好却呈现反向趋势。

可能的原因为，公众支付能力与个体独立需求共同影响公众对"子女享有带薪陪护假"及"对照顾老人的子女发放津贴或减免个税"这两项支持措施的政策偏好。"高收入"群体拥有良好的物质条件、经济实力与支付能力，能够担负其参与公共活动、购买专业性医疗保健服务与生活照顾服务的成本，这同时有利于其建构个体独立性与提高独立生活能力。对于收入水平较低的群体，其支付能力较弱，故而若要满足该群体的各类需求，需要依靠代际关系或正式资源支持分摊成本。此外，相对收入、家庭资产与居民幸福感间呈正相关，收入水平偏低的群体相较于"高收入"群体的居民幸福感更低[1]，而上述两项支持措施有利于其提高资源获取与积累能力，以满足个体需求，从而使收

---

[1]　胡晨沛、朱玮强、顾蕾：《个人收入、家庭资产与农村居民幸福感——基于CGSS 2013的实证研究》，《调研世界》2017年第4期。

入水平较低的公众的政策偏好较强。

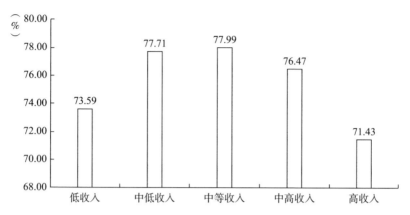

图22　不同收入水平群体对"子女享有带薪陪护假"政策的偏好

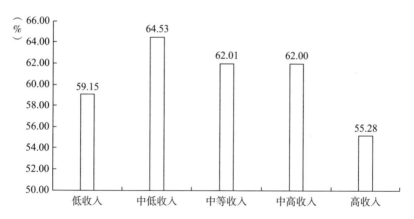

图23　不同收入水平群体对"对照顾老人的子女发放津贴
或减免个税"政策的偏好

（3）城乡地域差异

基于表8数据可知，有79.25%的城市居民选择"子女享有带薪陪护假"支持措施，而农村居民中选择此项措施的人员比例则比城市居民的少5.06个百分点。这说明城市居民对此项支持措施的政策偏好比农村居民强。根据前文分析，一方面是由于城市化带来的农村"空心化"，另一方面是由于城市居民地域空间可及性较高，倾向于子女照顾，城市居民对"子女享有带薪陪护假"措施具有更强的诉求。

表 8　城乡居民对"子女享有带薪陪护假"政策的偏好

单位：%

支持措施	城乡居住状况	
	城市居民	农村居民
子女享有带薪陪护假	79.25	74.19

（4）职业类型的差异

笔者发现，如表 9 所示，"体制内"群体选择"子女享有带薪陪护假"支持措施的人数比例高达 78.26%，是所有群体中占比最高的。相反，"非正式工作"群体对此项支持措施的政策偏好是最弱的。

这一方面的原因可能是意识差异，"体制内"受访者的受教育程度与个体能力素质大多比"非正式工作"受访者要高，权利意识与维权意识都更强，因而其对该项支持措施具有较强偏好。[1] 然而，"非正式工作"受访者尤其是新业态工作者（如外卖员、网约车司机等）存在"权益保障缺位"困境[2]，政策法规的缺失与个人权利意识的匮乏令此类公众鲜少关注相关信息，从而弱化其对该项支持措施的政策偏好。另一方面子女带薪陪护假是一种时间补偿措施，"体制内"群体享受的各项保障较为完善，工作稳定，而"非正式工作"群体成员大多呈现多劳多得的特征，因而其工作与老人照顾之间的时间冲突更为强烈。

表 9　不同职业类型群体对"子女享有带薪陪护假"政策的偏好

单位：%

支持措施	职业类型		
	体制内	体制外	非正式工作
子女享有带薪陪护假	78.26	76.49	74.57

---

① 段易含：《新时代我国公众权利意识的代际差异及影响因素》，《烟台大学学报》（哲学社会科学版）2020 年第 1 期。

② 岳经纶、刘洋：《"劳"无所依：平台经济从业者劳动权益保障缺位的多重逻辑及其治理》，《武汉科技大学学报》（社会科学版）2021 年第 5 期。

（5）不同受教育程度的差异

笔者发现，如表 24 所示，受教育程度为"大学本科或专科"的群体对"子女享有带薪陪护假"措施的政策偏好是最强的，比例达 78.78%；而受教育程度为"小学及以下"的群体对该项措施的偏好则是最弱的，比例为 68.08%。

受教育程度高的群体在高等教育的培养下形成了良好的文化素养与权利意识，其较为重视个体权利的维护。[①]"子女享有带薪陪护假"这一措施不仅保障了作为劳动者的子女依法享有休假权，令子女得以挣脱工作、回归家庭，而且在赋能的同时也赋权，即给予受访者选择工作或家庭的自主权与话语权，故而受教育程度较高的受访者具有较强的维权动机。反观受教育程度为"小学及以下"的受访者，其维权意识也较低，进而受教育程度较高的受访者在权利意识的影响下对此项支持措施的政策偏好较受教育水平偏低的群体更强。

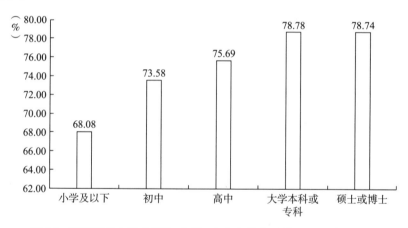

图 24　不同受教育程度群体对"子女享有带薪陪护假"政策的偏好

（二）公众的社区养老服务需求对照顾支持政策偏好的影响

本报告通过对社区照顾需求与机构照顾、家庭照顾的时间支持、家庭照顾的经济支持分别进行卡方检验，检验公众的社区养老服务需求与老人照顾支持

---

① 段易含：《新时代我国公众权利意识的代际差异及影响因素》，《烟台大学学报》（哲学社会科学版）2020 年第 1 期。

政策偏好之间的相关性。通过数据分析，笔者发现社区照顾与子女照顾存在互补关系，机构照顾与社区照顾存在替代关系，社区照顾很好地为家庭照顾提供了缓解养老负担的渠道。有社区照顾需求的子女在很大程度上存在照顾精力和时间的不足，有较高的服务支持的政策偏好。具体分析如下。

1. 基于社区的居家照顾与家庭照顾呈互补关系

如表 10 所示，$p = 0.0003 < 0.001$，是否最需要社区老人日间照料中心（如临时托管）对"子女是否最需要享有带薪陪护假支持措施"具有重要影响，在统计学上具有非常显著的意义。在有"社区老人日间照料中心（如临时托管）"需求的受访者中，74.17% 的受访者需要带薪陪护假支持措施，只有25.83% 的受访者选择不需要带薪陪护假支持措施，在不需要"社区老人日间照料中心（如临时托管）"的受访者中，需要带薪陪护假支持措施的比例为70.42%。由此可以说明以下三点。第一，子女照顾依旧是中国养老方式的首选①，虽然我国家庭内部的权威结构与亲子间的经济关系似乎朝着西方家庭模式演变，但老有所养的经济逻辑和家庭责任的道德约束使得家庭养老得以延续和维持②。即使有社区支持，子女也不会完全将照顾的责任转移，其在老人的生活照顾、精神慰藉与经济供养上依然扮演着十分重要的角色。第二，社会养老在一定程度上替代了家庭养老，在生活照顾、精神慰藉和经济供养上均有所体现，与基于社区的居家照顾呈互补作用。③ 一方面，老人对社会照顾的接纳度逐渐提高④，另一方面，社会照顾为缓解子女在工作与照顾上的角色冲突提供了解决方案，尤其是兼具便利性与经济性的社区照顾，能在更大程度上让照顾者得到喘息机会。第三，在不需要社区照顾支持的受访者中，可能存在全职照顾老人的受访者，其因此不存在对带薪陪护假的期待。

---

① 蒋岳祥、斯雯：《老年人对社会照顾方式偏好的影响因素分析——以浙江省为例》，《人口与经济》2006 年第 3 期。

② 陈皆明：《中国养老模式：传统文化、家庭边界和代际关系》，《西安交通大学学报》（社会科学版）2010 年第 6 期。

③ 刘柏惠、寇恩惠：《社会化养老趋势下社会照料与家庭照料的关系》，《人口与经济》2015 年第 1 期；刘一伟：《互补还是替代："社会养老"与"家庭养老"——基于城乡差异的分析视角》，《公共管理学报》2016 年第 4 期。

④ 陆杰华、张莉：《中国老年人的照料需求模式及其影响因素研究——基于中国老年社会追踪调查数据的验证》，《人口学刊》2018 年第 2 期。

表10 社区老人日间照料中心与带薪陪护假的交叉列联表

单位：人，%

C1_5 对于家里的老人照顾，您认为最需要社区老人日间照料中心（如临时托管）服务支持	C2_3 对于家里的老人照顾，您认为子女最需要子女享有带薪陪护假支持措施		
	否	是	总计
否	1267	3016	4283
	29.58	70.42	100
是	832	2389	3221
	25.83	74.17	100
总计	2099	5405	7504
	27.97	72.03	100

注：$x^2 = 12.84$，$p = 0.0003$。

2. 社区照顾支持与机构照顾呈替代关系

如表11所示，$p = 0.0000 < 0.001$，是否最需要社区老人日间照料中心（如临时托管）对子女是否最需要增设养老院支持措施具有重要影响，在统计学上具有非常显著的意义。在有"社区老人日间照料中心（如临时托管）"需求的受访者中，64.39%的受访者需要增设养老院支持措施，35.61%的受访者选择不需要增设养老院支持措施，在不需要"社区老人日间照料中心（如临时托管）"的受访者中，71.84%的人选择不需要增设养老院支持措施，比例差异变大，说明整体上受访者对机构养老持否定态度，比例为持肯定态度受访者的两倍之多；且社区照顾支持与机构养老呈现替代关系，相比于机构养老，受访者们倾向于选择社区照顾支持。其背后的原因可能为：第一，受传统观念影响，受访者认为无子女的或者子女不孝顺的老年人才需要居住养老院，加上机构养老质量参差不齐，受访者存在对机构养老的先验污名化与不信任现象[1]；第二，研究表明，收入是家庭与老人选择机构养老的重要影响因素，失能老人所需的费用更高[2]，公众难以

---

[1] 刘二鹏、张奇林：《代际关系、社会经济地位与老年人机构养老意愿——基于中国老年社会追踪调查（2012）的实证分析》，《人口与发展》2018年第3期；陈昫：《城市老年人对机构养老模式的拒斥问题分析——基于建构主义的老龄视角研究》，《湖北社会科学》2014年第7期。

[2] 王轲：《老年人的资源禀赋与养老方式选择——基于CLASS 2012数据的实证检验》，《西部论坛》2017年第4期；王玉环、刘艳慧：《新疆石河子市失能老年人养老模式选择及影响因素》，《中国老年学杂志》2010年第22期。

承担价格昂贵的机构养老服务，老人也不想加重子女的经济负担；第三，社区养老相较于机构养老经济适用，也能让老年人处于熟悉的生活环境中，有利于老年人的社会交往，同时便于子女照顾。我国的老龄化与失能化趋势明显，但高龄老人对家有更强的依赖性①，其健康状况更差，家庭照顾负担外溢，此时社区是最好的选择，能分担家庭压力，也能对家庭经济状况和老人的生活幸福感有所助益，因此社区照顾与机构照顾为替代关系。

表11　社区老人日间照料中心与增设养老院的交叉列联表

单位：人，%

C1_5 对于家里的老人照顾，您认为最需要社区老人日间照料中心（如临时托管）服务支持	C2_2 对于家里的老人照顾，您认为子女最需要增设养老院支持措施		
	否	是	总计
否	3077	1206	4283
	71.84	28.16	100
是	2074	1147	3221
	64.39	35.61	100
总计	5151	2353	7504
	68.64	31.36	100

注：$x^2 = 47.43$，$p = 0.0000$。

3. 津贴与税收减免能够部分缓解家庭经济压力

如表12所示，$p = 0.0013 < 0.01$，是否最需要社区老人日间照料中心（如临时托管）对子女是否最需要对照顾老人的子女发放津贴或减免支持措施具有重要影响，在统计学上具有非常显著的意义。在有"社区老人日间照料中心（如临时托管）"需求的受访者中，60.32%的受访者需要对照顾老人的子女发放津贴或减免支持措施，39.68%的受访者选择不需要该支持措施，在不需要"社区老人日间照料中心（如临时托管）"的受访者中，选择不需要对照顾老人的子女发放津贴或减免个税支持措施的受访者比例与选择需要的受访者比例差距进一步缩小。与选择"带薪陪护假"相比，选择发放津贴或减免个税的受访者比例较小，带薪

① 丁煜、叶文振：《城市老人对非家庭养老方式的态度及其影响因素》，《人口学刊》2001年第2期。

陪护假与发放津贴或减免个税是针对照护者直接的服务支持①与经济支持，这说明较多的受访者（照顾者）更偏好服务支持而非经济支持。原因如下：第一，照顾的权利有三种，提供照顾的时间、提供照顾的经济资源以及可供选择的公共照顾服务②，需要社区照顾支持的受访者存在外溢家庭的照顾负担，可能没有时间直接提供照顾服务，经济上难以承担机构的费用，因此选择社区照顾，这部分受访者在有社区照顾的情况下也希望能获得津贴或者减免个税；第二，获得津贴与减免个税更像是一种锦上添花的举措，缓解了部分受访者的经济紧张状况，但对于照顾负担减轻未能起到更好的效果，而"带薪陪护假"同时给予了受访者照顾老人的时间与经济支持，因此选择带薪陪护假的受访者比例更高。

表12　社区老人日间照料中心与发放津贴或减免个税的交叉列联表

单位：人，%

C1_5 对于家里的老人照顾，您认为最需要社区老人日间照料中心（如临时托管）服务支持	C2_4 对于家里的老人照顾，您认为子女最需要对照顾老人的子女发放津贴或减免个税支持措施		
	否	是	总计
否	1858	2425	4283
	43.38	56.62	100
是	1278	1943	3221
	39.68	60.32	100
总计	3136	4368	7504
	41.79	58.21	100

注：$x^2 = 10.37$，$p = 0.0013$。

（三）失能老人照顾方式的倾向对照顾支持政策偏好的影响

笔者对公众的失能老人照顾方式的倾向与照顾支持政策偏好分别做卡方检验，检验二者之间的相关性。由数据分析，笔者发现在以子女为主照顾失能老

---

① 王莉、王冬：《老人非正式照护与支持政策——中国情境下的反思与重构》，《人口与经济》2019年第5期。

② Knijn，T.，Kremer，M.，"Gender and the Caring Dimension of Welfare States Toward Inclusive Citizenship，" *Social Politics* 4（1997）.

人的情况下，子女也相应地需要带薪陪护假和发放津贴或减免个税，与前一部分结论相一致，受访者对带薪陪护假的需求较获得津贴或减免个税要高。而以住家保姆为主的照顾方式与子女享有带薪陪护假、给子女发放津贴或减免个税无显著影响。

1. 以子女照顾为主照顾方式的政策偏好表现为带薪陪护假

表13与表14显示，对失能老人最理想的照顾方式是以子女照料为主对子女是否最需要享有带薪陪护假支持措施与子女是否最需要对照顾老人的子女发放津贴或减免个税支持措施具有重要影响，在统计学上具有显著的意义（$p <$ 0.05）。在认为理想的失能老人照顾方式是以子女照顾为主的群体中，支持子女最需要享有带薪陪护假支持措施的受访者占比74.10%，支持子女最需要发放津贴或减免个税的受访者占比59.53%；在认为子女照料不是最理想的照顾方式的情况下，支持享有带薪陪护假与获得津贴或减免个税的受访者比例均减少，分别为69.67%、56.71%，比例变动差距分别为4.43个百分点、2.82个百分点。

对失能老人来说，正式照顾与非正式照顾具有显著的替代关系，[1] 但失能老人的照顾需求随着时间逐渐增加，与此同时，作为主体照顾者的子女消耗了较多的金钱与时间成本，加上对失能老人护理专业知识的匮乏以及长期的照顾而无法获得"喘息"，可能会使其出现资源耗竭与力不从心的照顾困境。[2] 这也表明虽然子女希望能自己照顾老人，但无法做到全职照顾，较多人依然需要兼顾工作与老人，照护者在生活满意度上偏低[3]，因此作为照顾者的受访者需要政府提供服务和经济的支持，尤其是服务支持，减轻照护负担，这与上述分析结果存在契合之处，说明在制定家庭支持政策的切入点上要有所侧重。

---

① 张瑞利、林闽钢：《中国失能老人非正式照顾和正式照顾关系研究——基于CLHLS数据的分析》，《社会保障研究》2018年第6期。
② 刘二鹏、张奇林：《失能老人子女照料的变动趋势与照料效果分析》，《经济学动态》2018年第6期。
③ 侯蔚蔚、王玉环、冯雅楠、刘素香：《居家非正式照护者与失能老年人生活满意度比较》，《中国老年学杂志》2013年第5期。

表 13　以子女照料为主与带薪陪护假的交叉列联表

单位：人，%

C3_2 如果您家里有无法自理的 60 岁及以上父母，您认为最理想的照料方式是以子女照料为主	C2_3 对于家里的老人照顾，您认为子女最需要子女享有带薪陪护假支持措施		
	否	是	总计
否	1065	2446	3511
	30.33	69.67	100
是	1034	2959	3993
	25.90	74.10	100
总计	2099	5405	7504
	27.97	72.03	100

注：$x^2 = 18.26$，$p = 0.0000$。

表 14　以子女照料为主与对照顾老人的子女发放津贴或减免个税的交叉列联表

单位：人，%

C3_2 如果您家里有无法自理的 60 岁及以上父母，您认为最理想的照料方式是以子女照料为主	C2_4 对于家里的老人照顾，您认为子女最需要对照顾老人的子女发放津贴或减免个税支持措施？		
	否	是	总计
否	1520	1991	3511
	43.29	56.71	100
是	1616	2377	3993
	40.47	59.53	100
总计	3136	4368	7504
	41.79	58.21	100

注：$x^2 = 6.11$，$p = 0.0134$。

2. 住家保姆照顾方式的政策偏好是带薪陪护假

表 15 与表 16 显示，对失能老人最理想的照顾方式是以住家保姆照料为主对子女是否最需要享有带薪陪护假支持措施与子女是否最需要对照顾老人的子女发放津贴或个税减免支持措施不具有重要影响，未通过显著性检验。原因可能如下：第一，选择住家保姆照顾失能老人的样本量过少，样本差异过大；第二，相关研究表明，由于市场服务的监管不足，即使雇用了住家保姆，子女也

可能难以摆脱工作、老人和小孩"三头烧"的时间困境。[①]

表 15 以住家保姆照料为主与带薪陪护假的交叉列联表

单位：人，%

C3_3 如果您家里有无法自理的60岁及以上父母，您认为最理想的照料方式是以住家保姆照料为主？	C2_3 对于家里的老人照顾，您认为子女最需要子女享有带薪陪护假支持措施		
	否	是	总计
否	1940	5009	6949
	27.92%	72.08%	100%
是	159	396	555
	28.65%	71.35%	100%
总计	2099	5405	7504
	27.97%	72.03%	100%

注：$x^2 = 0.14$，$p = 0.7120$。

表 16 以住家保姆照料为主与对照顾老人的子女发放津贴或减免个税的交叉列联表

单位：人，%

C3_3 如果您家里有无法自理的60岁及以上父母，您认为最理想的照料方式是以住家保姆照料为主	C2_4 对于家里的老人照顾，您认为子女最需要对照顾老人的子女发放津贴或减免个税支持措施		
	否	是	总计
否	2893	4056	6949
	41.63%	58.37%	100%
是	243	312	555
	43.78%	56.22%	100%
总计	3136	4368	7504
	41.79%	58.21%	100%

注：$x^2 = 0.98$，$p = 0.3226$。

[①] 钟晓慧、彭铭刚：《养老还是养小：中国家庭照顾赤字下的代际分配》，《社会学研究》2022年第4期。

六　公众延迟退休的意愿及配套服务措施偏好

（一）公众延迟退休意愿的特点

1. 我国公众整体延迟退休意愿水平较低

如图 25 所示，无意愿延迟退休的受访者最多，有 5371 人，占比 57.138%，超过全部有效样本的一半。而"希望延迟退休 9 年"的受访者最少，仅有 1 人，占比 0.011%。有趣的是，在整体延迟退休意愿较低的情况下，有 2354 名受访者反而表示"希望延迟退休 5 年"，占比 25.043%。

这说明仍然有相当比例的人赞成适度延迟退休年龄。可能的原因为：一是"可以获得更多的经济收入"以及"可以为社会做更多贡献从而提升自我价值"[1]；二是对职业的热爱，如高校教师随着年龄的增长和经验的积累，更愿意继续工作下去而不是按时退休[2]；三是受到法定退休年龄的影响，男性和女性延迟退休年龄上限分别为 65 岁和 60 岁，都是 5 的倍数[3]。因此，尽管公众的整体延迟退休意愿较弱，但仍有超过 1/4 的受访者表示愿意延迟退休 5 年。

由图 26 可知，无意愿组的受访者人数最多，高达 5371 人，占比 57.14%；其次，选择中等意愿组的受访者有 2483 人，占比 26.42%；再次，低意愿组的受访者有 1103 人，占比 11.73%；而选择人数最少的是高意愿组，仅有 443 人，占比 4.71%。超过半数的受访者完全不接受延迟退休，可见目前公众的延迟退休意愿处于较低水平。

目前公众整体延迟退休意愿较低，对于延迟退休政策的接受度仍处于较低水平，原因可能有以下几点。第一，养老保险与医疗保险对个体退休行为产生负面影响。当前基本养老保险制度不能激励职工延迟退休[4]，甚至会增加提前

---

[1] 柳薇、江蕾、徐艳、苻丰杰、陈艳玲、吴丁娟：《广州市城镇职工延迟退休意愿调查》，《合作经济与科技》2021 年第 3 期。

[2] 张丹、曹原：《高校处级/高级女教师延迟退休意愿影响因素》，《东华大学学报》（自然科学版）2022 年第 2 期。

[3] 王军、王广州：《中国城镇劳动力延迟退休意愿及其影响因素研究》，《中国人口科学》2016 第 3 期。

[4] 阳义南、才国伟：《推迟退休年龄和延迟领取基本养老金年龄可行吗——来自广东省在职职工预期退休年龄的经验证据》，《财贸经济》2012 年第 10 期。

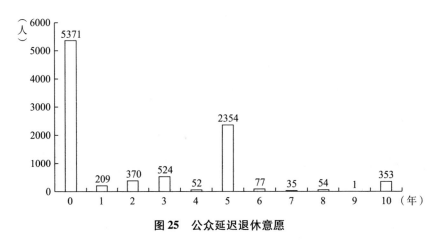

图 25　公众延迟退休意愿

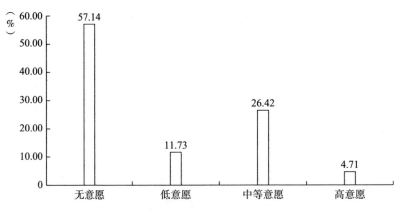

图 26　延迟退休意愿强度

退休行为的概率①。相比养老保险制度，基本医疗保险制度的影响更大，基本医疗保险制度的完善反而会增加提前退休的可能性。② 第二，在中国"家本位"的传统观念影响下，双职工家庭中退休的健康成员往往需要承担育儿、家务劳动以及高龄老人的护理等责任③，加之我国普惠式儿童与老人照顾服务供给不足，公众在家庭责任重担之下可能更加难以接受延迟退休政策。第

---

① 彭浩然：《基本养老保险制度对个人退休行为的激励程度研究》，《统计研究》2012 年第 9 期。
② 廖少宏：《提前退休模式与行为及其影响因素——基于中国综合社会调查数据的分析》，《中国人口科学》2012 年第 3 期。
③ 王晓庄、骆皓爽、张永翠、吴捷：《工作 - 家庭中心性与延迟退休态度的关系研究》，《心理与行为研究》2016 年第 3 期。

三，在现行法定退休年龄已经沿用多年的情况下，公众对其产生较强的"制度适应"[1]，社会观念短时间内也很难转变，公众可能暂时对新政策的接受度还处于一个较低的水平。

2. 延迟退休意愿的群体性差异

为进一步了解受访者的延迟退休意愿，笔者将从性别、年龄、婚育状况、职业类型、收入水平与受教育程度这六个维度进行延迟退休意愿的异质性分析（见表17）。通过描述性统计与方差分析检验，笔者发现，所有维度的 p 值均小于0.01，呈高度显著，说明所有维度下各组存在明显的组间差异。但是，方差齐次性检验在0.1水平上均未通过，无法准确判断哪些组别造成差异，因此，某些组别的情况有待后续研究。

表17　关于延迟退休意愿的情况说明

人群分类标准	类别数	类别	均值
性别	2	男	1.371
		女	1.304
年龄	5	18～25 岁	1.381
		26～35 岁	1.325
		36～50 岁	1.334
		51～65 岁	1.358
		65 岁以上	1.500
婚育状况	6	未婚	1.374
		已婚无孩	1.315
		已婚1孩	1.312
		已婚2孩及以上	1.362
		离婚无孩	1.263
		离婚有孩	1.295

---

[1]　张坤、张智勇：《延迟退休视域下我国退休制度的整体化改革思路》，《保险职业学院学报》2022 年第 1 期。

续表

人群分类标准	类别数	类别	均值
收入水平	5	低收入	1.404
		中低收入	1.349
		中等收入	1.309
		中高收入	1.314
		高收入	1.354
职业类型	3	体制内	1.271
		体制外	1.379
		非正式工作	1.372
受教育程度	5	小学及以下	1.540
		初中	1.442
		高中	1.386
		大学本科或专科	1.270
		硕士或博士	1.319

（1）性别的差异

如表18所示，男性的延迟退休意愿均值为1.371，而女性群体的均值为1.304，各组别的延迟退休意愿具有显著差异（$p < 0.01$）。这说明男性的延迟退休意愿明显强于女性。一方面，我国现有养老托幼服务未能满足家庭照顾需求[1]，加上"男主外，女主内"的传统观念影响，女性可能出于家庭照顾的考虑，更倾向于提前退休，回归家庭[2]，而男性往往作为家庭经济支柱，有更大的延迟退休空间。另一方面，女性在养老保险制度中处于系统性劣势地位[3]，男性能够获得的明显更多，这在一定程度上提升了男性的延迟退休意愿。而且，我国目前实行的男女差龄退休制度不利于女性退休金的积累[4]，对女性延

---

① 成志刚、卢婷：《中国照料福利的"差距格局"与平衡发展》，《学术交流》2021年第9期。
② 席恒、王昭茜：《不同职业类型劳动者退休意愿差异及影响因素研究——基于我国10省市调查数据的实证分析》，《西北大学学报》（哲学社会科学版）2017年第2期。
③ 王健：《我国养老保险制度中的性别不平等及其应对》，《西南大学学报》（社会科学版）2022年第6期。
④ 谭琳、杨慧：《她们缘何要求与男性同龄退休？——基于第三期中国妇女社会地位调查数据的分析》，《妇女研究论丛》2013年第2期。

迟退休的激励作用有限甚至存在负向激励作用。

表 18 延迟退休意愿的性别差异

整体意愿程度			
性别	均值	标准差	频数
男	1.371	0.574	4324
女	1.304	0.529	4254
总计	1.343	0.556	7489

方差分析					
	离差平方和	自由度	均方	F	$p > F$
组间	8.148	1	8.148	26.43	0.000
组内	2308	7487	0.308		
总计	2316	7487	0.309		

注：Bartlett's equal-variances test：chi2（1）= 23.73，$p >$ chi2 = 0.000。

（2）年龄的差异

由表 19 所示，65 岁以上群体的延迟退休意愿最强，均值为 1.500，而 26 ~ 35 岁群体延迟退休意愿最低，为 1.325，各组别的延迟退休意愿具有显著差异（$p < 0.01$）。这说明老年人相比年轻人有更强烈的延迟退休意愿，延迟退休意愿存在着代际差异。可能的原因如下。第一，当下的老年人群体主要为新中国成立前后出生的，在经历了生活动荡与变迁后，他们大多具有勤俭节约、勤劳奋斗的精神，[1] 因此对延迟退休有较高的意愿和接受度。但是 65 岁以上群体频次较低，需进一步检验。第二，26 ~ 35 岁青年群体延迟退休意愿较低，一方面由于其恰好处于事业上升期，对岗位晋升有着较高的追求，证实了文献中关于工作中可能存在的晋升空间挤兑问题[2]；另一方面其父母可能处于退休年龄前后，存在希望父母早点或者按时退休，为其减轻家庭照顾负担等情况，验证了当下家庭支持政策的缺失[3]。

---

① 王树：《两次人口红利与消费不足——基于动态优化模型的实证分析》，《华东经济管理》 2019 年第 6 期。
② 王聪：《延迟退休政策对青年就业影响效应研究》，《中国青年研究》2016 年第 9 期。
③ 何圆、王伊攀：《隔代抚育与子女养老会提前父母的退休年龄吗？——基于 CHARLS 数据的实证分析》，《人口研究》2015 年第 2 期。

表 19　延迟退休意愿的年龄差异

整体意愿程度			
年龄	均值	标准差	频数
18～25 岁	1.381	0.569	958
26～35 岁	1.325	0.543	2364
36～50 岁	1.334	0.554	2977
51～65 岁	1.358	0.570	1116
65 岁以上	1.500	0.646	74
总计	1.351	0.556	7489

方差分析				
	离差平方和	自由度	均方	F	$p > F$
组间	4.477	4	1.119	3.62	0.0059
组内	2312	7484	0.309		
总计	2316	7484	0.309		

注：Bartlett's equal-variances test：chi2（4）=8.9115，$p >$ chi2 = 0.063。

（3）婚育状况的差异

如表 20 所示，整体上看，"未婚"受访者的延迟退休意愿最高，为 1.374，已婚受访者其次，其中"已婚 2 孩及以上"受访者均值为 1.362，稍低于未婚受访者。离婚受访者频次较少，难以推断。各组别的延迟退休意愿具有显著差异（$p < 0.01$）。出现这种情况可能的原因有以下两个方面第一，未婚受访者可能处在较为年轻的阶段，在影响经济下行趋势明显的情况下，其就业与生活均存在困境，对未来的收入期望较低，因而有较高延迟退休意愿以保障其老年生活。[1] 第二，已婚受访者需要在配偶照顾、子代照顾以及隔代照顾等家庭方面投入更多精力。该类人更多考虑了家庭，不愿意延迟退休，但是经济负担过重，需要继续工作承担起家庭赡养义务，这是整个家庭的理性决策[2]。因此已婚受访者对延迟退休的意愿较低。对于"已婚 2 孩及以上"的受访者来说，孩子数

---

[1]　王军、王广州：《中国城镇劳动力延迟退休意愿及其影响因素研究》，《中国人口科学》2016 年第 3 期。

[2]　席恒、王昭茜：《不同职业类型劳动者退休意愿差异及影响因素研究——基于我国 10 省市调查数据的实证分析》，《西北大学学报》（哲学社会科学版）2017 年第 2 期。

量增加了其承担赡养义务的压力，其延迟退休意愿在已婚群体里面较高。

表 20 延迟退休意愿的婚育状况差异

整体意愿程度			
婚育状况	均值	标准差	频数
未婚	1.374	0.580	1723
已婚无孩	1.315	0.547	1368
已婚1孩	1.312	0.530	1704
已婚2孩及以上	1.362	0.562	2464
离婚无孩	1.263	0.552	57
离婚有孩	1.295	0.539	173
总计	1.343	0.556	7489

方差分析				
	离差平方和	自由度	均方	F	$p > F$
组间	6.093	5	1.219	3.95	0.0014
组内	2310	7483	0.309		
总计	2316	7483	0.309		

注：Bartlett's equal-variances test：chi2（5）= 15.757，$p >$ chi2 = 0.008。

（4）职业类型的差异

如表21所示，体制外就业者的延迟退休意愿为1.379，居首位，非正式工作群体其次，为1.372，而体制内就业者的延迟退休意愿最低，为1.271，各组别的延迟退休意愿具有显著差异（$p < 0.01$）。一方面体制外与非正式工作者在退休年龄上有较大的灵活性，研究发现体制外就业者的实际退休年龄更晚，更有可能选择和实现延迟退休。[1] 同时，体制外就业和非正式工作者对于法定退休年龄的感知可能相较于体制内就业者更弱，更有可能倾向于工作到身体状况承受不住时再选择退休。另一方面，这可能与体制内就业者再就业意愿较低有关。[2] 体制内就业者有较完善的医疗保险，养老保险替代率相对较高，

---

[1] 牛建林：《受教育水平对退休抉择的影响研究》，《中国人口科学》2015年第5期。

[2] 雷晓康、王炫文、雷悦橙：《城市低龄老年人再就业意愿的影响因素研究——基于西安市的个案访谈》，《西安财经大学学报》2020年第6期。

这在一定程度上使得他们延迟退休意愿相比其他职业者低，呼应现有文献的结论。

表21 延迟退休意愿的职业类型差异

整体意愿程度			
职业类型	均值	标准差	频数
体制内	1.271	0.500	2444
体制外	1.379	0.580	3368
非正式工作	1.372	0.575	1677
总计	1.342	0.556	7489

方差分析				
	离差平方和	自由度	均方	F	p > F
组间	18.452	2	9.226	30.005	0.000
组内	2298	7486	0.307		
总计	2316	7488	0.309		

注：Bartlett's equal-variances test：chi2（2）=67.14，$p > chi2 = 0.000$。

（5）收入水平的差异

如表22所示，低收入受访者的延迟退休意愿最强，为1.404，高收入与中低收入受访者次之，中等收入与中高收入受访者均较低，分别为1.309和1.314，呈现U形，各组别的延迟退休意愿具有显著差异（$p < 0.01$）。可以说明：第一，对应前文文献综述，低收入受访者与中低收入受访者希望能够获得更多的收入以承担家庭负担或者过上更有保障的老年生活，因此其倾向于延迟退休时间，通过继续工作来提升经济水平；第二，高收入受访者的延迟退休意愿仅次于低收入群体，可能是由于高收入受访者拥有更高的职位，职称较高的受访者具有较高的专业性人力资本[1]，能在工作中通过自己积累的经验与能力取得更多的成就和满足感，因此也有意愿延迟退休；第三，中等收入受访者与中高收入受访者的延迟退休意愿较低可能是因为其有较好的经济条件满足其家庭与养老需求，因此无须再通过延迟退休积累个人及家庭财富。

---

[1] 李琴、彭浩然：《谁更愿意延迟退休？——中国城镇中老年人延迟退休意愿的影响因素分析》，《公共管理学报》2015年第2期。

表 22　延迟退休意愿的收入水平差异

整体意愿程度			
收入水平	均值	标准差	频数
低收入	1.404	0.602	1394
中低收入	1.349	0.556	2524
中等收入	1.309	0.533	2549
中高收入	1.314	0.519	672
高收入	1.354	0.582	350
总计	1.343	0.556	7489

方差分析				
	离差平方和	自由度	均方	F	$p > F$
组间	8.845	4	2.211	7.17	0.000
组内	2308	7484	0.308		
总计	2316	7488	0.309		

注：Bartlett's equal-variances test：chi2（4）=35.25，$p >$ chi2 = 0.000。

（6）受教育程度的差异

由表 23 所示，受教育程度为小学及以下的受访者的延迟退休意愿最高，为 1.540，随着受教育程度的增加，延迟退休意愿也在逐渐下降，最低的为大学本科或专科受教育程度的受访者，为 1.270，各组别的延迟退休意愿具有显著差异（$p < 0.01$）。这种结果与已有文献相吻合。第一，研究发现，受教育程度与延迟退休意愿呈负相关，大专以上文化程度的受访者才不会真正为生活所迫而参加工作[1]，而受教育程度较低的群体倾向于延迟退休来增加收入。第二，受教育程度较高的受访者可能对工作以外"闲暇"的追求更强烈，因此他们延迟退休的意愿更弱。[2] 第三，受教育程度为硕士或博士的受访者延迟退休意愿反而稍强于受教育水平为大学本科或专科的群体。一方面，这可能与研究生学历受访者付出的人力资本投资成本较高有关。相比于受教育程度为大学本科或

---

① 李琴、彭浩然：《谁更愿意延迟退休？——中国城镇中老年人延迟退休意愿的影响因素分析》，《公共管理学报》2015 年第 2 期。

② 牛建林：《受教育水平对退休抉择的影响研究》，《中国人口科学》2015 年第 5 期。

専科的受访者，受教育程度达到硕士或博士的群体出于效用最大化的选择，选择延迟退休的意愿稍强一些。另一方面，这可能与研究生学历群体大概率拥有更高专业技术职称有关，具有高级技术职称的人更倾向于延迟退休、社会需求较大，因此延迟退休的可能性也越大。[1]

表23　延迟退休意愿的受教育程度差异

整体意愿程度			
受教育程度	均值	标准差	频数
小学及以下	1.540	0.717	348
初中	1.442	0.600	1432
高中	1.386	0.575	1690
大学本科或专科	1.270	0.500	3884
硕士或博士	1.319	0.555	135
总计	1.342	0.556	7489

方差分析					
	离差平方和	自由度	均方	F	$p > F$
组间	51.409	4	12.852	42.46	0.000
组内	2265	7484	0.303		
总计	2316	7488	0.309		

注：Bartlett's equal-variances test：chi2 (4) = 154.14，$p >$ chi2 = 0.000。

（二）公众对延迟退休配套服务措施偏好的特点

1. 公众对延迟退休配套措施的需求呈多元化特点

由图27可知，受访者选择"完善育婴、托幼及老人护理等社会服务"这一选项的频数最多，为1655。接下来依次为"加大对大龄劳动者就业的保障""鼓励企业招聘大龄劳动者""鼓励新业态就业，拓宽青年人就业空间"，频数分别为1609、1544、1482。这说明公众对于延迟退休的各项配套措施均有较高

---

[1]　郑爱文、黄志斌：《基于个人和社会双重视角的老年人再就业影响因素分析》，《宁夏社会科学》2018年第5期；李琴、彭浩然：《谁更愿意延迟退休？——中国城镇中老年人延迟退休意愿的影响因素分析》，《公共管理学报》2015年第2期。

268

的需求。有 28 名受访者选择其他配套措施，这 28 名受访者提出的其他配套措施大致可以分为时间类、津贴类与服务类三大类。时间类配套措施包括灵活调整大龄劳动者的上班时间与自主协商延迟退休年限等；津贴类配套措施包括提高大龄工作者的就业补贴与提高延迟退休工作者的退休金待遇等；服务类配套措施包括为大龄劳动者提供身体状况检查、加强就业培训、提供医疗保障以及多元化养老服务等。由此可以发现，公众对延迟退休配套措施的需求是十分强烈与多元化的。

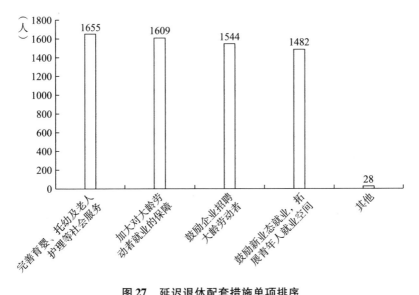

图 27　延迟退休配套措施单项排序

首先，公众对育婴、托幼及老人护理等社会服务的需求最大，可能原因是家庭照顾与劳动参与存在负向联系，如果延迟退休年龄，家庭照顾责任与劳动参与之间的矛盾将会加剧。[①] 一方面，我国普惠式的托育服务长期缺位，大量城乡家庭采用隔代抚养的方式来减缓育龄妇女工作与家庭照顾冲突。[②] 而延迟退休会减少老人对子代的育儿支持，使隔代照顾资源更加稀缺，并且"三孩政

---

① 刘岚、齐良书、董晓媛：《中国城镇中年男性和女性的家庭照料提供与劳动供给》，《世界经济文汇》2016 年第 1 期。

② 封进、艾静怡、刘芳：《退休年龄制度的代际影响——基于子代生育时间选择的研究》，《经济研究》2020 年第 9 期。

策"很可能扩大家庭的托幼与托育需求。[1] 另一方面，由于我国老人照顾体系尚不完善，子女仍然是老人照顾的主要承担者，大量低龄老人需要照顾高龄老人，"老老照顾"现象越来越普遍。[2] 因此，公众对单纯的延迟退休有顾虑，认为需要相应地增加托育和老人照顾服务。

其次，延迟退休意味着大龄劳动者的增多，而大龄劳动者存在失业率高、就业率低、就业质量差、缺乏充足的就业保障和退休保障等问题[3]，目前我国针对中高龄劳动者失业再就业的法律激励机制不健全[4]，使得中高龄劳动者存在易失业与难就业的双重困境。因此公众也有较强的大龄劳动者的就业权益和就业扶持政策偏好。

最后，公众对延迟退休可能导致青年就业挤出问题存在顾虑，一方面，老年人的延迟退休会挤占原本属于中青年劳动者的岗位空间，另一方面延迟退休会导致就业竞争压力加大。[5] 因此公众认为需要鼓励新业态就业发展，拓宽青年人就业空间，减少老年就业和青年就业的冲突。

2. 相较于青年就业，公众对老年就业配套措施的需求更大

笔者根据配套措施不同侧重，进一步将五个措施分为老年就业、青年就业和其他措施三类，并依照这三个类别对公众的政策偏好再一次进行排序分析，发现选择老年就业类配套措施的占比最多，为76.10%，选择青年就业类的占比为23.46%，其他措施占比为0.44%（见图28）。这说明在延迟退休情况下，公众更加关注老年人的就业空间，由前文分析可知，老年人容易受市场歧视与家庭照顾压力的影响而无法继续工作，因此其就业空间被压缩，就业积极性也随之降低。但仍然有一部分群体关注青年就业服务措施，这一定程度上确实反映了公众对就业挤出问题的顾虑和担忧。因此，延迟退休政策的相应配套措施

① 康传坤、刘阳：《工作—家庭冲突缓解效应研究新进展：隔代照料的视角》，《山东财经大学学报》2022年第4期。
② 梁文凤：《人口老龄化背景下农村养老的现实困境与路径选择》，《经济纵横》2022年第10期。
③ 余嘉勉、陈玲：《高龄劳动者就业保障的国际经验与借鉴》，《宁夏社会科学》2021年第3期。
④ 刘亚丽：《老龄化背景下中高龄劳动者失业再就业研究——基于企业用工偏好的数据分析》，《社会科学家》2018年第7期。
⑤ 杜航：《老龄化背景下延迟退休对我国劳动力供给市场的影响》，《改革与战略》2018年第1期；王华燕：《延迟退休对年轻人就业的影响——基于就业压力视角》，《金融经济》2018年第14期。

应该有所侧重。

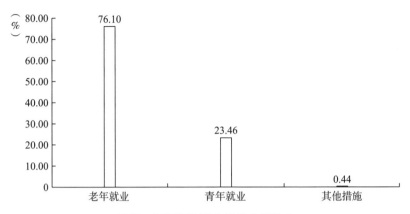

图28　延迟退休配套措施分类排序

3. 四种配套措施的群体差异

笔者发现，如表24所示，公众对延迟退休配套措施的政策偏好存在群体性差异；对此，本报告将从性别、年龄、抚赡压力、职业类型与受教育程度五个维度对公众的配套措施偏好进行异质性分析。对于不同的配套措施，上述五个因素对公众差异性偏好的显著性是不同的。因此，笔者仅选取具有显著性的因素进一步分析公众对延迟退休配套措施的不同政策偏好。

表24　关于延迟退休配套措施偏好的群体差异显著情况说明

人群分类标准	类别数	类别	群体差异显著的配套措施类型
性别	2	男性	鼓励企业招聘大龄劳动者
		女性	
年龄	5	18～25岁	加大对大龄劳动者就业的保障；鼓励新业态就业，拓宽青年人就业空间
		26～35岁	
		36～50岁	
		51～65岁	
		65岁以上	
抚赡压力	2	无	完善育婴、托幼及老人护理等社会服务
		有	

续表

人群分类标准	类别数	类别	群体差异显著的配套措施类型
职业类型	3	体制内	完善育婴、托幼及老人护理等社会服务
		体制外	
		非正式工作	
受教育程度	5	小学及以下	鼓励企业招聘大龄劳动者；完善育婴、托幼及老人护理等社会服务
		初中	
		高中	
		大学本科或专科	
		硕士或博士	

（1）性别的差异

笔者发现，如图29所示，男性支持"鼓励企业招聘大龄劳动者"的比例高于女性，比例分别为23.0%、20.6%。这说明男性群体对大龄劳动者的就业扶持需求比女性大。根据前文分析，男性的延迟退休意愿较女性大，因此可能会考虑到退休后的工作空间，女性受家庭照顾的影响更甚，更大概率会退出市场照顾家庭。[①] 此外，我国目前实行的男女差龄退休制度不仅不利于女性群体退休金的积累，还缩短了女性的工作生命周期，削弱女性职业发展和收入增长趋势[②]，这可能会减少中老年女性在劳动力市场的就业机会，因而男性对于企业提供给大龄劳动者的就业优待和就业扶持都存在更强烈的需求。

（2）年龄的差异

笔者发现，如图30所示，对于"加大对大龄劳动者就业的保障"，18～25岁受访者选择的比例为30.3%，明显高于其他年龄段的受访者，且18～25岁群体与26～35岁、36～50岁、51～65岁这三个年龄段受访者的差异具有统计学意义（$p < 0.001$）。在"鼓励新业态就业，拓宽青年人就业空间"方面，18～25岁受访者选择的比例为26.9%，同样高于其他年龄段受访者，且18～25岁这组与26～35岁、36～50岁、51～65岁这三组差异具有统计学意义（$p <$

① 封进、韩旭：《退休年龄制度对家庭照料和劳动参与的影响》，《世界经济》2017年第6期。
② 谭琳、杨慧：《她们缘何要求与男性同龄退休？——基于第三期中国妇女社会地位调查数据的分析》，《妇女研究论丛》2013年第2期。

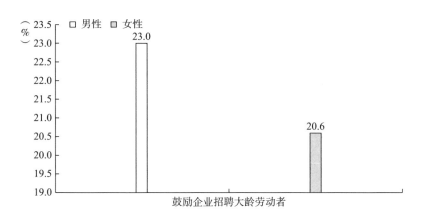

图 29 不同性别受访者选择"鼓励企业招聘大龄劳动者"的情况

0.001）。可能原因为 18～25 岁受访者在现今经济形式下对职业生涯发展较为悲观，不仅对当下就业，也对未来的老年生活感到担忧，延迟退休带来的就业"挤出"问题可能在大学毕业生群体中更为明显，[1] 18～25 岁受访者作为或即将成为大学毕业生，所面临的就业压力非常大。因此，该年龄段受访者对大龄劳动者就业与青年就业均存在较强的政策偏好。

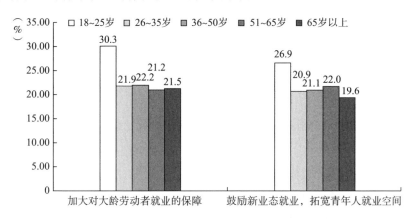

图 30 不同年龄受访者选择"加大对大龄劳动者就业的保障"与"鼓励新业态就业，拓宽青年人就业空间"的情况

（3）抚赡压力的差异

由图 31 可知，对于"完善育婴、托幼及老人护理等社会服务"，无抚赡压

---

① 张车伟、仲大军：《中国是否应该推出弹性退休制度》，《中国经济周刊》2004 年第 38 期。

力的受访者选择的比例为 21.8%，而有抚赡压力的受访者选择的比例为
24.7%，明显高于没有抚赡压力的受访者。这说明有抚赡压力的受访者在延迟
退休配套服务措施上对育婴、托幼及老人护理等社会服务的需求更高。一方
面，有家庭抚赡压力的受访者延迟退休意愿较强①，因为延迟退休可以增加工
作时间和经济收入，从而减轻家庭的经济负担；另一方面，由于家庭照顾与劳
动参与之间存在冲突②，有抚赡压力的受访者更希望政府能够加快发展育婴、
托幼及老人护理等社会照顾服务，从而减少家庭照顾责任与劳动参与之间的
冲突。

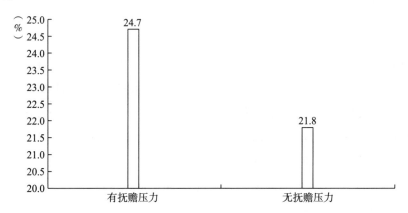

图31 不同抚赡压力受访者选择"完善育婴、托幼及老人护理等社会服务"的情况
说明：笔者对问卷中"请问您家里有____位 18 岁及以下儿童"与"您家里有____位
60 岁及以上父母（包括本人及配偶的父母）"进行整合，如果受访者这两个问题都填为
"0"，笔者则认为其没有抚赡压力，对变量"抚赡压力"赋值为"0"；而只要受访者对上
述任一问题回答为"1 及以上"，我们则认为其存在抚赡压力，对变量"抚赡压力"赋值
为"1"。

（4）职业类型的差异

由图 32 可知，对于"完善育婴、托幼及老人护理等社会服务"，体制外
工作受访者选择的比例为 24.8%，为最高，非正式工作群体为 21.7%，为
最低。体制外工作受访者支持"完善育婴、托幼及老人护理等社会服务"的

---

① 孙荣：《基于 Logistic 回归的居民延迟退休方式意愿调查——以重庆市为例》，《调研世界》
2018 年第 12 期。
② 刘岚、齐良书、董晓媛：《中国城镇中年男性和女性的家庭照料提供与劳动供给》，《世界经
济文汇》2016 年第 1 期。

比例显著高于非正式工作受访者，说明相较非正式工作受访者，体制外工作受访者对"一老一小"的家庭照顾服务需求更大。可以说明：第一，根据前文，体制外群体的延迟退休意愿也最高，可见体制外受访者面临更严峻的家庭照顾和经济负担的双重压力；第二，非正式工作延迟退休意愿较高，但对"完善育婴、托幼及老人护理等社会服务"最低，这可能原因为非正式工作受访者的工作时间和工作地点更加灵活和自由，研究表明女性会倾向于从事非正式工作以缓解工作－家庭冲突，[①] 因此非正式工作受访者本身可能就已经为了家庭腾挪了照顾时间。

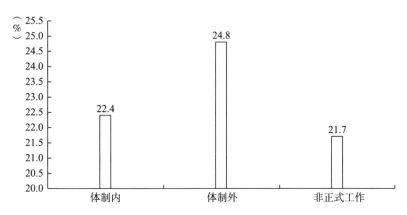

图 32　不同职业类型受访者选择"完善育婴、托幼及老人护理等社会服务"的情况

（5）受教育程度的差异

笔者发现，如图 33 所示，在"鼓励企业招聘大龄劳动者"上，随着受教育程度的提高，选择鼓励企业招聘大龄劳动者的比例呈倒 U 形，在高中阶段达到支持率的最高峰（26.1%）。与此不同的是，在"完善育婴、托幼及老人护理等社会服务"上，随着受教育程度的提高，选择"完善育婴、托幼及老人护理等社会服务"的比例呈 U 形，在大学本科或专科阶段达到支持率的低谷（22.4%）。

---

① 冯帅帅、梁小燕：《职场性别歧视研究：一个性别用工成本差异的视角》，《湖北社会科学》2022 年第 2 期。

其可以说明以下几点。第一，由于受教育程度偏低的大龄劳动者的失业率更高，在就业市场上呈现就业率低、就业质量差、缺乏充足的就业保障和退休保障等特征。[1] 目前我国针对中高龄劳动者失业再就业的法律激励机制不足[2]，使得这部分群体对企业招聘大龄劳动者的鼓励措施的需求十分强烈。第二，根据前文，"完善育婴、托幼及老人护理等社会服务"的变化趋势与延迟退休意愿的相类似，大学本科或专科受访者的延迟退休意愿较低，他们可能更倾向于腾挪时间给家庭，因此对家庭照顾支持政策的需求较低。

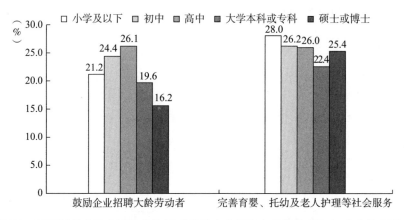

图33　不同受教育程度受访者选择"鼓励企业招聘大龄劳动者"与"完善育婴、托幼及老人护理等社会服务"的情况

七　公众延迟退休意愿对配套措施偏好的影响

本报告采用 OLS 和 Logistic 回归模型对整体以及各类配套措施偏好的影响因素进行实证分析，具体回归结果见表25。其中模型（1）到模型（6）分别是因变量为整体配套措施需求、大龄劳动者就业保障措施偏好、企业招聘措施偏好、新业态就业措施偏好、社会服务措施偏好、其他措施偏好的回归结果。为了提高结果的稳健性和可靠性，本报告的所有回归模型均控制了

---

[1]　余嘉勉、陈玲：《高龄劳动者就业保障的国际经验与借鉴》，《宁夏社会科学》2021 年第 3 期。

[2]　刘亚丽：《老龄化背景下中高龄劳动者失业再就业研究——基于企业用工偏好的数据分析》，《社会科学家》2018 年第 7 期。

受访者所在地区的固定效应。

表 25 整体及各类配套措施偏好的影响因素分析（以低意愿组为基准组）

变量		（1） 总需求	（2） 就业保障	（3） 企业招聘	（4） 新业态就业	（5） 社会服务	（6） 其他
延迟退休意愿 （低意愿）	中等意愿	0.0543 (0.0456)	1.1648 * (0.1028)	1.1376 (0.0989)	0.8403 ** (0.0731)	1.1236 (0.0984)	1.2497 (0.6878)
	高意愿	0.0824 (0.0723)	1.1574 (0.1614)	1.2239 (0.1691)	0.9902 (0.1364)	0.9152 (0.1267)	5.0316 ** (3.1571)
年龄 （18~25 岁）	26~35 岁	0.1443 * (0.0763)	0.9316 (0.1380)	1.3316 ** (0.1930)	1.2516 (0.1810)	1.1789 (0.1714)	0.6903 (0.6740)
	36~50 岁	0.1059 (0.0865)	0.9097 (0.1524)	1.5746 *** (0.2591)	1.1034 (0.1812)	1.0046 (0.1661)	0.3416 (0.3657)
	51~65 岁	− 0.1021 (0.0966)	0.6665 ** (0.1244)	1.3369 (0.2455)	0.8098 (0.1488)	0.8568 (0.1580)	1.4068 (1.5066)
	65 岁以上	− 0.4353 ** (0.1845)	0.5103 * (0.1872)	2.0583 ** (0.7359)	0.3464 *** (0.1366)	0.3693 *** (0.1371)	1.2768 (2.0151)
性别（男）		0.1464 *** (0.0416)	1.1993 ** (0.0967)	0.9690 (0.0770)	1.2024 ** (0.0953)	1.3729 *** (0.1104)	0.4428 (0.2246)
职业类型 （体制内）	体制外	− 0.0172 (0.0514)	0.9998 (0.0998)	0.9341 (0.0916)	0.9857 (0.0965)	0.9880 (0.0983)	1.7285 (1.0698)
	非正式工作	− 0.0505 (0.0599)	0.9423 (0.1096)	0.9854 (0.1126)	1.0602 (0.1209)	0.7878 ** (0.0906)	2.8536 (1.9391)
收入水平 （低收入）	中低收入	− 0.0954 * (0.0568)	0.8384 (0.0920)	0.9513 (0.1030)	0.8535 (0.0927)	0.9519 (0.1040)	1.6506 (0.9351)
	中等收入	− 0.0194 (0.0608)	1.0108 (0.1187)	0.9489 (0.1099)	0.8725 (0.1011)	1.0615 (0.1242)	2.0896 (1.3002)
	中高收入	− 0.0851 (0.0864)	0.9275 (0.1553)	0.9392 (0.1553)	0.9039 (0.1488)	0.8497 (0.1409)	2.7912 (2.5819)
	高收入	− 0.1160 (0.1040)	1.0519 (0.2136)	1.0049 (0.2002)	0.6768 ** (0.1341)	0.7982 (0.1586)	3.5706 (3.6695)
城乡地域状况 （城市）		− 0.1027 ** (0.0436)	1.0512 (0.0888)	0.8545 * (0.0710)	0.7677 *** (0.0638)	0.9762 (0.0821)	0.4146 ** (0.1807)

续表

变量		(1) 总需求	(2) 就业保障	(3) 企业招聘	(4) 新业态就业	(5) 社会服务	(6) 其他
婚育状况 （未婚）	已婚无孩	0.0020 (0.0803)	0.9038 (0.1406)	0.9125 (0.1396)	1.0007 (0.1531)	1.2406 (0.1910)	1.2208 (1.1134)
	已婚1孩	0.0886 (0.0742)	0.9884 (0.1426)	1.0251 (0.1450)	1.0192 (0.1441)	1.3995** (0.1997)	1.7254 (1.5046)
	已婚2孩 及以上	0.0159 (0.0715)	0.9413 (0.1306)	0.8742 (0.1192)	0.8751 (0.1191)	1.4343*** (0.1972)	3.5668 (2.8488)
	离婚无孩	0.3506 (0.2363)	1.1326 (0.5212)	1.3274 (0.6083)	1.7085 (0.8009)	1.8982 (0.9151)	
	离婚有孩	0.2093 (0.1567)	0.9760 (0.2932)	1.6222 (0.5009)	1.4051 (0.4265)	1.1494 (0.3432)	
受教育程度 （小学及以下）	初中	0.1119 (0.0910)	1.3235 (0.2334)	1.5947*** (0.2814)	1.0549 (0.1845)	0.7923 (0.1381)	0.2909* (0.1849)
	高中	0.2393*** (0.0916)	1.3271 (0.2358)	2.3054*** (0.4107)	1.1207 (0.1973)	0.8918 (0.1566)	0.2430** (0.1555)
	大学本科 或专科	0.4297*** (0.0941)	2.2815*** (0.4172)	2.0553*** (0.3753)	1.2988 (0.2342)	1.1483 (0.2076)	0.0929*** (0.0692)
	硕士或博士	0.2045 (0.1784)	2.3306** (0.8237)	1.0390 (0.3600)	0.7102 (0.2435)	1.4029 (0.4918)	1.0175 (1.1288)
常数项		2.1335*** (0.2060)	0.7469 (0.2957)	0.9182 (0.3744)	2.2207** (0.8928)	0.9979 (0.3955)	0.0330* (0.0585)
观测值		3125	3125	3125	3125	3125	1379
城市固定效应		控制	控制	控制	控制	控制	控制
R-squared		0.0850					
伪 *R-squared*			0.0505	0.0352	0.0348	0.0408	0.2092

注：$^*p<0.1$，$^{**}p<0.05$，$^{***}p<0.01$，括号内为标准误。

　　从延迟退休配套措施的总需求来看，根据模型（1），年龄、性别、收入水平、城乡地域状况、受教育程度对整体配套措施需求具有显著影响。具体来说，第一，26~35岁年龄段的受访者整体配套措施需求相较其他年龄段的受访者更高（$\beta=0.1443$，$p<0.1$），而65岁以上的受访者整体配套措施需求相比其他年龄段受访者更低（$\beta=-0.4353$，$p<0.05$）。这说明刚进入就业市场的年轻劳动者对配套措施总需求更高，可能是因为年轻劳动者刚进入就业市场，

面临业务不熟悉、身份转换等困境，就业压力较大，对工作满意度较低，可能需要更多的配套措施来保障其就业权益，或者是青年劳动者存在延迟退休政策会挤占他们的就业空间的顾虑，因此表现出更强的配套措施需求；而 65 岁以上的受访者在中国现有退休制度下绝大多数可能已经退休了，且没有再就业或延迟退休意愿，所以对配套措施总需求较低。第二，男性受访者整体配套措施需求比女性受访者高（$\beta = 0.1464$，$p < 0.01$）。这说明男性作为家庭经济支柱更有可能延迟退休或者延迟退休意愿更强，那么对配套措施总需求自然更高。第三，中低收入水平的受访者整体配套措施需求较其他经济水平的受访者低（$\beta = -0.0954$，$p < 0.1$）。这说明中低收入者可能长期参与体力劳动，身体健康状况不佳，延迟退休意愿较低，因而配套措施总需求较低。第四，城市的受访者整体配套措施需求比农村受访者更低（$\beta = -0.1027$，$p < 0.05$）。这说明农村的受访者受传统思维的影响，没有退休的概念，更多是"活到老，干到老"的传统劳作观念，因此需要更多的配套措施来保障他们的无休止劳动参与。受教育水平为高中及大学本科或专科的受访者整体配套措施需求比其他受教育水平的受访者高（$\beta_1 = 0.2393$，$\beta_2 = 0.4297$，$p < 0.01$）。这说明相比受教育水平偏低或偏高的群体，受教育水平处于中等程度的群体具有较强的权利意识和更高的延迟退休意愿，对延迟退休配套措施的总需求更高。

模型（2）结果显示，延迟退休意愿、年龄、性别、受教育程度对大龄劳动者的就业保障措施偏好具有显著影响。具体来说，中等延迟退休意愿的受访者对就业保障措施需求较其他意愿强度的受访者高（$\beta = 1.1648$，$p < 0.1$）。这一方面说明相比低意愿受访者，中等意愿受访者延迟退休的可能性更高，因此更需要对大龄劳动者的就业保障措施；另一方面说明相比中等意愿受访者，无论是否有充足的就业保障措施，高意愿受访者可能由于各种主客观因素，原本便倾向于无休止参与劳动。51～65 岁（$\beta = 0.6665$，$p < 0.05$）与 65 岁以上（$\beta = 0.5103$，$p < 0.1$）年龄段的受访者比其他年龄段的受访者高。这说明就业市场中确实存在一定程度的年龄歧视，大龄劳动者对就业保障的需求更强烈。男性受访者对大龄劳动者的就业保障措施需求较女性受访者高（$\beta = 1.1993$，$p < 0.05$）。这说明男性作为家庭经济支柱更有可能延迟退休或者延迟退休意愿更强，更有可能留在就业市场中。受教育程度为大学本科或专科（$\beta = 2.2815$，$p < 0.01$）及硕士或博士（$\beta = 2.3306$，$p < 0.05$）的受访者对大龄劳动者的就业保

障措施需求相比其他受教育程度的受访者更高。这说明较于受教育程度低的群体，受教育水平高的群体权利意识更强，更清楚劳动力市场中可能出现的就业歧视，因此对大龄劳动者的就业保障需求自然更高。

模型3结果显示，年龄、户口类型、受教育程度对企业招聘措施偏好具有显著影响。具体来说，相比18～25岁年轻群体，年龄较大的群体对企业招聘措施偏好具有正向影响，但51～65岁群体对企业招聘措施偏好的影响并不显著。相比于农业户口的受访者，城市的受访者对企业招聘措施存在偏好（$\beta = 0.8545$，$p < 0.1$）。相比受教育程度为小学及以下的受访者，受教育程度偏高的受访者对企业招聘措施偏好具有正向影响，但受教育程度为硕士或博士的受访者对企业招聘措施偏好的影响并不显著。

根据模型（4），延迟退休意愿、年龄、性别、收入水平、城乡地域状况对新业态就业措施偏好具有显著影响。具体来说，中等延迟退休意愿的受访者对新业态就业措施需求较低意愿的受访者高（$\beta = 0.8403$，$p < 0.05$）。65岁以上的受访者对新业态就业措施偏好具有显著的正向影响。相比于女性受访者，男性受访者对新业态就业措施需求更高（$\beta = 1.2024$，$p < 0.05$）。相比于收入水平较低的受访者，收入水平较高的受访者对新业态就业措施偏好存在显著的正向影响（$\beta = 0.6768$，$p < 0.05$）。相比于农村的受访者，城市的受访者对新业态就业措施存在偏好（$\beta = 0.7677$，$p < 0.01$）。这说明城市的受访者更倾向于进入新业态行业，对新业态的就业措施需求更高。

模型（5）结果显示，年龄、性别、职业状况、婚育状况因素对社会服务措施偏好具有显著影响。具体来说，65岁以上的受访者对社会服务措施偏好具有显著的正向影响（$\beta = 0.3693$，$p < 0.01$）。相比于女性，男性受访者对新业态就业措施需求更高（$\beta = 1.3729$，$p < 0.01$）。相比其他就业类型的受访者，非正式就业的受访者对社会服务措施存在偏好（$\beta = 0.7878$，$p < 0.05$）。相比其他婚育状况的受访者，已婚有孩的受访者对社会服务措施存在显著的偏好。这一方面说明已婚且家里有孩子的受访者在延迟退休背景下，对育婴、托幼及老人护理等社会服务的需求更强烈；另一方面也说明现有的关于"一老一小"的社会服务尚不完善，需要政府增加家庭照顾服务供给或促进社会化照顾服务发展完善。

从其他措施偏好来看，根据模型（6），延迟退休意愿、城乡地域状况、受教育程度对其他措施偏好具有显著影响。具体来说，相比延迟退休意愿较低的受访者，高意愿的受访者对其他措施偏好存在显著的正向影响（$\beta = 5.0316$，$p < 0.05$）。相比农村的受访者，城市的受访者对其他措施存在偏好（$\beta = 0.4146$，$p < 0.05$）。随着受教育程度的提高，受访者对其他措施的需求增强，但受教育程度为硕士或博士的受访者的影响并不显著。

综上所述，从延迟退休意愿这个影响因素来看，笔者发现其对大龄劳动者就业保障、企业招聘、青年人就业保障、社会服务和其他措施偏好的影响存在明显差异。延迟退休意愿对企业招聘、社会服务措施偏好没有显著影响，但是对大龄劳动者就业保障（$\beta = 1.1648$，$p < 0.1$）、新业态就业保障（$\beta = 0.8403$，$p < 0.01$）和其他措施（$\beta = 5.0316$，$p < 0.01$）偏好具有显著的正向影响，即延迟退休意愿较强的群体对大龄劳动这就业保障、新业态就业保障和其他措施配套偏好显著高于延迟退休意愿较低的群体。这说明，延迟退休意愿强的群体在面临就业压力大和就业形势严峻的背景下，尤其对大龄劳动者就业类配套措施的偏好更明显。这可能与目前中国对大龄劳动者的就业保障政策环境不容乐观相关。大龄劳动者是延迟退休政策推行后的首批目标群体，完善针对大龄劳动者的就业促进和权益保障法律法规，是我国顺利实施延迟退休政策的关键。[1] 可惜的是，我国反就业年龄歧视的相关法律法规相对空白，劳动力市场年龄歧视的违规成本较低[2]，对大龄劳动者的就业法律保障仍然不足。对大龄劳动者的持续教育、知识和技能培训、就业信息配对都缺乏相应的服务措施。

八　完善积极老龄化养老服务体系政策建议

（一）注重顶层设计的系统性、配套性与差异性

笔者通过研究发现，公众对社区养老服务的需求、对失能老人家庭照顾方式的选择兼具整体性倾向与群体性差异。因此，相关顶层设计应强调其系统性与差异性，以保证政策工具的有效性，实现高效的供需匹配。考虑到公众的利

---

① 刘亚丽：《老龄化背景下中高龄劳动者失业再就业研究——基于企业用工偏好的数据分析》，《社会科学家》2018 年第 7 期。

② 李涛：《高龄劳动者就业中年龄歧视的法律规制》，《江海学刊》2019 年第 1 期。

益和需求多样化，政策制定应同时注重配套性，以协调、保障多方主体利益。

1. 健全社区照顾服务体系，增强家庭照顾能力

整体而言，公众对社区养老服务的需求呈现"疾病照顾、生活照顾、科技应用、精神慰藉"的序列图景，基于此，政策设计应首要侧重满足公众的疾病照顾需求。第一，推进基本医疗保险全覆盖，并逐步缩小城乡居民医疗保险的待遇差距。第二，为社区医疗服务体系完善、服务内容创新与专业人员培养提供政策导向与支持，从供给端着手发力以提高供需匹配率。第三，借助政策话语提高公众对精神健康的重视度，同时围绕适老环境建设、文娱活动参与和情感慰藉服务提供政策工具，帮助公众塑造社区老龄友好环境。此外，基于公众照顾服务需求的群体性分化，顶层设计需保证政策内容的异质性。如对于女性，政策在维护其就业权益的同时着力引导男性群体参与家庭照顾，提高老人生活照顾需求；对于农村居民，在重构精神健康支持系统的同时解决老人"数字鸿沟"问题，提升智慧养老的适老化，满足老人精神慰藉与科技应用需求。

尤为重要的是，失能老人面临更为严峻的照顾短缺。公众对失能老人照顾方式首选家庭照顾，其次是机构照顾。因此，政府应加强对家庭照顾的支持政策，支持政策应系统覆盖家庭、机构与社区三个层面。第一，切实推行子女带薪陪护假政策，为实施老人照顾的子女增加时间资源支持，并保障其工作权益与机会，对独生子女群体适当延长陪护假。第二，对老人照顾主体（配偶或者成年子女）直接发放照顾津贴或减免税收，为照顾者提供资金支持，减轻其经济负担。经济支持力度要适当加大。第三，健全长期护理保险制度，参考借鉴试点地区的成功经验，结合地方实际推行支持措施以提升家庭照顾能力。第四，联合出台机构等级评定标准、机构照顾服务质量评估意见、机构准入群体门槛等规定，保证机构照顾的正规性、高质量与需求契合性。第五，以社区为资源枢纽，连接家庭、卫生服务站、护工站、养老院、社区志愿者队伍，为失能老人照顾支持的网状结构，降低老人照顾风险，提高照顾支持韧性。

2. 遵循渐进式延迟退休原则，充分考虑多元主体利益诉求

基于上述分析可知，延迟退休政策的意愿存在较大的群体差异，因此顶层设计应遵循差异化原则，以保障不同意愿群体的基本利益。此外，延迟退休很可能影响劳动力市场、新业态就业机会和权益、家庭照顾资源以及社会保险体系，故而政策需实现体系化与配套性发展。

第一，严格落实《中华人民共和国国民经济和社会发展第十四个五年规划和 2035 年远景目标纲要》中强调"按照小步调整、弹性实施、分类推进、统筹兼顾等原则，逐步延迟法定退休年龄"的政策要求，根据劳动力市场态势与公众的职业类型等实施渐进式的弹性延迟退休政策。本报告的数据分析显示，存在相当比例的适度延迟退休意愿的群体。因此，不仅要关注无意愿延迟退休的群体，还要通过退休保险、失业保险等措施来提升适度延迟退休意愿群体的比例，为其减少制度性障碍、并提供相应的支持服务。例如，为中老年劳动者提供职业教育与培训课程、健全老年教育体系、提供劳动力市场岗位配对信息等。其中，收入较低、体制外、受教育水平较低的劳动者，以及有较高技术职称和研究生以上学历的劳动者，应该是重点政策目标群体，宜持续提高人力资本，盘活存量价值。

第二，延迟退休必须构建一个全方位的立体化的政策系统，尤其要统筹"一老一小"的保障措施。笔者研究发现，相对于男性，延迟退休政策对女性群体影响更大，而且女性群体内部的延迟退休意愿有较大差异，主要的两个阻碍因素是原有养老金保险系统的性别不平等，以及长期缺位的社会照顾服务体系，这些在一定程度上减少了女性延迟退休的意愿，又进一步降低了老年女性的经济保障和社会地位。因此，首先，要完善生育支持政策体系，适时实施渐进式延迟法定退休年龄政策，积极应对人口老龄化少子化，从而减轻延迟退休政策推行的阻力；[1] 其次，要统筹"一老一小"养老托育服务体系，要强化家庭照护能力、创新居家社区服务模式、提升公办机构服务水平、增加普惠性服务供给、发展市场养老托育以增强服务供给、提升服务质量。[2] 此外，拉平男女退休年龄的政策方案需要充分考虑女性群体原本的工作岗位、收入水平、职业类型等情况，为女性提供一定的选择空间。

第三，延迟退休政策要稳住就业市场，减少青年群体的焦虑，避免劳动力市场的代际冲突。笔者的研究发现，青年群体高度关注延迟退休政策的青年就业保障配套措施。延迟退休政策可能导致青年就业压力增大与职位晋升受阻等

---

[1] 《中央经济工作会议在北京举行 习近平李克强李强作重要讲话》，"人民日报"微信公众号，2022 年 12 月 16 日，https://mp.weixin.qq.com/s/YkssV-2RxBi5ixImqPIGXQ。

[2] 《广东省出台"一老一小"整体解决方案》，"广东省发展和改革委员会"微信公众号，2022 年 12 月 14 日，https://mp.weixin.qq.com/s/hiQo6dpdo7G8GVzmnlQ-qA。

问题，当下，青年就业面临更严峻的挑战。2022 年中央经济会议提出，落实落细就业优先政策，要把促进青年特别是高校毕业生就业工作摆在更加突出的位置，加强新就业形态劳动者权益保障，稳妥推进养老保险全国统筹。此外，对老年群体而言，延迟退休可能增加他们的失业风险，加之可能受到就业歧视，延迟退休年龄反而使得老年群体福利受损。因此在拓宽青年人就业空间的同时也应该加大对大龄劳动者的就业保障力度，通过完善法律法规来提高劳动力市场年龄歧视的违规成本。

（二）注重养老服务的观念转型与发展前瞻性

1. 推动社会观念转型升级，构建积极老龄化社会

一般认为，社会政策在一定程度上反映了社会观念甚至反过来影响并重塑社会观念。如果以老年人口为目标群体的社会政策只包含社会救济和社会扶持层面，那么便会形成老年人口与负担、包袱和问题挂钩的社会观念，将老年人口建构为依赖性人口和弱势群体。这种对老年人口的消极悲观认知不仅会影响老年人口的社会形象，还会进一步影响老年人口自身的社会价值认知，产生自我实现预言效应，从而消极影响社会的整体发展。穆光宗和张团认为老年人口的影响是正是负，取决于人们如何对待这一群体。[①] 我国已经开始意识到积极老龄观的重要性，正在通过政策倡议等重塑对老人角色的社会观念，尝试为老年人建构积极的社会形象。

对此，第一，相关机构应该注重政策解读，逐步认识到老年人口作为家庭和社会的重要资源，可以继续为家庭和社会做出有益的贡献，将积极老龄观理念融入经济社会发展全过程，完成社会观念的转型与升级。第二，积极应对人口老龄化，注重养老服务的前瞻性，重视老年人口的"独立、参与、尊严、照顾和自我实现"，鼓励老年人口通过再就业和再社会化转变他们的社会角色。第三，为他们提供更多能够继续发挥作用的机会和舞台，鼓励他们积极融入社会并参与经济社会发展，为他们的社会参与创造良好的政策环境和社会环境，而不是让他们孤独无力地老去。

---

① 穆光宗、张团：《我国人口老龄化的发展趋势及其战略应对》，《华中师范大学学报》（人文社会科学版）2011 年第 5 期。

2. 转变社会对老龄化的观念，做新时代的老年人

公众主体的观念要从消极走向积极、培养自我养老和独立养老的观念、改变对社会养老方式的认知。第一，在延迟退休背景下，老年人口的养老服务需求从单纯的照顾和护理走向"独立、参与、尊严、照顾和自我实现"。老年人口应该摒弃消极的老龄观念和养老观念，积极参与经济、社会、文化和政治生活，利用自己积累的知识、经验与技能继续发挥作用，做到"老有所为""老有所学""老有所乐"。第二，在原有生育政策和人口老龄化的影响下，"421"家庭面临老人赡养压力大等问题。独生子女父母应该转变传统"养儿防老"观念，从"依赖养老"走向"自我养老"和"独立养老"，提前规划好老年生活，积极参与社区、社会各项活动，注重自身心理健康和身体健康，提高生活质量，实现自我价值和人的全面发展。第三，在中国传统孝道文化和家庭养老观念的影响下，养老院等机构养老方式遭受了一定程度的污名化。子女和父母都应该转变传统养老观念，抛弃对机构养老的片面认识，接受更多元化的社会养老方式，减轻子女的养老压力，同时为老年人提供更科学、更周到的养老服务，满足老年人生活照顾、精神慰藉、疾病照顾等多层次养老服务需求。

3. 打造老年宜居社会，关注科技应用与适老化改造

打造老年宜居社会要学会利用科技力量，完善智慧养老设施，以及要关注家庭与社区的适老化改造。第一，智慧养老通过统一的大数据平台推进养老服务的供需匹配，继而提高养老服务效率、整合养老服务资源，可以说，智慧养老可以成为一切的基础。然而我国智慧养老在基础设施、应用系统和数据资源上存在约束，尽管在理论层面上已经有了美好设想，但是实际建设与运作过程依旧艰难。加上供需主体之间存在共情落差、老年人的数字鸿沟和多主体的系统壁垒，导致智慧养老的平台与系统得不到有效利用。[①] 因此攻克以上难题，是推动养老福利资源整合与利用的重要手段。

第二，大多数老年人倾向于居家养老，特别是属于低收入群体的老年人对此倾向性更大，且由于收入的限制，低收入群体居住的环境偏差，聚集在城中

---

① 张锐昕、张昊：《"互联网＋养老"服务智能化建设的条件限度和优化逻辑》，《理论探讨》2021 年第 2 期。

村、老旧小区等城市落后地区，在这些地区独居、空巢老人的比例也更大①，因此应对家庭、社区进行无障碍环境建设与适老化改造。室内适老化改造需注重老年人生活起居的无障碍、意外伤害的预防性②以及紧急救助的便利性等，增加家庭养老床位、生活起居设施、紧急呼救设施等；社区适老化改造则更多需要考虑到老年人的知晓率与可及性，各类设施不宜设置过远，应当定期维护和管理，保证其安全性与便利性。

---

① 宋凤轩、康世宇：《人口老龄化背景下老旧小区改造的困境与路径》，《河北学刊》2020年第5期。

② 丁志宏、杜书然、王明鑫：《我国城市老年人跌倒状况及其影响因素研究》，《人口与发展》2018年第4期。

专题报告五

三孩政策背景下的儿童照顾：现实困境、公众偏好与社会政策

范　昕　屈泓希

一　研究背景

近些年，我国在人口和生育政策层面改革频繁。自 1982 年计划生育政策被定为基本国策，提倡"晚婚、晚育，少生、优生，从而有计划地控制人口"以来，人口和生育控制政策逐渐松动。从独生子女政策到"全面二孩"，其间经历了"双独二孩""单独二孩""全面二孩"的渐进过程。2021 年 7 月，国家做出实施三孩生育政策及配套支持措施的重大决策，表明中国已经正式进入"三孩时代"。人口和生育政策的持续调整，主要是为了提高人们的生育意愿从而解决人口结构和老龄化问题，然而实际的生育效果却不及预期。以"全面二孩"政策的出台为例，该政策出台后，人口增长仅在第二年出现了一个小高峰，第三年增长率即开始下降，之后的出生人数则相继出现大幅回落，而到了2022 年，我国人口更是出现了负增长。这种趋势说明人口政策转变带来的政策影响相当短暂。

许多学者对导致应然与实然之间巨大差异的原因进行了探索。郑真真在对比了东亚国家和我国的低生育率现象后认为，我国的低生育率具有三个特征：生育意愿低、生育二孩比例低、婚育年龄不断推迟。[①] 可见，我国的低生育率问题和低生育意愿、晚婚、晚育等人口学因素有关，是与现代化过程相伴而生

---

① 郑真真：《生育转变的多重推动力：从亚洲看中国》，《中国社会科学》2021 年第 3 期。

的普遍性社会问题。① 随着女性受教育水平和就业率的提高、社会保障制度的完善和后现代价值观的影响，低生育率现象不仅出现在我国，也出现在很多发达国家，是一个全球性的问题，被称为"第二次人口转变"。②

除了人口学因素，非人口学的社会因素也被认为具有重要的解释作用。③例如，已有研究发现，虽然中国的平均生育意愿偏低，但是绝大多数的夫妇仍然认为理想的子女数是两个。然而，相当大比例的夫妇并没有生育二孩，出现了实际生育数与理想子女数之间的"生育赤字"，这体现了现实条件对生育意愿的抑制和对实现生育意愿的制约。④ 因此，有学者认为人口问题的讨论需要以家庭为单位并且强调养育问题的重要性，认为生育决策具有反思性，人们先考虑实际的养育问题，再决定生不生，相比于生育问题本身，养育（儿童照顾）越来越成为更重要的社会问题。⑤ 对生育意愿和养育问题进行具体的实证研究也发现，育龄夫妇再生育的意愿和儿童养育问题有显著相关。⑥ 因此，学者们普遍认为，政策思路应当由原先以"人口数量管控"为目标转向"以儿童照顾为重心"，也就是说政府需要更多地考虑家庭因素，给家庭提供合适的激励和支持措施，从而鼓励生育行为。⑦

在对低生育率的社会学因素的讨论中，儿童的"照顾赤字"是被普遍提及的因素之一。当前中国已经进入人口老龄化社会，人口流动速度加快、家庭规模缩小等现实情况使得照顾供需不平衡的问题更加突出，形成"照顾赤字"。"照顾赤字"意指社会或家庭满足老人、儿童或其他成员的照顾需求能力不足，无法提供优质的照顾资源。⑧ 中国家庭的照顾需求包含老人和儿童两端，二者

---

① 吴帆：《生育意愿研究：理论与实证》，《社会学研究》2020 年第 4 期。

② 於嘉：《何以为家：第二次转变下中国人的婚姻与生育》，《妇女研究论丛》2022 年第 5 期。

③ 陈佳鞠、靳永爱、夏海燕、朱小涵：《中国生育水平回升的可能性：基于北欧国家历史经验的分析》，《人口与发展》2022 年第 3 期。

④ 郑真真：《生育转变的多重推动力：从亚洲看中国》，《中国社会科学》2021 年第 3 期。

⑤ 钟晓慧、郭巍青：《人口政策议题转换：从养育看生育——"全面二孩"下中产家庭的隔代抚养与儿童照顾》，《探索与争鸣》2017 年第 7 期。

⑥ 石智雷、杨云彦：《符合"单独二孩"政策家庭的生育意愿与生育行为》，《人口研究》2014 年第 5 期。

⑦ 钟晓慧：《改革开放以来政策过程中的积极家庭》，《妇女研究论丛》2019 年第 3 期。

⑧ Benera, L., "The Crisis of Care, International Migration, and Public Policy," *Feminist Economics* 14 (2008): 1 – 21.

是最主要的被照顾群体，在养老服务方面，我国已经出台例如"居家养老""医养结合"等许多政策，国家和社会在老人照顾上持续发力，但儿童的照顾问题却迟迟没有得到应有的关注和回应。我国儿童"照顾赤字"已经达到了"照顾危机"的程度，主要体现为家庭照顾压力不断增加和家庭照顾功能显著弱化两个方面。[1]

　　如何实现低生育率背景下的生育水平回升呢？鉴于低生育率形成的多重动力和复杂机制，已有国内外研究表明，系统、多维度的生育配套政策干预必不可少。例如，陈佳鞠等学者提出四点政策建议：一是接受、保护婚育观念和行为的多样性，并努力将其转化为实际生育率；二是真正实现社会各领域的性别平等，化解女性面临的"性别平等困境"；三是全面布局，突出重点，有效缓解家庭生育养育压力；四是积极塑造和培训生育友好的文化氛围。[2]郑真真指出，只有符合群众愿望、满足群众需求的政策才可能在短期内创造"奇迹"，强调宏观人口目标、忽视群众意愿的政策则难见成效，欲速不达。[3]

　　总结政府和学界的众多政策建议，大致可以归纳出以下三种政策发展路径：发展儿童福利政策、家庭政策和儿童照顾政策。首先，儿童福利政策的支持者认为，解决儿童照顾问题应该首先关注弱势儿童及其家庭所面临的照顾困境和其他问题，建议优先保障弱势儿童的照顾需要和建立儿童津贴制度，并逐渐将政策范围扩大到其他儿童。其次，家庭政策的支持者认为，儿童照顾问题是由我国缺少家庭政策造成的，需要建构一个支持家庭、投资儿童的家庭政策体系。因此，我国一些学者提出"帮助家庭就是帮助儿童，不能帮助家庭就不能有效地帮助儿童"[4]，倾向于将儿童照顾作为家庭政策的一个部分。然而中国的政策体系中缺少"家庭政策"类别，也没有专门处理家庭事务的部门机构，家庭事务散落于诸如妇联和民政等部门中，具有隐蔽性和分散性。[5]最后，儿童照顾政策的支持者认为，照顾政策从家庭政策中独立出来，直接聚焦照顾

---

[1]　岳经纶、范昕：《中国儿童照顾政策体系：回顾、反思与重构》，《中国社会科学》2018年第9期。

[2]　陈佳鞠、靳永爱、夏海燕、朱小涵：《中国生育水平回升的可能性：基于北欧国家历史经验的分析》，《人口与发展》2022年第3期。

[3]　郑真真：《生育转变的多重推动力：从亚洲看中国》，《中国社会科学》2021年第3期。

[4]　张秀兰、徐月宾：《建构中国的发展型家庭政策》，《中国社会科学》2003年第6期。

[5]　钟晓慧：《改革开放以来政策过程中的积极家庭》，《妇女研究论丛》2019年第3期。

活动，既关注照顾活动所揭示的女性（或人类）生活经历，也关注其中涉及的个人需要与制度安排，以及制度背后所隐含的关于性别角色、家庭角色和政府角色的价值取向。[①] 对我国的儿童照顾政策进行梳理发现，自新中国成立以来我国儿童照顾政策体系具有"去家庭化—隐形家庭化—普惠端倪"的政策取向，发生了"建构—解构—部分重构"的结构性变迁，但是重建工作还任重而道远，重建儿童照顾政策体系刻不容缓。[②]

应该说，这三种政策思路并不互斥，它们既各有侧重又部分重叠。儿童福利政策更重视儿童津贴的提供，更强调优先保障困境儿童；家庭政策更关注帮助家庭实现儿童照顾功能，支持家庭的发展；儿童照顾政策则更加聚焦"照顾危机"这个紧迫的社会问题，同时，它既关注满足儿童和家庭的需要，也关注儿童照顾提供的不同方式及其社会影响。因此，不管选择哪种政策思路，生育配套政策的构建需要同时考虑照顾者和被照顾者的需求。同时，生育配套政策不仅应该关注育龄女性从家庭内或社会中获得更多时间支持，从而提高生育意愿，还应该考虑实现经济社会转型、男女平等、人才发展等长远目标。但是，选择儿童照顾政策发展路径应对儿童照顾问题有以下优点。一是更加聚焦于当前严峻的儿童"照顾危机"，凸显了儿童照顾这一当下迫切的社会需要。二是可以更系统地考虑儿童照顾责任和成本分担，避免将儿童的需要、家庭其他成员（特别是母亲和祖父母）的需要和托幼服务提供者的需要对立起来。三是相对于建构完善的家庭政策，儿童照顾政策体系无疑更具紧迫性也更具可操作性。此外，设计得当的儿童照顾政策体系还能够促进家庭政策和儿童福利政策的发展和完善。因此，近年来越来越多的学者认为儿童照顾政策体系应该是生育配套政策的主要内容和重点发展领域。

另外，很多学者也期望通过对国外缓解低生育率问题政策的分析为我国提供有益的参考。有学者分析了以瑞典为代表的北欧模式，它采取国家干预的方式，基本上由政府承担儿童照顾及家庭支持的责任，充分满足儿童成长的各种

---

① 岳经纶、范昕：《中国儿童照顾政策体系：回顾、反思与重构》，《中国社会科学》2018 年第 9 期。

② 岳经纶、范昕：《中国儿童照顾政策体系：回顾、反思与重构》，《中国社会科学》2018 年第 9 期。

需求，然而高福利的背后也会导致高负担、低家庭责任和"养懒"等问题。[1]
还有学者对和中国一样处在东亚"儒家"文化熏陶下的日本的儿童福利模式进
行了分析，认为日本的儿童福利模式以家庭化为基础，具有明显的"性别分
工"特征，但是随着女性意识的觉醒，这种儿童福利模式的弊端也逐渐显
现。[2] 除此之外，还有许多文章对英国、德国等国家儿童福利模式进行了探讨。
从对国外儿童福利模式的讨论中，人们不难看出不同国家的具体社会情况存在
巨大差异，即使是处于同一儿童福利模式下的英国和瑞典的儿童照顾政策也各
不相同。儿童照顾政策是一国文化、经济和政治等诸多因素共同作用的产物，
如果仅仅是照抄他国的政策，不具体分析和搞好本土研究就不能发展出一套适
合我国国情的儿童照顾政策体系。在生育配套政策上，茅倬彦等学者充分考虑
了我国不同地区的异质性，在对欧洲 29 个典型国家进行模糊集定性比较分析
之后，得到五类影响生育率的组态方案，并对我国不同地区性别观念和经济水
平，提出专门的借鉴模式。[3] 这种具体问题具体分析的做法，在儿童照顾政策
领域的研究中，同样具有极强的借鉴意义。

　　构建符合我国国情的生育配套政策，除了考虑政治、经济和文化等诸多社
会情境的客观因素之外，还应该重视主观因素即政策主体（公众）的福利态
度。[4] 所谓福利态度，指的是公众对国家/政府在福利领域应该承担何种责任的
看法，包括对国家再分配、社会保障与社会福利政策的态度等。[5] 公众对于
"儿童应该由谁来照顾"这一问题的回答，可以反映出公众在儿童照顾领域的
福利态度，持"儿童更应该由家庭照顾"观点的公众可以被认为是具有家庭主
义特征的儿童照顾福利态度。[6] 随着社会经济发展，女性地位上升，"照顾"

---

① 栾俪云：《国外儿童照顾与支持的价值理念和制度安排》，《前沿》2010 年第 12 期。
② 王晓燕：《日本儿童福利政策的特色与发展变革》，《中国青年研究》2009 年第 2 期。
③ 茅倬彦、王嘉晨、吴美玲：《欧洲生育支持政策效果的评估及启示——基于模糊集定性比较
的分析》，《人口与经济》2021 年第 2 期。
④ 范昕、庄文嘉、岳经纶：《生，还是不生？——全面二孩时代生育配套政策调整的公众态度
研究》，《学术研究》2019 年第 12 期。
⑤ Roller, E., "The Welfare State: The Equality Dimension," *Scope of Government* (1998): 165 - 198.
⑥ 杨爽：《东亚福利体制中儿童照顾的福利态度——基于国际社会调查项目数据的比较分析》，
《北京社会科学》2021 年第 2 期。

早已不再是社会对女性提供无偿劳动的桎梏，更多的主体已经加入儿童照顾领域，公众的福利态度也呈现多元化的趋势。国家/政府如果不了解公众在儿童照顾政策领域的福利态度就贸然制定和实施政策，不仅会导致政策收效甚微、事倍功半，还可能严重损害公众的积极性和社会资源的可及性。

综上，在全球化、老龄化背景下的中国，多维度地缓解低生育率问题已经变得刻不容缓。党的十八大以来，生育配套政策——特别是儿童照顾政策——逐渐成为全社会最为关切的民生问题。党的十九大首次提出"幼有所育"的民生目标，党的二十大进一步强调该目标，表明了党和国家对于该问题的高度重视。应该说，我国生育配套政策仍处在不断形成的过程之中，需要解决诸如儿童照顾赤字、性别不平等、生育配套政策不完善等诸多问题，而儿童照顾政策应该是重中之重。当今社会，"照顾"正在超越传统的仅限于妇女和家庭无偿劳动的定义，逐步向家庭之外扩展。① 随着越来越多的主体参与到儿童照顾领域，如何有效制定和实施儿童照顾政策，可以从公众福利态度角度入手分辨具有不同特征的社会成员差异化的福利诉求，为儿童照顾领域的发展提供参考，从而不断满足人民日益增长的美好生活需要。

二　政策背景

本部分系统梳理了我国生育政策和生育配套措施发展的历程，分为国家层面和省级层面两个部分。

（一）国家性政策

早在 2001 年，国务院就印发了《中国儿童发展纲要（2001—2010 年）》（以下简称《纲要》）。此《纲要》根据我国儿童发展的实际情况，从健康、教育、法律保护、环境 4 个领域，提出了 2001—2010 年的目标和策略措施，体现了国家对于儿童发展的重视。此阶段对于儿童照顾方面的政策规划主要集中于宏观层面，并且体现了明显的救助性特点。

---

① 杨爽：《东亚福利体制中儿童照顾的福利态度——基于国际社会调查项目数据的比较分析》，《北京社会科学》2021 年第 2 期。

为了应对人口老龄化趋势，2015 年起，中国的生育政策由"单独二孩"、"全面二孩"政策向"三孩政策"调整。然而，人口政策的放松并没有带来理想的人口增长效果。在此背景下，与人口增长密切相关的儿童照顾问题逐步成为人民最关切的社会福利问题。2017 年 3 月 1 日，国务院印发《"十三五"推进基本公共服务均等化规划》，指出要大力发展普惠性学前教育，"加强普惠性幼儿园建设，重点保障中西部农村适龄儿童和实施全面两孩政策新增适龄儿童入园需求"。该文件还强调要建立完善基本社会服务制度，加强社会福利服务设施建设，其中包括"结合地区实际，建设一批县级儿童福利设施"。除此之外，在推动公共服务均等化过程中，该文件要求重点帮扶特殊困难人群，包括"健全孤儿、弃婴、法定抚养人无力抚养儿童、低收入家庭重病重残等困境儿童的福利保障体系"。国务院在"'十三五'国家基本公共服务清单"中明确列出由国家卫健委牵头负责，由地方人民政府负责，中央财政适当补助，实施对 0 ~ 6 岁儿童的健康管理，推动 0 ~ 6 岁儿童健康管理率逐步达到 90%。儿童照顾政策在国家顶层设计层面被不断细化，并且体现出普惠性的发展趋势，儿童照顾政策的惠及面进一步扩大。

党的十八大以来，党中央高度重视人口问题，根据我国人口发展变化形势，做出逐步调整完善生育政策、促进人口长期均衡发展的重大决策，各项工作取得显著成效。2017 年，"幼有所育"作为排名第一的民生事业目标在党的十九大上被提出，重要性不言自明。2021 年 6 月，中共中央、国务院印发了《关于优化生育政策促进人口长期均衡发展的决定》（以下简称《决定》），实施一对夫妻可以生育三个子女政策，并取消社会抚养费等制约措施，清理和废止相关处罚规定，配套实施生育支持措施。儿童照顾政策作为生育支持领域的重要子政策之一，也因此进入新的发展阶段。《决定》提出要从建立健全支持政策和标准规范体系、大力发展多种形式的普惠服务、加强综合监管等方面发展普惠托育服务体系，强调通过完善生育休假与生育保险制度、推进教育公平与优质教育资源供给等措施降低生育、养育、教育成本，并且加强政府和社会协同治理，动员社会力量参与儿童照顾活动。在此基础上，2022 年 7 月，国家卫健委联合十六个部门发布了《关于进一步完善和落实积极生育支持措施的指导意见》（以下简称《意见》），在提高优生优育服务水平、发展普惠托育服务体系、完善生育休假和待遇保障机制、强化住房税收等支持措施、加强优质教育资源供给、构建生育友好的就业环境、加强宣传引导和服务管理等八个方面均给出了明确的指导意见。在涉及儿童照顾政策方面，《意见》提出要提高儿童健康服务质量、提高家庭婴幼儿照护能力、增加普惠托育服务供给、降低托育机构运营成本和提高服务质量、提高学前教育普及普惠水平，以及积极营造生育友好社会氛围。《决定》和《意见》对儿童照顾政策各方面进行了细致规划，体现出国家已经深刻认识到生育和人口问题的重要性和紧迫性，并且进一步强调儿童照顾政策的普惠性。

2022 年 10 月 16 日，中国共产党第二十次全国代表大会在人民大会堂开幕。习近平代表第十九届中央委员会向大会做了题为《高举中国特色社会主义伟大旗帜 为全面建设社会主义现代化国家而团结奋斗》的报告（以下简称《报告》）。《报告》对党的十八大以来党和国家在各项事业上取得的成就进行了总结。过去十年，我国深入贯彻以人民为中心的发展思想，在幼有所育、学有所教、劳有所得、病有所医、老有所养、住有所居、弱有所扶上持续用力，实现人民生活全方位改善。在肯定过去工作成就的同时，《报告》还指出了目前工作存在的难点和问题，例如：群众在就业、教育、医疗、托育、养老、住房等方面面临不少难题。为了解决一系列问题，《报告》强调要增进民生福祉，提高人民生活品质，优化人口发展战略，建立生育支持政策体系，降低生育、养育、教育成本。

总的来说，党的十八大以来，根据我国人口发展变化形势，党中央将解决人口问题和完善生育政策作为重要战略，各项工作取得显著成效。党的十九大提出的"幼有所育"民生发展目标，进一步凸显儿童照顾政策的重要性。党的二十大报告进一步强调要在"幼有所育"等民生目标上持续发力，不断实现人民对美好生活的向往，并提出要"建立生育支持政策体系，降低生育、养育、教育成本"。这一系列政策目标的提出，表明我国已将儿童照顾作为重要的民生事业，儿童照顾问题已逐渐成为全社会、全体人民最为关切的社会福利问题。

（二）地方性政策

地方上，各地也在努力探索尝试，积极推动相关政策出台（见表1）。我们以此次"人民美好生活需要（公众福利态度）调查"所涉及的省份广东、甘肃和河南为例，分析各地儿童照顾政策的发展。

广东省作为我国人口大省和经济发展势头强劲的省份，在儿童照顾政策出台方面具有较多的实践经验。在学前教育方面，为了贯彻落实党的十八届五中全会"发展学前教育，鼓励普惠性幼儿园发展"的要求，2017 年 9 月，广东省教育厅联合广东省发展改革委等三个部门共同印发《广东省发展学前教育第三期行动计划（2017—2020 年）》（以下简称《计划》）。《计划》着力构建"广覆盖、保基本、有质量的学前教育公共服务体系"以满足适龄儿童入园需求。在此基础上，2018 年 5 月又发布《关于鼓励社会力量兴办教育促进民办教育健康发展的实施意见》，积极促进民办教育健康发展。与此同时，广东省持续增加学前教育领域的财政投入，不断优化资源配置，推动学前教育向更高质量发展，逐步实现从"幼有所育"到"优育"的突破。在假期政策方面，《广东省人口与计划生育条例》（2021 年 12 月 1 日第九次修正）第三十条对于母亲奖励假、父亲陪产假和子女三周岁内的父母育儿假和享受假期期间的福利待遇进行了明确规定。在托育服务方面，2020 年 3 月，广东省人民政府办公厅颁布《关于促进 3 岁以下婴幼儿照护服务发展的实施意见》，对家庭婴幼儿照护、社区和农村地区婴幼儿照护服务、普惠婴幼儿照护服务机构的发展等诸多方面提供了指导性意见，并且提出到 2025 年要基本健全婴幼儿照护服务的政策标准体系，力争整体水平走在全国前列的总目标。

甘肃省围绕着托育服务、学前教育等方面持续发力。2019 年 12 月，甘肃省人民政府办公厅下发《关于促进 3 岁以下婴幼儿照护服务发展的实施意见》，提出要发展多种形式的婴幼儿照护服务机构，鼓励通过多种方式完善婴幼儿照护服务设施，鼓励和支持社区和社会多元合作兴办和运营婴幼儿照护服务机构等诸多措施。在此基础上，2021 年 7 月，《甘肃省人民政府办公厅关于印发甘肃省"十四五"促进养老托育服务健康发展实施方案的通知》指出，统筹推进城乡托育服务发展，合力发展成本可负担、便捷可及的普惠性养老托育服务。甘肃省通过以上诸多政策部署，预计在 2025 年，基本形成覆盖全省城乡的婴幼儿照护服务体系，实现幼儿照护服务水平明显提升，进一步满足广大家庭对婴幼儿照护服务的需求。除此之外，甘肃省还全面落实事实无人抚养儿童保障政策等弱势儿童照顾政策，此类举措是普惠性儿童福利制度的进一步延伸与拓展。在学前教育方面，2017 年 1 月，《甘肃省人民政府办公厅印发关于加快甘肃省教育发展实施方案的通知》指出，要积极发展农村学前教育、扩大民族地区学前教育资源以及建立健全学前教育、义务教育、高中阶段教育和高等教育全覆盖的特殊教育体系。2019 年，甘肃省委、省政府出台《关于学前教育深化改革规范发展的实施意见》，该政策的出台是甘肃省提高学前教育入学率、增加公办幼儿园、落实儿童照顾机构设施等的有力举措。

河南省在落实儿童照顾政策方面也取得了一定成就。2020 年 4 月，《河南省人民政府办公厅关于促进 3 岁以下婴幼儿照护服务发展的实施意见》指出，坚持"家庭为主、托育补充，政策引导、普惠优先，安全健康、科学规范，属地管理、分类指导"的原则，积极满足人民群众的多样性需求；还指出，未来促进 3 岁以下婴幼儿照护服务发展的主要任务在于加强对家庭婴幼儿照护的支持和指导、加大社区婴幼儿照护服务设施规划建设力度、培育多元化婴幼儿照护服务供给主体、规范婴幼儿照护服务机构发展和加强婴幼儿照护服务机构监督管理等几个方面。政府作为公共服务供给主体，应该采取各项政策支持各单位、机构开展婴幼儿照护服务，并从用地保障、队伍建设、信息支撑、社会支持等诸多方面促进相关领域发展。郑州市作为河南的省会城市，也积极出台儿童照顾相关政策。中共郑州市委办公厅、郑州市人民政府办公厅印发《关于促进 3 岁以下婴幼儿照护服务发展的实施意见》，对涉及儿童照顾方面的托育机构、生育假期、婴幼儿早期发展等方面均做出明确的指导规划。

为了贯彻落实《国务院办公厅关于促进 3 岁以下婴幼儿照护服务发展的指导意见》，广东、甘肃和河南三省份均在儿童照顾政策上持续发力，取得了一定工作成效，增进了民生福祉。就具体政策而言，三省份均采取强力措施发展学前教育，致力于推动儿童照顾政策向普惠性方向发展。广东省由于经济实力较强和政策经验积累多，在儿童照顾政策的类型方面更为多样，体现出明显的政策创新特点；甘肃省立足于省情，更为关注消除儿童照顾政策间的城乡差异，重视对弱势群体和民族地区的政策扶助；河南省强调发挥基层力量，着力构建政府主导、部门协同、家庭尽责、社会参与的困境儿童保障工作格局。表1整理了三省在儿童照顾方面的相关政策文件。

表 1　广东、甘肃、河南三省儿童照顾相关政策文件

省份	时间	政策文件
广东	2017 年 9 月	《广东省发展学前教育第三期行动计划（2017—2020 年)》
	2018 年 5 月	《关于鼓励社会力量兴办教育促进民办教育健康发展的实施意见》
	2020 年 3 月	《关于促进 3 岁以下婴幼儿照护服务发展的实施意见》
	2021 年 12 月 1 日第九次修正	《广东省人口与计划生育条例》
甘肃	2017 年 1 月	《甘肃省人民政府办公厅印发关于加快甘肃省教育发展实施方案的通知》
	2019 年 12 月	《关于学前教育深化改革规范发展的实施意见》
	2019 年 12 月	《关于促进 3 岁以下婴幼儿照护服务发展的实施意见》
	2021 年 7 月	《甘肃省人民政府办公厅关于印发甘肃省"十四五"促进养老托育服务健康发展实施方案的通知》
河南	2020 年 4 月	《河南省人民政府办公厅关于促进 3 岁以下婴幼儿照护服务发展的实施意见》
	2022 年 1 月	《关于促进 3 岁以下婴幼儿照护服务发展的实施意见》

三　分析框架：核心概念与基本理论

在三孩政策背景下，本报告主要关注两个核心概念：生育配套政策和儿童照顾政策。如上文所述，在低生育背景下，建立生育配套政策（也称为生育支持政策）已经被提上政策日程，而儿童照顾政策则被认为是其中最关键，也是最薄弱的一个环节。

为了便于后文的分析，笔者首先需要对这两个核心概念进行界定。生育配套政策是广泛运用于我国政策文本的一个概念，泛指所有对家庭生育行为起到支持作用的政策措施。例如，党的二十大报告指出"建立生育支持政策体系，降低生育、养育、教育成本"。可见，生育配套政策的内涵和外延都非常丰富，包括医疗政策（降低生育成本）、儿童照顾政策（降低养育成本）和教育政策（降低教育成本），以及住房政策等多个维度的社会政策。此外，在实践中，儿童友好城市建设等综合性政策实践也和生育配套政策紧密相连。

儿童照顾政策既是生育配套政策的一个子政策领域，也是一个学术概念。从学术上来看，儿童照顾政策指政府为满足假期、服务和补贴支持这三种儿童照顾活动中存在的需求而采取的各项举措。[1] 其中，假期类政策又称为亲职假，主要包括产假（Maternity Leave）、陪产假（Paternity Leave）和育儿假（Parental Leave）三类政策工具；[2] 服务类政策指为学龄前儿童提供的各种类型的照顾和教育服务，国际上通常被称为儿童早期教育和照顾服务（Early Childhood Education and Care，ECEC），包括正规的机构服务和非正规的居家服务（Family Care），一般不包括保姆、邻居、亲属等提供的儿童照顾服务；[3] 补贴类政策也被称为现金政策，主要通过收入再分配的方式直接补贴家庭的儿童照顾成本，根据政策对象又可分为普惠性补贴和选择性补贴。[4] 总的来说，由于发展儿童照顾政策能够带来巨大的社会发展红利，在福利紧缩的大背景下，西方福利国家的儿童照顾政策和投入不减反增，体现了西方儿童照顾政策逻辑由"社会福利"向"社会投资"的转变。[5]

在儿童照顾政策概念的基础上，已有研究认为不同儿童照顾政策的组合也能够体现一国或地区对"儿童应该由谁照顾"这一问题的看法，并且呈现不同的政策效果。许多研究在比较儿童照顾政策时探讨了家庭化和去家庭化的程度问题。早期的研究大多发现提供正式的儿童照顾服务会对女性的就业产生正面影响，[6] 因此常常将高水平的儿童入托率等同于高程度的去家庭化，但女性就业率和儿童入托率之间缺乏明显的相关性，单纯通过服务的程度来衡量去家庭化的程度是远远不够的。有学者将正式的儿童照顾服务的程度进一步解构为服务和补贴，而家庭化的程度则通过补贴和假期维度来确定。可见，儿童照顾政策的不同组合可以导致家庭化、去家庭化和再家庭化三种发展模式，并形成依

---

① Daly, M., "Care as a Good for Social Policy," *Journal of Social Policy* 31 （2002）：251 –270.

② 马春华：《亲职假政策现状及其影响跨国比较研究和分析》，《中华女子学院学报》2019 年第 15 期。

③ OECD, *Starting Strong II*, 2006.

④ 李薇：《西方国家家庭补贴制度：基于三种福利体制的比较》，社会科学文献出版社，2017。

⑤ 岳经纶、范昕：《中国儿童照顾政策体系：回顾、反思与重构》，《中国社会科学》2018 年第 9 期。

⑥ Anttonen, A. & Sipila, J., "European Social Care Services：Is It Possible to Identify Models?" *Journal of European Social Policy* 6 （1996）：87 –100.

赖于性别分工的家庭承担、依赖于社会政策介入的国家承担以及依赖于混合资源支持的重归家庭承担三种制度实践。[①] 去家庭化指的是独立于家庭关系之外，成年人通过有偿工作和社会保障系统可以维持一种社会可接受的生活（经济）标准的程度。相应地，家庭化就可以被理解为个人必须依赖家庭获得经济和社会保障的一种过程或条件。[②] 在家庭化的情况下，只是家庭为其成员提供福利支持，而国家为个人提供很少或根本不提供经济或社会支持。南欧和东亚国家通常被认为是典型的家庭主义福利制度。[③] 需要注意的是，家庭化和去家庭化二者之间并不是完全独立和截然相反的，瑞典被视为去家庭化模式的典范，但它设置了大量的育儿假使托儿工作变得家庭化，因此，瑞典应该更多地被认为是一个选择性家庭化的例子。[④]

　　作为一个分析的理论框架，在假期、服务和补贴三个维度的基础上，去家庭化的儿童照顾政策组合体现为：在具有强去家庭化的服务和（或）补贴支持特征的同时，包含弱家庭化的补贴和（或）假期支持特征。而家庭化又可以分为显性家庭化和隐形家庭化。显性家庭化的儿童照顾政策组合体现为强家庭化的补贴和（或）假期支持和弱去家庭化的服务和（或）补贴支持特征，而隐形家庭化的儿童照顾政策组合体现为去家庭化的服务和（或）补贴支持和家庭化的补贴和（或）假期支持特征均较弱。混合主义的儿童照顾政策的组合所体现的以上特征均较强（见图1）。[⑤] 本报告将基于这一框架，对2022年"人民美好生活需要（公众福利态度）调查"问卷中的儿童照顾议题进行分析。

---

① 钟晓慧、郭巍青：《人口政策议题转换：从养育看生育——"全面二孩"下中产家庭的隔代抚养与儿童照顾》，《探索与争鸣》2017年第7期。

② Leitner, S., "Varieties of Familialism: The Caring Function of the Family in Comparative Perspective," *European Societies* 5 (2003): 353 – 375.

③ Esping-Andersen, G., *Social Foundations of Postindustrial Economies*, Oxford University Press, 1999; An, M. Y. & Peng, I., "Diverging Paths? A Comparative Look at Childcare Policies in Japan, South Korea and Taiwan," *Social Policy & Administration* 50 (2016): 540 – 558.

④ Leitner, S., "Varieties of Familialism: The Caring Function of the Family in Comparative Perspective," *European Societies* 5 (2003): 353 – 375.

⑤ An, M. Y. & Peng, I., "Diverging Paths? A Comparative Look at Childcare Policies in Japan, South Korea and Taiwan," *Social Policy & Administration* 50 (2016): 540 – 558.

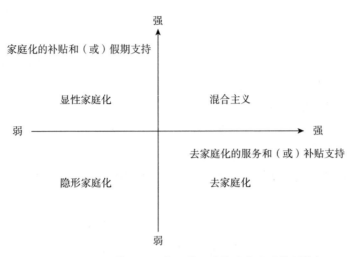

图1　儿童照顾政策不同组合及其反映的儿童照顾体制偏好

四　生育配套政策的公众态度和偏好

本部分根据 2022 年"人民美好生活需要（公众福利态度）调查"问卷（以下简称"问卷"）对整体的生育配套政策支持度及其差异进行数据分析。首先，根据调查数据从政策整体支持度和分类政策支持度两个方面观察公众对生育配套政策的支持度及其在省份层面上的差异。其次，为了观察不同利益群体在生育配套政策支持度上的差异，进行了详细的异质性描述统计和差异分析，讨论可能影响政策支持度的关键要素。

在政策支持度的测量方面，各项生育配套政策基本可以划分为"假期政策""托育服务""津贴政策""医疗服务""教育服务""住房政策"。每一个具体政策题项用变量"0"和"1"表示，"1"表示受访者选择了该项政策，"0"代表受访者没有选择该项配套政策。在整体政策支持度方面，则直接采用"题项得分加总"的方式进行测量。

（一）公众对生育配套政策的支持度及差异

1. 公众对生育配套政策的整体支持度

表 2 展示了 2022 年问卷中各项生育配套政策的支持度以及整体政策支持

度得分。在 6 类配套政策中，"津贴政策""医疗服务""教育服务""住房政策"的支持度都在 0.50 以上，显示出较高的政策支持度水平。"教育服务"支持度最高（0.70），"托育服务"支持度最低（0.35），整体政策支持度为 0.47。政策支持度的差异表明人们更加重视"教育服务""住房政策""医疗服务"等生育配套政策，而对假期政策、托育服务和津贴政策三类生育配套政策的关注较少。

表 2 整体政策支持度（2022 年）

政策支持度	样本数	均值	标准差
1. 假期政策，如产假、育儿假、陪产假	9400	0.46	0.50
2. 托育服务，如托儿所、幼儿园、课后托管	9400	0.35	0.48
3. 津贴政策，如儿童照顾津贴、税收减免	9400	0.52	0.50
4. 医疗服务，如孕产检查、儿童医院	9400	0.64	0.48
5. 教育服务，如幼儿园、义务教育	9400	0.70	0.46
6. 住房政策，如房价优惠、公租房优先等	9400	0.59	0.49
整体政策支持度	9400	0.47	0.23

2. 不同群体对生育配套政策的支持情况

（1）性别

表 3 展示了男女受访者在政策支持度得分的描述性统计情况。从表 3 可见，男性受访者对生育配套政策的整体支持度为 3.21，显著低于（$F = 66.10$，$p < 0.01$）女性受访者的整体支持度（3.49）。就各项政策而言，男性受访者的各项政策支持度也显著低于女性受访者，可见女性在生育配套政策方面具有更高的诉求。

表 3 不同性别受访者的政策支持度差异

	性别	均值	标准差	样本数	F 统计量
假期政策	男	0.41	0.49	5146	139.61 ***
	女	0.51	0.50	4254	
托育服务	男	0.31	0.46	5146	364.05 ***
	女	0.41	0.49	4254	

续表

	性别	均值	标准差	样本数	F 统计量
津贴政策	男	0.49	0.50	5146	51.24***
	女	0.55	0.50	4254	
医疗服务	男	0.62	0.48	5146	76.90***
	女	0.67	0.47	4254	
教育服务	男	0.67	0.47	5146	128.10***
	女	0.73	0.45	4254	
住房政策	男	0.58	0.50	5146	59.10***
	女	0.62	0.49	4254	
整体政策支持度	男	3.21	1.75	5146	66.10***
	女	3.49	1.80	4254	

注：* $p < 0.1$，** $p < 0.05$，*** $p < 0.01$。

（2）年龄

根据问卷数据将受访者分为 5 个年龄段：18～25 岁、26～35 岁、36～50 岁、51～65 岁、65 岁以上。表 4 展示了 5 个年龄段受访者对生育配套政策的支持度差异，从中可知 18～25 岁受访者对生育配套政策的整体支持度为 3.26，26～35 岁受访者为 3.47，36～50 岁受访者为 3.30、51～65 岁受访者为 2.99，65 岁以上受访者为 2.65。其中 26～35 岁年龄段受访者在整体政策支持度的得分显著高于其他年龄段受访者（$F = 23.967$，$p < 0.01$），并且各项生育配套政策的得分均靠前，体现出该年龄段群体对于生育配套政策相对更重视，这可能与其正处于育龄年龄有关。

表 4 不同年龄段受访者的政策支持度差异

	年龄	均值	标准差	样本数	F 统计量
假期政策	18～25 岁	0.47	0.50	1718	21.876***
	26～35 岁	0.51	0.50	2685	
	36～50 岁	0.45	0.50	3287	
	51～65 岁	0.39	0.49	1465	
	65 岁以上	0.28	0.45	214	
	总样本	0.46	0.50	9369	

续表

	年龄	均值	标准差	样本数	F 统计量
托育服务	18～25 岁	0.31	0.46	1718	9.844 ***
	26～35 岁	0.38	0.49	2685	
	36～50 岁	0.37	0.48	3287	
	51～65 岁	0.34	0.47	1465	
	65 岁以上	0.27	0.45	214	
	总样本	0.36	0.48	9369	
津贴政策	18～25 岁	0.53	0.50	1718	11.755 ***
	26～35 岁	0.56	0.50	2685	
	36～50 岁	0.51	0.50	3287	
	51～65 岁	0.47	0.50	1465	
	65 岁以上	0.42	0.49	214	
	总样本	0.52	0.50	9369	
医疗服务	18～25 岁	0.67	0.47	1718	6.823 ***
	26～35 岁	0.67	0.47	2685	
	36～50 岁	0.64	0.48	3287	
	51～65 岁	0.61	0.49	1465	
	65 岁以上	0.54	0.50	214	
	总样本	0.64	0.48	9369	
教育服务	18～25 岁	0.68	0.47	1718	17.547 ***
	26～35 岁	0.73	0.45	2685	
	36～50 岁	0.72	0.45	3287	
	51～65 岁	0.64	0.48	1465	
	65 岁以上	0.55	0.50	214	
	总样本	0.70	0.46	9369	
住房政策	18～25 岁	0.60	0.49	1718	8.120 ***
	26～35 岁	0.61	0.49	2685	
	36～50 岁	0.60	0.49	3287	
	51～65 岁	0.53	0.50	1465	
	65 岁以上	0.53	0.50	214	
	总样本	0.59	0.49	9369	

续表

	年龄	均值	标准差	样本数	F 统计量
整体政策支持度	18 ~ 25 岁	3.26	1.70	1718	23.967***
	26 ~ 35 岁	3.47	1.78	2685	
	36 ~ 50 岁	3.30	1.81	3287	
	51 ~ 65 岁	2.99	1.79	1465	
	65 岁以上	2.65	1.67	214	
	总样本	3.28	1.79	9369	

注：$^*p < 0.1$，$^{**}p < 0.05$，$^{***}p < 0.01$。

（3）收入

根据受访者的月收入情况，将月收入 5000 元以下记为低收入，月收入 5000 ~ 20000 元记为中收入，月收入 20000 元以上记为高收入。从表 5 可以看出，在整体政策支持度方面，低、中、高收入的受访者得分分别为 3.23、3.35、3.27，收入与整体政策支持度呈现显著正相关（$\beta > 0$，$p < 0.05$），说明收入越高，整体政策支持度也越高。

表 5　不同收入受访者的政策支持度差异

	收入	均值	标准差	样本数	相关系数
假期政策	低收入	0.43	0.50	5532	0.045**
	中收入	0.49	0.50	3495	
	高收入	0.41	0.49	373	
	总样本	0.46	0.50	9400	
托育服务	低收入	0.33	0.47	5532	0.056**
	中收入	0.39	0.49	3495	
	高收入	0.38	0.49	373	
	总样本	0.35	0.48	9400	
津贴政策	低收入	0.52	0.50	5532	0.002
	中收入	0.52	0.50	3495	
	高收入	0.51	0.50	373	
	总样本	0.52	0.50	9400	

续表

	收入	均值	标准差	样本数	相关系数
医疗服务	低收入	0.64	0.48	5532	0.018
	中收入	0.66	0.47	3495	
	高收入	0.64	0.48	373	
	总样本	0.64	0.48	9400	
教育服务	低收入	0.69	0.46	5532	0.016
	中收入	0.70	0.46	3495	
	高收入	0.73	0.44	373	
	总样本	0.70	0.46	9400	
住房政策	低收入	0.60	0.49	5532	−0.020
	中收入	0.58	0.49	3495	
	高收入	0.58	0.49	373	
	总样本	0.59	0.49	9400	
整体政策支持度	低收入	3.23	1.76	5532	0.027**
	中收入	3.35	1.82	3495	
	高收入	3.27	1.74	373	
	总样本	3.28	1.79	9400	

注：$^*p < 0.1$，$^{**}p < 0.05$，$^{***}p < 0.01$。

（4）学历

本问卷将不同学历的受访者分为初中及以下、职高/高中、大专/本科、硕士及以上四类。从表6可以看到，四类受访者在整体政策支持度得分和各类生育配套政策支持度得分方面都存在显著差异，并且学历与政策支持度均呈正相关。这说明学历越高的群体，在生育配套政策方面越具有更多的诉求。

表6　不同学历受访者的政策支持度差异

	学历	均值	标准差	样本数	相关系数
假期政策	初中及以下	0.32	0.47	2218	0.175**
	职高/高中	0.42	0.49	2134	
	大专/本科	0.53	0.50	4784	
	硕士及以上	0.49	0.50	164	
	总样本	0.46	0.50	9300	

续表

	学历	均值	标准差	样本数	相关系数
托育服务	初中及以下	0.24	0.43	2218	0.165 **
	职高/高中	0.31	0.46	2134	
	大专/本科	0.42	0.49	4784	
	硕士及以上	0.52	0.50	164	
	总样本	0.35	0.48	9300	
津贴政策	初中及以下	0.43	0.49	2218	0.118 **
	职高/高中	0.49	0.50	2134	
	大专/本科	0.57	0.50	4784	
	硕士及以上	0.57	0.50	164	
	总样本	0.52	0.50	9300	
医疗服务	初中及以下	0.59	0.49	2218	0.057 **
	职高/高中	0.64	0.48	2134	
	大专/本科	0.67	0.47	4784	
	硕士及以上	0.54	0.50	164	
	总样本	0.64	0.48	9300	
教育服务	初中及以下	0.63	0.48	2218	0.074 **
	职高/高中	0.70	0.46	2134	
	大专/本科	0.73	0.45	4784	
	硕士及以上	0.66	0.48	164	
	总样本	0.70	0.46	9300	
住房政策	初中及以下	0.54	0.50	2218	0.069 **
	职高/高中	0.59	0.49	2134	
	大专/本科	0.62	0.49	4784	
	硕士及以上	0.64	0.48	164	
	总样本	0.59	0.49	9300	
整体政策支持度	初中及以下	2.77	1.69	2218	0.183 **
	职高/高中	3.17	1.73	2134	
	大专/本科	3.55	1.80	4784	
	硕士及以上	3.43	1.74	164	
	总样本	3.28	1.79	9300	

注：$^{*}p < 0.1$，$^{**}p < 0.05$，$^{***}p < 0.01$。

（5）职业类型

问卷根据受访者的具体职业类型，将其分为公职人员、专业技术人员、办事及相关人员、服务及生产经营人员、其他人员、无业人员六类。由表 7 可知，在整体政策支持度方面，六类职业类型的得分分别为 3.51、3.44、3.69、3.12、3.10、3.24，且差异显著（$F = 21.433$，$p < 0.01$）。在各类政策支持度方面，服务及生产经营人员、其他人员得分均较低，体现出不同职业类型的受访者对于生育配套政策的不同诉求。

表7 不同职业类型受访者的政策支持度差异

	职业类型	均值	标准差	样本数	F 统计量
假期政策	公职人员	0.52	0.50	1078	24.211***
	专业技术人员	0.52	0.50	1451	
	办事及相关人员	0.56	0.50	716	
	服务及生产经营人员	0.40	0.49	2790	
	其他人员	0.42	0.49	1695	
	无业人员	0.44	0.50	1670	
	总样本	0.46	0.50	9400	
托育服务	公职人员	0.46	0.50	1078	24.818***
	专业技术人员	0.40	0.49	1451	
	办事及相关人员	0.44	0.50	716	
	服务及生产经营人员	0.31	0.46	2790	
	其他人员	0.32	0.47	1695	
	无业人员	0.33	0.47	1670	
	总样本	0.35	0.48	9400	
津贴政策	公职人员	0.55	0.50	1078	11.958***
	专业技术人员	0.54	0.50	1451	
	办事及相关人员	0.63	0.48	716	
	服务及生产经营人员	0.50	0.50	2790	
	其他人员	0.47	0.50	1695	
	无业人员	0.51	0.50	1670	
	总样本	0.52	0.50	9400	

续表

	职业类型	均值	标准差	样本数	F 统计量
医疗服务	公职人员	0.66	0.48	1078	1.289
	专业技术人员	0.64	0.48	1451	
	办事及相关人员	0.68	0.47	716	
	服务及生产经营人员	0.64	0.48	2790	
	其他人员	0.63	0.48	1695	
	无业人员	0.65	0.48	1670	
	总样本	0.64	0.48	9400	
教育服务	公职人员	0.72	0.45	1078	4.532***
	专业技术人员	0.71	0.45	1451	
	办事及相关人员	0.75	0.43	716	
	服务及生产经营人员	0.68	0.47	2790	
	其他人员	0.68	0.47	1695	
	无业人员	0.70	0.46	1670	
	总样本	0.70	0.46	9400	
住房政策	公职人员	0.60	0.49	1078	2.841*
	专业技术人员	0.62	0.49	1451	
	办事及相关人员	0.63	0.48	716	
	服务及生产经营人员	0.59	0.49	2790	
	其他人员	0.56	0.50	1695	
	无业人员	0.60	0.49	1670	
	总样本	0.59	0.49	9400	
整体政策支持度	公职人员	3.51	1.89	1078	21.433***
	专业技术人员	3.44	1.78	1451	
	办事及相关人员	3.69	1.70	716	
	服务及生产经营人员	3.12	1.74	2790	
	其他人员	3.10	1.81	1695	
	无业人员	3.24	1.76	1670	
	总样本	3.28	1.79	9400	

注：$^{*}p < 0.1$，$^{**}p < 0.05$，$^{***}p < 0.01$。

（6）户籍

本问卷将受访者的户籍类型分为农业户口、非农户口、居民户口三种类型。由表 8 可知，三类人群的整体政策支持度分别为 3.14、3.41、3.42，具有显著差异（$F = 26.986$，$p < 0.01$）。从分类政策支持度方面看，三类人群在假期政策、托育服务、津贴政策、教育服务等方面具有显著差异，农业户口受访者的政策支持度显著低于其他两类人群，反映了几类政策诉求的城乡差异。

表 8　不同户籍类型受访者的政策支持度差异

	户籍	均值	标准差	样本数	F 统计量
假期政策	农业户口	0.42	0.49	4648	28.737 ***
	非农户口	0.50	0.50	2148	
	居民户口	0.49	0.50	2350	
	总样本	0.45	0.50	9146	
托育服务	农业户口	0.30	0.46	4648	59.251 ***
	非农户口	0.42	0.49	2148	
	居民户口	0.40	0.49	2350	
	总样本	0.35	0.48	9146	
津贴政策	农业户口	0.50	0.50	4648	10.242 ***
	非农户口	0.52	0.50	2148	
	居民户口	0.56	0.50	2350	
	总样本	0.52	0.50	9146	
医疗服务	农业户口	0.65	0.48	4648	0.259
	非农户口	0.65	0.48	2148	
	居民户口	0.64	0.48	2350	
	总样本	0.65	0.48	9146	
教育服务	农业户口	0.68	0.47	4648	5.599 **
	非农户口	0.71	0.46	2148	
	居民户口	0.72	0.45	2350	
	总样本	0.70	0.46	9146	
住房政策	农业户口	0.58	0.49	4648	2.859
	非农户口	0.59	0.49	2148	
	居民户口	0.61	0.49	2350	
	总样本	0.59	0.49	9146	

续表

	户籍	均值	标准差	样本数	F 统计量
整体政策支持度	农业户口	3.14	1.75	4648	26.986***
	非农户口	3.41	1.83	2148	
	居民户口	3.42	1.80	2350	
	总样本	3.28	1.79	9146	

注：$*p<0.1$，$**p<0.05$，$***p<0.01$。

（7）婚姻状况

根据问卷数据，将受访者的婚姻状况划分为未婚、已婚、离婚三种状况。表9展示了不同婚姻状况的受访者在政策支持度得分的描述性统计情况。三者在整体政策支持度得分上并无显著差异（$F=0.532$，$p>0.05$）。不同婚姻状况的受访者在假期政策、托育服务以及教育服务方面具有显著差异：未婚受访者更支持假期政策，而已婚受访者更支持托育服务和教育服务政策，这可能与已婚受访者的生育情况有关。

表9 不同婚姻状况受访者的政策支持度差异

	婚姻状况	均值	标准差	样本数	F 统计量
假期政策	未婚	0.48	0.50	2571	6.219**
	已婚	0.44	0.50	6489	
	离婚	0.46	0.50	266	
	总样本	0.46	0.50	9326	
托育服务	未婚	0.33	0.47	2571	6.221**
	已婚	0.37	0.48	6489	
	离婚	0.35	0.48	266	
	总样本	0.35	0.48	9326	
津贴政策	未婚	0.53	0.50	2571	1.288
	已婚	0.51	0.50	6489	
	离婚	0.52	0.50	266	
	总样本	0.52	0.50	9326	

	婚姻状况	均值	标准差	样本数	F 统计量
医疗服务	未婚	0.66	0.47	2571	1.486
	已婚	0.64	0.48	6489	
	离婚	0.64	0.48	266	
	总样本	0.64	0.48	9326	
教育服务	未婚	0.68	0.46	2571	3.449*
	已婚	0.70	0.46	6489	
	离婚	0.65	0.48	266	
	总样本	0.70	0.46	9326	
住房政策	未婚	0.61	0.49	2571	2.962
	已婚	0.59	0.49	6489	
	离婚	0.62	0.49	266	
	总样本	0.59	0.49	9326	
整体政策支持度	未婚	3.31	1.73	2571	0.532
	已婚	3.26	1.80	6489	
	离婚	3.25	1.84	266	
	总样本	3.27	1.78	9326	

注：$^*p<0.1$，$^{**}p<0.05$，$^{***}p<0.01$。

3. 不同省份对生育配套政策的支持情况

2022 年问卷调查收集了来自广东省、河南省、甘肃省三个省份共 9400 份数据。表 10 显示了不同省份对生育配套政策的支持情况，包括整体政策支持度和分类政策支持度。

（1）整体政策支持度

从三省整体政策支持度来看，广东省（3.38）＞河南省（3.26）＞甘肃省（3.08），且具有显著差异（$F=21.613$，$p<0.01$）。

（2）分类政策支持度

从分类政策支持度来看，在假期政策、托育服务、津贴政策、医疗服务支持度方面，由高到低依次是广东省、河南省、甘肃省。在津贴政策方面，广东省和河南省的政策支持度位于中等以上水平，显示出较高的政策支持度水平。三省份在医疗服务、教育服务、住房政策支持度方面，均呈现较高的政策支持度水平

（均值>0.5），说明三省份的受访者对该三类政策均具有较高的诉求。

表10　三省政策支持度（2022年）

	省份	均值	标准差	样本数	F 统计量
假期政策	广东省	0.49	0.50	4400	24.046***
	河南省	0.45	0.50	2750	
	甘肃省	0.40	0.49	2250	
	总样本	0.46	0.50	9400	
托育服务	广东省	0.40	0.49	4400	31.462***
	河南省	0.33	0.47	2750	
	甘肃省	0.31	0.46	2250	
	总样本	0.35	0.48	9400	
津贴政策	广东省	0.55	0.50	4400	14.724***
	河南省	0.51	0.50	2750	
	甘肃省	0.48	0.50	2250	
	总样本	0.52	0.50	9400	
医疗服务	广东省	0.66	0.48	4400	2.446
	河南省	0.64	0.48	2750	
	甘肃省	0.63	0.48	2250	
	总样本	0.64	0.48	9400	
教育服务	广东省	0.71	0.46	4400	4.949**
	河南省	0.71	0.46	2750	
	甘肃省	0.67	0.47	2250	
	总样本	0.70	0.46	9400	
住房政策	广东省	0.58	0.49	4400	7.432***
	河南省	0.62	0.48	2750	
	甘肃省	0.58	0.49	2250	
	总样本	0.59	0.49	9400	
整体政策支持度	广东省	3.38	1.87	4400	21.613***
	河南省	3.26	1.72	2750	
	甘肃省	3.08	1.68	2250	
	总样本	3.28	1.79	9400	

注：$^*p<0.1$，$^{**}p<0.05$，$^{***}p<0.01$。

（二）公众对不同生育配套政策的偏好及差异

1. 公众对不同生育配套政策的整体偏好

从研究结果来看，在有效的 9265 名受访者中，排名前三的生育配套政策偏好为教育服务、医疗服务、住房政策，占比分别为 36.2%、25.3%、14.8%，后三名分别为津贴政策、假期政策、托育服务，占比分别为 10.3%、8.0%、5.4%。表 11 表明，如果政府财政能力有限，受访者更倾向于选择教育服务政策。

表 11 生育配套政策的偏好

	频率	有效百分比
假期政策	745	8.0
托育服务	499	5.4
津贴政策	953	10.3
医疗服务	2347	25.3
教育服务	3353	36.2
住房政策	1368	14.8
总样本	9265	100.0

2. 不同群体对不同生育配套政策的支持情况

（1）性别

在有效的 9265 名受访者中，男性有 5056 人，女性有 4209 人。表 12 显示了不同性别受访者生育配套政策的需求情况。在生育配套政策的六类政策选择中，有 36.6% 的男性受访者选择教育服务，25.8% 的男性受访者选择医疗服务，15.3% 的男性受访者选择住房政策，仅分别有 7.6% 和 4.5% 的男性受访者选择假期政策和托育服务。女性受访者的政策选择顺序与男性受访者相同，显示出二者在生育配套政策需求方面的一致性。从各类政策的选择人数占性别的百分比的差异来看，托育服务的百分比差异为 2 个百分点，说明托育服务在女性受访者中的需求更甚于男性。在频率表中，性别占比的差别不大，但通过卡方检验发现，显著性 $p < 0.05$，拒绝原假设，即认为男女对生育政策的需求在 95% 的置信区间存在差异。

表 12　不同性别受访者生育配套政策的需求情况

单位：%

性别	假期政策	托育服务	津贴政策	医疗服务	教育服务	住房政策	总计
男	7.6	4.5	10.2	25.8	36.6	15.3	100.0
女	8.6	6.5	10.3	24.8	35.7	14.1	100.0
总样本	8.0	5.4	10.3	25.3	36.2	14.8	100.0

（2）年龄

表 13 显示了不同年龄受访者生育配套政策的需求情况。卡方检验表明，不同年龄受访者对生育配套政策的需求具有显著差异（$p=0$，小于 0.05）。五个年龄段受访者对教育服务、医疗服务、住房政策都具有较高的需求。从分类政策角度看，不同年龄段受访者需求又具有显著差异。就托育服务类政策需求而言，18～25 岁年龄段受访者需求占比和 36～50 岁年龄段受访者需求占比差距较大，体现出两个年龄段受访者不同的政策需求，这可能与抚育儿童数量和托育责任有关。就假期政策而言，65 岁以上年龄段受访者需求占比显著低于其他年龄段受访者，分析原因可能是与其处于退休年龄有关，该年龄段受访者自然降低了对假期政策的需求。

表 13　不同年龄受访者生育配套政策的需求情况

单位：%

年龄	假期政策	托育服务	津贴政策	医疗服务	教育服务	住房政策	总计
18～25 岁	7.9	2.7	9.1	28.2	33.7	18.4	100.0
26～35 岁	8.2	5.4	10.4	25.1	36.1	14.8	100.0
36～50 岁	7.8	6.4	10.4	23.7	38.6	13.1	100.0
51～65 岁	9.1	6.3	10.6	25.3	34.9	13.8	100.0
65 岁以上	4.5	5.0	15.9	25.4	31.3	17.9	100.0
总样本	8.0	5.4	10.3	25.2	36.3	14.8	100.0

（3）收入

根据受访者月收入情况，将月收入低于 5000 元的受访者划分为低收入人群，月收入在 5000～20000 元的受访者划分为中收入人群，月收入高于 20000元的人群划分为高收入人群。表 14 显示了不同收入受访者生育配套政策的需求情况。通过卡方检验，可知不同收入类型对于生育配套政策的需求具有显著差异（$p=0$，小于 0.05）。高、中、低收入受访者对教育服务、医疗服务和住房政策都具有较高的需求。然而，高收入受访者与其他两类收入受访者不同，对于假期政策的需求相对较高（高于津贴政策），这说明与先满足中、低收入受访者的津贴政策需求不同，应先满足高收入群体的假期政策需求。

表 14　不同收入受访者生育配套政策的需求情况

单位：%

收入	假期政策	托育服务	津贴政策	医疗服务	教育服务	住房政策	总计
低收入	6.9	4.1	10.7	25.3	36.8	16.1	100.0
中收入	9.5	7.3	9.7	25.2	35.3	12.9	100.0
高收入	10.2	6.9	8.8	27.1	35.1	11.9	100.0
总样本	8.0	5.4	10.3	25.3	36.2	14.8	100.0

（4）学历

表 15 为不同学历受访者生育配套政策的需求情况。通过卡方检验可知，不同学历对生育配套政策的需求情况具有显著差异（$p=0$，小于 0.05）。初中及以下、职高/高中、大专/本科学历受访者对教育服务、医疗服务需求较高。就各分类政策的需求而言，硕士及以上受访者不同于其他三类学历人群，对托育服务和假期政策的需求较高，对津贴政策的需求占比相对较低，这一数据体现了高学历受访者的生育配套政策的需求。

表 15　不同学历受访者生育配套政策的需求情况

单位：%

学历	假期政策	托育服务	津贴政策	医疗服务	教育服务	住房政策	总计
初中及以下	5.3	2.3	10.4	28.2	38.5	15.2	100.0
职高/高中	5.0	4.1	9.3	28.2	37.7	15.7	100.0
大专/本科	10.5	6.9	10.6	23.0	35.0	14.1	100.0
硕士及以上	12.4	19.3	9.3	13.0	26.7	19.3	100.0
总样本	8.0	5.4	10.3	25.2	36.3	14.8	100.0

（5）职业类型

根据问卷信息，将受访者分为公职人员、专业技术人员、办事及相关人

315

员、服务及生产经营人员、其他人员、无业人员六类不同职业类型。表 16 显示了不同职业类型受访者生育配套政策的需求情况。根据卡方检验可知，不同职业类型受访者对生育配套政策的需求具有显著差异（$p = 0$，小于 0.05）。从总体来看，各职业类型群体对教育服务、医疗服务、住房政策需求较高。从各分类政策需求来看，除公职人员和专业技术人员，其余四类职业类型受访者津贴政策的需求占比大于假期政策，这与四类受访者的工作性质有关联，因此可以从津贴政策入手满足这四类受访者的生育配套政策需求。

表 16　不同职业类型受访者生育配套政策的需求情况

单位：%

职业类型	假期政策	托育服务	津贴政策	医疗服务	教育服务	住房政策	总计
公职人员	10.7	8.5	9.6	20.8	37.3	13.2	100.0
专业技术人员	11.2	7.4	9.4	23.6	33.5	14.9	100.0
办事及相关人员	9.6	8.3	13.7	23.1	32.4	13.0	100.0
服务及生产经营人员	7.1	3.7	10.7	26.7	37.3	14.5	100.0
其他人员	5.7	3.7	9.5	29.2	36.3	15.6	100.0
无业人员	6.9	4.9	10.2	24.5	37.5	16.0	100.0
总样本	8.0	5.4	10.3	25.3	36.2	14.8	100.0

（6）户籍

表 17 显示了不同户籍受访者生育配套政策的需求情况。由卡方检验可知，不同户籍群体对生育配套政策的需求具有显著差异（$p = 0$，小于 0.05）。从各分类政策的需求占比来看，农业户口受访者的医疗服务需求占比比其他两类户口群体高，而在托育服务需求方面又显著较低，该数据体现了城乡户口对生育配套政策的不同偏好。

表 17　不同户籍受访者生育配套政策的需求情况

单位：%

户籍	假期政策	托育服务	津贴政策	医疗服务	教育服务	住房政策	总计
农业户口	6.6	3.0	9.9	28.1	37.3	15.1	100.0
非农业户口	10.8	7.3	10.8	23.0	35.1	13.1	100.0

续表

户籍	假期政策	托育服务	津贴政策	医疗服务	教育服务	住房政策	总计
居民户口	8.6	8.2	11.4	22.1	34.8	14.9	100.0
总样本	8.1	5.3	10.5	25.4	36.1	14.6	100.0

（7）婚育状况

表18显示了不同婚育状况受访者生育配套政策的需求情况。由卡方检验可知，不同婚育状况受访者对生育配套政策的需求具有显著差异（$p=0$，小于0.05）。在教育服务、托育服务方面，已婚受访者的需求占比比其他两类受访者更高，原因可能与孕育子女数量有关。在住房政策方面，离婚受访者的需求占比相对更高。在医疗服务和假期政策方面，未婚受访者的需求占比更高。

表18　不同婚育状况受访者生育配套政策的需求情况

单位：%

婚育状况	假期政策	托育服务	津贴政策	医疗服务	教育服务	住房政策	总计
未婚	8.6	3.3	9.8	27.4	32.9	18.1	100.0
已婚	7.7	6.2	10.4	24.7	37.7	13.3	100.0
离婚	7.7	5.7	12.3	22.2	33.0	19.2	100.0
总样本	7.9	5.4	10.3	25.4	36.2	14.8	100.0

3. 不同省份受访者对不同生育配套政策的支持情况

表19显示了不同省份生育配套政策的偏好情况。由卡方检验可知，不同省份的生育配套政策偏好具有显著差异（$p=0$，小于0.05）。从整体看，三省受访者对于教育服务、医疗服务和住房政策的偏好更高，对于托育服务的偏好较低。然而，各省份受访者在各类政策偏好占比上存在一定差异，河南省受访者对于教育服务和住房政策的偏好显著高于其他两省受访者，广东省受访者比其他两省受访者更关注医疗服务，甘肃省受访者更关注假期政策。

表19　不同省份受访者生育配套政策的偏好情况

单位：%

省份	假期政策	托育服务	津贴政策	医疗服务	教育服务	住房政策	总计
广东省	8.5	5.8	11.0	26.2	34.9	13.5	100.0

续表

省份	假期政策	托育服务	津贴政策	医疗服务	教育服务	住房政策	总计
河南省	6.7	4.3	9.8	24.6	38.2	16.3	100.0
甘肃省	8.7	5.8	9.4	24.5	36.2	15.4	100.0
总样本	8.0	5.4	10.3	25.3	36.2	14.8	100.0

五 儿童照顾政策的公众态度和偏好

本部分将聚焦生育配套政策中的儿童照顾政策议题。首先，本部分分析了受访者对三类儿童照顾政策的偏好，并探讨了不同群体和省份的差异情况。其次，本部分聚焦最有争议的假期类政策，分析受访者对不同假期政策的支持程度，并在此基础上进行了分群体和分省份的分析。最后，针对不同的生育配套政策组合，本部分识别了受访者持有的家庭化、去家庭化、再家庭化和混合主义的儿童照顾政策偏好，并进行整体和群体差异分析，试图找出影响受访者价值取向的关键要素。

（一）受访者对不同儿童照顾政策的偏好及差异

1. 受访者对儿童照顾政策的整体偏好

针对问题"如果家里有 3 岁以下的孩子，您最希望能够出台以下哪一项（单选）"共收到有效问卷9400 份，其中36.8%的受访者选择了"为父母提供带薪的育儿假期"，33.7%的受访者选择"提供公办或普惠性托育服务"，29.5%的受访者选择"为家庭提供儿童照顾津贴"（见表20），可以看出"为父母提供带薪的育儿假期"是受访者最需要的。

表 20 全部受访者对儿童照顾政策的偏好情况

单位：%

儿童照顾政策	频率	百分比	有效百分比	累积百分比
为父母提供带薪的育儿假期	3457	36.8	36.8	36.8
为家庭提供儿童照顾津贴	2772	29.5	29.5	66.3

儿童照顾政策	频率	百分比	有效百分比	累积百分比
提供公办或普惠性托育服务	3171	33.7	33.7	100.0
总样本	9400	100.0	100.0	

2. 不同受访者对不同儿童照顾政策的支持情况

（1）性别

表21显示了不同性别受访者对不同儿童照顾政策的支持情况。由卡方检验可知，男女受访者在该问题中的政策偏好具有显著差异（$p = 0$，小于0.05）。女性受访者在"为父母提供带薪的育儿假期"选择中占比显著高于男性受访者，这可能与女性承担更多育儿责任有关。在"为家庭提供儿童照顾津贴"这类政策中，男性受访者的政策偏好显著高于女性，这可能与男性在家庭中的金钱支持责任有关。

表21　不同性别受访者的儿童照顾政策的偏好情况

单位：%

性别	为父母提供带薪的育儿假期	为家庭提供儿童照顾津贴	提供公办或普惠性托育服务	总计
男	34.3	32.0	33.7	100.0
女	39.8	26.4	33.8	100.0
总样本	36.8	29.5	33.7	100.0

（2）年龄

表22显示了不同年龄段受访者对儿童照顾政策的偏好情况。由卡方检验可知，不同年龄段的受访者在该问题上的政策偏好具有显著差异（$p = 0$，小于0.05）。18～25岁和26～35岁年龄段受访者的政策偏好由高到低依次为"为父母提供带薪的育儿假期""为家庭提供儿童照顾津贴""提供公办或普惠性托育服务"。而36～50岁、51～65岁年龄段受访者的政策偏好由高到低依次为"提供公办或普惠性托育服务""为父母提供带薪的育儿假期""为家庭提供儿童照顾津贴"。65岁以上受访者最希望出台"为家庭提供儿童照顾津贴"和"提供公办或普惠性托育服务"。该数据反映了不同年龄段受访者的特点和实际的政策偏好，有助于政策制定者针对不同年龄段人群出台满足其偏好的政策。

表22 不同年龄段受访者的儿童照顾政策的偏好情况

单位：%

年龄	为父母提供带薪的育儿假期	为家庭提供儿童照顾津贴	提供公办或普惠性托育服务	总计
18~25岁	46.9	32.2	20.9	100.0
26~35岁	37.5	31.3	31.2	100.0
36~50岁	34.0	26.2	39.8	100.0
51~65岁	32.4	28.7	38.8	100.0
65岁以上	21.4	39.3	39.3	100.0
总样本	36.8	29.4	33.7	100.0

（3）收入

表23显示了不同收入受访者的儿童照顾政策的偏好情况。卡方检验表明，不同收入受访者的政策偏好具有显著差异（$p=0$，小于0.05）。低收入受访者更偏爱"为父母提供带薪的育儿假期"，中收入和高收入受访者更偏爱"提供公办或普惠性托育服务"，而"为家庭提供儿童照顾津贴"的该类政策对于低收入受访者更加具有吸引力。

表23 不同收入受访者的儿童照顾政策的偏好情况

单位：%

收入	为父母提供带薪的育儿假期	为家庭提供儿童照顾津贴	提供公办或普惠性托育服务	总计
低收入	37.9	31.4	30.7	100.0
中收入	35.7	26.7	37.6	100.0
高收入	30.8	26.8	42.4	100.0
总样本	36.8	29.5	33.7	100.0

（4）学历

表24显示了不同学历受访者的儿童照顾政策的偏好情况。卡方检验表明，不同学历受访者的政策偏好具有显著差异（$p=0$，小于0.05）。由表可知，初中及以下受访者更偏爱"为家庭提供儿童照顾津贴"，职高/高中、大专/本科、硕士及以上学历受访者更偏爱"为父母提供带薪的育儿假期"。值得注意的是，学历越高，选择照顾津贴的受访者占比越小，而选择带薪育儿假期和公办或普

惠性托育服务的占比越大，体现了学历对于政策偏好的影响。

表 24　不同学历受访者的儿童照顾政策的偏好情况

单位：%

学历	为父母提供带薪的育儿假期	为家庭提供儿童照顾津贴	提供公办或普惠性托育服务	总计
初中及以下	31.4	39.6	29.0	100.0
职高/高中	35.5	30.8	33.7	100.0
大专/本科	39.7	24.6	35.6	100.0
硕士及以上	42.7	15.9	41.5	100.0
总样本	36.8	29.5	33.7	100.0

（5）职业类型

表 25 显示了不同职业类型受访者的儿童照顾政策的偏好情况。卡方检验表明，不同职业类型群体的政策偏好具有显著差异（$p = 0$，小于 0.05）。公职人员、办事及相关人员更偏好"提供公办或普惠性托育服务"，专业技术人员、其他人员和无业人员更偏爱"为父母提供带薪的育儿假期"，服务及生产经营人员更偏爱"为家庭提供儿童照顾津贴"。

表 25　不同职业类型受访者的儿童照顾政策的偏好情况

单位：%

职业类型	为父母提供带薪的育儿假期	为家庭提供儿童照顾津贴	提供公办或普惠性托育服务	总计
公职人员	37.4	21.9	40.7	100.0
专业技术人员	40.2	22.9	36.8	100.0
办事及相关人员	37.3	22.5	40.2	100.0
服务及生产经营人员	33.7	34.5	31.9	100.0
其他人员	35.0	32.5	32.4	100.0
无业人员	40.1	31.7	28.2	100.0
总样本	36.8	29.5	33.7	100.0

（6）户籍

表 26 显示了不同户籍受访者的儿童照顾政策的偏好情况。卡方检验表明，

不同户籍类型群体的政策偏好存在显著差异（$p=0$，小于0.05）。农业户口类型和非农业户口类型受访者更偏爱"为父母提供带薪的育儿假期"，居民户口类型群体更偏爱"提供公办或普惠性托育服务"。在"为家庭提供儿童照顾津贴"的选择中，农业户口类型群体的占比显著高于其他两类群体占比。

表26　不同户籍受访者的儿童照顾政策的偏好情况

单位：%

户籍	为父母提供带薪的育儿假期	为家庭提供儿童照顾津贴	提供公办或普惠性托育服务	总计
农业户口	36.7	34.1	29.3	100.0
非农业户口	38.6	23.5	37.8	100.0
居民户口	35.6	25.0	39.4	100.0
总样本	36.9	29.3	33.9	100.0

（7）婚育状况

表27显示了不同婚育状况受访者的儿童照顾政策的偏好情况。由卡方检验可知，不同婚育状况受访者的政策偏好具有显著差异（$p=0$，小于0.05）。未婚受访者更偏爱"为父母提供带薪的育儿假期"，已婚和离婚受访者更偏爱"提供公办或普惠性托育服务"。由此可见，不同婚育状况受访者的政策偏好不同。

表27　不同婚育状况受访者的儿童照顾政策的偏好情况

单位：%

婚育状况	为父母提供带薪的育儿假期	为家庭提供儿童照顾津贴	提供公办或普惠性托育服务	总计
未婚	44.3	31.2	24.5	100.0
已婚	33.9	28.9	37.2	100.0
离婚	32.3	25.9	41.7	100.0
总样本	36.7	29.4	33.8	100.0

3. 不同省份受访者对不同儿童照顾政策的支持情况

问卷共收集到三个省份的受访者数据。表28显示了不同省份的儿童照顾政策的偏好情况。根据卡方检验，可知不同省份受访者的政策偏好具有显著差异（$p=0$，小于0.05）。广东省的政策偏好由高到低依次为"提供公办或普惠性托育服务""为父母提供带薪的育儿假期""为家庭提供儿童照顾津贴"。河南省和甘肃省的受访者政策偏好由高到低依次为"为父母提供带薪的育儿假期""为家庭提供儿童照顾津贴""提供公办或普惠性托育服务"。该数据说明了不同省份受访者政策偏好的差异性。

表28　不同省份的儿童照顾政策的偏好情况

单位：%

省份	为父母提供带薪的育儿假期	为家庭提供儿童照顾津贴	提供公办或普惠性托育服务	总计
广东省	34.4	27.1	38.4	100.0
河南省	40.6	31.3	28.1	100.0
甘肃省	36.7	31.8	31.5	100.0
总样本	36.8	29.5	33.7	100.0

（二）受访者对不同假期政策的偏好及差异

1. 受访者对不同假期政策的整体偏好

表29显示了受访者对不同假期政策的整体偏好情况。根据数据可知，38.8%的受访者选择需要增加"产假和哺乳假"，33.3%的受访者选择增加"母亲的育儿假"，16.7%的受访者选择增加"父亲的陪产假"，11.2%的受访者选择增加"父亲的育儿假"，说明"产假和哺乳假"、"母亲的育儿假"仍然是人们的首选，部分受访者支持增加父亲的陪产假、育儿假。就数据整体而言，可以看出目前育儿责任仍是以母亲为主。

表29　假期政策的偏好情况

单位：%

假期政策	频率	百分比	有效百分比	累积百分比
产假和哺乳假	3651	38.8	38.8	38.8
父亲的陪产假	1573	16.7	16.7	55.5
母亲的育儿假	3127	33.3	33.3	88.8
父亲的育儿假	1049	11.2	11.2	100.0
总样本	9400	100.0	100.0	

2. 不同受访者对不同假期政策的支持情况

（1）性别

表30显示了不同性别受访者对假期政策的偏好情况。根据卡方检验可知，不同性别受访者的假期政策偏好具有显著差异（$p=0$，小于0.05）。过半数男女均支持增加产假和哺乳假、母亲的育儿假。在父亲的陪产假方面，男性选择增加的占比较明显高于女性选择占比，说明男性较女性更关注增加父亲的陪产假。

表30　不同性别受访者的假期政策的偏好情况

单位：%

性别	产假和哺乳假	父亲的陪产假	母亲的育儿假	父亲的育儿假	总计
男	37.9	19.1	32.9	10.1	100.0
女	40.0	13.9	33.7	12.4	100.0
总样本	38.8	16.7	33.3	11.2	100.0

（2）年龄

表31显示了不同年龄受访者对假期政策的偏好情况。根据卡方检验可知，不同年龄段受访者的假期政策偏好具有显著差异（$p=0$，小于0.05）。在增加"父亲的陪产假"和"母亲的育儿假"的选择上，18～25岁年龄段受访者与65岁以上年龄段受访者选择的占比差异较大，分别为9.2个百分点和12.4个百分点，体现出此两个年龄段受访者对于这两类政策的偏好差异。

表31　不同年龄段受访者的假期政策的偏好情况

单位：%

年龄	产假和哺乳假	父亲的陪产假	母亲的育儿假	父亲的育儿假	总计
18～25岁	43.7	19.5	24.5	12.3	100.0
26～35岁	36.5	17.3	32.7	13.4	100.0
36～50岁	38.4	15.1	36.5	10.0	100.0
51～65岁	37.7	17.1	36.7	8.5	100.0
65岁以上	43.5	10.3	36.9	9.3	100.0
总样本	38.8	16.7	33.3	11.2	100.0

（3）收入

表32显示了不同收入受访者的假期政策的偏好情况。卡方检验表明，不同收入受访者的假期政策偏好具有显著差异（$p = 0$，小于0.05）。在增加"产假和哺乳假"方面，低收入受访者的选择占比明显高于中、高收入受访者。在增加"父亲的育儿假"方面，高收入受访者的选择占比明显高于低、中收入受访者。

表32　不同收入受访者的假期政策的偏好情况

单位：%

收入	产假和哺乳假	父亲的陪产假	母亲的育儿假	父亲的育儿假	总计
低收入	41.0	16.2	32.2	10.6	100.0
中收入	35.8	17.8	34.9	11.5	100.0
高收入	35.4	14.7	33.5	16.4	100.0
总样本	38.8	16.7	33.3	11.2	100.0

（4）学历

表33显示了不同学历受访者对假期政策的偏好情况。由卡方检验可知，不同学历受访者的假期政策偏好具有显著差异（$p = 0$，小于0.05）。初中及以下、职高/高中、大专/本科学历受访者均偏好增加"产假和哺乳假"，而硕士及以上受访者更偏好增加"母亲的育儿假"。

表33　不同学历受访者的假期政策的偏好情况

单位：%

学历	产假和哺乳假	父亲的陪产假	母亲的育儿假	父亲的育儿假	总计
初中及以下	43.6	16.5	32.1	7.8	100.0
职高/高中	41.2	16.7	34.3	7.8	100.0
大专/本科	36.0	17.1	33.2	13.8	100.0
硕士及以上	28.0	16.5	33.5	22.0	100.0
总样本	38.8	16.8	33.2	11.1	100.0

（5）职业类型

表34显示了不同职业类型受访者的假期政策的偏好情况。由卡方检验可

知，不同职业类型的受访者对假期政策的偏好具有显著差异（$p=0$，小于0.05）。公职人员、办事及相关人员对"母亲的育儿假"更偏爱，服务及生产经营人员、其他人员和无业人员更偏爱增加"产假和哺乳假"。

表34　不同职业类型受访者的假期政策的偏好情况

单位：%

职业类型	产假和哺乳假	父亲的陪产假	母亲的育儿假	父亲的育儿假	总计
公职人员	32.3	18.5	35.3	13.9	100.0
专业技术人员	34.0	16.7	34.0	15.3	100.0
办事及相关人员	35.9	13.0	37.6	13.5	100.0
服务及生产经营人员	41.6	16.8	32.9	8.6	100.0
其他人员	40.2	17.9	31.6	10.3	100.0
无业人员	42.5	15.9	31.7	9.9	100.0
总样本	38.8	16.7	33.3	11.2	100.0

（6）户籍

表35显示了不同户籍受访者的假期政策的偏好情况。由卡方检验可知，不同户籍群体的假期政策偏好具有显著差异（$p=0$，小于0.05）。农业户口群体更偏爱增加"产假和哺乳假"，非农业户口群体和居民户口群体更偏爱增加"母亲的育儿假"。

表35　不同户籍受访者的假期政策的偏好情况

单位：%

户籍	产假和哺乳假	父亲的陪产假	母亲的育儿假	父亲的育儿假	总计
农业户口	41.8	17.0	31.3	9.9	100.0
非农业户口	35.3	16.3	35.6	12.7	100.0
居民户口	35.3	16.6	35.7	12.3	100.0
总计	38.6	16.7	33.4	11.2	100.0

（7）婚育状况

表36显示了不同婚育状况受访者的假期政策的偏好情况。由卡方检验可知，不同婚育状况受访者在假期政策偏好上具有显著差异（$p=0$，小于0.05）。三类

婚育状况受访者都更偏爱增加"产假和哺乳假"。在"母亲的育儿假"方面，三类婚育状况受访者差异明显。

表36　不同婚育状况受访者对假期政策的偏好情况

单位：%

婚育状况	产假和哺乳假	父亲的陪产假	母亲的育儿假	父亲的育儿假	总计
未婚	39.9	19.6	26.9	13.5	100.0
已婚	38.3	15.6	35.8	10.2	100.0
离婚	39.1	15.4	34.2	11.3	100.0
总样本	38.8	16.7	33.3	11.2	100.0

3. 不同省份受访者对不同假期政策的支持情况

表37显示了不同省份受访者对假期政策的偏好情况。由卡方检验可知，不同省份的假期政策偏好具有显著差异（$p = 0.001$，小于0.05）。三省的政策偏好由高到低依次为"产假和哺乳假""母亲的育儿假""父亲的陪产假""父亲的育儿假"。在"产假和哺乳假"方面，甘肃省和广东省政策偏好差距较大（相差4.5个百分点）。

表37　不同省份受访者对假期政策的偏好情况

单位：%

省份	产假和哺乳假	父亲的陪产假	母亲的育儿假	父亲的育儿假	总计
广东省	36.7	17.6	34.1	11.5	100.0
河南省	40.3	17.1	32.3	10.3	100.0
甘肃省	41.2	14.5	32.8	11.5	100.0
总样本	38.8	16.7	33.3	11.2	100.0

（三）受访者对儿童照顾政策体制的偏好及差异

1. 受访者儿童照顾政策体制偏好的测量

根据上文研究背景可知，所谓儿童照顾政策，是指政府为满足时间、服务和资金支持这三种儿童照顾活动中存在的需求而采取的各项举措。[1] 根据

---

① Daly, M., "Care as a Good for Social Policy," *Journal of Social Policy* 31（2002）：251 – 270.

OECD 的定义，儿童照顾政策可以分为儿童照顾服务、现金转移以及税收支持三类。2022 年问卷中问题 C4"全面三孩政策以后，您认为需要出台哪些配套措施"和 C6"如果家里有 3 岁以下的孩子，您最希望能够出台以下哪一项"两个问题展现了受访者对于儿童照顾政策的体制偏好和福利态度，能够作为对儿童照顾政策体制偏好的测量结果。在此基础上，笔者将 C4 和 C6 的问答与儿童照顾政策的体制偏好相结合，能够较为全面地展示在儿童照顾政策领域公众的家庭化、去家庭化、再家庭化和混合主义偏好（见表 38）。

表 38　儿童照顾政策体制偏好的测量方式

体制偏好	问卷选择
家庭化	C4"假期政策""托育服务""津贴政策"均未选择
去家庭化	C4 选择"假期政策""托育服务""津贴政策"中任意一个；同时 C6 选择"提供公办或普惠性托育服务" 或者 C4 选择"假期政策"和"托育服务"；同时 C6 选择"为父母提供带薪的育儿假期"
再家庭化	C4 选择"假期政策""托育服务""津贴政策"中任意一个；同时 C6 选择"为家庭提供儿童照顾津贴" 或者 C4 选择"假期政策"和"津贴政策"；同时 C6 选择"为父母提供带薪的育儿假期"
混合主义	除家庭化、去家庭化和再家庭化之外被访者

2. 受访者儿童照顾政策体制偏好的整体情况

在对问卷中 C4 和 C6 两个问题进行处理之后，可以得到受访者在儿童照顾领域"家庭化"、"去家庭化"、"再家庭化"和"混合主义"体制偏好。由表 39 可知，在 9400 名受访者中，有 44.7% 的受访者的问题回答倾向于"混合主义"，32.7% 的受访者的回答倾向于"家庭化"，仅有 12.9% 和 9.7% 的公众倾向于"再家庭化"和"去家庭化"。32.7% 的"家庭化"体制偏好和 9.7% 的"去家庭化"体制偏好，体现了在中国家庭（女性）仍是主要的家庭照顾主体。因此，政府在制定和实施政策时，需要以家庭（女性）为中心，考虑其实际政策需求。

表 39　儿童照顾政策体制偏好的频率分析

单位：%

体制偏好	个案数	百分比	个案百分比
家庭化	3072	32.7	32.7
去家庭化	915	9.7	9.7
再家庭化	1211	12.9	12.9
混合主义	4202	44.7	44.7
总样本	9400	100.0	100.0

3. 不同群体对儿童照顾政策体制的偏好情况

（1）性别

表 40 展示了不同性别受访者的儿童照顾政策体制偏好的描述性统计情况。从表 40 可见，在"家庭化"的体制偏好上，男性明显高于女性（$F = 362.40$，$p < 0.01$）。在"混合主义"的体制偏好上，男女具有显著差异，女性明显高于男性（$F = 164.14$，$p < 0.01$）。在"去家庭化"的体制偏好上，男女未见明显差异。

表 40　不同性别受访者的儿童照顾政策体制偏好的差异

体制偏好	性别	均值	标准差	样本数	F 统计量
家庭化	男	0.37	0.48	5146	362.40 ***
	女	0.28	0.45	4254	
去家庭化	男	0.10	0.29	5146	2.33
	女	0.10	0.30	4254	
再家庭化	男	0.13	0.34	5146	7.46 **
	女	0.12	0.33	4254	
混合主义	男	0.40	0.49	5146	164.14 ***
	女	0.50	0.50	4254	

注：* $p < 0.1$，** $p < 0.05$，*** $p < 0.01$。

（2）年龄

问卷将受访者划分为 18～25 岁、26～35 岁、36～50 岁、51～65 岁和 65 岁以上五类受访者。表 41 展示了不同年龄受访者的儿童政策体制偏好的描述性统计情况。由表 41 可知，不同年龄受访者在每一种政策体制偏好上都存在明显差异（$p < 0.01$）。

329

表41　不同年龄受访者的儿童照顾政策体制偏好的差异

体制偏好	年龄	均值	标准差	样本数	F 统计量
家庭化	18～25 岁	0.31	0.46	1718	17.28 ***
	26～35 岁	0.28	0.45	2685	
	36～50 岁	0.34	0.48	3287	
	51～65 岁	0.38	0.48	1465	
	65 岁以上	0.45	0.50	214	
	总样本	0.33	0.47	9369	
去家庭化	18～25 岁	0.07	0.25	1718	7.01 ***
	26～35 岁	0.09	0.29	2685	
	36～50 岁	0.11	0.31	3287	
	51～65 岁	0.11	0.31	1465	
	65 岁以上	0.13	0.33	214	
	总样本	0.10	0.30	9369	
再家庭化	18～25 岁	0.15	0.36	1718	5.49 ***
	26～35 岁	0.14	0.35	2685	
	36～50 岁	0.11	0.32	3287	
	51～65 岁	0.12	0.32	1465	
	65 岁以上	0.12	0.33	214	
	总样本	0.13	0.34	9369	
混合主义	18～25 岁	0.47	0.50	1718	14.38 ***
	26～35 岁	0.49	0.50	2685	
	36～50 岁	0.43	0.50	3287	
	51～65 岁	0.40	0.49	1465	
	65 岁以上	0.30	0.46	214	
	总样本	0.45	0.50	9369	

注： $*p < 0.1$ ， $**p < 0.05$ ， $***p < 0.01$ 。

（3）收入

根据受访者的月收入情况，将月收入 5000 元以下记为低收入，月收入 5000～20000 元记为中收入，月收入 20000 元以上记为高收入。表 42 展示了不同收入受访者的儿童政策体制偏好的描述性统计情况。由表 42 可知，"家庭化"的体制偏好与收入呈显著负相关（ $\beta < 0$ ， $p < 0.1$ ），"再家庭化"的体制

偏好也与收入呈显著负相关（$\beta < 0$，$p < 0.05$），"混合主义"的体制偏好与收入呈显著正相关（$\beta > 0$，$p < 0.05$），即收入越高，越不可能倾向于"家庭化"和"再家庭化"，越可能支持"混合主义"。

表 42　不同收入受访者的儿童照顾政策体制偏好的差异

体制偏好	收入	均值	标准差	样本数	相关系数
家庭化	低收入	0.34	0.47	5532	-0.02*
	中收入	0.31	0.46	3495	
	高收入	0.35	0.48	373	
	总样本	0.33	0.47	9400	
去家庭化	低收入	0.09	0.29	5532	0.02
	中收入	0.10	0.30	3495	
	高收入	0.12	0.33	373	
	总样本	0.10	0.30	9400	
再家庭化	低收入	0.14	0.35	5532	-0.04**
	中收入	0.11	0.31	3495	
	高收入	0.12	0.33	373	
	总样本	0.13	0.34	9400	
混合主义	低收入	0.43	0.50	5532	0.03**
	中收入	0.48	0.50	3495	
	高收入	0.40	0.49	373	
	总样本	0.45	0.50	9400	

注：* $p < 0.1$，** $p < 0.05$，*** $p < 0.01$。

（4）学历

2022 年问卷将不同学历的受访者分为初中及以下、职高/高中、大专/本科、硕士及以上四类。表 43 展示了不同学历受访者的儿童政策体制偏好的描述性统计情况。由表 43 可知，"家庭化"和"再家庭化"体制偏好与学历呈显著负相关（$\beta < 0$，$p < 0.05$），而"去家庭化"和"混合主义"体制偏好与学历呈显著正相关（$\beta > 0$，$p < 0.05$）。由此说明，学历越高的受访者越可能具有"去家庭化"和"混合主义"的儿童照顾政策的体制偏好，越不可能具有"家庭化"和"再家庭化"的体制偏好。

表43 不同学历受访者的儿童照顾政策体制偏好的差异

体制偏好	学历	均值	标准差	样本数	相关系数
家庭化	初中及以下	0.44	0.50	2218	−0.17**
	职高/高中	0.37	0.48	2134	
	大专/本科	0.26	0.44	4784	
	硕士及以上	0.21	0.41	164	
	总样本	0.33	0.47	9300	
去家庭化	初中及以下	0.08	0.27	2218	0.04**
	职高/高中	0.09	0.29	2134	
	大专/本科	0.10	0.31	4784	
	硕士及以上	0.16	0.37	164	
	总样本	0.10	0.30	9300	
再家庭化	初中及以下	0.15	0.36	2218	−0.03**
	职高/高中	0.13	0.33	2134	
	大专/本科	0.12	0.32	4784	
	硕士及以上	0.13	0.34	164	
	总样本	0.13	0.33	9300	
混合主义	初中及以下	0.33	0.47	2218	0.16**
	职高/高中	0.41	0.49	2134	
	大专/本科	0.52	0.50	4784	
	硕士及以上	0.50	0.50	164	
	总样本	0.45	0.50	9300	

注：$^{*}p<0.1$，$^{**}p<0.05$，$^{***}p<0.01$。

（5）职业类型

2022年问卷根据受访者的具体职业类型，将其分为公职人员、专业技术人员、办事及相关人员、服务及生产经营人员、其他人员、无业人员六类。表44展示了不同职业类型受访者的儿童政策体制偏好的描述性统计情况。由表44可以看出，不同职业类型的受访者在每类体制偏好的选择上均呈显著差异（$p<0.01$）。

表 44　不同职业类型受访者的儿童照顾政策体制偏好的差异

	职业类型	均值	标准差	样本数	F 统计量
家庭化	公职人员	0.28	0.45	1078	24.33 ***
	专业技术人员	0.28	0.45	1451	
	办事及相关人员	0.20	0.40	716	
	服务及生产经营人员	0.36	0.48	2790	
	其他人员	0.38	0.49	1695	
	无业人员	0.33	0.47	1670	
	总样本	0.33	0.47	9400	
去家庭化	公职人员	0.11	0.32	1078	7.05 ***
	专业技术人员	0.10	0.30	1451	
	办事及相关人员	0.15	0.36	716	
	服务及生产经营人员	0.08	0.28	2790	
	其他人员	0.09	0.29	1695	
	无业人员	0.09	0.28	1670	
	总样本	0.10	0.30	9400	
再家庭化	公职人员	0.10	0.30	1078	5.06 ***
	专业技术人员	0.12	0.32	1451	
	办事及相关人员	0.14	0.34	716	
	服务及生产经营人员	0.14	0.35	2790	
	其他人员	0.11	0.31	1695	
	无业人员	0.15	0.36	1670	
	总样本	0.13	0.34	9400	
混合主义	公职人员	0.51	0.50	1078	14.03 ***
	专业技术人员	0.50	0.50	1451	
	办事及相关人员	0.52	0.50	716	
	服务及生产经营人员	0.41	0.49	2790	
	其他人员	0.41	0.49	1695	
	无业人员	0.43	0.50	1670	
	总样本	0.45	0.50	9400	

注：$^{*} p < 0.1$，$^{**} p < 0.05$，$^{***} p < 0.01$。

（6）户籍

本问卷将受访者的户籍类型分为农业户口、非农户口、居民户口三种类型。表45展示了不同户籍受访者的儿童政策体制偏好的描述性统计情况。由表45可知，不同户籍的群体在每一项体制偏好的选择中均具有显著差异（$p <$ 0.01）。在"家庭化"的体制偏好上，农业户口相比于其他两类户籍群体更明显；在"去家庭化"的体制偏好上，居民户口群体更明显；在"再家庭化"的体制偏好上，农业户口群体更明显；在"混合主义"的体制偏好上，居民户口群体相比其他两类更明显。

表45　不同户籍受访者的儿童照顾政策体制偏好的差异

	户籍	均值	标准差	样本数	F 统计量
家庭化	农业户口	0.36	0.48	4648	29.16 ***
	非农户口	0.30	0.46	2148	
	居民户口	0.28	0.45	2350	
	总样本	0.33	0.47	9146	
去家庭化	农业户口	0.08	0.27	4648	19.75 ***
	非农户口	0.11	0.31	2148	
	居民户口	0.12	0.33	2350	
	总样本	0.10	0.30	9146	
再家庭化	农业户口	0.14	0.35	4648	9.34 ***
	非农户口	0.12	0.32	2148	
	居民户口	0.11	0.31	2350	
	总样本	0.13	0.34	9146	
混合主义	农业户口	0.42	0.49	4648	20.47 ***
	非农户口	0.47	0.50	2148	
	居民户口	0.49	0.50	2350	
	总样本	0.45	0.50	9146	

注：$^{*} p < 0.1$，$^{**} p < 0.05$，$^{***} p < 0.01$。

（7）婚育状况

根据问卷数据，将受访者的婚育状况划分为未婚、已婚、离婚三种状况。表46显示了不同婚育状况受访者的儿童政策体制偏好的描述性统计情况。由

表 46 可知，不同婚育状况的受访者在"去家庭化"和"再家庭化"的体制偏好上具有明显差异（$p < 0.01$）。因此在制定和实施儿童照顾政策时，需考虑不同婚育状况受访者的政策体制偏好。

表 46　不同婚育状况受访者的儿童照顾政策体制偏好的差异

体制偏好	婚姻状况	均值	标准差	样本数	F 统计量
家庭化	未婚	0.30	0.46	2571	4.28 *
	已婚	0.34	0.47	6489	
	离婚	0.35	0.48	266	
	总样本	0.33	0.47	9326	
去家庭化	未婚	0.07	0.26	2571	11.82 ***
	已婚	0.11	0.31	6489	
	离婚	0.12	0.33	266	
	总样本	0.10	0.30	9326	
再家庭化	未婚	0.15	0.36	2571	9.58 ***
	已婚	0.12	0.33	6489	
	离婚	0.08	0.28	266	
	总样本	0.13	0.33	9326	
混合主义	未婚	0.47	0.50	2571	4.30 *
	已婚	0.44	0.50	6489	
	离婚	0.45	0.50	266	
	总样本	0.45	0.50	9326	

注：* $p < 0.1$，** $p < 0.05$，*** $p < 0.01$。

4. 不同省份受访者对儿童照顾政策体制的偏好情况

2022 年问卷收集了来自广东省、河南省、甘肃省三个省份共 9400 份数据，其中有 4400 份来自广东省，2750 份来自河南省，2250 份来自甘肃省。表 47 显示了不同省份受访者的儿童政策体制偏好的描述性统计情况。由表 47 可知，不同省份的受访者在每一项体制偏好的选择上均具有显著差异（$p < 0.01$）。在"家庭化"的体制偏好上，甘肃省的受访者相比于其他两省的受访者更明显；在"去家庭化"的体制偏好上，广东省和甘肃省的受访者更明显；在"再家庭化"的体制偏好上，河南省和甘肃省的受访者更明显；在"混合主义"的

体制偏好上，广东省和河南省的受访者更明显。

表47 不同省份受访者的儿童照顾政策体制偏好的差异

体制偏好	省份	均值	标准差	样本数	F统计量
家庭化	广东省	0.30	0.46	4400	11.38***
	河南省	0.34	0.48	2750	
	甘肃省	0.35	0.48	2250	
	总样本	0.33	0.47	9400	
去家庭化	广东省	0.11	0.31	4400	10.44***
	河南省	0.08	0.26	2750	
	甘肃省	0.11	0.31	2250	
	总样本	0.10	0.30	9400	
再家庭化	广东省	0.11	0.32	4400	9.07***
	河南省	0.14	0.35	2750	
	甘肃省	0.14	0.35	2250	
	总样本	0.13	0.34	9400	
混合主义	广东省	0.48	0.50	4400	19.63***
	河南省	0.44	0.50	2750	
	甘肃省	0.40	0.49	2250	
	总样本	0.45	0.50	9400	

注：$*p < 0.1$，$**p < 0.05$，$***p < 0.01$。

六 结论与政策建议

党的二十大报告指出，必须坚持在发展中保障和改善民生，鼓励共同奋斗创造美好生活，不断实现人民对美好生活的向往。儿童照顾是人类社会再生产的重要活动，关系着儿童、家庭和整个社会的福祉和发展。在老龄化和低生育率的背景下，我国的人口政策导向由控制转向鼓励。建立生育支持政策体系，降低生育、养育、教育成本成为新时代我国社会保障体系的新任务。

总的来说，本报告通过对受访者的生育配套政策需求（尤其是儿童照顾政策）和相关政策体制偏好进行分析得出了以下几个基本结论。

第一，从对生育政策的支持度上看，受访者的整体支持度较高，对教育、医疗和住房的支持度要高于对儿童照顾类政策的支持度。其中，教育政策的支持度最高，而托育服务政策的支持度最低。

第二，对儿童照顾政策的支持度上，受访者对三类政策的偏好存在差异，支持度从高到低依次是假期政策、服务政策和补贴政策，但区别并不大。其中，在假期政策上，受访者普遍偏好女性获得儿童照顾的假期，72%的受访者希望增加母亲的产假和哺乳假或母亲的育儿假。

第三，受访者对儿童照顾政策体制的偏好尚未成形。其中，近一半的受访者持有混合主义的儿童照顾政策体制偏好，家庭化偏好次之，再家庭化偏好随后，去家庭化偏好最弱。这说明虽然受访者对生育配套政策的需求很强烈，但是尚未形成明显的家庭化或去家庭化偏好；同时，很多受访者仍然认为家庭（女性）是儿童照顾政策的主体，还缺乏对去家庭化儿童照顾政策体制的想象。

第四，不同群体在生育政策支持度、儿童照顾政策支持度和儿童照顾政策体制偏好上均存在显著的差异。值得注意的是，女性、收入较高和学历较高的群体和其他群体相比，更支持儿童照顾政策，也更支持去家庭化的儿童照顾政策和儿童照顾政策体制。

第五，不同省份对生育配套政策、儿童照顾政策和儿童照顾政策体制的偏好存在差异。广东省受访者整体上对生育配套措施和儿童照顾政策都有更高的需求，对儿童照顾服务类政策的需求也高于其他两个省；而甘肃省受访者在生育配套措施和儿童照顾政策上的支持度上为三省最低。

基于以上的分析并结合党的二十大报告的精神，本报告提出以下政策建议。

第一，应该尽快推动地方出台生育配套政策，推动构建生育友好型社会。生育配套政策是人们美好生活需要的重要内容之一，笔者的调查结果也表明公众对生育配套政策的支持度较高。因此，尽快建立生育配套政策体系不仅是低生育率和老龄化社会的客观需要，也是人们对美好生活需要的主观要求，应该被纳入我国社会政策的主要内容之一。

第二，应当倡导家庭内部儿童照顾主体的性别平等观念。在本报告中，笔者注意到男性在各类生育配套政策支持度上均显著低于女性，并且相对女性而言更具有家庭化的体制偏好。国际经验表明，许多儿童照顾危机源于女性照顾压力和就业导致的照顾供给不足，而近些年中国的儿童照顾赤字和生育率降低也与家庭照顾责任分配不均有关。习近平总书记强调："把保障妇女权益系统纳入法律法规，上升为国家意志，内化为社会行为规范。"[1] 男女平等作为我国的基本国策，不仅应在社会公域上得到重视与强调，也应当在生育和照顾的最重要的单位——家庭中落地生根真正发挥作用，只有实现家庭照顾责任相对平等才可以避免女性家庭与社会"蜡烛两头烧"的窘境，这对解决我国生育率低下和儿童照顾赤字具有深远意义。

第三，关注区域差异，探索符合地区实际情况的生育配套政策体系。对OECD 国家生育配套政策对生育率影响机制的研究发现，不同的社会经济水平下可能存在多种有效提高生育率的方式。[2] 因此，从短期效果来看，政府在制定生育配套政策时应该考虑不同地区的经济社会和文化水平。本报告发现，不同省份受访者对生育配套政策、儿童照顾政策和儿童照顾政策体制的偏好具有差异。因此，在推动生育配套政策体系制定和实施的过程中，需要立足于差异化的区域生育配套政策需求和儿童照顾政策体制偏好，不断满足人民日益增长的美好生活需要。

第四，倡导"去家庭化"的儿童照顾政策体系，用发展的眼光解决我国的儿童照顾危机。进入现代社会以来，西方的家庭政策呈现由"家庭化"向"去家庭化"发展的趋势，而党的十九大之前我国的家庭政策却沿着由"去家庭化"向"隐形家庭化"的方向发展。已有研究发现，社会政策对公众的价值观念的形成有重要的影响。在我国儿童照顾的现实情境下，政策的塑造作用体现在仅有少部分公众持"去家庭化"的儿童照顾政策体制偏好。西方国家的经验表明，"去家庭化"的政策不仅能改善低生育率，也能够起到促进性别平等、增加女性就业、促进儿童发展等多方面的作用。在社会生育率低下、儿童照顾赤字严重的中国，政策应该起到重塑公众价值观念的作用，特别是应当通过多种生育配套政策工具，重塑儿童照顾的责任分担，为家庭和儿童照顾的主体赋权，形成新的社会团结和重塑集体主义的意识形态。

---

[1] 参见《促进妇女全面发展 共建共享美好世界》，《人民日报》2015 年 9 月 28 日。

[2] 茅倬彦、王嘉晨、吴美玲：《欧洲生育支持政策效果的评估及启示——基于模糊集定性比较的分析》，《人口与经济》2021 年第 2 期。

　　第五，关注生育政策目标群体的现实需要。习近平总书记在《国家中长期经济社会发展战略若干重大问题》中强调，"把扩大中等收入群体规模作为重要政策目标"[①]。很多研究发现，中等收入群体面临明显的育儿压力，也是"不敢生""不愿生"的主力军。本研究也发现，女性、中高收入和较高学历的群体对生育配套政策的需求更高，也更偏向于去家庭化的儿童照顾政策和儿童照顾政策体制。可见，中等收入群体对生育配套政策的需求更为强烈，也更倾向于去家庭化的儿童照顾政策体系。因此，生育配套政策应该重点考虑这类人群的育儿需求，有针对性地缓解生育政策目标人群的压力。

　　总之，生育配套政策是一个内涵丰富且复杂的政策体系，既需要考虑公众的真实需要，又需要考虑不同需要背后的价值观念。习近平总书记曾指出："一个国家选择什么样的治理体系，是由这个国家的历史传承、文化传统、经济社会发展水平决定的。"[②] 对公众生育配套政策支持度的研究，正是学界理解我国当前与生育问题、养育问题和人民对美好生活需要的一把钥匙，对缓解我国低生育率问题、满足人们对美好生活的需要，以及整个社会的发展有着重要的意义。

[①]　习近平：《国家中长期经济社会发展战略若干重大问题》，《新长征》2021 年第 1 期。

[②]　《习近平强调：推进国家治理体系和治理能力现代化》，中国政府网，2014 年 2 月 17 日，http：//www. gov. cn/xinwen/2014－02/17/content_2612860. htm。

专题报告六

乡村振兴战略实施成效的主观评价

庄文嘉　孙　怡　冯婧颖

一　导言

《中共中央 国务院关于做好二〇二三年全面推进乡村振兴重点工作的意见》提出必须坚持不懈把解决好"三农"问题作为全党工作重中之重，举全党全社会之力全面推进乡村振兴，加快农业农村现代化。立足国情农情，体现中国特色，建设农业强国。[①] 党的二十大报告提出扎实推动乡村产业、人才、文化、生态、组织振兴，推进农业农村现代化，满足广大农民对美好生活的向往。[②] 自乡村振兴战略实施以来，农村集体经济发展向好，粮食安全得到保障，乡村治理体系不断健全，农业现代化程度提高，人居环境得到改善，城乡融合发展不断进步。农民群体是乡村振兴战略实施的主体和受益群体，因而农民群体对乡村振兴战略的认可度、支持度和参与度，直接影响着全面推进乡村振兴战略目标的高质量实现。

本报告从谱写全面推进乡村振兴新篇章入手，对新时代新征程下的乡村振兴战略进行政策解读，梳理国家全面推进乡村振兴战略的政策脉络与政策布局。立足"人民美好生活需要（公众福利态度）调查"第六期调查省份，总结地方政府全面推进乡村振兴新篇章的政策设计与典型实践探索。根据问卷调

---

① 《中共中央 国务院关于做好二〇二三年全面推进乡村振兴重点工作的意见》，中国政府网，2023 年 1 月 2 日，http://www.gov.cn/gongbao/content/2023/content_5743582.htm。

② 《习近平：高举中国特色社会主义伟大旗帜 为全面建设社会主义现代化国家而团结奋斗——在中国共产党第二十次全国代表大会上的报告》，中国政府网，2022 年 10 月 25 日，http://www.gov.cn/xinwen/2022 - 10/25/content_5721685.htm。

查数据，从乡村振兴主体农民群体角度出发，深入了解农民群体对于乡村振兴战略的认知情况，探究农民群体对乡村振兴战略实施成效主观评价的影响因素，以期为全面推进乡村振兴提供实证依据和政策建议。

二 政策背景：谱写全面推进乡村振兴新篇章

（一）全面推进乡村振兴的政策内涵

1. "全面推进乡村振兴"的提出

乡村振兴战略实施以来，取得的重要进展有目共睹。乡村振兴战略的制度框架和政策体系已经初步搭建完善，部分改革试点和重大行动计划也在有序推进。尤其是在脱贫攻坚战取得重大胜利，全面建成小康社会目标任务的如期完成后，我国开启了全面建成社会主义现代化强国的新征程。

《中共中央关于制定国民经济和社会发展第十四个五年规划和二〇三五年远景目标的建议》将"优先发展农业农村，全面推进乡村振兴"作为"十四五"时期经济社会发展的十二大重点任务之一，明确提出要"全面实施乡村振兴战略，强化以工补农、以城带乡，推动形成工农互促、城乡互补、协调发展、共同繁荣的新型工农城乡关系，加快农业农村现代化"。[①]

全面推进乡村振兴战略旨在推动中国乡村的现代化，加快农业农村现代化进程，实现城乡发展协同，促进乡村和农民全面发展。习近平总书记在2023年《加快建设农业强国 推进农业农村现代化》讲话中指出，"全面推进乡村振兴是新时代建设农业强国的重要任务，'三农'工作的重心已经实现历史性转移，人力投入、物力配置、财力保障都要转移到乡村振兴上来"[②]。

2. 全面推进乡村振兴的内涵和布局

全面推进乡村振兴，要坚持以习近平新时代中国特色社会主义思想为指

---

① 《中共中央关于制定国民经济和社会发展第十四个五年规划和二〇三五年远景目标的建议》，中国政府网，2020年11月3日，http://www.gov.cn/zhengce/2020-11/03/content_5556991.htm。

② 《加快建设农业强国 推进农业农村现代化》，人民网，2023年3月16日，http://m.people.cn/n4/2023/0316/c190-20509558.html。

导，全面贯彻落实党的二十大精神，深入贯彻落实习近平总书记关于"三农"工作的重要论述。坚持和加强党对"三农"工作的全面领导，坚持农业农村优先发展，坚持城乡融合发展，坚决守牢确保粮食安全、防止规模性返贫等底线，扎实推进乡村产业高质量发展、健全乡村治理体系、稳妥推进乡村建设，加快建设农业强国，全面推进产业、人才、文化、生态、组织"五个振兴"，为全面建设社会主义现代化国家开好局起好步打下坚实基础。

全面推进乡村振兴，需要从三个维度去理解。首先要"全面"，推进乡村振兴不仅是发展乡村经济，而且要全面彰显乡村的经济价值、生态价值、社会价值、文化价值。其次要"特色"，全面推进乡村振兴要因地制宜，打造各具特色的乡村风貌，保护和传承好地域文化、乡土文化，体现出中国乡村"十里不同风、百里不同俗"。最后要"改革"，以深化农村改革促进乡村振兴，广大农民是乡村振兴的主体，必须充分调动农民的积极性，促使其积极参与改革，更好分享改革发展成果。①

全面推进乡村振兴，从振兴领域看，要全面推进粮食生产安全、农业基础设施建设、强化农业科技和装备支撑、巩固拓展脱贫攻坚成果、推动乡村产业高质量发展、拓宽农民增收致富渠道、扎实推进美好乡村建设、健全党组织领导的乡村治理体系、强化政策保障和体制机制创新。从地域范围看，东部发达地区与中西部欠发达地区都要将"三农"工作的重心转移到全面推进乡村振兴战略上来，切实在资金投入、要素投入和公共服务提供等方面将乡村建设放在首位，巩固拓展脱贫成果，不断提升乡村地区内生发展动力。

（二）全面推进乡村振兴的政策体系

1. 国家性政策

《中共中央关于制定国民经济和社会发展第十四个五年规划和二〇三五年远景目标的建议》明确提出"全面实施乡村振兴战略"，对新发展阶段优先发展农业农村、全面推进乡村振兴做出了总体部署。2021 年中央一号文件《中共中央 国务院关于全面推进乡村振兴加快农业农村现代化的意见》提出把乡

---

① 《国务院总理李强谈乡村振兴和粮食安全》，"农民日报"百家号，2023 年 3 月 14 日，https://baijiahao. baidu. com/s？ id = 1760292843183044259&wfr = spider&for = pc。

村建设摆在社会主义现代化建设的重要位置，全面推进乡村产业、人才、文化、生态、组织振兴，脱贫攻坚政策体系和工作机制同乡村振兴有效衔接、平稳过渡。

2022 年中央一号文件《中共中央 国务院关于做好 2022 年全面推进乡村振兴重点工作的意见》部署全面推进乡村振兴重点工作，明确保障国家粮食安全和不发生规模性返贫两条底线，重点开展乡村发展、乡村建设、乡村治理，推动实现乡村振兴取得新进展、农业农村现代化迈出新步伐。

2023 年中央一号文件《中共中央 国务院关于做好 2023 年全面推进乡村振兴重点工作的意见》坚持举全党全社会之力全面推进乡村振兴，坚持农业农村优先发展，坚持城乡融合发展，坚决守牢确保粮食安全、防止规模性返贫等底线，扎实推进乡村发展、乡村建设、乡村治理，为全面建设社会主义现代化开好局起好步打下坚实基础。

在已有乡村振兴战略取得成果的基础上，全面推进乡村振兴战略坚持产业、人才、文化、生态、组织振兴"五大振兴"方向，将牢牢守住国家粮食安全和不发生规模性返贫作为基础底线，重点针对迫切需要解决的问题，进一步开展乡村发展、乡村建设、乡村治理，坚持城乡融合发展，明确重点任务和政策措施。此外，全面推进乡村振兴也在数字乡村、城乡融合和机制保障领域有重点突破。

在数字乡村治理发展上，2022 年 1 月，《数字乡村发展行动计划（2022—2025 年)》提出，着力发展乡村数字经济，着力提升农民数字素养与技能，着力提高乡村数字化治理效能，为推动乡村振兴取得新进展、农业农村现代化迈出新步伐、数字中国建设取得新成效提供有力支撑。在数字乡村建设上，2022 年 5 月《乡村建设行动实施方案》出台，把乡村建设摆在社会主义现代化建设的重要位置，以普惠性、基础性、兜底性民生建设为重点，加强农村基础设施和公共服务体系建设，建立自下而上、村民自治、农民参与的实施机制。2022 年 9 月《关于扩大当前农业农村基础设施建设投资的工作方案》发布，紧紧围绕扩大有效投资、提升农业综合生产能力，以重大项目设计为支撑，用好投融资政策工具，完善市场化运作机制，加快农业农村基础设施建设进度。在城乡融合发展上，2022 年 3 月，国家发展改革委印发《2022 年新型城镇化和城乡融合发展重点任务》，坚持把推进农业转移人口市民化作为新型城镇化首要任务，以县域为基本单元推动城乡融合发展，推进城镇基础设施向乡村延伸、公共服务和社会事业向乡村覆盖。在乡村振兴工作机制保障上，2022 年 11 月《乡村振兴责任制实施办法》出台，实行中央统筹、省负总责、市县乡抓落实的乡村振兴工作机制，构建职责清晰、各负其责、合力推进的乡村振兴责任体系。以上政策总结为表 1。

表 1 全面推进乡村振兴战略的国家性政策

出台时间	政策文件	政策要点
2020 年 10 月	《中共中央关于制定国民经济和社会发展第十四个五年规划和二〇三五年远景目标的建议》	明确提出"全面实施乡村振兴战略"，强化以工补农、以城带乡，推动形成工农互促、城乡互补、协调发展、共同繁荣的新型工农城乡关系；对新发展阶段优先发展农业农村、全面推进乡村振兴做出了总体部署
2021 年 1 月	《中共中央 国务院关于全面推进乡村振兴加快农业农村现代化的意见》	新发展阶段"三农"工作依然十分重要，把全面推进乡村振兴作为实现中华民族伟大复兴的一项重大任务；把乡村建设摆在社会主义现代化建设的重要位置，全面推进乡村产业、人才、文化、生态、组织振兴，脱贫攻坚政策体系和工作机制同乡村振兴有效衔接、平稳过渡
2021 年 2 月	国务院直属机构国家乡村振兴局正式挂牌	两大任务：一是防止返贫的长效机制，对处于贫困边缘的弱势群体和弱质地区，通过长效方式保障不返贫；二是长效稳固的提升机制，保证脱贫成效持续稳定发展
2021 年 3 月	《中华人民共和国国民经济和社会发展第十四个五年规划和二〇三五年远景目标纲要》	坚持农业农村优先发展 全面推进乡村振兴："提高农业质量效益和竞争力""实施乡村建设行动""健全城乡融合发展体制机制""实现巩固拓展脱贫攻坚成果同乡村振兴有效衔接"四大方向建设规划
2021 年 4 月	《中华人民共和国乡村振兴促进法》	立法目的：全面实施乡村振兴战略，促进农业全面升级、农村全面进步、农民全面发展；第一部直接以"乡村振兴"命名的法律，是关于乡村振兴的全局性、系统性法律保障
2022 年 2 月	《中共中央 国务院关于做好 2022 年全面推进乡村振兴重点工作的意见》	部署全面推进乡村振兴重点工作，明确保障国家粮食安全和不发生规模性返贫两条底线，充分发挥农村基层党组织领导作用，扎实有序做好乡村发展、乡村建设、乡村治理，推动实现乡村振兴取得新进展、农业农村现代化迈出新步伐

出台时间	政策文件	政策要点
2022 年 5 月	《关于推进以县城为重要载体的城镇化建设的意见》	以国家乡村振兴重点帮扶县和易地扶贫搬迁大中型集中安置区为重点，强化政策支持，守住不发生规模性返贫底线； 推动国家乡村振兴重点帮扶县增强巩固脱贫成果及内生发展能力
2022 年 5 月	《乡村建设行动实施方案》	把乡村建设摆在社会主义现代化建设的重要位置，以普惠性、基础性、兜底性民生建设为重点，加强农村基础设施和公共服务体系建设，建立自下而上、村民自治、农民参与的实施机制
2022 年 11 月	《乡村振兴责任制实施办法》	实行中央统筹、省负总责、市县乡抓落实的乡村振兴工作机制，构建职责清晰、各负其责、合力推进的乡村振兴责任体系，举全党全社会之力全面推进乡村振兴，加快农业农村现代化
2023 年 2 月	《中共中央 国务院关于做好 2023 年全面推进乡村振兴重点工作的意见》	增强脱贫地区和脱贫群众内生发展动力，牢牢守住不发生规模性返贫的底线，扎实推进乡村发展、乡村建设、乡村治理和农村精神文明建设，建设宜居宜业和美乡村，推动巩固拓展脱贫攻坚成果上台阶、乡村全面振兴见实效

2. 地方性政策

地方政府也加快了探索全面推进乡村振兴的进程，各省立足重点领域出台政策，包括粮食安全保障、加快农业农村现代化、乡村产业高质量发展等方面，促进乡村建设、乡村发展和乡村治理稳步提升。本报告以 2022 年"人民美好生活需要（公众福利态度）调查"问卷（以下简称"问卷"）涉及省份（广东、甘肃和河南）为例，梳理各地的乡村振兴政策。

（1）广东省政策

2022 年 4 月中共广东省委为贯彻落实中央一号文件，出台《关于做好 2022 年全面推进乡村振兴重点工作的实施意见》，强调要牢牢守住保障粮食安全和不发生规模性返贫两条底线，深入实施"三农"领域补短板"九大攻坚"行动，聚焦产业促进乡村发展、稳妥推进乡村建设、突出实效改进乡村治理，全面推进广东省乡村振兴取得新进展新成效。同年 7 月，《农业农村部 广东省人民政府共同推进广东乡村振兴战略实施 2022 年度工作要点》发布，文件要求年度全面推进乡村振兴要点工作在于保障粮食安全与耕地保护、巩固拓展脱贫攻坚成果、推进农业转型升级、聚焦产业促进乡村发展、深入实施美丽乡村建设行动、有序推进乡村改革和治理。

2022 年 6 月，结合广东省实际，广东省发布《广东省乡村振兴促进条例》（以下简称《条例》），贯彻落实《中华人民共和国乡村振兴法》并做好配套衔接的需要，对全面推进乡村振兴战略进行了部署，将广东省行之有效的乡村振兴政策法定化，充分发挥立法在全面推进乡村振兴战略中的重要作用。《条例》表明全面推进乡村振兴应从推进乡村产业发展、提升乡村人居环境、推进乡村治理、促进城乡融合发展、完善帮扶机制以及政策保障等方面重点展开。《条例》贯彻落实习近平总书记有关指示要求，重点关注粮食安全战略，确保粮食有效供给，首次将全面落实粮食安全责任制写入广东省地方性法规，并且首次对撂荒地复耕复种做出制度性安排。《条例》指出全面实施种业振兴行动，建立长期稳定投入机制，加强种源关键核心技术和育种联合攻关，与《广东省种业振兴行动实施方案》形成配合，紧抓研发创新，重点支持种业科技创新，种质资源收集、鉴评和种质资源圃库等工作，增强种业振兴核心竞争力。

《条例》还设置了"帮扶机制"专章，将广东省帮扶工作作为基础性制度确立下来，不仅对低收入人口帮扶、珠三角地区与粤东西北地区对口帮扶协作等做出规定，还特别对广东省创新性地实施驻镇帮镇扶村制度予以明确。自 2021 年 6 月制定印发《广东省乡村振兴驻镇帮镇扶村工作方案》《关于做好乡村振兴驻镇帮镇扶村组团结对帮扶工作的通知》以来，广东省"驻镇帮镇扶村"采取了"党政机关 + 企事业单位 + 农村科技特派员 + 志愿者 + 金融助理"模式组团结对帮扶，实现全省 1127 个乡镇、近 2 万个行政村全覆盖。在《广东省乡村振兴驻镇帮镇扶村工作方案》提升脱贫攻坚成果水平等"五个提升"主要任务指导下，驻镇帮镇扶村工作将帮扶对象、帮扶力量、帮扶资源从行政村上提一级到乡镇，以组团式力量下沉乡村，发挥乡镇中心枢纽作用，向下服务乡村，向上撬动资源下沉，解决相对贫困问题，促进城市与城镇协调发展。

2022 年 12 月通过的《关于实施"百县千镇万村高质量发展工程"促进城乡区域协调发展的决定》是广东省继"驻镇帮镇扶村"机制后推出的促进城乡融合发展的新尝试。"百县千镇万村高质量发展工程"把县域作为城乡融合发展的重要切入点，立足各县域发展基础、资源禀赋和比较优势，对县镇村各自的功能定位科学把握，引导县域各展所长，差异化、特色化发展，统筹抓好产业兴县、强县富民、县城带动，让县域进一步强起来、富起来、旺起来。"百县千镇万村高质量发展工程"在"驻镇帮镇扶村"机制基础上推动珠三角地区与粤东西北全面建立县级结对帮扶关系，开展产业协作，推动县域承接产业有序转移，打造一批高水平的产业转移承接载体，支持各县做大做强 1～2 个特色优势产业集群，推动县域经济高质量发展。

广东省为全面推进乡村振兴，聚焦乡村振兴各项任务，强化政策保障机制创新。在土地保障层面，于 2022 年 6 月发布的《广东省土地管理条例》该条例第二条提出，要坚持落实最严格的耕地保护制度，严守耕地红线，保障粮食安全，表明要压实政府耕地保护的主体责任，强化对永久基本农田的保护，同时建立起耕地保护奖励机制，对耕地保护成绩显著的单位和个人进行奖励。《广东省土地管理条例》通过强化耕地保护力度、完善土地征收制度、优化土地资源配置等措施，深化广东省土地改革，保护农民合法土地利益，为全面推进乡村振兴提供土地要素保障。在乡村建设层面，2022 年 12 月《广东省人民政府办公厅关于成立广东省农村人居环境整治提升领导小组的通知》出台，成立人居环境整治提升领导小组，统筹协调、指挥调度全省农村人居环境整治提升工作，指导督促各级单位建立健全农村人居环境整治提升工作机制。领导小组下设立农村厕所革命专项组、农村生活污水治理专项组、农村供水水质提升行动专项组，持续开展农村污水治理和厕所革命，推进村庄绿化美化亮化（见表 2）。

表 2 广东省全面推进乡村振兴的相关政策

政策类型	出台时间	政策文件	政策要点
全面推进乡村振兴战略规划	2022 年 4 月	《关于做好 2022 年全面推进乡村振兴重点工作的实施意见》	推进广东省全面乡村振兴取得新进展新成效：牢牢守住保障粮食安全和不发生规模性返贫两条底线，深入实施"三农"领域补短板"九大攻坚"行动，聚焦产业促进乡村发展、稳妥推进乡村建设、突出实效改进乡村治理

续表

政策类型	出台时间	政策文件	政策要点
全面推进乡村振兴战略规划	2022 年 6 月	《广东省乡村振兴促进条例》	全面推进乡村振兴重点任务：从推进乡村产业发展、提升乡村人居环境、推进乡村治理、促进城乡融合发展、完善帮扶机制以及政策保障等方面重点展开
	2022 年 7 月	《农业农村部 广东省人民政府共同推进广东乡村振兴战略实施 2022 年度工作要点》	年度工作要点：保障粮食安全与耕地保护、巩固拓展脱贫攻坚成果、推进农业转型升级、聚焦产业促进乡村发展、深入实施美丽乡村建设行动、有序推进乡村改革和治理
驻镇帮镇扶村机制	2021 年 6 月	《广东省乡村振兴驻镇帮镇扶村工作方案》	方案确定全省将开展驻镇帮镇扶村工作，全域全覆盖全面推进乡村振兴。采取分类分级帮扶、组团结对帮扶、驻镇帮镇扶村，统筹各方力量多层次推进镇村融合发展
	2022 年 6 月	《广东省乡村振兴促进条例》	设置"帮扶机制"专章，不仅对低收入人口帮扶、珠三角地区与粤东西北地区对口帮扶协作等做出规定，还特别对广东省创新性地实施驻镇帮镇扶村制度予以明确
百县千镇万村高质量发展工程	2022 年 12 月	《关于实施"百县千镇万村高质量发展工程"促进城乡区域协调发展的决定》	推动广东省县镇村高质量发展，在新起点上更好解决城乡区域发展不平衡不充分问题，通过实施"百县千镇万村高质量发展工程"促进城乡区域协调发展
土地管理	2022 年 6 月	《广东省土地管理条例》	为全面推进乡村振兴提供土地要素保障：坚持最严格的耕地保护制度、完善土地征收制度、优化土地资源配置等措施，深化广东省土地改革，保护农民合法土地利益

续表

政策类型	出台时间	政策文件	政策要点
乡村建设	2022 年 12 月	《广东省人民政府办公厅关于成立广东省农村人居环境整治提升领导小组的通知》	成立人居环境整治提升领导小组：研究重要事项、重要政策和重要制度，统筹协调、指挥调度全省农村人居环境整治提升工作，推动解决工作中的突出问题，指导督促各地各有关各级单位建立健全农村人居环境整治提升工作机制

（2）甘肃省政策

自脱贫摘帽以来，甘肃省坚持把巩固拓展脱贫攻坚成果、防止规模性返贫作为头等大事，把促进农民增收作为根本之举，着重关注现代农业体系建设，重点发展特色养殖业，打造"甘味"品牌，将产业振兴作为"五大振兴"重中之重，开启全面推进乡村振兴新篇章。

2022 年 2 月甘肃省印发《甘肃省"十四五"推进农业农村现代化规划》，谋划全面推进乡村振兴新篇章，从粮食等重要农产品安全保障、乡村产业链供应链提升、乡村公共基础设施建设、现代乡村治理体系建设等九方面五十八项重大工程、行动和计划实施乡村振兴战略。牢牢守住粮食安全和不发生规模性返贫两条底线，深入实施现代丝路寒旱农业优势特色产业倍增行动，推进乡村产业融合发展，大力提升农业现代化水平，积极推进乡村建设示范行动，加快形成新型工农城乡关系，全面推进乡村振兴。

《中共甘肃省委 甘肃省人民政府关于做好二〇二二年全面推进乡村振兴重点工作的实施意见》发布，要求紧盯粮食安全，严格落实粮食安全党政同责和"菜篮子"市长负责制，统筹重要农产品调控，保障重要农产品供给。该意见强调要严守耕地红线，保障耕地数量，提高耕地质量，持续强化现代农业基础支撑。在农田保障下以产业振兴促进农民持续增收，坚持以养殖业为牵引带动农业产业结构优化升级，以农产品加工业为牵引带动特色产业链价值链提升，以"甘味"品牌为牵引带动特色产业核心竞争力升级，以"三个牵引"战略部署为抓手推动产业振兴，实施强县域行动，扎实推进乡村发展、乡村建设、乡村治理。

2022 年 11 月，甘肃省结合本地实际，发布《甘肃省乡村振兴促进条例》，旨在将《中华人民共和国乡村振兴法》的重要原则和制度细化为可操作、能考核、能落地制度措施。该条例按照农业农村现代化的目标，坚持农业农村优先发展的总方针，着眼建立健全城乡融合发展体制机制和政策体系的制度保障，提出坚持改革创新，坚持因地制宜、规划先行、循序渐进，分类推进全面乡村振兴工作，重点制定产业、人才、文化、生态、组织五大振兴的促进措施、保障措施以及监督奖惩机制，为促进甘肃省乡村振兴提供法治保障。统筹推进农村经济建设、政治建设、文化建设、社会建设、生态文明建设和党的建设，明确规定应当优化甘肃省乡村产业布局，发挥区域特色优势，大力发展旱作农业、草食畜牧业、高效节水农业等，构建现代寒旱特色农业发展新格局，同时推进"甘味"农产品品牌体系建设，提升"甘味"品牌影响力、竞争力和品牌价值。

2022 年 12 月，甘肃省发布《关于以养殖业为牵引带动农业产业结构优化升级的实施方案》，表明将以发展养殖业带动甘肃省畜牧业绿色高质量发展，加快产业振兴，持续促进农民增收。该方案指出，要通过持续调整优化畜牧业布局、突出畜禽种业和标准化规模养殖基地建设，推进龙头带动、新型经营主体培育、产销衔接、强化畜牧业科技能力和打造"甘味"畜产品知名品牌等持续提高畜牧业规模化程度和产业集中度，促进农村一二三产业融合发展，实现以畜牧业牵引带动农业产业结构优化升级目标，全面提升甘肃现代寒旱特色农业市场竞争力，促进产业振兴带动全面乡村振兴。

为推进国家乡村振兴重点帮扶县产业高质量发展，2023 年 2 月，甘肃省发布《甘肃省人民政府办公厅关于提升国家乡村振兴重点帮扶县产业发展水平切实巩固拓展脱贫攻坚成果的指导意见》，强调指出要坚持把壮大帮扶产业作为全面推进乡村振兴"五大振兴"的重中之重，集中支持重点帮扶县大力发展现代寒旱特色农业、现代设施农业、农产品加工流通业等产业，促进第一第二第三产业融合发展，促进产业全面发展和农户持续稳定增收，为乡村全面振兴和农业农村现代化打下坚实基础。该意见强调甘肃省将继续把壮大养殖业作为农业结构调整的主攻方向，抢抓全省加快特色肉牛产业代、红牛产业带、肉羊产业带与现代畜牧业发展等基于，形成以牛羊为主导、布局更加合理、特色优势明显、产业竞争力强、种养一体循环发展的现代畜牧产业发展格局。

甘肃省深入学习贯彻习近平总书记关于"三农"工作的重要论述，把乡村建设摆在社会主义现代化建设的重要位置。2022 年 7 月，甘肃省对《甘肃省农村饮用水供水管理条例》进行修订，加强农村饮用水供水管理，保障农村饮用水安全，提升供水保障水平和质量，为全面推进乡村振兴战略实施提供水力支撑和保障。2023 年 2 月，甘肃省发布《甘肃省乡村建设行动实施方案》，扎实推进乡村建设行动，将乡村建设作为全面推进乡村振兴的重点工作内容。以"5155"乡村建设示范行动为抓手，以普惠性、基础性、兜底性民生建设为重点，集中更多要素和资源推进乡村建设，建立健全自下而上、村民自治、农民参与的实施机制，建设幸福优美陇原新乡村（见表 3）。

表 3　甘肃省全面推进乡村振兴战略的相关政策

政策类型	出台时间	政策文件	政策要点
全面推进乡村振兴战略规划	2022 年 2 月	《甘肃省"十四五"推进农业农村现代化规划》	谋划开启全面推进乡村振兴新篇章：从粮食等重要农产品安全保障、乡村产业链供应链提升、乡村公共基础设施建设、现代乡村治理体系建设等九方面五十八项重大工程、行动和计划实施乡村振兴战略
	2022 年 2 月	《中共甘肃省委 甘肃省人民政府关于做好二〇二二年全面推进乡村振兴重点工作的实施意见》	牢牢守住保障粮食安全和不发生规模性返贫两条底线，大力实施强县域行动，加快推进乡村产业转型升级，扎实推进三产融合、四化同步、城乡统筹，稳步有序做好乡村发展、乡村建设、乡村治理重点工作，推动乡村振兴取得新进展
	2022 年 11 月	《甘肃省乡村振兴促进条例》	坚持改革创新，坚持因地制宜、规划先行、循序渐进，分类推进全面乡村振兴工作，统筹推进农村经济建设、政治建设、文化建设、社会建设、生态文明建设和党的建设
产业振兴	2022 年 12 月	《关于以养殖业为牵引带动农业产业结构优化升级的实施方案》	以发展养殖业推动带动甘肃省畜牧业绿色高质量发展，加快产业振兴，持续促进农民增收

续表

政策类型	出台时间	政策文件	政策要点
县域发展	2023 年 2 月	《甘肃省人民政府办公厅关于提升国家乡村振兴重点帮扶县产业发展水平切实巩固拓展脱贫攻坚成果的指导意见》	集中支持重点帮扶县大力发展现代寒旱特色农业、现代设施农业、农产品加工流通业等产业，促进第一第二第三产业融合发展，促进产业全面发展和农户持续稳定增收，为乡村全面振兴打下坚实基础
乡村建设	2022 年 7 月	《甘肃省农村饮用水供水管理条例》	加强农村饮用水供水管理，保障农村饮用水安全，提升供水保障水平和质量，为全面推进乡村振兴战略实施提供水力支撑和保障
	2023 年 2 月	《甘肃省乡村建设行动实施方案》	扎实推进乡村建设行动，将乡村建设作为全面推进乡村振兴的重点工作内容。集中更多要素和资源推进乡村建设，建立健全自下而上、村民自治、农民参与的实施机制

（3）河南省政策

河南是人口大省和农业大省。近年来，河南省围绕乡村振兴战略，重点关注粮食生产领域，以现代工业的理念改造提升农业，积极探索走出一条具有河南特色的农业强省建设之路。

2021 年，河南省印发《河南省乡村产业振兴五年行动计划》、《河南省乡村人才振兴五年行动计划》、《河南省乡村生态振兴五年行动计划》、《河南省乡村文化振兴五年行动计划》和《河南省乡村组织振兴五年行动计划》，分别从产业、人才、生态、文化和组织建设五个方面划定未来五年河南省乡村振兴的"路线图"。2022 年 3 月，《河南省乡村振兴促进条例》正式实施，将五大"五年行动计划"的政策措施、责任分工、重点任务等一系列部署安排法制化、规范化、制度化，推动全面乡村振兴实现更大突破。该条例明确河南省要扛稳粮食安全政治责任，重点突出粮食安全和耕地条款；推进农业供给侧结构性改革提升农业效益和竞争力；构建新型城乡关系，将县域作为城乡融合发展的重要切入点；并通过立法的方式就财政收入、资金基金等做出规定。

2022 年发布的《中共河南省委 河南省人民政府关于做好二〇二二年全面推进乡村振兴重点工作的实施意见》从十个方面明确 45 条具体措施，统筹推进乡村发展、乡村建设、乡村治理等重点工作，聚焦粮食安全、乡村产业发展、消除返贫致贫风险、推进乡村建设以及深化改革等，坚持稳字当头、稳中求进原则，锚定稳住农业基本盘，确保全省农业稳产增产、农民稳步增收、农村稳定安宁，稳步全面推进乡村振兴。该意见指出，河南作为全国粮食生产大省，要落实最严格的耕地保护措施，全面落实粮食安全党政同责，大力推进种业振兴，实施种质资源保护利用、种业创新平台建设等六大行动，保障"菜篮子"产品稳产供给。2023 年河南省《政府工作报告》提出扎实推进乡村振兴，要扛稳粮食安全重任，构建多元化食物供给体系，做强特色产业，推动特色产业振兴；巩固拓展脱贫攻坚成果，强化防止返贫监测帮扶，坚决守住不发生规模性返贫底线。

2022 年 3 月，为巩固和拓展脱贫攻坚成果，河南省五部门共同印发《关于做好 2022 年脱贫人口稳岗就业工作的通知》，进一步部署做好脱贫人口稳岗就业工作，重点关注深化劳务协作，健全东西部劳务协作和省内劳务协作机制；重点促进就地就近就业，政策倾斜帮助脱贫人口就业，托底安置就业困难人员；重点组织开展"雨露计划 +"就业促进专项行动，提升脱贫人口工作素质，引导脱贫家庭就业。4 月发布《2022 年防止返贫监测帮扶集中排查工作方案》，组织开展防返贫监测帮扶集中排查和全面整改，进一步健全完善防止返贫监测帮扶机制，促进河南省巩固脱贫攻坚成果后评估发现问题整改，牢牢守住不发生规模性返贫底线。

河南省坚持农业农村优先发展，自觉把乡村建设作为实施乡村振兴战略的重要任务，把做好乡村建设工作放在现代化河南建设的重要位置。2022 年 6 月，河南省贯彻落实《乡村建设行动实施方案》工作方案出台，明确十二项重点任务，涉及乡村规划建设管理、农村道路、防汛抗旱和供水、数字乡村建设、人居环境整治提升、基本公共服务提升等重点方面。河南省 6 月相继出台《中共河南省委农村工作领导小组关于印发乡村建设十三个专项行动专班年度工作要点的通知》《河南省乡村建设行动 2022 工作台账》，进一步明确河南省乡村建设的任务书、路线图、时间表、责任人，既全面系统又重点突出，构建起有效衔接的"四梁八柱"，全域推进、全力推动乡村建设，带动河南省全面乡村振兴（见表4）。

表4 河南省全面推进乡村振兴的相关政策

政策类型	出台时间	政策文件	政策要点
全面推进乡村振兴战略规划	2021年9月	《河南省乡村产业振兴五年行动计划》、《河南省乡村人才振兴五年行动计划》、《河南省乡村生态振兴五年行动计划》、《河南省乡村文化振兴五年行动计划》和《河南省乡村组织振兴五年行动计划》	从产业、人才、生态、文化和组织建设五个方面划定未来五年河南省乡村振兴规划
	2021年9月	《河南省乡村振兴促进条例》	乡村振兴要以产业发展为重点，保障粮食供给及质量安全，形成以粮食产业、规模种养、高效生态循环农业、食品加工、冷链仓储物流和文化养老休闲旅游互为支撑的乡村振兴产业结构
	2022年3月	《中共河南省委 河南省人民政府关于做好二〇二二年全面推进乡村振兴重点工作的实施意见》	从十个方面明确45条具体举措，统筹推进乡村发展、乡村建设、乡村治理重点工作，推动乡村振兴取得新进展、农业农村现代化迈出新步伐
巩固和拓展脱贫攻坚成果	2022年3月	《关于做好2022年脱贫人口稳岗就业工作的通知》	进一步部署做好脱贫人口稳岗就业工作，明确三项重点工作，一是深化劳务协作。二是促进就地就近就业。三是组织开展"雨露计划+"就业促进专项行动
	2022年4月	《2022年防止返贫监测帮扶集中排查工作方案》	组织开展上半年防返贫监测帮扶集中排查和全面整改，进一步健全完善防止返贫监测帮扶机制，确保2022年巩固拓展脱贫攻坚成果再上新台阶
乡村建设	2022年6月	落实《乡村建设行动实施方案》工作方案	明确十二项重点任务，涉及乡村规划建设管理、农村道路、防汛抗旱和供水、数字乡村建设、人居环境整治提升、基本公共服务提升等重点方面

（4）地方性政策小结

本报告聚焦广东省、甘肃省、河南省三省全面推进乡村振兴战略的相关政策。可以看到，三省出台的政策规划都以国家性政策为指导，结合本省实际出台政策，将全面推进乡村振兴的措施具体化、规范化和制度化，如三省均在《中共中央 国务院关于做好2022年全面推进乡村振兴重点工作的意见》的基础上出台具体实施意见，表明将牢牢守好国家粮食安全和不发生规模性返贫两条底线，并将乡村发展、乡村建设、乡村治理作为全面推进乡村振兴战略的重点工作。同时，广东省、甘肃省与河南省基于本省乡村振兴实际，出台和发布了一系列政策措施。如广东针对地域发展不均，出台"驻镇帮镇扶村"制度和"百县千镇万村高质量发展工程"，对低收入人口、地区实行对口帮扶，促进城乡融合区域协调发展。甘肃省利用自然地理优势，重点关注产业振兴，大力发展旱作农业等，构建现代寒旱特色农业发展新格局。河南省作为人口大省农业大省，重点关注粮食生产领域，突出农业现代化建设，积极探索走出一条具有河南特色的农业强省建设之路（见表5）。

表5　广东省、甘肃省、河南省全面推进乡村振兴战略政策对比

	广东省	甘肃省	河南省
共同点	1. 巩固和拓展脱贫攻坚成果 2. 牢牢守住粮食安全和不发生规模性返贫两条底线 3. 扎实推进乡村发展、乡村建设、乡村治理重点工作 4. 以产业振兴带动乡村振兴，促进农民增收		
差异点	重点关注县域发展，促进城乡融合区域协调	重点发展现代丝路寒旱农业优势特色产业，推进乡村产业融合发展	突出粮食安全政治责任，保障耕地数量和质量，加强农业农村现代化建设

三　地方探索：全面推进乡村振兴战略的典型实践

本节在地方推进乡村振兴政策基础上，介绍了广东省、甘肃省、河南省全面推进乡村振兴的典型实践，各地通过典型实践与推广积累了全面推进乡村振兴战略的经验。其中广东省聚焦于数字乡村建设和数字乡村治理层面，甘肃省聚焦于产业振兴带动乡村发展层面，河南省聚焦于人才振兴层面。

（一）开展数字乡村建设，提升乡村治理水平

当前，数字技术的发展正在深刻影响着"三农"的发展。"宽带中国"等战略的实施极大提高了我国农村地区数字基础设施与服务的发展水平，物联网等现代信息技术也极大地改变了传统农业生产方式，网络应用的迅速普及也提高了农民的日常生活便利度。数字技术的应用对农村产业振兴、乡村治理、乡村建设等发挥了重要作用。①

2022年1月，《数字乡村发展行动计划（2022—2025年）》提出要以解放和发展数字生产力、激发乡村振兴内生动力为主攻方向，着力发展乡村数字经济，着力提升农民数字素养与技能，着力提高乡村数字化治理效能，为推动乡村振兴取得新进展、农业农村现代化迈出新步伐、数字中国建设取得新成效提供有力支撑。数字乡村建设有利于缩小城乡"数字鸿沟"，通过构造数字空间有助于村民突破地理范围限制，对乡村公共事务和议题开展协商自治，提高乡村数字化治理能力。

数字技术快速发展下，建设数字化平台能够突破地理空间、交易成本、信息不对称等约束，实现乡村资源优化配置，助力乡村产业振兴、乡风文明、生态宜居、治理有效、生活富裕。② 广东省按照《2022年数字乡村发展工作要点》部署要求，组织开发广东省乡村振兴服务信息化平台，推动各市县在全省统一平台基础上叠加建设本地区业务融合系统，推动形成乡村产业经济、乡村治理等业务数据互通的全省乡村振兴综合管理和服务信息化体系，为乡村振兴工作提供数字化智能化服务，构建全省美丽乡村数字管理模式。

佛山市禅城区将数字乡村建设作为实现乡村治理现代化的重要抓手，建立综合管理和服务信息化的"乡村大脑"信息化平台，实现智慧乡村善治。禅城区"乡村大脑"系统包含治理云图、村务共治、宅基地管理项目、财务监控和预警监督等八大板块，为村民掌握村的重大事项决策、民生、治安管理、资产交易提供边界渠道。"乡村大脑"数字平台打通了各部门的数据壁垒，为"人、事、财、物、组织"建立起数据中台，让各部门对数据一目了然，为资源配置

---

① 王胜、余娜、付锐：《数字乡村建设：作用机理、现实挑战与实施策略》，《改革》2021年第4期。
② 刘岳平、许德友：《以数字化平台助力数字乡村建设的战略构想与对策措施——基于广东省的研究》，《广州社会主义学院学报》2022年第1期。

和精细化管理提供了数据支撑和决策支持。禅城区"乡村大脑"服务信息化平台的建立，能够有效促进乡村治理精准化、精细化和便民服务智慧化，健全自治、法治、德治相结合的乡村治理体系。①

广东省梅州市五华县作为《广东省数字乡村发展试点实施方案》的试点镇，秉持着先试先行、边试边改的原则，五华县坚持高位推动，成立了华城数字乡村试点建设领导小组，在基层治理、公共服务等方面率先开展数字乡村建设，取得良好成果。五华县通过整合现有 11 个平台资源，接入各县直部门的平台数据，打造出集手机端和 PC 端于一体的华城数字乡村信息化平台。PC 端全力开发了"数字治理一张图"等 9 张基层治理图，打破了政务服务条块壁垒和时间空间限制，让居民参与到五华县基层治理中来，提升了居民的乡村振兴参与度。五华县建立的华城数字乡村信息化平台有效推动了数字便民服务"掌上办、指尖办"，打通了服务群众的"最后一公里"，充分调动了村民参与数字乡村建设的主动性和积极性。②

除佛山禅城、梅州五华外，广东省多个市、县、镇引入一站式"数字乡村"智慧平台，如清远市率先实现"数字乡村全域覆盖"，引入"数字运营官千人驻村"项目。数字平台的建立能够促进数字赋能基层治理，全方位整合基层治理的资源和力量，推进乡村建设和乡村治理。借助数字平台的数据库和多维度智能分析，可以精准识别帮扶对象，提供帮扶服务，为全面推进乡村振兴决策提供最直观的依据。

（二）聚焦产业高质量发展，构建现代农业产业体系

当前，农业现代化是中国现代化的突出短板，必须充分认识到我国建设农业强国的紧迫性、长期性和艰巨性，立足中国的制度背景和农情国情，从中国实际出发，走出一条具有中国特色的现代农业强国道路。③ 推进产业振兴是建

---

① 《数字赋能乡村治理，佛山禅城打造"乡村大脑"｜市域社会治理十大创新案例》，南方网，2022 年 5 月 18 日，https：//static. nfapp. southcn. com/content/202205/18/c6505184. html。

② 《数字赋能打造乡村"最强大脑"》，人民网，2022 年 4 月 11 日，http：//gd. people. com. cn/n2/2022/0411/c123932 - 35217137. html。

③ 魏后凯、崔凯：《建设农业强国的中国道路：基本逻辑、进程研判与战略支撑》，《中国农村经济》2022 年第 1 期。

设农业强国的落脚点和着力点，《中共中央 国务院关于做好2023年全面推进乡村振兴重点工作的意见》提出，要推动乡村产业高质量发展，培育乡村新产业新业态；促进农民就业增收、农业经营增效，赋予农民更加充分的财产权益，拓宽农民增收致富渠道。乡村产业高质量发展要在彰显特色、产业融合、优化布局和联农带农上下功夫，把乡村资源优势、生态优势、文化优势转化为产品优势、产业优势，发挥三次产业融合的乘数效应，打造城乡联动的产业集群，进一步增强市场竞争力和可持续发展能力，并把产业增值收益更多留给农民。

甘肃地处西北生态脆弱区，长期以来产业结构的不合理与生产方式的落后，导致甘肃省生态环境改善不尽人意，"三农"问题突出，农业农村经济形势依然严峻。[1] 因此，在全面推进乡村振兴战略的新阶段，甘肃省重点推进农业绿色转型发展，加快农业现代化进程，试图以特色鲜明的优势产业成为甘肃省产业振兴的内在动力。脱贫攻坚战胜利后甘肃省把脱贫攻坚中形成的体制机制有机衔接到乡村振兴上来，出台《关于全面推进乡村振兴加快农业农村现代化的实施意见》《关于实现巩固拓展脱贫攻坚成果同乡村振兴有效衔接的实施意见》等政策文件，开展全面推进乡村振兴新篇章。

甘肃省准确把握住当前农业发展新特征，多向发力厚植产业新动能，守住不发生规模性返贫的底线，提高粮食生产能力，调整农业结构，开展特色产业发展，推动甘肃省农业绿色转型。甘肃省牢牢抓住产业发展这个重心，按照"以养殖业牵引农业产业结构优化升级，以农产品精深加工业和食品工业带动特色产业价值链提升"的思路，利用寒旱的资源禀赋，大力发展现代寒旱特色农业，走出特色的"寒旱农业—生态循环—绿色有机—甘味品牌"的现代农业发展路子，全力打造现代寒旱特色农业高地。[2]

甘肃省武威市是典型的寒旱区，区域自然条件差异大，产业发展基础和主攻方向各有不同。因而武威市联合周边城市打破行政区域界限，提出打造沿山、沿川、沿沙"三大产业带"，大抓以肉牛、肉羊、奶牛为主的畜牧业，发展出牛羊猪禽果菜菌草"8＋N"现代农业优势主导产业。武威市打造的农业

① 王建连、魏胜文、张邦林等：《乡村振兴战略背景下甘肃农业绿色转型发展思路研究》，《农业经济》2022年第2期。
② 《甘肃"双增长"是如何实现的》，国家乡村振兴局网站，2022年11月11日，https://www.nrra.gov.cn/art/2022/11/11/art_4317_197556.html。

结合、种养循环模式，具有区域特色鲜明、产业链条完善、经济效益明显、市场竞争力强的特征。并且武威市以食品加工园区为抓手，延长产业链条，着力强化龙头带动，培育伊利乳业、达利食品、牧原生猪等一批带动力强的龙头企业，打造特色农产品加工与食品工业、奶产业两个百亿元级产业集群。武威市通过"三大特色产业带"以及"8 + N"的现代农业优势主导产业思路和举措，以产业振兴为抓手，走出了一条适合武威实际的现代农业发展特色之路。①

甘肃省定西市渭源县也通过利用独特的地理环境进行产业布局，推进第一第二第三产业融合发展，以"农业优先型"县域经济发展定位，确定了"南薯北药、薯药强县、旅游富民"的目标。渭源县围绕甘肃省"牛羊菜薯药种"六大特色产业，深入实施甘肃省现代丝路寒旱农业三年倍增行动计划，创新完善"龙头企业＋合作社＋基地＋农户"产业发展模式。渭源县建设了马铃薯、中药材、畜草和高原夏菜4个现代农业产业园与渭河、漫坝河、秦祁河"三川三河"经济带，着力打造特色产业集群和产业强镇，持续推进特色产业聚集发展，扩大规模效应。渭源县抓住产业发展重点，集合全县资源打造了畜草产业集群，坚持以养殖业牵引农业产业结构优化升级，坚定不移走"小规模、大群体、草畜一体化"发展路子，建成了标准化养殖小区和智能化牛羊集散中心。

（三）实施乡村振兴人才支持计划，加强乡村人才队伍建设

"乡村振兴，关键在人"，全面推进乡村振兴战略要坚持把乡村人力资本开发放在首要位置，为加快农业农村现代化提供有力人才支撑。中共中央办公厅、国务院办公厅印发的《关于加快推进乡村人才振兴的意见》提出要坚持把乡村人力资本开发放在首要位置，大力培养本土人才，引导城市人才下乡，推动专业人才服务乡村，吸引各类人才在乡村振兴中建功立业，健全乡村人才工作体制机制，强化人才振兴保障措施。

在全面推进乡村振兴的过程中，对于人才的需求也在不同阶段呈现鲜明的特点，人才供给与人才需求变化的频率需保持共振。当前通过加快培养农村第二、第三产业发展人才，培育农村创业创新带头人，加大农村电商人才培育力

---

① 《武威要闻 武威：发展特色优势产业 着力做好产业振兴大文章》，武威市人民政府网，2022年10月31日，https://www.gswuwei.gov.cn/art/2022/10/31/art_174_975198.html。

度等方式打造各类人才服务支持乡村格局，有利于发挥人才优势，增强地区发展内生动力。不少地方政府结合地方特色产业，创新乡村人才工作体制机制，发挥乡村地区资源优势，并以政策扶持吸引各类人才下乡，充分激发乡村现有人才活力，以人才振兴促进全面乡村振兴。

近年来，河南洛阳市坚持抓党建促振兴，依靠并用好乡镇党政人才、村党组织带头人、驻村第一书记和乡贤人才队伍，为全面推进乡村振兴提供有力人才支撑。洛阳市选优配强村级党组织带头人队伍，将退伍军人、返乡创业能人、大学生选拔进村"两委"班子。实施村党组织书记素质提升行动、"一村一名大学生"培育计划、农村基层干部乡村振兴主题培训计划等，对包括村党组织书记在内的村干部开展滴灌型、全覆盖培训，帮助其成长为基层治理、助农增收的行家里手。同时，洛阳市强化驻村帮扶人才队伍担当，坚持乡村振兴队伍不撤、投入不减、管理不松、要求不降，继续选派驻村第一书记和工作队，将脱贫攻坚形成的好经验、好做法运用到全面推进乡村振兴工作当中。此外，洛阳还以驻村帮扶人才队伍为纽带，协调用好各类资源，加强对驻村干部的教育培训，促进人才队伍在乡村振兴中创造出实实在在的业绩。①

河南省作为人口大省和农业大省，具有较强的网购消费潜力和丰富农产品资源供应，发展农村电子商务优势明显，农村电商人才大有可为。2022年10月以来，共青团河南省委深入学习宣传贯彻党的二十大精神，贯彻落实习近平总书记关于乡村振兴的重要论述，以《2022—2023年国家乡村振兴重点帮扶县"农村青年主播"培育工作方案》为指导创新助力全面乡村振兴方式，在郑州、洛阳、焦作、漯河、三门峡、南阳、驻马店等地广泛开展"青耘中国"直播助农活动，助力农村产业发展和农产品销售。团焦作市委组织开展的直播助农活动推介了温县铁棍山药；团漯河市委组织开展的直播助农活动推介了本地的肠粉、生菜、黑白芝麻等农产品；团陕州区委联合当地公司开展直播助农活动，介绍了张汴小米、陕塬红苹果、赵里河八珍玉食3种陕州特色农产品；等等。河南省通过直播活动聚焦农业全面推进乡村振兴青年人才需求、培育青年

---

① 《"四心"赋能乡村振兴》，新华网，2022年1月26日，http://www.xinhuanet.com/com-ments/20220126/76f373a28f3c4f3aa9500b243236dccf/c.html。

电商，开展直播活动，既能培育农村青年主播人才，又能拓宽农产品销路，创新农业增收方式，提升农产品特色品牌影响力，为全面推进产业振兴贡献力量。①

四　乡村振兴战略的个体主观绩效评价分析

本节使用中山大学"人民美好生活需要（公众福利态度）调查"数据。该调查借鉴欧洲国家（如国际社会科学项目"ISSP"和欧洲社会调查"ESS"）和我国香港地区福利态度调查问卷的设计，并对具体问题进行了改良。为了保证问卷的有效性和实时性，每年在开展数据调查之前会对问卷涉及的板块进行调整，即根据国内社会热点议题对其进行补充和更新。2022 年问卷囊括了"贫困治理"、"社会团结与社会风险"、"社会照顾"、"社会态度""乡村振兴战略"、"延迟退休"与"个人资料"等板块，调查对象为 18 周岁及以上的广东省、河南省和甘肃省居民，调查范围包括广东省 21 个地级市、甘肃省 14 个地级市（自治州）和河南省 18 个地级市，最终获得 9400 个有效样本。

（一）乡村振兴战略的公众个体主观评价概述

1. 个体主观绩效评价现状

笔者对乡村振兴战略的公众认知现状进行分析，一方面是对现有乡村振兴研究的重要补充，另一方面有助于针对乡村振兴战略的落实提出更有针对性的建议。从 2021 年中山大学人民美好生活需要（公众福利态度）调查团队调查结果来看（见图 1），2017 年以来我国农村的变化中，首先是农村自然环境的改善最受公众认可，按从 0 分到 10 分打分，农村自然环境改善得分 7.15，表明乡村振兴战略实施以来，改善农村人居环境，建设美丽宜居乡村取得重大成果，公众切实感受到了乡村环境建设所取得的进步；其次是医疗卫生水平、上学、居住条件的改善，得分 6.78，表明乡村振兴战略显著改善了乡村教育、医

---

① 《河南："青耘中国"直播开创共青团助力乡村振兴新方式》，"中国青年报"百家号，2022 年 12 月 5 日，https://baijiahao.baidu.com/s? id = 1751388038468662031&wfr = spider&for = pc。

疗等民生福祉，群众的幸福生活得到良好保障；再次是农村就业和收入，得分6.52，表明乡村振兴的重要内容产业振兴促进了农村的产业结构调整，为农民提供了新的收入来源，农民的生活质量显著提高；最后是乡村党群、干群关系的改善，得分6.44，表明随着乡村振兴战略的实施，农村党员、干部和群众的关系更加密切、和谐，但党群、干群关系改善得分相比于其他几项得分较低，说明还需进一步改善，以高质量基层党建引领乡村振兴。

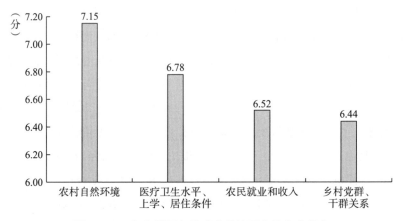

图1　2022年乡村振兴战略成就认可度的公众得分

2. 个体主观绩效评价对比——与2021年对比

2021年中山大学"人民美好生活需要（公众福利态度）调查"结果显示，受访者认为农村发展取得的最大成效是农村公共设施改善，其次为农村自然环境改善与医疗卫生水平、上学、居住条件的改善（见图2）。2022年调查结果表明，实施乡村振兴战略以来，公众认为农村变化最大的是自然环境得到了改善，以及医疗卫生、上学、居住条件的改善。2022年与2021年调查结果的对比表明，本报告的数据呈现较高的一致性，也体现了样本选取的科学性。

（二）乡村振兴战略个体主观绩效评价的差异

1. 人口学变量与乡村振兴战略成就认可度相关性分析

本部分从受访者的个人特征中选取了性别、年龄、受教育程度、婚姻状况、政治面貌、职业、收入、是否为中等收入群体、户籍等变量，将以上分类变量变为虚拟变量后，与乡村振兴战略成就认可度变量进行相关性分析，结果

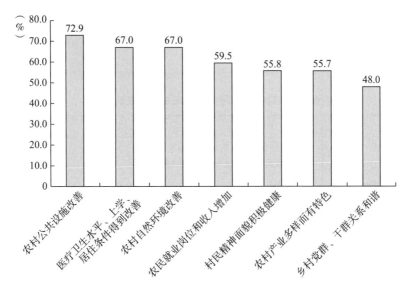

图2 2021年乡村振兴成就认可度概况

显示如下。

（1）农民就业和收入

从表6可见，公众的年龄、受教育程度、政治面貌、职业、收入、是否为中等收入群体以及户籍都与农民就业和收入呈显著相关关系，其中政治面貌、职业、以及是否为中等收入群体与农民就业和收入呈显著负相关关系。

（2）医疗卫生水平、上学、居住条件

从表6可见，公众的年龄、受教育程度、婚姻状况、政治面貌、职业、收入、是否为中等收入群体以及户籍都与医疗卫生水平、上学、居住条件呈显著相关关系。其中年龄、婚姻状况、政治面貌、职业、是否为中等收入群体与医疗卫生水平、上学、居住条件改善呈显著负相关关系。

（3）农村自然环境

从表6可见，公众的性别、年龄、受教育程度、婚姻状况、政治面貌、职业、收入、是否为中等收入群体以及户籍都与农村自然环境呈显著相关关系。其中政治面貌、职业、是否为中等收入群体与农村自然环境呈显著负相关关系。

（4）乡村党群、干群关系

从表6可见，公众的性别、年龄、受教育程度、婚姻状况、政治面貌、职业、是否为中等收入群体以及户籍都与农村自然环境呈显著相关关系。其中年龄、婚姻状况、政治面貌、职业、是否为中等收入群体与乡村党群、干群关系呈显著负相关关系。

表6　人口学变量与乡村振兴战略成就认可度

	E1.1	E1.2	E1.3	E1.4
	农民就业和收入	医疗卫生水平、上学、居住条件	农村自然环境	乡村党群、干群关系
性别	0.013	0.015	0.027 ***	0.054 ***
年龄	0.030 ***	-0.055 ***	0.032 ***	-0.023 **
受教育程度	0.079 ***	0.087 ***	0.025 **	0.116 ***
婚姻状况	-0.008	-0.055 ***	0.042 ***	-0.023 **
政治面貌	-0.136 ***	-0.108 ***	-0.090 ***	-0.153 ***
职业	-0.073 ***	-0.049 ***	-0.062 ***	-0.081 ***
收入	0.053 ***	0.020 *	0.046 ***	0.014
是否为中等收入群体	-0.110 ***	-0.103 ***	-0.085 ***	-0.105 ***
户籍	0.091 ***	0.039 ***	0.028 ***	0.061 ***

注：$^{*}p<0.1$，$^{**}p<0.05$，$^{***}p<0.01$。

2. 人口学变量在乡村振兴战略成就认可度各选项得分分析

本部分对性别、年龄、受教育程度、婚姻状况、政治面貌、收入阶层、是否为中等收入群体、乡村振兴战略目标群体（三类）等人口学变量在乡村振兴战略成就认可度上的得分进行了分析，结果如下。

（1）性别

从图3可以看出，女性受访者对乡村振兴取得成就的认可度整体高于男性受访者。同时，性别不同的受访者均认为，2017年以来，我国农村取得的最好成就是农村自然环境改善和医疗卫生水平、上学、居住条件的改进，这也与整体公众认知概况相一致。

（2）年龄

从图4可以看出，不同年龄层的受访者对农村自然环境改善的认可度最高，其中，农村自然环境改善在36～50岁受访者中得分为7.27，远超其他得分选项。乡村党群、干群关系的改善选项在各年龄层公众中得分最低，在51～

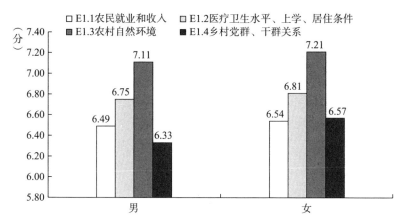

图3　男女受访者关于乡村振兴成就认可度的认知

65 岁年龄层得分仅有 6.34。

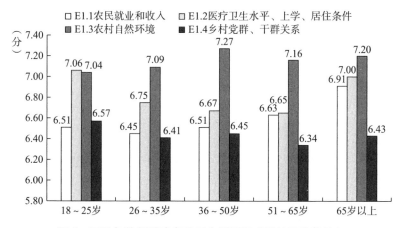

图4　不同年龄段受访者关于乡村振兴成就认可度的认知

（3）受教育程度

从图5可以看出，不同学历的公众对农村自然环境改善的认可度均为最高，而对乡村党群、干群关系的改进认可度则均为最低。其中，农村自然环境改善在学历为普通高中的受访者中得分为7.29，高于对其他乡村振兴成就的认可选项。

（4）婚姻状况

从图6可以看出，不论未婚、已婚、离婚，受访者对农村自然环境改善的认可度均为最高，其次是对农村医疗卫生水平、上学、居住条件改善的认可，

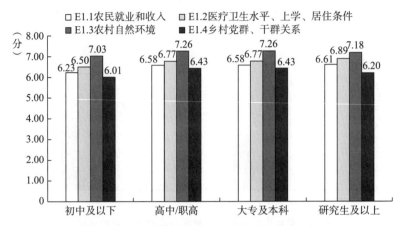

图5 不同学历受访者关于乡村振兴成就认可度的认知

而对乡村党群、干群关系改善的认可度最低。其中，对于未婚受访者来说，农村自然环境改善和医疗、教育条件的改善得分差距极小，而已婚、离婚受访者对于农村自然环境改善的认可稍高于其他乡村振兴成就的认可得分项。

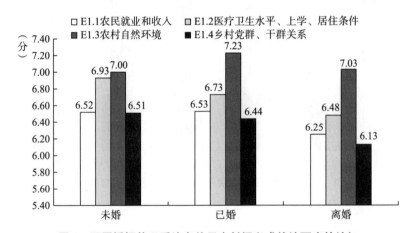

图6 不同婚姻状况受访者关于乡村振兴成就认可度的认知

（5）政治面貌

从图7可以看出，中共党员身份的受访者对乡村振兴战略取得成就的认可度均强于民主党派、共青团员与群众。其中，认可度最高的仍然是农村自然环境改善。对于党员来说，对乡村党群、干群关系改善的认可度要高于农民就业、收入提高，这表明了党员拥有很强的身份认同感。

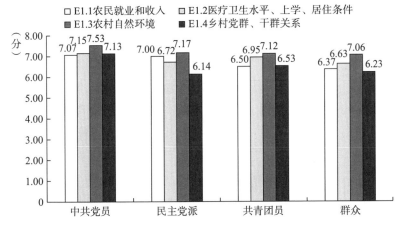

图7　不同政治面貌受访者关于乡村振兴成就认可度的认知

（6）收入

从图8可以看出，收入为5000～10000元的受访者对乡村振兴战略取得成就的认可度高于其他收入层级的受访者。其中，认可度最高的仍然是农村自然环境改善，收入为5000～10000元的受访者对农村自然环境改善的认可度得分达到7.30，而对农民就业和收入改善以及乡村党群、干群关系改善的认可度相对较低。

（7）是否为中等收入群体

从图9可以看出，自认为属于中等收入群体的受访者对乡村振兴战略取得成就的认可度高于非中等收入群体的受访者。其中，仍然是对农村自然环境改善的认可度最高，两类受访者的打分分别为7.46与7.07，其余依次为农村医疗水平、上学、居住条件得到改善，农村就业和收入提高，以及乡村党群、干群关系改善。

（8）不同目标群体受访者

根据受访者的居住地与户籍将受访者分为四类：城市居住＋农业户口、城市居住＋非农业户口、农村居住＋非农业户口，以及农村居住＋农业户口。其中，居住地在农村且户口为农业户口的受访者被视为实施乡村振兴战略的直接受益者。从图10可以看出，乡村振兴战略直接受益者认为农村自然环境改善取得的成效最佳，但其得分低于其他类别的目标群体。同样，对于居住地在农村且户口为农业户口的受访者来说，农村医疗水平、上学、居住条件得到改

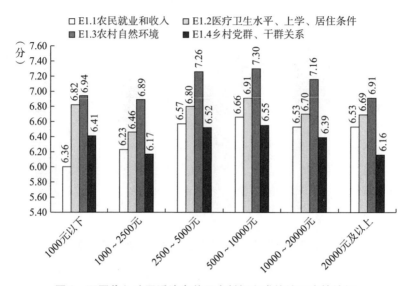

图8 不同收入阶层受访者关于乡村振兴成就认可度的认知

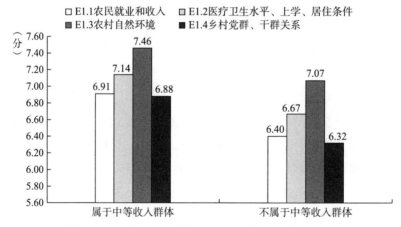

图9 是否为中等收入群体受访者关于乡村振兴成就认可度的认知

善、农民就业和收入提高以及乡村党群、干群关系改善的得分也略低于其他类别目标群体。

（三）乡村振兴战略个体主观绩效评价的影响因素

为了进一步探究多种个体性因素对于乡村振兴战略成就公众认知的影响机制，本报告尝试构建多元回归方程，对乡村振兴战略成就公众认知背后的个体

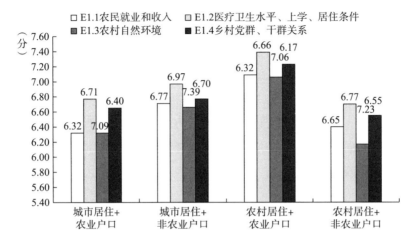

图 10　不同目标群体受访者关于乡村振兴成就认可度的认知

性影响因素进行实证分析。

1. 变量描述

（1）变量选择

本部分的被解释变量为乡村振兴战略成就认可度，来源于问卷题项"E1. 对于 2017 年以来我国农村的变化，从 0 到 10 分打分，您觉得以下几个方面的成效分别可以打多少分"。该题的选项提供了四类目前乡村振兴建设可能取得进步和突破的地方，包括：农民就业和收入，医疗卫生水平、上学、居住条件，农村自然环境，乡村党群、干群关系。乡村振兴战略成就认可度是根据这四个选项得分均值计算出来的。

本部分的解释变量为产业扶贫的支持度变量、态度认知变量与人口学变量三类。产业扶贫的支持度变量来源于问卷题项"A3：有关产业扶贫的说法，产业扶贫主要让贫困者获得了利益、产业扶贫主要让农业大户获得了利益、扶贫产业总体上发展势头挺好的"中的三个选项，产业扶贫的支持度是根据这三个选项得分均值计算出来的。态度认知变量具体由两个变量组成，分别为当地收入差距和生活满意度。当地收入差距来源于问卷 A 部分的第一道题，即"您认为当地的收入差距大吗"，生活满意度来源于问卷 D 部分的第一道题，即"总的来说，您觉得您的生活是否幸福"。人口学变量包括性别、年龄、受教育程度、婚姻状况、政治面貌、收入、是否为中等收入群体。

（2）变量描述性统计

从描述性统计结果可以看出，人口学变量之间存在差异，保证了样本的多样性。乡村振兴战略成就认可度的标准差为1.595，说明受访者对乡村振兴战略成就认可度的差异较大（见表7）。产业振兴支持度的标准差为0.552，说明受访者对当前产业振兴的支持和认同感存在差异，这可能是导致乡村振兴感知差异的原因之一。并且，态度认知变量也存在差异，收入差距标准差为1.141，生活满意度标准差为0.890，这可能是受访者对乡村振兴战略成就感知存在差异的一部分原因。

表7　变量描述性统计

变量名称	观测值	均值	标准差	最小值	最大值
乡村振兴成就认可度	9396	6.722	1.595	0	10
产业振兴支持度	9400	3.191	0.552	1	5
性别	9400	1.453	0.498	1	2
年龄	9369	2.549	1.032	1	5
受教育程度	9322	6.393	2.626	1	12
婚姻状况	9326	1.753	0.493	1	3
政治面貌	9299	3.280	1.137	1	4
收入	9400	3.154	1.276	1	6
是否为中等收入群体	9400	1.778	0.416	1	2
户籍	6796	1.316	0.465	1	2
居住地	9400	1.376	0.484	1	2
收入差距	8914	2.557	1.141	1	5
生活满意度	9400	3.732	0.890	1	5

（3）变量相关性分析

从相关性系数分析结果可以看出（见表8），产业振兴支持度、性别、政治面貌、收入水平、中等收入群体、居住地、户籍、收入差距、生活满意度与乡村振兴成就认可度显著相关。年龄、婚姻状况与乡村振兴成就认可度无显著相关。

具体而言，从初步相关性分析结果来看，产业振兴支持度越高、是女性、受教育程度越高、是党员、收入水平越高、是中等收入群体、居住地为农村、户籍为农村户口、收入差距越来越小、生活满意度越高，个体的乡村振兴成就认可度越高。

2. 模型设置

本报告使用STATA软件进行实证分析，解释模型结果。采用普通最小二乘法回归（Ordinary Least Square，OLS）的方法，探讨乡村振兴政策公众态度形成机制的差异性，具体回归模型如下：

乡村振兴成就认可度 $= \beta_0 + \beta_1$产业振兴支持度 $+\beta_2$性别 $+\beta_3$年龄 $+\beta_4$受教育程度 $+\beta_5$婚姻状况 $+\beta_6$政治面貌 $+\beta_7$收入水平 $+\beta_8$中等收入群体 $+\beta_9$居住地 $+\beta_{10}$户籍 $+\beta_{11}$收入差距 $+\beta_{12}$生活满意度 $+V_i + \varepsilon_i$

其中，V_i为地区效应，ε_i为随机误差项。

3. 计量发现

为了验证乡村振兴成就认可度的个体性影响因素，本报告采用了逐步回归的方法，将产业振兴支持度、人口学变量、乡村振兴目标群体变量、态度认知变量依次加入模型。从表9可知，人口学变量比产业振兴支持度对乡村振兴成就认可度模型的解释力贡献更大。

在四个模型中，乡村振兴成就认可度作为被解释变量，结果显示，产业振兴支持度对被解释变量具有显著正向影响，这表明对产业振兴支持度越高的个体，对乡村振兴战略实施以来的取得的成就越认可。这可能是因为产业振兴使人们就业改善和收入提高，从而更加认同乡村振兴战略。

模型二在加入人口学变量后，R^2显著提高，对模型的解释力更强。根据具体结果可知，性别、受教育程度、政治面貌、是否为中等收入群体的受访者对被解释变量具有显著影响，女性、受教育水平较高、党员、是中等收入群体的受访者，更加认可乡村振兴的成就。这可能是由于这类受访者具有更高的人力资本，也有更多的社会参与，更加了解公共政策发展，从而更加认可近年来乡村振兴战略取得的成就。

模型三加入了乡村振兴战略目标群体变量。根据户籍和居住地将样本分为四类，分别为农业户口且住在城市、农业户口且住在农村、非农业户口且住在城市、非农业户口且住在农村。回归结果显示，相较于农业户口且住在城市的

表 8 变量相关性分析

	乡村振兴成就认可度	产业振兴支持度	性别	年龄	受教育程度	婚姻状况	政治面貌	职业	收入	中等收入群体	居住地	户籍	收入差距
乡村振兴成就认可度	1												
产业振兴支持度	-0.077***	1											
性别	0.035***	0.011	1										
年龄	-0.00600	0.033***	-0.087***	1									
受教育程度	0.097***	-0.044***	0.078***	-0.367***	1								
婚姻状况	-0.0140	-0.041***	-0.023***	0.627***	-0.259***	1							
政治面貌	-0.153***	0.026**	0.045***	-0.041***	-0.323***	0	1						
职业	0.041***	-0.034***	-0.140***	0.069***	0.191***	0.149***	-0.099***	1					
收入	-0.126***	-0.022***	0.031***	-0.093***	0.00900	-0.068***	0.088***	-0.378***	1				
中等收入群体	0.098***	0.003	0.035***	0.134***	0.307***	0.114***	-0.241***	0.081***	-0.164***	1			
居住地	-0.068***	0.003	-0.082***	0.060***	-0.351***	0.023**	0.131***	-0.206***	0.141***	-0.023*	1		
户籍	0.174***	0.005	0.00700	-0.088***	0.0170	-0.086***	-0.064***	0.159***	-0.193***	0.00200	-0.358***	1	
收入差距								-0.00200	-0.039***	-0.091***	0.0150	0.023**	1
生活满意度	0.317***	0.059***	0.081***	-0.080***	0.147***	-0.069***	-0.127***	-0.053***	0.062***	-0.141***	0.079***	-0.079***	0.143***

注：$* p < 0.1$，$** p < 0.05$，$*** p < 0.01$；当地收入差距为反向计分。

人群来说，只有非农业户口且住在城市的对乡村振兴成就认可度是正向显著，其余都为不显著关系。这说明对乡村振兴成就认可度来说，是否为目标群体并不具有显著影响。

模型四加入了态度认知变量，包括当地收入差距认知和生活满意度认知两个变量，结果表明二者均在 0.01 水平上正向显著，这说明认为社会贫富差距越小、生活满意度越高的个体，更加认同乡村振兴战略取得的成就。

表9 乡村振兴成就认可度的个体性影响因素

变量	模型一	模型二	模型三	模型四
	乡村振兴成就认可度	乡村振兴成就认可度	乡村振兴成就认可度	乡村振兴成就认可度
产业振兴支持度	0.220 *** (0.030)	0.222 *** (0.030)	0.209 *** (0.034)	0.154 *** (0.033)
性别		0.117 *** (0.034)	0.124 ** (0.041)	0.052 (0.040)
年龄		0.003 (0.021)	-0.019 (0.027)	0.034 (0.026)
受教育程度		0.026 *** (0.008)	0.023 ** (0.010)	0.013 (0.010)
婚姻状况		-0.052 (0.043)	-0.016 (0.052)	0.018 (0.050)
政治面貌		-0.180 *** (0.016) (0.006)	-0.177 *** (0.019) (0.008)	-0.138 *** (0.018) (0.008)
收入水平		-0.020 (0.015)	-0.023 (0.018)	-0.028 (0.017)
中等收入群体		-0.436 *** (0.040)	-0.527 *** (0.047)	-0.333 *** (0.047)
农业户口且住在城市			参照系	
农业户口且住在农村			0.001 (0.049)	0.005 (0.048)
非农业户口且住在城市			0.198 *** (0.055)	0.153 *** (0.054)

续表

变量	模型一	模型二	模型三	模型四
	乡村振兴成就认可度	乡村振兴成就认可度	乡村振兴成就认可度	乡村振兴成就认可度
非农业户口且住在农村			0.099 (0.089)	0.034 (0.087)
当地收入差距				0.187 *** (0.017)
生活满意度				0.489 *** (0.022)
控制变量				
居住地：对照组为广东省				
河南省	−0.139 *** (0.039)	−0.171 *** (0.039)	−0.169 *** (0.047)	−0.237 *** (0.046)
甘肃省	0.000 (0.041)	−0.058 (0.042)	−0.059 (0.050)	−0.121 ** (0.048)
常数项	6.060 *** (0.098)	7.373 *** (0.186)	7.488 *** (0.230)	4.908 *** (0.245)
R^2	0.008	0.049	0.059	0.153
观测值	9396.000	9163.000	6645.000	6317.000

注：$^* p < 0.1$，$^{**} p < 0.05$，$^{***} p < 0.01$；括号内的数字表示的是稳健性标准误。

五 乡村振兴战略主观绩效评价的区域差异

（一）乡村振兴战略主观绩效评价总体情况

1. 东中西代表性省份差异

2022 年"人民美好生活需要（公众福利态度）调查"样本包括广东、河南、甘肃三个省份，分别作为我国东、中、西部代表省份。将样本数据按省份分类后，根据乡村振兴战略板块四道题的均值，计算得出乡村振兴战略主观绩效整体得分（如图 11）。得分满分为 10 分，三省份的分数范围为 6.5 ~ 7.0 分，说明普遍而言受访者对于乡村振兴成就的认可度较高。具体而言，三个省份中，甘肃省受访者乡村振兴成就感知整体得分最高（6.80），说明甘肃省民众对于乡村振兴对家乡农村发展带来改善的普遍认可，在一定程度上说明我国西部地区乡村振兴取得了阶段性成果。广东省得分排名第二（6.76），与甘肃省得分差距不大（相差0.04）。河南省得分相对较低（6.64），说明河南省的乡村振兴战略成就认可度有待提升。

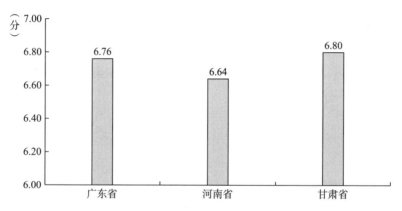

图11　东中西代表性省份乡村振兴战略主观绩效整体得分

从图12可以看出，三个省份乡村振兴战略具体项目的主观绩效得分各不相同，各项目之间存在明显差异。首先，从项目整体来看，"农村自然环境"方面的发展成就民众认可度最高，"医疗卫生水平、上学、居住条件""农民就业和收入"低分位列第二和第三，"乡村党群、干群关系"得分最低，这种排序与2021年的调研结果保持一致。再从具体项目来看，在"农民就业和收入"方面，广东省得分最高；在"医疗卫生、上学、居住条件"方面，甘肃省得分最高，各省在乡村振兴战略实施不同方面各有所长。"农村自然环境"方面三省得分相差较大，最高分甘肃省与最低分河南省得分相差约0.4；"乡村党群、干群关系"方面三省相差较小，而甘肃省在该项上得分最低，仅为6.41。

2. 广东省内差异

同一省份内，不同城市乡村振兴战略主观绩效也存在差异，且与2021年的问卷结果出现了较大变化，说明这一年来乡村振兴战略正在有序推进。以广东省为例（见表10），计算各市乡村振兴战略主观绩效平均分后发现，排名第一的为茂名市（6.9575），与2021年相比提升了4个名次；江门市紧随其后，保持了原来第二名的名次。排名提升最高的为肇庆市，提升了16

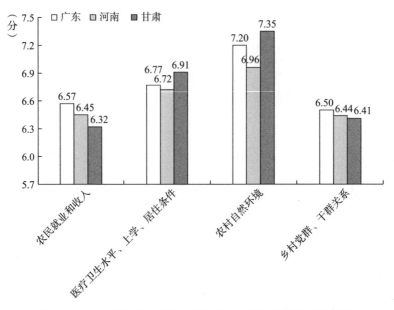

图 12　东中西代表性省份乡村振兴战略主观绩效具体项目得分

个名次，一举跃升为第三名。总结而言，各市由于资源禀赋和政策落实情况的不同，乡村振兴战略主观绩效存在明显的省内差异。基于此，本部分将收集三省各市农村发展相关数据，探究乡村振兴战略主观绩效得分的地区差异背后影响因素。

表 10　广东省各市乡村振兴战略主观绩效得分排名及其变化

排名	城市	乡村振兴总得分	排名变化
1	茂名市	6.9575	↑ 4
2	江门市	6.9538	—
3	肇庆市	6.9438	↑ 16
4	惠州市	6.9263	↑ 11
5	汕尾市	6.8475	↓ 4
6	韶关市	6.8375	↓ 3
7	清远市	6.8338	↓ 3
8	河源市	6.7738	↑ 9

续表

排名	城市	乡村振兴总得分	排名变化
9	中山市	6.7513	↑5
10	潮州市	6.7438	↑1
11	揭阳市	6.7313	↓2
12	广州市	6.7300	↑6
13	深圳市	6.7233	↑7
14	佛山市	6.7150	↓6
15	阳江市	6.7013	↓5
16	梅州市	6.6925	↓3
17	云浮市	6.6825	↓10
18	湛江市	6.6750	↓12
19	汕头市	6.6388	↓7
20	珠海市	6.5763	↓4
21	东莞市	6.5263	—
平均分		6.7600	/

（二）乡村振兴战略主观绩效评价区域差异的影响因素

基于乡村振兴战略观绩效评价的地区差异，该部分以各市（自治州）乡村振兴战略各项目主观绩效为被解释变量，综合考虑各市（自治州）农业农村发展情况，探究乡村振兴战略公众评价地区差异的影响因素。

1. 变量选择与描述性分析

本部分以各市（自治州）在"农民就业和收入""医疗卫生水平、上学、居住条件""农村自然环境""乡村党群、干群关系"四项上的得分为被解释变量。根据各省统计年鉴，以经济发展水平、财政投入程度、第一产业发展水平、农村居民收入水平、城乡收入差距、农业机械化水平、化肥施用量、灌溉面积、人口外流程度为自变量（见表11），试探究不同变量如何影响各地乡村振兴战略的主观绩效。

表11 各解释变量定义、说明和数据来源

变量名称	计算方法	数据来源
经济发展水平	Ln（地区生产总值）	《广东统计年鉴2021》《广东农村统计年鉴2021》《河南统计年鉴2021》《甘肃发展年鉴2021》
财政投入程度	一般公共预算支出/一般公共预算收入	
第一产业发展水平	第一产业生产总值/地区生产总值	
农村居民收入水平	Ln（农村居民人均可支配收入）	
城乡收入差距	城镇居民人均可支配收入/农村居民人均可支配收入	
农业机械化水平	农业机械总动力年末拥有量	
化肥施用量	农用化肥使用年末折纯量	
灌溉面积	灌溉面积	
人口外流程度	（户籍总人口－常住人口）/户籍总人口	

从表12描述性统计结果可以看出，各市（自治州）经济发展、财政投入、农业发展等方面存在显著差异，这可能部分解释了乡村振兴战略主观绩效的区域差异。

表12 变量描述性统计

变量名称	观测值	均值	标准差	最小值	最大值
经济发展水平	53	7.471	1.074	5.389	10.23
财政投入程度	53	4.282	3.864	1.083	21.18
第一产业发展水平	50	12.32	7.646	0.0900	30.72
农村居民收入水平	52	9.742	0.358	9.001	10.57
城乡收入差距	52	2.104	0.524	1.455	3.313
农业机械化水平	52	291.6	322.7	12.10	1448
化肥施用量	53	167.6	164.3	2.976	645.8
灌溉面积	53	178241	208485	377.9	863564
人口外流程度	53	－0.101	0.588	－2.973	0.317

2. 相关性分析

从相关性分析可以看出（见表13），首先，"医疗卫生水平、上学、居住

条件"的改善主要与地区财政投入程度相关，说明公共财政投入的增加有利于农村公共服务质量的提升；其次，"农村自然环境"一方面主要与经济变量相关，地区经济发展水平与农村自然环境呈显著负相关，说明地区经济发展一定程度上以环境污染为代价，需要提升经济发展质量，向绿色高质量发展迈进，另一方面，农业机械化水平、化肥施用量和灌溉面积也与农村自然环境发展负相关，这说明农业在现代化发展的同时也需要兼顾自然环境的保护；最后，"乡村党群、干群关系"与第一产业发展水平呈正相关，第一产业的发展有利于促进乡村党群干群关系，构建和谐农村。

表 13 乡村振兴战略主观绩效与地区农业农村变量相关性

	农民就业和收入	医疗卫生水平、上学、居住条件	农村自然环境	乡村党群、干群关系
经济发展水平	− 0.053	− 0.254	− 0.420 **	− 0.115
财政投入程度	0.219	0.364 **	0.426 **	0.068
第一产业发展水平	0.083	0.326 *	0.298 *	0.354 *
农村居民收入水平	− 0.078	− 0.256	− 0.197	0.057
城乡收入差距	0.064	0.218	0.141	− 0.205
农业机械化水平	− 0.096	− 0.084	− 0.343 *	0.042
化肥施用量	− 0.080	− 0.076	− 0.329 *	0.049
灌溉面积	− 0.090	− 0.020	− 0.304 *	0.148
人口外流程度	− 0.013	0.131	0.073	0.149

注：$^* p < 0.1$，$^{**} p < 0.05$。

六 结论与对策建议

（一）分析结论

从 2022 年调查结果来看，自 2017 年以来，在我国农村的变化中，自然环境改善最受公众认可，这表明乡村振兴战略实施以来，农村人居环境得到改善，建设美丽宜居乡村取得重大成果，公众切实感受到乡村环境建设取得进步。其次是医疗卫生水平、上学、居住条件的改善，这表明乡村振兴战略显著改善了乡村教育医疗民生福祉，群众的生活品质得到了明显提升。排名第三的是农村就业和收入，说明乡村振兴的重要部分产业振兴促进了农村的产业结构调整，为农民提供了新的收入来源，农民的收入有了实质性提高。最后是乡村党群、干群关系的改善，这表明在乡村振兴战略实施下农村党员、干部和群众的关系更加密切、和谐。但党群、干群关系改善得分相比于其他几项得分较低，说明还需进一步改善，以高质量基层党建引领乡村振兴。

在个体因素层面，产业振兴支持度、人口学变量、目标群体变量、态度认知变量对乡村振兴战略主观绩效影响较大。第一，在产业振兴支持度方面，对产业振兴支持度越高的受访者，对乡村振兴战略实施以来取得的成就更加认可。第二，在人口学变量方面，性别、受教育程度、政治面貌、职业、中等收入群体对被解释变量具有显著影响，女性、受教育水平较高、党员、是中等收入群体的受访者，更加认可乡村振兴的成就。第三，在乡村振兴战略目标群体变量方面，相较于是农业户口且住在城市的受访者来说，只有非农业户口且住在城市的对乡村振兴成就认可度是正向显著，说明对乡村振兴成就认可度来说是否为目标群体并不具有显著影响。第四，在态度认知变量方面，包括当地收入差距认知和生活满意度认知两个变量，发现认为社会贫富差距越小、生活满意度越高的受访者，更加认同乡村振兴战略取得的成就。

在地区因素层面，三个省份中，甘肃省受访者乡村振兴成就感知整体得分最高（6.80），一定程度上说明我国西部地区乡村振兴取得了阶段性成果；广东省得分排名第二（6.76）；河南省得分相对较低（6.64）。三个省份内，各市（自治州）由于资源禀赋和政策落实情况的不同，乡村振兴战略主观绩效也存在明显的省内差异，例如广东省各市乡村振兴战略主观绩效上得分最高的市和得分最低的市相差了0.43。基于此，本研究收集了三省各市（自治州）农村发展相关数据，探究乡村振兴战略主观绩效得分地区差异背后的地区性因素。结果发现，第一，在医疗卫生水平、上学、居住条件的改善方面，相关性分析发现，对农村公共服务绩效的主观评价主要与地区财政投入程度相关，说明公共财政投入的增加有利于农村公共服务质量的提升。第二，在农村自然环境方面，农村自然环境的得分高低，一方面主要与经济变量相关，地区经济发展水平与农村自然环境改善呈显著负相关，说明地区经济发展一定程度上以环境污染为代价，未来需要着力解决环境和发展的协调问题；另一方面，农业机械化水平、化肥施用量和灌溉面积也与农村自然环境发展负相关，说明农业现代化的发展同时也需要兼顾自然环境的保护；第三，在乡村党群、干群关系方面，研究结果发现，第一产业的发展有利于促进乡村党群干群关系，构建和谐农村。

（二）对策建议

高质量全面推进乡村振兴是实现中华民族伟大复兴的必然要求，也是守好"三农"基础、主动应对世界百年未有之大变局的重要前提。根据前文实证分析可知，关于2017年以来农村发展所取得的成就，受访者选择最多的是"农村自然环境"与"医疗卫生水平、上学、居住条件"两项，而"农民就业和收入""乡村党群、干群关系"两项得分较低，说明受访者认为在乡村振兴战略实施过程中农民的就业和收入仍未达到理想状态，而党群、干群关系也仍需得到进一步改善。未来实施乡村振兴战略应着重关注农村地区产业发展，创造就业机会，提高群众收入，以及密切党群干群关系，合力推进乡村振兴。基于前文分析并结合2023年中央一号文件的精神，本报告提出以下政策建议。

第一，强化保障政策兜底，拓宽农村居民收入来源，防止脱贫人员再次返贫。研究结果显示，农村就业和收入方面仍存在较大提升空间。首先，应健全防止返贫监测和帮扶机制。一方面要保证全面性，确保覆盖所有的监测和帮扶对象，并且适应监测对象具有的动态性、流动性、突发性、典型性等要求；另一方面要加强精准性，及时开展涉及相关部门的各种数据比对，提高精准帮扶效率，形成各相关部门帮扶合力。其次，充分挖掘农村地区增收潜力，找寻新的经济增长点，做大蛋糕，提高农村收入总体水平。再次，完善收入分配调节机制，构建多层次的劳动保护体系，提高农民的工资待遇和其他福利。最后，加强对农村人口中的特殊人群，如老人、残疾人、留守儿童等的关爱服务，建立健全最低生活保障制度、基本医疗保险制度和大病保险制度。

第二，稳定推进乡村地区产业结构升级和现代化农业体系建设，推动产业融合，加快建设农业强国。本研究发现，公众对农村就业和收入方面成就的认可度相对较低；且相关性分析发现，第一产业的发展有利于促进乡村党群干群关系。尽管我国"三农"工作取得了明显成效，但农业产业基础还不稳固，农村发展水平还不够高，农业农村的短板弱项依然制约着乡村全面振兴和全体人民共同富裕的步伐。未来必须注重资源整合和市场调查，积极调整产业转型为高效益、高发展的经济型农业。首先，实施"特色兴农"，蔬菜、水果、肉蛋奶等副食品是人民群众的消费品，也是农村产业的供应品，必须因地制宜、找准特色，加大资金和科技投入。其次，打造集供需、配置和消费为一体的高能级产业体系，促进乡村产业上下游的分工与合作，发展农产品深加工，增加产品附加值；促进传统产业与新兴产业的融合，提高农村产品供给的种类和质量、生产效率和效益。

第三，有力有序推进乡村建设，统筹乡村基础设施和公共服务布局，加快县域城乡融合发展，建设宜居宜业和美乡村。本研究结果显示，近年来，农村自然环境改善已受到公众广泛认可。党的二十大报告提出，要"统筹乡村基础设施和公共服务布局，建设宜居宜业和美乡村"，指明了未来乡村建设的进一步发展方向。一方面，各级政府要加快完善农村基础设施和公共服务协同推进机制，健全制度标准和评价体系，研究出台宜居宜业和美乡村建设指南，明确农村基本具备现代生活条件的要件要求。另一方面，建设宜居宜业和美乡村，不能就乡村论乡村，要强化以工补农、以城带乡，充分依据各个乡村的地理环境、水文气候、历史传统、文化底蕴、乡风民俗的差别，工农互促、城乡互补、协调发展，构造出集地方传统文化资源禀赋的各具特色的美丽乡村。

第四，扎实推进乡村治理，密切党群干群关系，汇聚乡村振兴力量。在连续两年研究结果中，农村党群干群关系项目的得分均为最低，说明乡村治理人存在较大进步空间。未来，必须坚持党建引领，发挥各类党群服务组织和阵地作用，建立健全党员干部联系群众机制，广泛动员党员、群众参与"党群活动日"活动，严格公开公示制度，引导群众积极主动参与乡村振兴各项工作，集群众智慧为乡村发展出谋划策、贡献力量，增强群众"主人翁"意识。建立完善农村干群间制度化以及非制度化的沟通机制，由村干部综合把握正式与非正式的沟通渠道，了解农民群众的诉求，按照政策要求和正式程序解决群众的实际问题，将群众的利益放在首位。

专题报告七

基于时间利用的我国工作—生活平衡：现状、影响因素与政策意涵

李棉管　谭添熙　蒋巧玲

一　引言

党的二十大报告指出，当前中国共产党的中心任务是"团结带领全国各族人民全面建成社会主义现代化强国、实现第二个百年奋斗目标，以中国式现代化全面推进中华民族伟大复兴"。中国式现代化，是我国在实现发展目标的过程中走出的一条基于中国国情、具有中国特色的道路，习近平总书记在贯彻党的二十大精神研讨班开班式上发表重要讲话，对中国式现代化做了进一步的解读。全体人民共同富裕的现代化是中国式现代化重要的内容和方面，推进中国式现代化将是一个系统工程，需要统筹兼顾、系统谋划、整体推进，正确处理好顶层设计与实践探索、战略与策略、守正与创新、效率与公平、活力与秩序、自立自强与对外开放等一系列重大关系。人民群众在就业、教育、医疗、托育、养老、住房等领域的难题始终是党和国家关心的议题，实现人的全面发展和对美好生活的需要是党和国家努力的方向，兼顾发展效率和社会公平则是推进中国式现代化的必经之路。就业是最基本的民生领域，国家实施就业优先战略，强化就业优先政策，破除妨碍劳动力流动的体制弊端，健全完善劳动市场的法律法规和保障制度，以保证人人都有通过劳动实现发展的自由。

但是，经济发展在提供更多的就业岗位和更加灵活的就业方式的同时也深刻地改变了我国的人口结构。人口出生率的下降和国民平均期望寿命的提高，使得整个中国社会面临人口老龄化、少子化加速发展的问题。根据2020年第七次全国人口普查的结果，我国在2010～2020年，60岁及以上的人口占比比

上一周期上升5.44个百分点，15~59岁的适龄劳动人口占比下降6.79个百分点，老龄化加剧使得我国正从人口红利期转入人口负担期。2020年出生人口为1200万人，相比2019年下降18个百分点，总和生育率也跌至1.3%的水平。生育率下跌的趋势还在继续，预计未来十年将会维持在1.1%~1.3%。① 人口结构的转变给整个中国社会和每个适龄工作者都带来极大的供养压力和负担。工作和家庭两个领域的冲突逐渐显露，对工作—生活议题的探索也因此变得迫切了起来。

工作和家庭是人们日常活动的两大领域。在工作中，人们通过参与劳动力市场分工来获取必要的物质资料以维持基本的生活，还通过辛勤劳动实现人生价值；在生活中，人们从亲密社会关系中获得精神支持承担照顾责任，还通过社交娱乐、学习锻炼等方式进行休息。② 平衡的工作—生活关系应该是工作和生活两个领域能够相互支持、良性循环的。然而，工作压力的增大、供养负担的加重、工作和生活冲突的不断升级，必将对人本身形成一种不断加大的张力和撕裂。

本专题报告将在2022年度"人民美好生活需要（公众福利态度）调查"数据的基础上探究中国的工作—生活平衡问题，通过对不同类型活动时间利用现状的分析和不同群体时间利用差异的比较描绘出一幅我国居民的时间利用图景，并在此基础上进一步探索影响时间分配的各种因素来透视我国居民的工作—生活平衡问题，参考欧洲国家在应对工作—生活平衡问题上的经验提出可供我国借鉴的政策建议。

二 工作—生活平衡：社会政策的新议题

（一）研究背景

工作—生活平衡议题的兴起是近三十年的事情。自20世纪70年代以来，随着全球化的深入发展以及信息技术的广泛应用，西方国家逐渐由工业社会向后工

---

① 联合国人口司：《2022年世界人口展望（修订本）》，https://population.un.org/wpp/。
② 岳经纶、颜学勇：《工作—生活平衡：欧洲探索与中国观照》，《公共行政评论》2013年第3期。

业社会转变。技术的运用可能会导致大规模的失业现象发生，引发民众对就业和工作的关注与担忧，从而使得工作—生活平衡成为当代辩论话题的前沿。①

从工作领域的新变化来看，后工业化社会的到来改变了原来的工作就业方式和劳动力市场结构，给劳动者带来了更多的工作压力。首先，变化复杂、竞争加剧的全球化市场对企业生存提出了更加深刻的挑战，而这些生存压力会从企业转移到企业员工身上。② 此外，信息技术的应用和去工业化的发展使得劳动力市场的竞争加剧，基于数字平台的劳动组织新形态也会导致就业和工资的不稳定，这些都导致劳动者要面临更长的工作时间和更大的工作压力。③ 其次，服务业的兴起和工业的衰落改变了劳动力市场中的性别结构，女性越来越多地进入劳动力市场参加有报酬的劳动。这些变化带来了关于社会和家庭中性别分工的重新讨论，原来通过性别分工区分工作和家庭责任的方式已被抛弃，男女都要参与劳动就业和家庭照顾，都面临工作需求和家庭需要的张力。④

从生活领域的新变化来看，人口结构的变化和家庭结构不稳定性的上升，加剧了劳动者工作与生活冲突问题。首先，大多数西方国家普遍存在人口老龄化和低生育率的问题，导致适龄工作人口比例下降，意味着劳动者要面对更重的家庭照顾负担。同时，人口结构的变化也影响到西方福利国家的政治稳定和财政可持续性，对福利国家构成了严重挑战。其次，家庭结构的不稳定性加剧，离婚率上升，单亲家庭数量增加，已经成为一种新的社会趋势。单亲家庭中的父母需要承担更大的抚育责任与更激烈的角色冲突，这一特定群体的工作—生活平衡问题也不容忽视。⑤ 最后，新生代群体对于个人生活的追求和对组织的不轻易承诺也使得他们优先寻求一种工作—生活的平衡，在这个过程中他

① Guest D. E. , "Perspectives on the Study of Work-life Balance," *Social Science Information* 41 (2002): 255 – 279.

② 岳经纶、颜学勇：《工作—生活平衡：欧洲探索与中国观照》，《公共行政评论》2013 年第 3 期。

③ 谢富胜、吴越、王生升：《平台经济全球化的政治经济学分析》，《中国社会科学》2019 年第 12 期。

④ Barnett, R. C. & Hyde, J. S. , "Women, Men, Work, and Family: An Expansionist Theory," *American Psychologist* 56 (2001): 781 – 796.

⑤ Eby, L. T. , Casper, W. J. , Lockwood, A. , Bordeaux, C. & Brinley, A. , "Work and Family Research in IO/OB: Content Analysis and Review of the Literature (1980 – 2002)," *Journal of Vocational Behavior* 66 (2005): 124 – 197.

们也对工作—生活冲突有更为敏感的认知和感受。①

以上工作和生活领域中的新变化使得人们越来越难以保证两者的平衡，这对个人的身心健康、企业的管理运作、儿童的健康成长、国家的福利开支都带来了深刻的影响。工作—生活失衡作为一种新的社会风险，在越来越多的社会成为一个现实的压力和重要的社会政策议题。②

（二）研究现状

对于工作—生活平衡问题的研究经过很长一段时间的发展，目前已经积累了比较丰富的研究成果。现有研究对工作—生活平衡的概念界定、影响因素、冲突后果和解决措施都进行了一定探讨，不同学科也从各自的视角出发，对工作—生活平衡的研究有不同的侧重点。

克拉克（Clark）将工作—生活平衡定义为"在工作和家庭中的满意和功能运作良好，并且维持最小的角色冲突"③。格林布拉特（Greenblatt）将工作—生活平衡描述为"工作和非工作需求之间没有不可接受的冲突程度"④。杜克斯贝里（Duxbury）和希金斯（Higgins）则认为工作—生活平衡是"来自一个人的工作和生活的需求，是等量的一种均衡状态"⑤。不同研究者对工作—生活平衡的指涉领域、表现方式和程度有着不同的理解。

实际上，研究工作和其他非工作领域之间关系的方式，部分地取决于对词句的选择。⑥ 工作—家庭平衡可以视为工作—生活平衡研究的前身。自20世纪70年代起，工作—家庭冲突（work-family conflict）就是组织行为学和人力资源

---

① Guest, D. E., "Perspectives on the Study of Work-life Balance," *Social Science Information* 41 (2002): 255 – 279.

② 岳经纶、颜学勇：《走向新社会政策：社会变迁、新社会风险与社会政策转型》，《社会科学研究》2014年第2期。

③ Clark, S., "Work-family Border Theory: A New Theory of Work-life Balance," *Human Relations* 53（2000）: 747 – 770.

④ Greenblatt, E., "Work-life Balance: Wisdom or Whining," *Organisational Dynamics* 31（2002）: 177 – 193.

⑤ Duxbury, L., Higgins, C., "Work-life Conflict in Canada in the New Millennium," *The Sydney Papers*（2003）.

⑥ Guest, D. E., "Perspectives on the Study of Work-life Balance," *Social Science Information* 41 (2002): 255 – 279.

管理领域日趋重要的研究论题。① 这一阶段的研究在对冲突的概念界定上为后续研究打下坚实的基础。格林豪斯（Greenhaus）和比特（Beutell）根据角色冲突理论（role conflict theory）认为，工作—家庭冲突是个体的工作角色压力和家庭角色压力的不兼容。不同的角色扮演有不同的行为期待和规范，当一个好员工可能需要承担更多职责之外的工作任务，而晚上加班就会挤占陪伴家人的时间，从而没有办法扮演好好丈夫/好妻子/好父母的角色。在角色冲突形式上，工作—家庭冲突具体有三种表现形式：基于时间的冲突、基于压力的冲突和基于行为的冲突。② 区分冲突形式能够帮助研究者对冲突进行更好的操作化和测量。

　　同时，早期的研究还对工作—家庭冲突的影响因素和不良后果进行了比较全面且深入的考察。具体来看，主要存在两种研究的视角。第一种视角是从组织管理出发来分析工作—家庭冲突。大量管理学和心理学的研究关注工作—家庭冲突产生的原因及其对企业及员工个人造成的负面影响。③ 工作领域、家庭领域的一些变量，以及个体之间的差异，都是冲突产生的来源，其中个体方面的差异包括性别、性格和情绪状态等；工作领域的影响变量可以分为工作特征（工作压力、工作时间等）和组织因素（主管类型、员工支持性服务等）两类；家庭领域也可以分为家庭压力与特征（家庭投入、家庭结构、经济状况等）和家庭支持两类。④ 工作—家庭冲突的后果也反过来影响到个人、工作和家庭。对个人的影响主要表现在对员工个人身心健康的影响，如可能导致抑郁、焦虑等心理现象和高血压、药物滥用、酒精滥用等健康问题以及较低

---

① 刘永强、赵曙明：《工作—家庭冲突的影响因素及其组织行为后果的实证研究》，《南京社会科学》2006 年第 5 期；林忠、鞠蕾、陈丽：《工作—家庭冲突研究与中国议题：视角、内容和设计》，《管理世界》2013 年第 9 期。

② Greenhaus, J. H. & Beutell, N. J., "Sources of Conflict between Work and Family Roles," *Academy of Management Review* 10 (1985)：76 – 88.

③ Eby, L. T., Casper, W. J., Lockwood, A., Bordeaux, C. & Brinley, A., "Work and Family Research in IO/OB: Content Analysis and Review of the Literature (1980 – 2002)," *Journal of Vocational Behavior* 66 (2005)：124 – 197.

④ 林忠、鞠蕾、陈丽：《工作—家庭冲突研究与中国议题：视角、内容和设计》，《管理世界》2013 年第 9 期；刘云香、朱亚鹏：《中国的"工作—家庭"冲突：表现、特征与出路》，《公共行政评论》2013 年第 3 期。

的生活满意度；① 对企业的影响主要体现在效率上，因为工作—家庭冲突会导致员工的旷工和离职行为多发，同时低工作满意度也会导致员工出现消极的工作态度和行为，这些情况都会降低企业效率；② 对家庭的影响主要表现在家庭稳定性上，因为工作—家庭冲突会降低家庭生活满意度，从而引发离婚等问题。③

　　第二种研究视角则是从性别关系来看工作—家庭冲突问题。许多女性主义学者关注到，工作女性对于工作—家庭冲突的感受可能更为明显，冲突对其产生的消极影响也可能更严重。④ 性别关系是工作—家庭平衡中的一个基本问题，女性更多地参与劳动市场获得工作报酬，对传统的性别分工带来了挑战。在女性主义者看来，女性的就业自由就是女性从家庭照顾责任中得到了解脱，是改善妇女经济情况的一条路径。但是，职场女性在职场中往往处于相对弱势地位，并且没有从家庭照顾责任中抽离，实际上可能面临更为严峻的角色冲突。性别关系的研究视角更加强调通过对性别分工的重新思考来缓解两性遭遇的工作—家庭冲突，相较于重视工作领域的组织管理视角，它给予了家庭生活领域更多的关注。

　　从工作—家庭冲突到工作—生活平衡扩大了研究的领域和对象，推动现有研究迈向新的台阶。⑤ 工作—生活平衡的概念将研究的领域扩展到了家庭以外

---

① Frone, M. R. & Russell, M., "Relation of Work-family Conflict to Health Outcomes: A Four-year Longitudinal Study of Employed Parents," *Journal of Occupational and Organizational Psychology* 70 (1997): 325 – 335; Greenhaus, H. J., Collins, M. K. & Shaw, D. J., "The Relation between Work-family Balance and Quality of Life," *Journal of Vocational Behavior* 63 (2003): 510 – 531.

② 刘永强、赵曙明：《工作—家庭冲突的影响因素及其组织行为后果的实证研究》，《南京社会科学》2006 年第 5 期。

③ Duxbury, L. & Higgins, C., "Gender Differences in Work-Family Conflict," *Journal of Applied Psychology* 76 (1991): 60 – 73.

④ Lundberg, U. & Frankenhaeuser, M., "Stress and Workload of Men and Women in High-ranking Positions," *Journal of Occupational Health Psychology* 4 (1999): 142 – 151; Barnett, R. C. & Hyde, J. S., "Women, Men, Work, and Family: An Expansionist Theory," *American Psychologist* 56 (2001): 781 – 796; Lee, J. S., Lim, J. E., Song, H. C., Won, E. S., Jeong, H. G., Lee, M. S., Ko, Y. H., Han, C. H., Ham, B. J. & Han, K. M., "Association between Work-family Conflict and Depressive Symptoms in Female Workers: An Exploration of Potential Moderators," *Journal of Psychiatric Research* 15 (2022): 113 – 121.

⑤ 张雯、Linda Duxbury、李立：《中国员工"工作/生活平衡"的理论框架》，《现代管理科学》2006 年第 5 期。

的非工作领域中，包括个人的社交、娱乐、休闲、学习活动。与传统的工作—家庭研究相比，更广泛的工作—生活框架允许研究者关注一个人的多重身份（员工、父母、朋友、社区志愿者等），不局限于个人最重要的身份，而是对整体进行考察。它能够更好地代表员工在工作和工作以外的生活交汇处的体验，[1] 更好地考虑个人多元的价值体系与生活的复杂性。[2] 同时，工作—生活的框架也扩大了研究对象的范围。传统的工作—家庭研究可能局限于有子女的员工，但是在劳动力市场上仍然存在大量单身独居工作者，对这部分群体的忽视可能会导致解决工作—家庭冲突的措施有反弹的风险。最终，从工作—家庭冲突到工作—生活平衡的转变，可以引导人们关注工作以外的生活的权利和自由，关注人的主观需要和心理感受。

随着关于工作—生活平衡议题的讨论越来越热烈，人们在实践中和学理上也制定了许多措施来缓解不同领域的冲突。这些措施主要集中于家庭支持和工作支持两个领域，主要表现在配偶可以提供情感支持和工具支持分担另一半的家庭照顾责任，企业可以为员工提供休假、员工支持计划减少员工的工作压力和负担。[3] 作为一种新的社会风险，工作—生活冲突问题的解决措施也离不开政府政策的支持，由此，社会政策的研究视角逐渐兴起。在社会政策缺失的背景下，儿童照顾的需要会加剧职业女性家庭和生活的两难，[4] 从而导致低生育意愿，进一步加剧老龄化社会的风险程度，还会导致儿童的贫困风险。为此，需要国家出台相关的社会政策加以应对。[5] 社会政策视角对工作—生活平衡问题的研究主要运用国别比较方法，通过比较不同类型的福利国家或地区工作—

---

① Keeney, J., Boyd, M. E., Sinha, R, Westring, F. A. & Ryan, M. A., "From 'Work-fami-ly' to 'Work-life'：Broadening Our Conceptualization and Measurement," *Journal of Vocational Behavior* 82 (2013)：221 – 237.

② Crooker, K. J., Smith, F. L. & Tabak, F., "Creating Work-Life Balance：A Model of Pluralism across Life Domains," *Human Resource Development Review* 1 (2002)：387 – 419.

③ 岳经纶、颜学勇：《工作—生活平衡：欧洲探索与中国观照》，《公共行政评论》2013 年第 6 期；费小兰、唐汉瑛、马红宇：《工作—生活平衡理念下的家庭支持：概念、维度及作用》，《心理科学》2017 年第 3 期。

④ Espring-Andersen, G., *The Three Worlds of Welfare Capitalism*，Polity Press，1990.

⑤ 岳经纶、颜学勇：《走向新社会政策：社会变迁、新社会风险与社会政策转型》，《社会科学研究》2014 年第 2 期。

生活失衡问题的程度和应对措施，为解决这一问题提供借鉴。[①] 例如，在欧盟国家，家庭友好型的社会政策（family-friendly policy）对于职场中的父母双方提供公共服务和公共财政支持，促进了两性在工作和家庭抚育责任上的平等分工，扭转了持续走低的生育率。

（三）中国情境下的工作—生活平衡议题

与国外丰富的研究相比，我国对于工作—生活平衡议题的探索仍然处于起步阶段。大量的心理学、管理学研究集中于工作—家庭冲突这一早期阶段的研究主题，而对工作—生活平衡研究较少涉及。[②] 在关于工作—家庭冲突的探究中，国内许多学者介绍了关于这一议题的国外研究现状和成果，尝试在中国语境下验证国外解释框架的有效性。[③] 但是国内研究存在创新不足、理论构建稍显薄弱等问题，更重要的是社会政策的研究视角成果严重缺失，使得工作—生活平衡相关的议题（老人照料、儿童托育、女性职工支持）在实践中长期没有得到关注。[④]

改革开放四十多年以来，中国社会环境发生了深刻的变化，也正面临西方国家经历过的工作—生活平衡问题，并且具有中国的特殊性。

第一，在中国传统文化塑造的"男主外，女主内"的社会分工模式下，女性群体面临更强的割裂感。2019 年，我国女性的劳动市场参与率高达 75.9%，高于欧盟国家（73.5%）和美国（73.1%）的平均水平[⑤]，庞大的女性就业人口是我国性别平等发展的一个结果，但是女性群体的生活状况和社会分工可能

---

① 赛维·苏美尔：《斯堪的纳维亚与欧盟"工作—家庭协调"政策过程的批判性回顾》，《公共行政评论》2013 年第 3 期；刘云香、朱亚鹏：《中国的"工作—家庭"冲突：表现、特征与出路》，《公共行政评论》2013 年第 3 期；妮娜·贝文、李淑君：《当代挪威福利国家中的性别平等及针对已婚妇女的政策》，《公共行政评论》2013 年第 3 期；钟晓慧、郭巍青：《新社会风险视角下的中国超级妈妈——基于广州市家庭儿童照顾的实证研究》，《妇女研究论丛》2018 年第 2 期。

② 张雯、Linda Duxbury、李立：《中国员工"工作/生活平衡"的理论框架》，《现代管理科学》2006 年第 5 期。

③ 张伶、张大伟：《工作—家庭冲突研究：国际进展与展望》，《南开管理评论》2006 年第 4 期；林忠、鞠蕾、陈丽：《工作—家庭冲突研究与中国议题：视角、内容和设计》，《管理世界》2013 年第 9 期。

④ 龚紫钰：《城市居民"工作—家庭平衡"及其影响因素研究》，《社会工作》2018 年第 3 期。

⑤ 世界银行公开数据，2022 年 11 月 12 日，https://data.worldbank.org.cn。

并没有因为有偿劳动而改变。大量研究表明女性在劳动力市场上面临严重的性别歧视，[1] 女性员工比男性员工经历更长时间的工作和更大的工作压力带来了工作—家庭冲突。[2] 性别歧视和工作—家庭的撕裂可能会进一步影响女性的生育年龄和生育意愿，是导致生育率低迷的原因之一。

第二，中国传统文化在强调性别分工的同时强调一种"工作优先"的观念。儒家思想以"修齐治平"为个人理想，在其影响下，儒家文化圈中的个人常常将劳动和工作视为一种自我价值的实现方式，所以有着更强的工作意愿。[3] 2020 年发布的《中国社会统计年鉴》显示，我国城镇就业人员中有 53.8% 的人员每周工作超过 40 个小时，超过 48 个小时的占比高达 31.8%。[4] 工作参与、工作时间的延长，以及工作压力的增加，都会侵占员工的非工作生活，进而带来更为严峻的工作—生活冲突。

第三，改革开放以来，地区间经济发展差距扩大、人口流动政策和户籍制度放开，产生了庞大的流动人口。这些人口家在本地，工作地点在外地，工作和家庭领域存在更大时空上的分离，工作之外的个人生活领域也长期缺乏。与此同时，由人口流动而产生的留守老人、留守儿童更使得家庭照顾成为一个值得关注的社会问题。国内鲜有对流动人口的工作—生活平衡问题开展的研究，对于相关议题也缺少政策观照。

总的来看，中国的传统文化根深蒂固、社会结构也更为复杂，在中国情境下开展研究必须考虑到特殊的影响因素和特殊的群体。2022 年"人民美好生活需要（公众福利态度）调查"关注了居民日常生活中的时间利用问题，意图通过基于时间的冲突（time-based conflict）来透视背后的工作—生活平衡问

---

[1]　王美玲：《中国城市劳动力市场上的性别工资差异》，《经济研究》2005 年第 12 期；李春玲、李实：《市场竞争还是性别歧视——收入性别差异扩大趋势及其原因解释》，《社会学研究》2008 年第 2 期。

[2]　陆佳芳、时勘、John J. Lawler：《工作家庭冲突的初步研究》，《应用心理学》2002 年第 2 期；王华锋、贾丰华、李生校：《性别与工作 - 家庭冲突的中介效应研究》，《心理科学》2009 年第 5 期。

[3]　Yang, N., Chao, C., Choi, J. & Zou, Y., "Sources of Work-Family Conflict: A Sino-U. S. Comparison of the Effects of Work and Family Demands," *The Academy of Management Journal* 43（2000）: 113 - 123.

[4]　国家统计局：《中国社会统计年鉴》，2020。

题。如图 1 展现了借助该调查数据绘制的不同幸福感知群体的时间利用差异，从中可见，工作时间的减少和个人时间的增加与幸福感的提升存在正向的相关关系，家庭时间投入的增加总体上也与更高的幸福感相关。所以，关注我国的工作—生活平衡议题具有现实意义，它将引领人们更加关注人的全面发展，更好地实现人民对美好生活的追求。

三　研究设计

（一）数据来源与变量选择

本专题的数据主要来源于中山大学"人民美好生活需要（公众福利态度）调查"研究团队于 2022 年开展的第六期调查，调查范围覆盖甘肃、河南、广东三个省份。同时，问卷设计也紧随中国社会政策及相关议题的最新动态做出了相应的调整。本专题旨在研究我国居民的工作与生活平衡会受到哪些因素的影响，主要使用到此次问卷调查中的时间利用板块和受访者个人资料板块的内容。

人们的活动主要集中于工作领域和生活领域。就工作领域而言，人们进入劳动力市场从事有报酬的劳动以满足自身生活需要和实现个人价值；就生活领域而言，其主要包括家庭生活和个人闲暇等方面，家庭生活主要是对家人的照料及家务劳动等内容，而个人闲暇则是人们自己可以自由支配的时间，包括休息、学习锻炼、娱乐社交等内容。关注人们如何分配各类时间并以此协调其在工作和生活方面的需要已成为社会政策创新的重要课题。所以本专题研究的第一个问题就是公众的工作时间、家庭时间和个人时间等各类时间分配的变化情况，以及有哪些因素会引起这种变化。

不同的人在工作、家庭、个人等方面活动的用时不同，相应地，也反映了不同的工作内容和生活平衡程度。影响到工作和生活领域时间分配不平衡程度的因素可能包括性别、年龄、受教育程度、婚姻状况等个体化因素。同时，几乎所有的个体都处于家庭之中，有着不同家庭情况的个体在工作和生活的平衡程度上也存在差异。家庭的各项主要支出如房贷、医疗、照料、教育支出都可能影响到人们的工作和生活不平衡程度。同时，子女数量、需要照料的老人数量可能也是影响人们工作和生活不平衡程度的重要家庭因素。短期内的生育意愿也可能会影响到人们对工作和生活领域的时间分配。此外，各种社会层面的因素也可能作用公众对工作和生活领域的时间分配，其中，公众的收入水平、职业类型、户籍性质等社会经济地位因素都有可能对公众工作和生活不平衡程度产生影响。并且社会的一些支持措施也可能会影响到公众对工作和生活领域的时间分配，公众对现有的医疗保险和养老保险的较高满意度有可能缓解其工作和生活的不平衡程度。因此，本专题报告还试图探究当前公众工作和生活的不平衡情况是否存在，以及哪些因素会影响到公众工作和生活的不平衡程度。

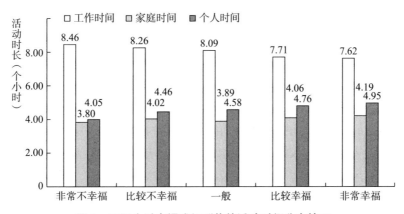

图1　不同生活幸福感知群体的活动时间分布情况

（二）变量操作化

本专题报告试图研究的第一个问题对应的三个因变量为受访者的平均每天工作用时、平均每天家庭照顾用时和平均每天个人闲暇用时。首先是受访者的工作用时，2022年"人民美好生活需要（公众福利态度）调查"问卷（以下简称"问卷"）中设计了区间选择题直接询问了个体最近一个月平均每天工作（有报酬活动）的时间，受访者可以选择选项中的"0~2个小时""3~4个小时""5~6个小时""7~8个小时""8个小时以上"体现其工作用时情况，对这五个选项依次进行1到5的赋值，工作用时的取值在1~5，数值越大说明受访者的工作用时越长。其次是受访者的平均每天家庭照顾用时，问卷中设计了区间选择题直接询问了个体最近一个月每天照顾家人（无报酬照顾活动）的时间，受访者可以选择选项中的"0~2个小时""3~4个小时""5~6个小时""7~8个小时""8个小时以上"体现其家庭照顾用时情况，采取和工作用时同样的赋值方式，家庭照顾用时的取值在 1~5，数值越大说明个体的家庭照顾用时越长。最后是受访者的平均每天个人闲暇用时，问卷中设计了区间选择题直接询问了个体最近一个月自己可自由支配（休息、学习锻炼、娱乐社交等）的时间，受访者可以选择选项中的"0~2 小时""3~4 小时""5~6 小时""7~8 小时""8 小时以上"体现其个人闲暇用时情况，同样采取和工作用时一致的赋值方式，个人闲暇用时的取值在 1~5，数值越大说明个体的个人闲暇用时越长。

第二个问题对应的因变量则为个体工作和生活的不平衡程度。问卷设计了相应的问题，可以获取到近一个月个体平均每天在工作、家庭照顾和个人闲暇方面的用时情况，因此将工作用时作为工作领域的时间投入，同时将家庭照顾用时和个人闲暇用时之和作为生活领域的时间投入，最终选择以工作领域与生活领域时间投入的比值来衡量个体工作和生活的不平衡程度。具体操作方式为，将赋值后的家庭照顾用时和个人闲暇用时加总得到生活用时，生活用时的取值范围为 2~10，再取赋值后的工作用时与生活用时的比值得到工作和生活不平衡程度的衡量指标。即工作用时/（家庭照顾用时 + 个人闲暇用时），该指标的取值范围为 0.1~2.5，该指标的数值越大说明个体的工作和生活不平衡程度越高。

考虑到工作—生活平衡研究议题需要将研究对象控制在有工作的人群，因此，剔除掉了无业以及难以界定是否为务农的样本。经过数据清理后，得到有效样本数 5150 个，以上因变量的操作化，具体如表 1 所示。

表 1　因变量赋值及说明

变量	名称	赋值说明
平均每天工作用时	工作时间	取值为 1~5，数值越大表示工作时间越长
平均每天家庭照顾用时	家庭时间	取值为 1~5，数值越大表示家庭时间越长
平均每天个人闲暇用时	个人时间	取值为 1~5，数值越大表示个人时间越长
工作时间/（家庭时间 + 个人时间）	工作和生活不平衡程度	取值为 0.1~2.5，数值越大表示工作和生活不平衡程度越高

2022 年调查选择的地点以及问卷中被访问者个人资料模块的内容，包括性别、年龄、受教育程度、婚姻状况、收入水平、户口性质、职业状况、房贷支

出、医疗支出、照料支出、教育支出、家庭子女数量、家庭需要照料的老人数、三年内生育计划、医疗保险满意度、养老保险满意度等因素都可能会对上述因变量产生影响。因此，笔者将这些变量作为回归分析的自变量。其中，为了使数据更为集中，在数据处理时取收入的自然对数反映收入水平。所有自变量的操作化结果，如表2所示。

表2　自变量赋值及说明

变量	来源	赋值说明
性别	性别	男 =1，女 =2
年龄	出生年份	18～76 岁
收入水平	去年的平均月收入取自然对数	−4.61～12.21
婚姻状况	婚姻状况	未婚 =1，已婚 =2，离异 =3
受教育程度	最高学历	小学及以下 =1，初中 =2，高中（职高、技校或中专）=3，大专与大学本科 =4，硕士及以上 =5
职业状况	职业状况	非管理或专业技术类工作 =0，管理或专业技术类工作 =1
户口性质	户口性质	农业 =1，非农业 =2
房贷支出	上一年用于所有住房的房贷支出	无支出 =0，1.2 万元以下 =1，1.2 万～2.4 万元 =2，2.4 万～6 万元 =3，6 万～12 万元 =4，12 万～15 万元 =5，15 万元及以上 =6
医疗支出	上一年用于医疗的支出	无支出 =0，1000 元以下 =1，1000～2000 元 =2，2000～5000 元 =3，0.5 万～1 万元 =4，1 万～2 万元 =5，2 万～5 万元 =6，5 万元及以上 =7
照料支出	上一年用于照顾老人、孩子及其他家庭成员的所有照料费用支出	无支出 =0，1000 元以下 =1，1000～2000 元 =2，2000～5000 元 =3，0.5 万～1 万元 =4，1 万～2 万元 =5，2 万～5 万元 =6，5 万元及以上 =7
教育支出	用于孩子的教育支出	无支出 =0，1000 元以下 =1，1000～2000 元 =2，2000～5000 元 =3，0.5 万～1 万元 =4，1 万～2 万元 =5，2 万～5 万元 =6，5 万元及以上 =7
家庭子女数量	家中 18 岁及以下的孩子数量	无孩子 =0，有 1 个孩子 =1，有 2 个孩子 =2，有 3 个及以上孩子 =3

续表

变量	来源	赋值说明
家庭需要照料的老人数	家中生活不能自理的老人数量	0~4 个
三年内生育计划	是否计划在三年内要孩子	否 =0，是 =1
医疗保险满意度	对现有的社会医疗保险满意程度	非常不满意 =1，比较不满意 =2，一般 =3，比较满意 =4，非常满意 =5
养老保险满意度	对现有的社会养老保险满意程度	非常不满意 =1，比较不满意 =2，一般 =3，比较满意 =4，非常满意 =5

（三）统计描述

工作时间、家庭时间和个人时间的描述性统计，如表3所示。

表3　工作、家庭和个人时间的统计描述

变量	时间区间	取值	频数（人）	占比（%）	平均值	标准差
工作时间	0~2 个小时	1	153	2.97	4.35	0.90
	3~4 个小时	2	98	1.90		
	5~6 个小时	3	283	5.50		
	7~8 个小时	4	1842	35.77		
	8 个小时以上	5	2774	53.86		
家庭时间	0~2 个小时	1	2643	51.32	1.89	1.19
	3~4 个小时	2	1396	27.11		
	5~6 个小时	3	534	10.37		
	7~8 个小时	4	208	4.04		
	8 个小时以上	5	369	7.17		
个人时间	0~2 个小时	1	2340	45.44	2.11	1.35
	3~4 个小时	2	1388	26.95		
	5~6 个小时	3	575	11.17		
	7~8 个小时	4	228	4.43		
	8 个小时以上	5	619	12.02		
工作和生活不平衡程度	—	0.1~2.5	—	—	1.36	0.68

如表 3 所示，工作时间、家庭时间和个人时间的取值范围均为 1~5 分，得分越高就表明这类时间越长。统计结果表明，在所有的有效样本中，工作时间取值为 5 的频数为 2774，占有效样本的比例最大，为 53.86%，说明过半数的调查对象近一个月平均每天工作 8 个小时以上；家庭时间取值为 1 的频数为 2643，占有效样本的比例最大，为 51.32%，说明过半数的调查对象近一个月平均每天家庭照顾时间在 2 个小时以内；个人时间取值为 1 的频数为 2340，占有效样本的比例最大，为 45.44%，过四成的调查对象近一个月平均每天个人闲暇时间在 2 个小时以内。工作与生活不平衡程度的取值范围为 0.1~2.5，均值为 1.36，说明平均工作领域所投入的时间是生活领域投入时间的 1.36 倍。

本研究选择的相关自变量及其统计描述如表 4 所示，并尝试检验这些自变量对工作时间、家庭时间、个人时间以及工作和生活不平衡程度的影响。

表 4　自变量的统计描述

变量	分类/取值	占比（%）	均值	标准差
个体层面				
性别	男	56.35	1.44	0.50
	女	43.65		
年龄（岁）	18~76	—	37.18	10.41
受教育程度	小学及以下	2.50	3.41	0.86
	初中	15.88		
	高中（职高、技校或中专）	21.71		
	大专与大学本科	58.19		
	硕士及以上	1.71		
婚姻状况	未婚	25.01	1.78	0.48
	已婚	71.81		
	离异	3.18		
家庭层面				
房贷支出	0~6	—	1.10	1.59
医疗支出	0~7	—	2.26	1.86
照料支出	0~7	—	4.59	2.07
教育支出	0~7	—	2.74	2.63

续表

变量	分类/取值	占比（%）	均值	标准差
家庭子女数量	无孩子	34.74	1.08	0.96
	有1个孩子	29.65		
	有2个孩子	28.00		
	有3个及以上孩子	7.61		
家庭需要照料的老人数	0~4	—	0.15	0.42
三年内生育计划	否	81.71	0.18	0.39
	是	18.29		
社会层面				
收入水平	-4.61~12.21	—	8.24	2.04
职业状况	非管理或专业技术类工作	52.82	0.47	0.50
	管理或专业技术类工作	47.18		
户口性质	农业	45.83	1.54	0.50
	非农业	54.17		
医疗保险满意度	1~5	—	3.42	1.01
养老保险满意度	1~5	—	3.39	0.98

四 时间利用中的工作、家庭与个人：现状与比较

（一）工作、家庭与个人：时间利用的现状

通过对"最近1个月，您平均每天工作（指从事的有报酬活动）的时间是"这一问题进行分析，研究团队发现受访者选择的时间区间选项中排名前三的依次是"8个小时以上"（53.86%）、"7~8个小时"（35.77%）、"5~6个小时"（5.50%）。笔者将这个时间界定为工作时间。其次，对"最近1个月，您平均每天照顾家人（指对老、幼、病、残、孕无报酬的照顾活动）的时间是?"这一问题进行分析，发现受访者选择的时间区间选项中排名前三的依次是"0~2个小时"（51.32%）、"3~4个小时"（27.11%）、"5~6个小时"（10.37%）。笔者将这个时间界定为家庭时间。最后，同样对"最近1个月，

您平均每天自己可自由支配（指用于休息、学习锻炼、娱乐社交等活动）的时间是?"这一问题进行分析，发现受访者给出的答案中排名前三的时间区间依次是"0~2个小时"（45.44%）、"3~4个小时"（26.95%）、"8个小时以上"（12.02%）。笔者将这个界定为个人时间。

数据表明，就最近一个月而言，每天工作时间为"7~8个小时"和"8个小时以上"的占比之和为89.63%，表明平均每天工作时间7个小时及以上几乎是大多数受访者的常态。反之，大多数受访者的个人自由支配活动及家庭照顾等生活领域的时间分配较少，如图2所示，个人时间和家庭时间为"0~2个小时"和"3~4个小时"的占比之和分别为72.39%和78.43%。

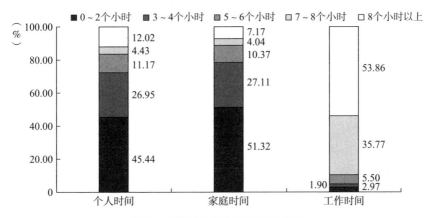

图2　总体受访者的时间利用情况

相较于生活领域的家庭生活和个人闲暇，受访者更多地将时间分配于工作领域的有报酬活动。如图3所示，受访者工作时间、个人时间和家庭时间的均值分别4.36、2.11和1.89。受访者工作领域的用时均值（4.36）高于家庭、个人时间加总的生活领域用时均值（4.00）。

（二）省份、性别与户口性质：时间利用的比较

1. 分省份的时间利用比较

在工作时间方面，通过三个省份各自工作时间的比例分布来观察不同地区受访者的工作时间差异，发现甘肃、河南、广东三个省份受访者的工作时间为"8个小时以上"的比例分别为55.33%、54.75%、52.47%，其中，甘肃省工

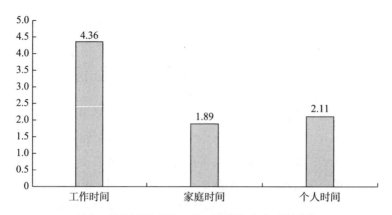

图3　总体受访者的工作、家庭和个人时间均值

说明：图中数值为对“0~2个小时”“3~4个小时”“5~6个小时”“7~8个小时”
“8个小时以上”这五个时间区间分别赋值1~5后计算得到的总体受访者的工作时间、家庭
时间和个人时间的均值。

作“8个小时以上”的受访者比例最大，三个省份的受访者均倾向于将每天大
部分的时间用于工作（见图4）。

基于三省比较的视角，将选项中的“0~2个小时”“3~4个小时”“5~6
个小时”“7~8个小时”“8个小时以上”分别赋值为1~5来体现不同省份的
受访者工作用时情况，对三省受访者的平均工作时间进行均值计算，发现广
东、河南、甘肃三省受访者的平均工作时间均值分别为4.37、4.36、4.33，广
东省受访者的平均工作时间最长。但方差分析的结果表明，三省受访者的平均
工作时间不存在显著差异。说明长时间工作的现象无论是在内陆省份还是在沿
海省份都普遍存在，并没有时长上的差别。广东省平均工作时间最长主要受到
选择工作时间为“7~8个小时”的受访者的影响，就三个省份中受访者平均
工作7个小时及以上的占比而言，广东省居第一（90.71%），其次是河南省
（89.33%），最后则是甘肃省（88.10%）。

在家庭时间方面，研究团队通过分析三个省份受访者的选项比例，并以此
观察不同地区间受访者的平均家庭时间分布情况发现，甘肃、河南、广东三省
受访者的家庭时间为“0~2个小时”的比例分别为53.05%、54.54%、
48.34%，其中，广东省选择“0~2个小时”的受访者比例最小，但是三个省
份的受访者均倾向于在家庭方面投入较少的时间（见图5）。

同时，研究团队将选项中的“0~2个小时”“3~4个小时”“5~6个小

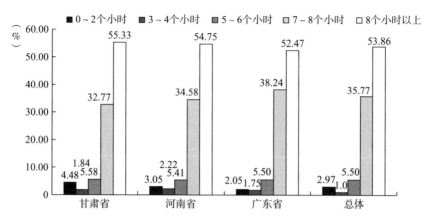

图4　总体和三省受访者的平均工作时间情况

说明：方差分析结果为 $F = 1.18$，$p = 0.306$，说明三省受访者平均每天工作时间均值的差异并不显著。

时""7~8个小时""8个小时以上"赋值为1~5来体现不同省份的受访者家庭用时情况，计算得出广东省、河南省、甘肃省受访者的平均家庭时间均值分别为1.95、1.84、1.83，对此结果进行方差分析，得到 p 值为0.004，通过了显著性检验。广东省受访者的平均家庭时间均值显著高于甘肃省和河南省的受访者，可能的原因在于广东省受到宗族观念影响更加深远，当地居民的家庭观念更强。

在个人时间方面，研究团队通过观察三个省份受访者可自由支配时间的比例分布，发现甘肃、河南、广东三个省份受访者选择数量中排名前二的基本一致，依次是"0~2个小时"（甘肃省49.08%、河南省48.65%、广东省41.35%）和"3~4个小时"（甘肃省25.50%、河南省28.48%、广东省26.85%），但三个省份排名第三的选项则有所不同，甘肃省和广东省是"8个小时以上"且分别占比11.54%和14.49%，而河南省是"5~6个小时"，占比10.33%，显示三个省份受访者的个人时间分配存在一定的差异。将选项中的"0~2个小时""3~4个小时""5~6个小时""7~8个小时""8个小时以上"赋值为1~5来体现不同省份的受访者个人用时情况，对三省受访者的平均个人时间进行方差分析，计算得到广东省、河南省、甘肃省受访者的平均个人时间均值分别为2.25、1.95、2.03，并且 p 值等于0.000，通过了显著性检验，说明三省受访者的平均个人时间存在显著差异。研究团队认为，广东省受访者个人时间更多

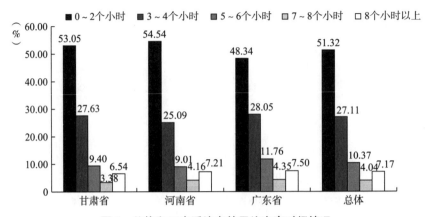

图5　总体和三省受访者的平均家庭时间情况

说明：方差分析的结果为 $F=5.59$，$p=0.0038$，说明三省受访者平均每天家庭时间均值的差异显著。

受益于沿海地区丰富多彩的社会生活，而甘肃省的受访者个人时间均值高于河南省则是因为工作时间相对较短。

同时，研究团队通过比较，发现受访者个人时间的极端分布也存在一定差异。如图6所示，甘肃、河南、广东三省的受访者选择"8个小时以上"的比例分别为11.54%、8.45%和14.49%，其中广东省占比最大，与占比最小河南省占比的差值为6.04个百分点。甘肃、河南、广东三省的受访者选择"0~2个小时"的比例分别为49.08%、48.65%和41.35%，其中甘肃省占比最大，与占比最小广东省占比的差值为7.73个百分点。

如图7所示，研究团队通过利用工作时间与家庭时间和个人时间之和的比值呈现总体和各省份的工作时间和生活时间分配的不平衡程度，比较三个省份受访者工作和生活不平衡程度的均值发现，甘肃省的工作和生活不平衡程度均值为1.418，高于河南省（1.409）和广东省（1.287），工作和生活不平衡程度最高的甘肃省和最低的广东省均值相差0.131。对三省受访者的工作和生活不平衡程度均值进行方差分析的 p 值为0.000，通过了显著性检验，三个省份的受访者工作和生活的不平衡程度存在显著差异。甘肃省、河南省的工作和生活不平衡程度均值高于总体样本（1.356），广东省的工作和生活不平衡程度均值则低于总体样本。可能是广东省经济较为发达，整体上关于缓解工作和生活不平衡的政策配套措施更为完善。同时，位于发达沿海地区的广东省也有浓厚

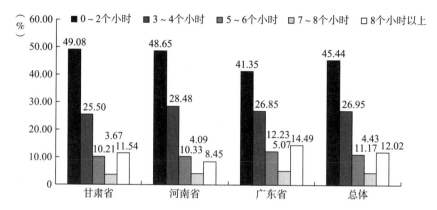

图6　总体和三省受访者的平均个人时间情况

说明：方差分析的结果为 $F = 24.26$，$p = 0.000$，说明三省受访者平均每天个人时间均值的差异显著。

的宗族观念与丰富多彩的休闲活动，使得当地居民可以分配更多时间用于家庭和生活。因而，居民的工作和生活不平衡程度相对甘肃省、河南省而言更低。

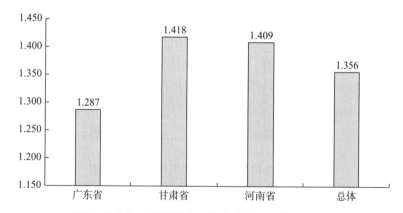

图7　总体和三省受访者工作和生活不平衡程度均值

说明：图中数值为工作时间／（家庭时间 + 个人时间），以该指标来衡量总体和三个省份受访者工作领域和生活领域时间分配的不平衡程度。数值越大，表明工作和生活不平衡的程度越高；方差分析的结果为 $F = 22.61$，$p = 0.000$。

2. 分性别的时间利用比较

在工作时间方面，分性别来看，男性和女性受访者均更倾向于将一天中大多数的时间用于工作。基于性别比较的视角，可以发现，相对于女性受访者而言，男性受访者在工作上分配的时间更多。如图8所示，男性和女性受访者选择工作时间"7~8个小时""8个小时以上"的比例加总分别为91.49%、87.23%，同时绝大多数受访者工作时间都达到7个小时及以上且男性受访者工作7个小时及以上的比例高于女性受访者。尤其是在"8个小时以上"这个区间选择上，占比较大的男性受访者和占比较小的女性受访者的比例差值为12.15个百分点。将选项中的"0~2个小时""3~4个小时""5~6个小时""7~8个小时""8小时以上"赋值为1~5来体现不同性别的受访者工作用时情况，对男性和女性受访者的平均工作时间进行方差分析，得到男性和女性受访者的平均工作时间均值分别为4.44和4.25，并且 p 值为0.000，通过了显著性检验，说明男性和女性受访者在工作方面的时间投入存在显著差异。传统"男主外，女主内"的社会分工模式的影响仍然十分深刻，男性可能是家庭的主要供养者和劳动市场的主要参与者。

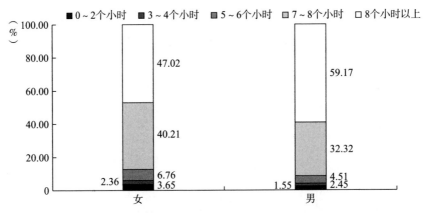

图8　男性和女性受访者的平均工作时间情况

说明：方差分析的结果为 $F=60.83$，$p=0.000$，说明不同性别的受访者平均每天工作时间均值的差异显著。

在家庭时间方面，分性别来看，男性和女性受访者对于家庭生活所投入的时间都较少。从性别比较视角来看，将选项中的"0~2个小时""3~4个小时""5~6个小时""7~8个小时""8~8个小时以上"赋值为1~5来体现不同性别受访者家庭用时情况，男性和女性受访者的平均家庭时间均值分别为1.76和2.05，方差分析的 p 值为0.000，通过显著性检验，说明男性和女性受访者在家庭方面的时间投入存在显著差异。进一步分析男性和女性受访者的家庭时间分布情况，发现相对于男性受访者而言，女性受访者在家庭生活方面分配的时间更多。如图 9 所示，男性和女性受访者选择家庭时间"5～6 个小时""7～8 个小时""8 个小时以上"的比例加总分别为 18. 23% 和 25. 88%。可见，仅有少数受访者对家庭时间的投入超过 5 个小时，同时女性受访者在家庭方面的时间分配多于男性受访者。说明有工作的女性群体仍然需要承担主要的家庭照顾责任，可能面临更大的工作和家庭生活的张力。

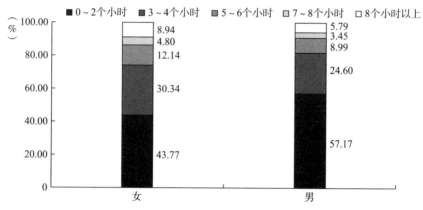

图9 男性和女性受访者的平均家庭时间情况

说明：方差分析的结果为 $F = 75. 13$，$p = 0. 000$，说明不同性别的受访者平均每天家庭时间均值的差异显著。

在个人时间方面，分性别来看，男性和女性受访者对于可支配时间的安排都存在一定的内部差异。如图 10 所示，在男性和女性受访者关于个人时间的选择中，排名前三的依次为"0～2 个小时"（女性 47. 06%、男性 44. 18%）、"3～4 个小时"（女性 24. 82%、男性 28. 60%）和"8 个小时以上"（女性 12. 41%、男性 11. 72%），显示不同性别群体内部个人时间的投入差异较大。如图 10 所示，在"0～2 个小时"和"8 个小时以上"两个极端分布上，女性受访者选择的比例要高于男性受访者。同时，将选项中的"0～2 个小时""3～4 个小时""5～6 个小时""7～8 个小时""8 个小时以上"赋值为 1～5 来体现不同性别的受访者个人时间利用情况，发现男性和女性受访者的平均个人时间均值分别为 2. 11 和 2. 10，方差分析的 p 值为 0. 8641，未通过显著性检验。可能是因为女性群体内部有着显著的差异导致男性女性群体之间的差异不够显著，原因可能在于已婚和未婚的工作女性承担不同程度的家庭责任，个人生活时间因此有所不同。

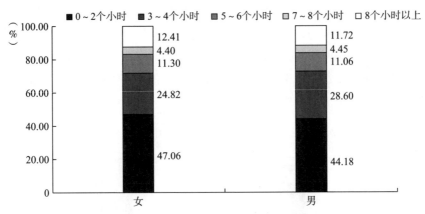

图10　男性和女性受访者的平均个人时间情况

说明：方差分析的结果为 $F = 0.03$，$p = 0.8641$，说明不同性别的受访者平均每天个人时间均值的差异并不显著。

如图11所示，比较男性和女性受访者工作和生活不平衡程度的均值可以发现，男性的工作和生活不平衡程度均值为1.43，高于女性（1.26），两者的均值相差0.17。对男性和女性受访者的工作和生活不平衡程度均值进行方差分析，发现男性和女性受访者工作和生活的不平衡程度存在显著差异，男性受访者的工作和生活不平衡程度更高。因为这一指标衡量的是客观上的时间分配情况，而男性群体作为社会工作的主要参与者和家庭的主要供养者本身就有着更长的工作时间，女性群体则可能因为需要承担主要的家庭照料责任，倾向于参与灵活就业和兼职工作，工作时间相对更少，家庭时间相对更多，所以基于客观的时间分配情况得到的衡量指标显示出男性受访者工作和生活不平衡程度更高。

3. 分户口性质的时间利用比较

在工作时间方面，分农业和非农业户口的受访者来看，无论是农业户口还是非农业户口的受访者均更倾向于在工作上投入更多时间。将选项中的"0~2个小时""3~4个小时""5~6个小时""7~8个小时""8个小时以上"赋值为1~5来体现不同户口性质的受访者工作用时情况，发现非农业户口和农业户口受访者的平均工作时间均值分别为4.29和4.43，方差分析的 p 值为0.000，通过了显著性检验。不同户口性质的受访者在工作方面的时间投入存在显著的差异。

相对于非农业户口的受访者而言，农业户口的受访者在工作上分配的时间

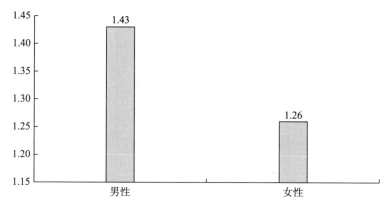

图 11　男性和女性受访者工作与生活不平衡程度均值

说明：图中数值为工作时间／（家庭时间＋个人时间），以该指标来衡量男性和女性受访者工作领域和生活领域时间分配的不平衡程度。数值越大，表明工作和生活不平衡的程度越高。方差分析的结果为 $F = 79.16$，$p = 0.000$。

更多。如图 12 所示，两者选择工作时间 "7~8 个小时"、"8 个小时以上" 的比例加总分别为 88.46%、91.02%，这可能是因为农业户口受访者中有部分人以农为业，务农时间难以精确衡量。但是结果也显示，无论是非农业户口还是农业户口的受访者，其工作时间大多数达到了 7 个小时及以上，而且农业户口的受访者工作 7 个小时及以上的比例高于非农业户口的受访者，尤其是在 "8 个小时以上" 区间选择上。

在家庭时间方面，分非农业和农业户口受访者来看，非农业户口和农业户口的受访者均倾向于在家庭方面投入较少的时间。相对于非农业户口的受访者而言，农业户口的受访者在家庭生活方面分配的时间更少。如图 13 所示，非农业和农业户口的受访者选择家庭时间 "5~6 个小时"、"7~8 个小时"、"8 个小时以上" 的比例加总分别为 22.97% 和 19.92%。可见，无论是非农业户口和农业户口受访者，都仅有少数受访者对家庭时间的投入超过 5 个小时，但是非农业户口受访者在家庭方面的时间分配多于农业户口受访者。将选项中的 "0~2 个小时" "3~4 个小时" "5~6 个小时" "7~8 个小时" "8 个小时以上" 赋值为 1~5 来体现不同户口性质的受访者家庭用时情况，非农业户口和农业户口的受访者的平均家庭时间均值分别为 1.94 和 1.82 且差异显著。此结果可能是因为农业户口受访者中有部分农民工，因为外出务工的需要导致他们能够家庭团聚的时间更少。

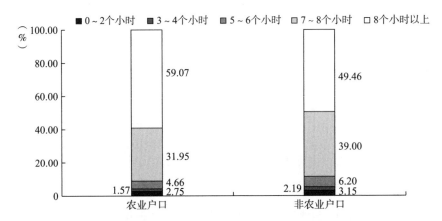

图 12 非农业户口和农业户口受访者的平均工作时间情况

说明：方差分析的结果为 $F = 29.27$，$p = 0.000$，说明不同户口性质的受访者平均每天工作时间均值的差异显著。

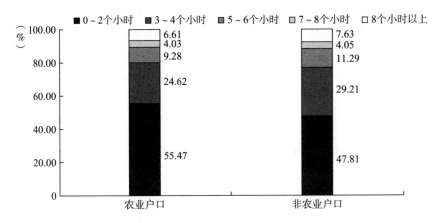

图 13 非农业户口和农业户口受访者的平均家庭时间情况

说明：方差分析的结果为 $F = 14.86$，$p = 0.000$，说明不同户口性质的受访者平均每天家庭时间均值的差异显著。

在个人时间方面，分不同户口性质来看，非农业户口的受访者对于可支配时间的投入存在一定的内部差异。如图 14 所示，非农业户口的受访者回答排名前三的答案依次为"0~2 个小时"、"3~4 个小时"和"8 个小时以上"，占比分别为 45.62%、26.02% 和 13.30%，非农业户口的受访者内部存在个人时间投入的极端差异。就农业户口的受访者而言，排名前三的答案依次为"0~2 个小时"、"3~4 个小时"和"5~6 个小时"，占比分别为 45.21%、28.05% 和

11.44%，不存在较为极端的分布。

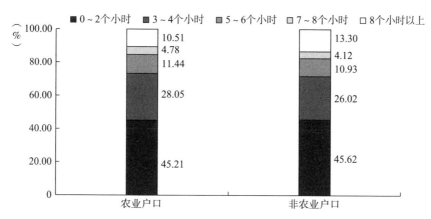

图14　非农业户口和农业户口受访者的平均个人时间情况

说明：方差分析的结果为 $F = 2.63$，$p = 0.1048$，说明不同户口性质的受访者个人时间均值的差异并不显著。

数据表明，不同户口性质的受访者工作和生活的不平衡程度存在差异。如图15所示，比较农业户口和非农业户口受访者工作和生活不平衡程度的均值发现，农业的工作和生活不平衡程度均值为1.41，高于非农业户口受访者（1.31），两者均值相差0.1。对非农业户口和农村户口的受访者的工作和生活不平衡程度均值进行方差分析，p 值为0.000，通过了显著性检验，可见非农业户口和农业户口的受访者工作和生活的不平衡程度均值的差异显著。农业户口的受访者比非农业户口的受访者有着更高的工作和生活不平衡度，可能是因为农业户口劳动者进入城市劳动力市场时遭遇一定的户口歧视，因而农业户口劳动者比非农业户口劳动者需要付出更长的劳动时间来保障稳定的薪资。同时也因为人口流动导致了大量家庭在地域空间上的割裂，农民工群体的家庭情感需要和个人生活需要无法得到有效满足。但是因为这两个均值的差异不大，所以不同户口性质的受访者工作和生活的不平衡程度也差异不大。

五　三类时间利用和工作—生活不平衡程度的影响因素

（一）工作、家庭和个人时间投入的影响因素

研究团队分别以工作时间、家庭时间和个人时间为因变量，建立多元线性

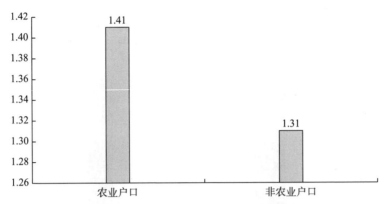

图15　非农业户口和农业户口受访者工作与生活不平衡程度均值

说明：图中数值为工作时间/（家庭时间＋个人时间），以该指标来衡量农村和城镇受
访者工作领域和生活领域时间分配的不平衡程度。数值越大，表明工作和生活不平衡的程
度越高。方差分析的结果为 $F = 23.57$，$p = 0.000$。

回归模型以探究各类影响因素对被调查者在工作、家庭和个人方面投入时间的
影响。

表5　工作、家庭和个人时间投入影响因素的多元线性回归模型

因变量	模型1	模型2	模型3
	工作时间	家庭时间	个人时间
个体层面			
女性（参照组为男性）	- 0.1913 ***	0.2700 ***	0.1230
	(0.0248)	(0.0329)	(0.0372)
年龄	0.0768 ***	- 0.0061	- 0.0451 ***
	(0.0099)	(0.0131)	(0.0148)
年龄平方	- 0.0010 ***	0.00002	0.0007 ***
	(0.0001)	(0.0002)	(0.0002)
受教育程度（参照组为小学及以下）			
初中	- 0.1124	0.0338	0.2166 *
	(0.0830)	(0.1102)	(0.1245)
高中（职高、技校或中专）	- 0.2833 ***	0.2187 **	0.2647 **
	(0.0820)	(0.1089)	(0.1231)
大专与大学本科	- 0.3181 ***	0.0625	0.2365 *
	(0.0823)	(0.1092)	(0.1234)

续表

因变量	模型 1	模型 2	模型 3
	工作时间	家庭时间	个人时间
硕士及以上	- 0.2789 ** (0.1252)	0.0101 (0.1662)	0.1343 (0.1879)
婚姻状况（参照组为未婚）			
已婚	- 0.0779 * (0.0454)	0.3476 *** (0.0603)	- 0.4017 *** (0.0681)
离异	0.0041 (0.0818)	0.1908 * (0.1087)	- 0.3239 *** (0.1228)
家庭层面			
房贷支出	0.0271 *** (0.0081)	- 0.0342 *** (0.0107)	- 0.0474 *** (0.0121)
医疗支出	0.0089 (0.0068)	0.0039 (0.0091)	- 0.0361 *** (0.0103)
照料支出	0.0070 (0.0069)	0.0247 *** (0.0091)	- 0.0037 (0.0103)
教育支出	0.0187 ** (0.0077)	0.0031 (0.0103)	- 0.0215 * (0.0116)
家庭子女结构（参照组为无孩子）			
有 1 个孩子	- 0.1712 *** (0.0420)	0.0386 (0.0558)	- 0.1086 * (0.0630)
有 2 个孩子	- 0.1987 *** (0.0474)	0.1216 * (0.0629)	- 0.0960 (0.0711)
有 3 个及以上孩子	- 0.1991 *** (0.0606)	0.2937 *** (0.0805)	- 0.0116 (0.0909)
家庭需要照料的老人数	0.0271 (0.0293)	0.0708 * (0.0389)	- 0.0629 (0.0440)
三年内生育计划（参照组为否）	- 0.0665 ** (0.0336)	0.0404 (0.0446)	0.0666 (0.0504)
社会层面			
收入水平	0.0248 *** (0.0062)	- 0.0315 *** (0.0083)	- 0.0005 (0.0094)
管理或专业技术类工作（参照组为否）	0.0035 (0.0280)	0.0057 (0.0372)	- 0.0184 (0.0420)

续表

因变量	模型 1	模型 2	模型 3
	工作时间	家庭时间	个人时间
非农业户口 （参照组为农业户口）	− 0.0793 *** （0.0272）	0.1300 *** （0.0361）	0.0930 ** （0.0408）
医疗保险满意度	− 0.0273 * （0.0145）	0.0464 ** （0.0193）	0.1059 *** （0.0218）
养老保险满意度	− 0.0285 * （0.0150）	0.0537 *** （0.0198）	− 0.0489 ** （0.0224）
常数项	3.4968 *** （0.2054）	1.2748 *** （0.2727）	2.8235 *** （0.3082）
n	5150	5150	5150
调整后 R^2	0.0611	0.0496	0.0558
F	15.58	12.68	14.22

注：*、**、*** 分别表示在 10%、5%、1% 的水平上显著，括号内为标准误。

回归结果如表 5 所示。从模型 1 可以看出，受访者的工作时间主要受到性别、年龄、受教育程度、婚姻状况、房贷支出、教育支出、家庭子女结构、三年内生育计划、收入水平、户口性质、养老保险和医疗保险满意度的影响。在性别方面，男性比女性更倾向于将更多的时间投入工作。在年龄方面，年龄和年龄平方对工作和生活的不平衡程度均存在显著影响，其中，年龄对于工作时间的回归系数为正值，年龄平方对于工作时间的回归系数则为负值，说明随着年龄的增长，受访者的工作时间呈现先增加后减少的倒 U 形变化趋势。就受教育程度而言，相比于小学及以下学历层次的受访者，高中及以上学历层次的受访者均在工作方面投入时间更少。就婚姻状况而言，已婚受访者的工作时间少于未婚受访者。在支出方面，随着房贷和教育支出的增加，受访者的工作用时变长。就家庭子女结构而言，有孩子的受访者比没有孩子的受访者有着更少的工作时间。就三年内生育计划而言，计划在三年内要孩子的受访者比三年内无生育打算的受访者更倾向于在工作方面投入更少的时间。就收入水平而言，收入水平的提高相应地增加了受访者的工作时间。就户口性质来看，农村受访者在工作方面的用时比城镇受访者更多。此外，受访者对现有社会医疗和养老保险的满意程度提高会减少其在工作方面的时间投入。在劳动力商品化的背景下，雇员需要以大量的工作时间投入换取较高的薪资和未来稳定的储蓄保障；而社会保护的加强实现了一定程度的"劳动力去商品化"，出于对社会医疗和养老保障的信任，雇员不再需要过度的工作时间投入来换取以后的保障，从而其可能减少工作用时。这个结果说明，社会保护可以有效缓解工作—家庭失衡问题。

从模型2可以看出，通过显著性的变量有性别、受教育程度、婚姻状况、房贷支出、照料支出、家庭子女数量、照料的老人数、收入水平、户口性质以及医疗和养老保险满意度。在性别方面，女性较男性在家庭方面投入了更多的时间。就受教育程度而言，高中学历层次的受访者比小学及以下学历层次的受访者家庭用时更多。相比于未婚受访者，已婚与离异的受访者的家庭用时更多。在房贷和照料支出方面，房贷支出增加会减少受访者的家庭时间，可能是因为房贷负担使得受访者更加努力工作而相应减少家庭时间，而照料支出增加会延长受访者的家庭时间，可能是因为需要照料的家人较多，受访者必然要在家庭照顾上投入大量时间。在家庭子女数量方面，有2个及以上的孩子会显著增加受访者在家庭方面的时间投入。同时，家庭需要照料的老人数也对受访者的家庭用时有着正向影响。就收入水平而言，受访者更高的收入会带来其家庭用时减少，可能是劳动力市场的丰厚回报使得受访者更加努力工作从而忽视了家庭方面的时间投入。在户口性质方面，城镇受访者比农村受访者在家庭方面的时间投入更多。就医疗和养老保险满意度而言，受访者对现有社会医疗和养老保险越满意，越倾向于增加家庭用时。这一结果也进一步反映出现有的社会保障措施越完善，居民的生活质量将会越高。

从模型3可以看出，年龄、受教育程度、婚姻状况、房贷支出、医疗支出、教育支出、家庭子女数量、户口性质、医疗和养老保险满意度会对受访者个人时间产生影响。就年龄而言，年龄和年龄平方对个人时间存在显著影响，其中，年龄对于个人时间的回归系数为负值，年龄平方对于个人时间的回归系数则为正值，说明随着年龄的增长，受访者的个人时间呈现先减少后增加的正U形变化趋势。在受教育程度方面，初中、高中、大专和大学本科学历层次的受访者比小学及以下学历层次的受访者有着更多的个人时间。在婚姻状况方面，与未婚受访者相比，已婚和离异受访者可自由支配的个人时间更少。在支出方面，房贷、医疗、教育支出的增加都会减少受访者的个人时间。在家庭子女数量方面，有1个孩子的受访者比没有孩子的受访者在个人时间上投入更少。在户口性质方面，非农业户口受访者比农业户口受访者有着更多的个人时间。在社会支持方面，受访者越满意医疗保险越倾向于增加个人方面的时间投入，可能是较为完善的医疗保险制度规避了受访者个人或家庭健康的风险，受访者不再需要通过过度工作来换取抵御风险的较高薪资保障，从而可以有更多的时间用于个人生活。与医疗保险相反，不满意养老保险的受访者反而比满意养老保险的受访者有着更多的个人时间，可能与我国当前养老保险的分隔有关。当前的养老保险由城镇职工基本养老保险和城乡居民社会养老保险构成，两者在缴纳金额、缴费方式、保障水平上存在显著差距。参保城乡居民社会养老保险的受访者可能会因为保障水平很低而对养老保险更加不满，而这些受访者普遍是社会自由职业者，其工作时间更加灵活自由，能够更多地感受到对个人时间的掌握。

（二）工作和生活不平衡程度的影响因素

研究团队将工作和生活不平衡程度作为因变量，建立多元线性回归模型以探究各类影响因素所产生的影响。此外，为了讨论影响不同群体工作和生活不平衡的不同因素，分别建立男性模型、女性模型、城镇户口模型、农村户口模型，通过模型的两两对比找出男女和城乡群体工作和生活不平衡程度影响因素的差异。回归结果如表6所示。

表6　总体和不同群体工作生活不平衡程度影响因素的多元线性回归模型

因变量	模型4	模型5	模型6	模型7	模型8
	总体	男性群体	女性群体	农村户口群体	城镇户口群体
个体层面					
女性（参照组为男性）	-0.1667*** (0.0186)	—	—	-0.2082*** (0.0280)	-0.1354*** (0.0251)
年龄	0.0375*** (0.0074)	0.0359*** (0.0099)	0.0366*** (0.0113)	0.0287** (0.0116)	0.0403*** (0.0099)
年龄平方	-0.0005*** (0.0001)	-0.0005*** (0.0001)	-0.0005*** (0.0001)	-0.0004** (0.0001)	-0.0006*** (0.0001)

续表

因变量	模型4	模型5	模型6	模型7	模型8
	总体	男性群体	女性群体	农村户口群体	城镇户口群体
受教育程度（参照组为小学及以下）					
初中	− 0.1151 * （0.0624）	− 0.0301 （0.0820）	− 0.2629 *** （0.0960）	− 0.1253 * （0.0739）	− 0.0757 （0.1185）
高中 （职高、技校或中专）	− 0.2304 *** （0.0617）	− 0.1197 （0.0808）	− 0.4160 *** （0.0954）	− 0.2592 *** （0.0742）	− 0.1646 （0.1151）
大专与大学本科	− 0.1958 *** （0.0619）	− 0.1277 （0.0810）	− 0.3299 *** （0.0957）	− 0.1884 ** （0.0758）	− 0.1726 （0.1141）
硕士及以上	− 0.1273 （0.0942）	− 0.0769 （0.1296）	− 0.2317 * （0.1377）	− 0.0767 （0.1816）	− 0.1154 （0.1386）
婚姻状况（参照组为未婚）					
已婚	− 0.0005 （0.0342）	0.0431 （0.0477）	− 0.0476 （0.0487）	− 0.0473 （0.0478）	0.0621 （0.0490）
离异	0.0513 （0.0616）	0.0202 （0.0812）	0.1164 （0.0949）	− 0.0621 （0.0980）	0.1532 * （0.0805）
家庭层面					
房贷支出	0.0392 *** （0.0061）	0.0494 *** （0.0082）	0.0267 *** （0.0090）	0.0323 *** （0.0097）	0.0430 *** （0.0078）
医疗支出	0.0142 *** （0.0051）	0.0190 *** （0.0070）	0.0075 （0.0076）	0.0103 （0.0076）	0.0181 *** （0.0070）
照料支出	− 0.0047 （0.0052）	0.0008 （0.0071）	− 0.0108 （0.0075）	− 0.0255 *** （0.0078）	0.0118 * （0.0069）
教育支出	0.0145 ** （0.0058）	0.0155 * （0.0081）	0.0152 * （0.0083）	0.0257 *** （0.0085）	0.0034 （0.0080）
家庭子女结构（参照组为无孩子）					
有1个孩子	− 0.0343 （0.0316）	0.0168 （0.0437）	− 0.1106 ** （0.0456）	− 0.0326 （0.0454）	− 0.0337 （0.0444）
有2个孩子	− 0.0772 ** （0.0356）	− 0.0394 （0.0504）	− 0.1250 ** （0.0502）	− 0.0783 （0.0515）	− 0.0658 （0.0497）
有3个及以上孩子	− 0.1335 *** （0.0456）	− 0.1427 ** （0.0633）	− 0.1325 * （0.0656）	− 0.1147 * （0.0611）	− 0.1630 ** （0.0706）
家庭需要照料的老人数	0.0051 （0.0220）	0.0248 （0.0297）	− 0.0307 （0.0329）	0.0116 （0.0329）	− 0.0067 （0.0298）

续表

因变量	模型 4	模型 5	模型 6	模型 7	模型 8
	总体	男性群体	女性群体	农村户口群体	城镇户口群体
三年内生育计划 （参照组为否）	-0.0342 (0.0253)	-0.0396 (0.0337)	-0.0193 (0.0380)	-0.0199 (0.0355)	-0.0287 (0.0363)
社会层面					
收入水平	0.0090* (0.0047)	-0.0019 (0.0068)	0.0180*** (0.0064)	0.0116* (0.0063)	0.0082 (0.0070)
管理或专业技术类工作 （参照组为否）	-0.0322 (0.0211)	-0.0805*** (0.0285)	0.0322 (0.0312)	-0.0593* (0.0317)	-0.0160 (0.0284)
非农业户口 （参照组为农业户口）	-0.0776*** (0.0205)	-0.0976*** (0.0281)	-0.0500* (0.0297)	—	—
医疗保险满意度	-0.0570*** (0.0109)	-0.0536*** (0.0143)	-0.0575*** (0.0170)	-0.0628*** (0.0156)	-0.0460*** (0.0154)
养老保险满意度	-0.0238** (0.0112)	-0.0267* (0.0149)	-0.0211 (0.0171)	-0.0239 (0.0165)	-0.0298* (0.0154)
常数项	1.1886*** (0.1545)	1.1846*** (0.2051)	1.1418*** (0.2352)	1.4311*** (0.2274)	0.9354*** (0.2268)
n	5150	2902	2248	2360	2790
调整后 R^2	0.0624	0.0665	0.0373	0.0599	0.0643
F	15.90	10.39	4.96	7.83	9.71

注：*、**、*** 分别表示在10%、5%、1%的水平上显著，括号内为标准误。

从模型4可以看出，性别、年龄、受教育程度、房贷支出、医疗支出、教育支出、家庭子女数量、收入水平、户口性质、医疗和养老保险满意度等因素会影响到受访者工作和生活不平衡程度。在性别方面，男性工作和生活的不平衡程度要高于女性。在年龄方面，受访者工作和生活不平衡程度呈现随着年龄增长先提高后降低的倒U形曲线。在受教育程度方面，初中、高中、大专与大学本科学历层次的受访者工作和生活不平衡程度要低于小学及以下学历层次的受访者。就支出而言，随着房贷、教育、医疗等支出负担加重，受访者工作和生活的不平衡程度也会相应提高。在家庭子女数量方面，有2个孩子或3个及以上孩子的受访者工作和生活的不平衡程度低于没有孩子的受访者。没有孩子的受访者以年轻人居多，年轻人面临更大的就业竞争和发展压力，会倾向于将大部分时间都投入工作，因而工作和生活方面的时间分配较不均衡，而有着 2 个孩子或 3 个孩子的受访者多为已婚已育群体，由于伴侣共同生活的时间增加以及子女照料责任变大，其生活时间所占比重显著上升，而工作时间所占比重相应有所减少，某种程度上改变了"重工作，轻生活"的时间投入，从而工作和生活时间分配的不平衡程度较低。相对于低收入群体，高收入群体工作和生活的不平衡程度更高，高收入意味着受访者可能会在工作中投入更多时间，相应地会带来生活时间比重的降低。就户口性质而言，农业户口受访者工作和生活不平衡程度要高于非农业户口受访者。受访者对医疗和养老保险满意度的提升会降低其工作和生活的不平衡程度。

对比模型 5 和模型 6 可以观察到，两性工作和生活不平衡程度的影响因素存在以下差异。在个人特征层面，不论是在男性模型还是女性模型中，年龄因素都是显著的，年龄的回归系数为正值，年龄平方的回归系数为负数，表明 18～76 岁的男性和女性的工作和生活不平衡程度先随着年龄增长而提高，当到达一定年龄时，年龄的增长将降低其工作和生活不平衡程度。在女性模型中，受教育程度对工作和生活不平衡程度的影响显著，初中及以上学历层次的女性受访者工作和生活的不平衡程度要低于小学及以下学历层次的女性受访者，但是这一影响在男性模型中并不显著，说明受教育程度对两性工作和生活不平衡程度的影响存在差异。

在家庭层面，房贷支出和教育支出在男性和女性模型中都显著，房贷和教育支出的增加会加重男性和女性受访者工作和生活不平衡的程度。医疗支出在男性模型中有着显著正向影响，但是在女性模型中并不显著。就家庭子女数量而言，在男性模型中，较之无孩子，有 3 个及以上孩子会对男性受访者工作和生活不平衡程度产生显著负向影响，说明当孩子数达到 3 个及以上家庭中女性一方的照料能力已经不够了，需要男性一方显著增加家庭方面的时间投入；而在女性模型中，有 1 个及以上小孩会对女性受访者工作和生活不平衡程度产生显著负向影响，可能是因为，在传统的"男主外，女主内"的性别观念影响下，女性倾向于承担更多的家庭照顾责任从而更容易受到家庭子女数量的影响，子女照料负担驱使女性在家庭方面投入更多的时间，并相应地减少工作时间的比重。

在社会层面，收入水平在男性模型中不显著，在女性模型中正向显著，收入的增加会给女性带来工作和生活时间分配不平衡程度的提高。职业状况在男性模型中显著，从事管理或专业技术类工作的男性受访者工作和生活不平衡的程度要低于从事非管理或专业技术类工作的男性受访者，但职业状况在女性模型中并不显著。在户口性质方面，无论在男性还是女性模型中，非农业户口受访者工作和生活不平衡的程度都要低于农业户口受访者。医疗保险满意度在男性和女性模型中均负向显著。养老保险满意度在男性模型中显著，男性受访者越满意现有的养老保险，其工作和生活不平衡程度越低，但养老保险满意度在女性模型中不显著。

此外，本研究还建立了模型7和模型8探讨影响农业户口和非农业户口受访者工作和生活不平衡程度的因素是否存在差异。在个人特征层面，性别和年龄影响在农村和城镇模型中均显示显著。受教育程度在农村模型中显著，初中、高中、大专与大学本科学历层次的农业户口受访者工作和生活不平衡程度要低于小学及以下学历层次的农业户口受访者，而在城镇模型中则不存在这样的情况。在城镇模型中，离异的非农业户口受访者工作和生活不平衡程度要高于未婚的非农业户口受访者，而婚姻状况在农村模型中并不显著。在家庭层面，就支出而言，房贷支出在农村模型和城镇模型中都有着显著正向影响，医疗支出仅在城镇模型中正向显著，教育支出则仅在农村模型中正向显著影响。此外，照料支出在农村模型中负向显著而在城镇模型中正向显著，可能是由于农村和城镇的照料方式存在区别，农村的照料方式比较单一，都是自己照顾为主，因而在照料压力下可能被迫将更多的时间投入家庭照顾。而在城镇，更多会采取雇用保姆等方式进行照料从而可以将更多时间投入工作，因此农业户口和非农业户口受访者形成了截然不同的工作和家庭时间分配。在家庭子女数量方面，不论是在城镇模型还是农村模型中，较之没有孩子的受访者，有3个及以上孩子的受访者均有着更低的工作和生活不平衡程度，可能是非农业户口和农业户口受访者都会在多孩的照料压力下增加家庭方面的时间投入使得生活时间的比重上升并且相应减少工作时间的投入。在农村模型中，随着收入的增加，农业户口受访者工作和生活不平衡程度也有所提高，而在城镇模型中收入水平的影响并不显著。同时，职业状况在农村模型中显著，从事管理或专业技术类工作的农业户口受访者较之不从事这类工作的农业户口受访者有着更低的工作和生活不平衡程度，而这种情形在城镇模型中则没有体现。此外，对医疗保险的满意度这一因素无论在城镇还是农村模型中都是负向显著的。而养老保险满意度在城镇模型中显著，对养老保险越满意，非农业户口受访者工作和生活的不平衡程度越低，而在农村模型中，养老保险满意度并不显著。

六　基本结论与政策建议

随着中国社会中工作压力的加大、工作时间的延长，因工作—生活失衡而带来的悲剧时有发生，越来越多的人感受到了工作与生活之间的冲突，并尝试实现工作和生活的平衡。可以说，工作—生活平衡已经成为一种主流价值观所认可的价值。近年来，工作—生活平衡议题在中国社会政策领域中的讨论热度也有所上升，但是对其的研究却落后于现实需求，有待进一步丰富。①

（一）基本结论

本专题借助 2022 年"人民美好生活需要（公众福利态度）调查"的最新数据分析了中国居民的时间利用情况，发现了以下四个现状：一是当前中国居民普遍存在超长工作时间的问题，家庭时间和自由时间相对不足，工作—生活的冲突主要表现为工作时间对生活时间的挤占；二是东部地区、中部地区和西部地区的居民在时间利用上存在差异，工作压力和竞争更大的广东省相比河南省和甘肃省，在整体上工作时间更长、家庭时间和自由时间更少；三是相较于职场男性，职场女性的长时间工作比例要小，但是需要投入更多时间在家庭照料上，两个群体的自由时间则差不多，传统的性别分工模式依然明显；四是农村户口居民的长时间工作比例比城镇户口居民更高，用于家庭生活的时间也更长，可能与其工作和生活领域的相互渗透有关。

通过分析个人、家庭、社会三个层次的因素对三种时间投入的影响，研究团队发现，个体、家庭和社会三个层面的因素都对工作时间投入的影响显著，反映出我国居民的工作压力仍然很大，工作时间的投入受到来自家庭和社会领域的共同影响；性别、婚姻和家庭照顾结构对家庭时间的投入影响显著，性别传统分工在家庭照顾责任中仍然有所体现；个人时间的投入受个体层面的年龄

---

① 龚紫钰：《城市居民"工作—家庭平衡"及其影响因素研究》，《社会工作》2018 年第 3 期。

和婚姻、家庭层面的支出负担影响，未发现性别的显著差异。

通过分析个人、家庭、社会三个层次的因素对工作—社会不平衡程度的影响，研究团队识别出以下显著影响工作—生活不平衡程度的因素：个人层面包括性别、年龄和学历；家庭层面包括家庭房贷、医疗、教育支出以及孩子数量和工作者的个人收入；社会层面包括户口类型、对医疗保险和养老保险的满意度。这些因素在不同性别、不同户口类型的群体中的影响可能存在差异，但就总体特征而言，我国的工作—生活失衡问题受家庭负担重、生活压力大的影响而加剧。房贷和育儿是当前中国社会中最受关注的讨论话题，也是两大主要压力来源。另一方面，国家提供的社会保险能够有效缓解家庭支出压力，所以社会政策对于工作—社会平衡议题的关注能够帮助人民实现更好的生活，在推动工作—生活平衡中我国的政策也有很大的空间可以施展。

工作—生活平衡涉及家庭和工作两大人类活动的场所，缓解和调和工作与生活的冲突也具有深远的意义和价值。在个人层面，工作—生活平衡能够促进人的身心健康，降低或减少负面情绪的影响；在家庭层面，工作—生活平衡是一种家庭福利供给的方式，有利于满足老人照料和儿童抚育的需要；在工作层面，员工的工作—生活平衡是提高企业生产效率和企业忠诚度的重要途径；在社会层面，工作—生活冲突的解决能够防止儿童贫困、低生育意愿和老龄化等社会问题，增强社会团结。所以，推进工作—生活平衡需要各方主体、各个领域的共同努力。

（二）国际经验

从世界范围来看，欧洲国家在推进工作—生活平衡方面已经有了比较丰富的经验，可资我国借鉴。

1. 家庭支持

当前，工作—生活平衡议题的研究过度强调工作领域，对于家庭领域的支持和应对措施少有涉及。[①] 然而，家庭支持是帮助个体应对工作和生活领域的

---

① Eby, L. T., Casper, W. J., Lockwood, A., Bordeaux, C. & Brinley, A., "Work and Family Research in IO/OB: Content Analysis and Review of the Literature (1980 – 2002)," *Journal of Vocational Behavior* 66（2005）：124 – 197；赵娜、李永鑫：《冲突、平衡与促进：工作 - 家庭关系研究的历史考察》，《心理科学》2008 年第 6 期。

多重角色需求、维持工作—生活平衡的关键资源。① 家庭支持指的是家庭成员提供的支持，以帮助个人更好地履行工作和非工作领域的角色职责，包括情感性支持（提供精神慰藉）和工具性支持（分担家务劳动）两个维度。家庭支持可以通过降低家庭对工作的冲突从而对工作—生活平衡产生正向的促进作用。

　　具体而言，费小兰等人区分了两种家庭支持对工作—生活平衡促进作用的实现方式。一是帮助个体履行工作和各个生活领域的角色职责，间接促进工作—生活平衡。例如，在工作领域的角色履职上，配偶可以通过提供照料、育儿等家庭福利减少个人面对的冲突程度从而更好地完成工作任务，这一点尤其体现在男性配偶支持能够有效缓解工作女性的角色冲突上。② 此外，实证研究也证实，家庭支持能够有效调节工作—家庭冲突与离职意向的关系，减少个体的离职意向。③ 而在生活领域的角色履职上，配偶双方共同参与各类家庭活动可以提高婚姻生活的满意度，同时也为家庭中的其他成员（尤其是儿童）提供健康和谐的家庭关系和环境。④ 二是帮助个体协调工作和各个生活领域之间的关系，从而直接促进工作—生活平衡。例如，配偶对于外出休闲、交友聚会、学习交流等活动的支持能够满足个人在其自由时间内对社交的需要和对自我发展的需要，维持个人在社会关系网络中的互动频率和稳定性，协调个人在不同社会领域的时间和注意力分配。

　　家庭支持固然对个人工作—生活平衡的实现有重要的影响，但是家庭支持程度的差异更多受到文化传统和主流价值观的塑造。在拥有家庭主义传统的国家或地区（例如德国、意大利），家庭是各种福利供给的核心，更可能通过维持传统的性别分工来规避工作—生活平衡问题。而在强调性别平等的价值观的国家或地区（例如挪威、瑞典），则通过促进家庭照顾责任在男女间重新分配

---

① 费小兰、唐汉瑛、马红宇：《工作—生活平衡理念下的家庭支持：概念、维度及作用》，《心理科学》2017 年第 3 期。

② Suchet, M. & Barling, J., "Employed Mothers: Interrole Conflict, Spouse Support and Marital Functioning," *Journal of Organizational Behavior* 7 (1986): 167 – 178.

③ 李永鑫、赵娜：《工作—家庭支持的结构与测量及其调节作用》，《心理学报》2009 年第 9 期。

④ Aycan, Z. & Eskin, M., "Relative Contributions of Childcare, Spousal Support, and Organizational Support in Reducing Work-Family Conflict for Men and Women: The Case of Turkey," *Sex Roles* 53 (2005): 453 – 471.

来实现工作和生活的平衡。

2. 企业支持

大量组织管理学研究探讨了工作—生活平衡对于企业绩效和组织承诺的积极作用，[1] 越来越多的企业管理者也试图通过促进员工的工作—生活平衡保证员工对工作更好的投入。企业可以通过直接提供组织支持性策略帮助员工实现工作—生活平衡，陈彦和刘耀中总结了六种现存的企业支持策略。[2]

一是灵活工作时间制：包括弹性工作时间（flexible working time）、压缩工作周（compressed work week）和时间储蓄（banking of hours）。三者的区别在于弹性安排的时间段长短的不同。弹性工作时间以天为单位，员工在一天内的核心工作时间段（如 9 点到 15 点，午餐时间除外）外可以自由安排另外一段时间进行工作，以满足每天 8 个小时的工作时长要求；压缩工作周以周为单位，允许员工在保证工作量的前提下将工作压缩在 2~4 天完成，剩下的时间可以自由支配；时间储蓄一般针对闲忙不均的工作，以年为单位，允许员工将忙时的加班时长"储蓄"起来用于闲时休息。

二是远程工作（telework）。在雇佣关系的前提下，远程工作通过利用信息技术，允许员工在常规工作场所外的地方开展不必在雇主经营场所中进行的工作。例如，通过线上会议、共享文档等形式可以实现居家办公和远程合作。

三是工作分享制度（job sharing）和兼职工作（part-time job）。工作分享制度指两个或两个以上的员工共同承担一个工作日或者工作周的工作责任，通过事先对工作内容、支付方式和休息安排的确定，在分担工作的员工中形成沟通协调良好的团队。美国是工作分享制度实践基础最强的国家。兼职工作则是另一种促进工作灵活性的策略，通过开放兼职工作可以吸引有子女的女性参与有酬劳动以补贴家用，能够满足她们对于家庭照顾责任的需要。

四是家事请假项目（family leave programs）：包括生育假、养育假和照顾性

---

① Kossek，E. E. & Ozeki，C.，"Bridging the Work-Family Policy and Productivity Gap：A Literature Review，" *Community*，*Work & Family* 2（1999）；Perry-Smith，J. E. & Blum，T. C.，"Work-family Human Resource Bundles and Perceived Organizational Performance，" *Academy of Management Journal* 43（2000）：1107–1117.

② 陈彦、刘耀中：《工作—生活平衡策略与组织绩效关系研究述评》，《未来与发展》2010 年第 7 期。

准假。生育假是指员工在怀孕期间及产后一段时间内的休假，女性的产假和男性的陪产假都是生育假的内容；养育假又称亲子假，是在孩子出生后父母用于陪伴孩子成长的休假；照顾性准假则是在家庭有人生病或离世等突发事件时请求的事假。家事请假项目给予了男性和女性员工共同的休假权利，能够缓解工作和家庭的时间冲突。

五是物质补贴或服务：包括企业对照顾小孩或老人的服务费给予直接补贴，企业通过在内部建立儿童托管中心或健身设施提供员工所需的服务两种类型。

六是员工救助计划（employee assistance plan）：由专业人员对员工及直属亲人提供专业指导和咨询，以帮助解决各种心理和行为问题。该计划的服务群体直接扩展到员工的直系亲属，主要以提供心理咨询的方式维持员工的心理健康和家庭和睦。

企业除了通过支持性策略为员工直接提供支持外，现有研究表明，组织氛围和领导特质在工作—生活平衡和企业运作的关系中发挥重要的中介作用。[1] 一种对工作—家庭平衡有支持性的组织文化和氛围能够增加对工作—生活平衡策略的使用，缓解工作—家庭的冲突，减少员工离职倾向。[2] 家庭支持型主管行为（family supportive supervisor behaviors）是一种主管表现出来的对员工家庭给予支持的行为，它通过为员工提供情感性支持和工具性支持、梳理角色榜样以及创新式的工作—家庭管理方式，对员工的工作—生活平衡和团队的凝聚力发挥积极影响。[3]

总的来看，企业能够为其员工提供多样化的支持以促进实现工作—生活平衡，但是企业是否有动力提供这些支持性的策略和服务取决于管理者本身对于员工工作—生活平衡问题的认识，也是员工集体（如工会）与企业管理层进行

[1] 陈彦、刘耀中：《工作—生活平衡策略与组织绩效关系研究述评》，《未来与发展》2010年第7期。

[2] Thompson, C., Beauvais, L. & Lyness, K., "When Work-Family Benefits Are Not Enough: The Influence of Work-family Culture on Benefit Utilization, Organizational Attachment, and Work-Family Conflict," *Journal of Vocational Behavior* 54 (1999): 392–415.

[3] Hammer, L. B., Kossek, E. E. & Yragui, N. L., "Development and Validation of a Multidimensional Measure of Family Supportive Supervisor Behaviors (FSSB)," *Journal of Management* 35 (2009): 837–856.

协商谈判的结果。在有统合主义传统的欧陆国家中，国家认可或支持的劳动者集体组织（主要是工会）可以和企业代表进行谈判从而提升员工福利。这种谈判一般发生在行业层级，能够形成行业性的规范和制度。此外，欧盟国家还通过倡导性的框架协议引导企业主动提供支持，如欧盟 1997 年的《兼职工作导则》（*Part-time Work Detective*）就对执行兼职工作的框架协议做出了详细的规定，包括消除对兼职工作者的歧视、改善兼职工作的质量、促进组织工作的弹性等。①

3. 社会政策支持

经过较长时间的发展，欧洲发达国家已经普遍认可工作—生活平衡政策的重要性，并进行了许多政策实践。欧洲经验最显著的特点可以归纳为"一揽子"式的社会政策支持以综合解决工作—生活平衡问题。

首先是间接的社会政策。政府通过企业来递送支持性的策略和服务。间接的社会政策按照执行程度可以分为强制性和诱导性两类。② 在强制性社会政策方面，最典型的例子就是亲子假计划。欧盟委员会 2010 年修订的《亲子假框架协议》规定，所有成员国都要为父母双方各自提供至少四个月的亲子假且不能转让；在诱导性社会政策方面，主要例子有托育服务。欧盟委员会 1992 年提出的托育服务议案要求各成员国采取或积极鼓励各种相关措施，使女性和男性雇员能协调其职业、家庭以及基于儿童照顾而产生的教养责任，满足他们对于儿童托管设施的需要。无论是强制性的还是诱导性的政策，都是由企业作为服务递送桥梁。相关的政策内容可以参阅前面的"企业支持"部分。

其次是性别平等的社会政策。以性别平等促进工作—生活平衡。北欧国家制定了大量相关的法律和公共政策致力于推动性别平等。③ 平等政策在北欧国家经历了三个发展阶段：第一是鼓励女性进入劳动力市场获得有酬工作，第二是消除劳动力市场上的性别歧视，第三是协调性别分工，通过鼓励男性承担更

---

① 岳经纶、颜学勇：《工作—生活平衡：欧洲探索与中国观照》，《公共行政评论》2013 年第 3 期。

② 岳经纶、颜学勇：《走向新社会政策：社会变迁、新社会风险与社会政策转型》，《社会科学研究》2014 年第 2 期。

③ Kuhnle, S., *Normative Foundations of the Welfare State: The Nordic Experience*, Routledge, 2005.

多家庭责任实现工作领域外的性别平等。[①] 在具体政策方面，政府通过提供教育、医疗以及儿童日托服务等福利服务，让女性从家庭照顾者的角色中解脱出来；政府为父母提供产假津贴、家庭照顾津贴和税收减免从而鼓励父亲承担更多的儿童照顾责任，促进性别角色的重新分工；政府还通过立法赋予女性参与政治选举和社会活动的权利，使女性得以进入政治决策的核心。[②]

最后是积极社会政策。在福利国家转型的背景下，北欧国家"社会投资型"的政策路径强调社会政策不是一种国家支出负担，而是能够起到人力资本投资作用的社会投资。在这种政策路径下，"以儿童为中心"的社会投资战略也有助于促进父母的工作—生活平衡。20世纪90年代，各国开发出了多种向儿童投资的制度工具，包括收入支持、育儿假期和托育服务三种制度，[③] 这三种制度分别通过促进家庭照顾责任重新分工、增加更多的家庭生活时间和由社会承担育儿责任的方式缓解父母面临的工作—生活冲突。

从社会政策支持的维度出发，政府可以做的并不仅仅是提供"家庭友好型"社会政策，还可以运用法律规章、财政税收等多种手段来实现发展目标。欧洲国家的实践给予我们最宝贵的经验在于，国家有责任推进公民的工作—生活平衡，同时国家也应该综合运用各种手段、全面考虑各个群体、使用系统性的社会政策来解决社会问题。

（三）政策建议

因为文化背景和发展历程的不同，我国解决工作—生活冲突的途径不可能完全照搬照抄欧洲国家的具体实践，但是国外实践也为我们提供了宝贵的经验。"统筹兼顾、系统谋划、整体推进"一直是我国在发展过程中所坚持的整体观、大局观。进入21世纪，党和国家在教育、养老、医疗等多个民生领域相继颁布许多新政使得社会政策逐渐成为国家工作的中心，我国开始走向"社

---

① Hammer, L. B., Kossek, E. E. & Yragui, N. L., "Development and Validation of a Multidimensional Measure of Family Supportive Supervisor Behaviors (FSSB)," *Journal of Management* 35 (2009): 837 – 856.

② 林卡、唐琳：《妇女与社会政策——论妇女地位在北欧国家的变迁》，《妇女研究论丛》2006年第2期。

③ 刘云香、朱亚鹏：《中国的"工作—家庭"冲突：表现、特征与出路》，《公共行政评论》2013年第3期。

会政策时代"。① 经过一段时间的发展，现有的一些政策也能够在促进工作—生活平衡早日实现的过程中发挥作用。

在养老和医疗领域，政府尝试打破城乡之间的制度性区隔，不断扩大社会保险的覆盖率，以实现一种更加普惠的社会保障。2014 年，国务院印发《关于建立统一的城乡居民基本养老保险制度的意见》，将新农保和城居保两项制度合并实施，在全国范围内建立起统一的城乡居民基本养老保险。2016 年，国务院下发《关于整合城乡居民基本医疗保险制度的意见》，启动城乡居民基本医疗保险制度，对城市居民和农村居民的医疗保障进行系统性改革。近十年来，社会保险的参保率逐年稳定上升，城镇职工基本养老保险和城乡居民社会养老保险的总和参保率从 2012 年的 58% 增长到 2021 年的 73%，基本医疗保险的参保率更是从 39% 上升到 96%。② 在养老保险和医疗保险的双重保障下，家庭的养老供给压力得到缓解，为工作人群提供了家庭领域的支持。

在生育和教育领域，政府也看到了走向低迷的生育率，出台了相关政策文件，对阻碍生育的影响因素做出政策回应。2021 年 8 月，全国人大常委会通过了《关于修改〈中华人民共和国人口与计划生育法〉的决定》，新修订的《中华人民共和国计划生育法》规定夫妻双方在实行计划生育中负有共同的责任，国家在财政、税收、保险、教育、住房、就业等方面制定支持措施，减轻家庭生育、养育、教育负担。为进一步加大生育支持力度，2022 年 8 月，国家卫生健康委等 17 部门联合发布《关于进一步完善和落实积极生育支持措施的指导意见》，对发展普惠托育服务体系、完善生育休假和待遇保障机制、加强优质教育资源供给做出了更加细致的规定。从生育、托育到教育全流程的政策规定有助于促进抚育责任平等分配、减轻工作人群的育儿负担，也是从家庭领域给予的社会政策支持。

最后，在就业和劳动领域，国家不仅出台许多促进人口流动和就业的政策，还通过法律的形式健全和完善劳动市场。在 1994 年颁布的《中华人民共和国劳动法》的基础上，逐渐建立起劳动合同制度、劳动争议调解制度、三方

---

① 郁建兴、何子英：《走向社会政策时代：从发展主义到发展型社会政策体系建设》，《社会科学》2010 年第 7 期；李棉管：《再论"社会政策时代"》，《社会科学》2013 年第 9 期。
② 数据来源：2012～2021 年的《中国统计年鉴》。

协商制度等一系列高标准、现代化的劳动关系制度。近年来，随着灵活就业、平台经济等新事物的兴起，政府也紧随其后，于2019年颁布《关于促进平台经济规范健康发展的指导意见》加强对平台经济参与者合法权益的保障。不断完善有关劳动市场的法规制度能够抑制故意压低拖欠工资、长时间高压力工作、不购买工伤保险等现象的发生，减少职工在工作领域面临的压力。同时，灵活就业的发展也为家庭中的女性群体提供更多的就业机会和收入来源，促进基于性别的社会分工进一步发生转变，有利于解决两性群体之间的工作—生活平衡问题。

然而，现有的法规和政策并不足以彻底解决民众的工作—生活冲突问题，未来的政策发展还有可以持续改进的空间。首先，需要对各个领域的社会政策进行系统性统筹。我国社会政策的制定往往遵循一种问题导向的道路，问题导向的思维方式很容易导致过度关注当前的问题，进而忽略问题产生的根本原因，也就无法从根本上解决问题。各种民生领域的问题相互交织影响，制定社会政策时需要考虑不同领域，多管齐下、政策共振才能更有效地解决问题。其次，社会政策的制定也需要循序渐进、持续完善。现实世界中往往存在善政空转、良法难行的困境，这种情况下就需要思考政策本身是否存在问题导致其没有办法很好地执行。最后，进行社会政策的设计时还需要充分考虑到民众的反应和外界的力量。英国工作基金会（The Work Foundation）认为："工作—生活平衡只有在整个社会为了个人、企业和社会的共同福利而把人们拥有满足工作内和工作外生活需要当作一种规范性权利时才能够实现。"① 如果民众都能认可性别平等的观念、尊重家庭照顾的无酬劳动价值，如果企业管理者都知道工作和生活领域可以相互促进、保障员工充足的个人和家庭生活时间，那么工作—生活平衡就具有了共识性基础。但是促进企业积极履行社会责任、加强员工关怀并不是一蹴而就的，培育公民对于社会问题的关注和政治参与也还有很长的路要走。当前，工作—生活平衡已经成为一种主流的价值追求，成为人民美好生活需要的重要内容。所以人们有理由相信，在迈向中国式现代化的进程中，工作—生活平衡可以在我国实现。

---

① Byrne, U., "Work-life Balance: Why Are We Talking About it at All?" *Business Information Review* 22 (2005): 53 – 59.

后　记

　　党的二十大报告把以中国式现代化全面推进中华民族伟大复兴作为党的中心任务，强调指出共同富裕既是中国式现代化的基本特色，也是中国式现代化的本质要求。在全体人民共同富裕的中国式现代化主题下，党的二十大报告提出了"增进民生福祉、提高人民生活品质"的总体要求，以及完善分配制度、实施就业优先战略、健全社会保障体系和推进健康中国建设的重点任务。为了增进民生福祉，提高人民生活品质，党的二十大报告强调"必须坚持在发展中保障和改善民生，鼓励共同奋斗创造美好生活，不断实现人民对美好生活的向往"。党的二十大报告为我们持续推进社会政策创新与发展，致力于探索实现人民对美好生活向往的方法和路径，提供了精神动力和方向指引。

　　在公共管理学科视野下开展社会政策研究是中山大学公共管理学科的一个基本特色。自 2008 年以来，以中山大学公共管理学科雄厚的学术实力和深厚的学术底蕴为基础，顺应我国社会政策实践持续推进和发展的大势，中山大学社会政策研究团队不断成长壮大，成为我国社会政策研究领域的一支重要力量，并推动中山大学"社会政策与行政"学科在 QS 学科排名中稳居全球前100 名。

　　2015 年，中山大学社会政策研究团队获得国家社科基金重大项目支持，深入开展社会政策与福利制度的研究。在该项目的支持下，于 2016 年起，开展"人民美好生活需要（公众福利态度）调查"。在中山大学政治与公共事务管理学院和中山大学中国公共管理研究中心的大力支持下，2022 年，"人民美好生活需要（公众福利态度）调查"团队开展了第六期问卷调查。此次问卷调查的开展时间为 2022 年 5 月到 2022 年 10 月，调查对象为 18 周岁及以上的广东省、河南省和甘肃省居民，调查范围包括广东省 21 个市，河南省 18 个市（省直管市），以及甘肃省 14 个市（自治州），共计 53 个地级市（自治州、省直管市）。三省的样本分布情况如下：广东的总样本为 4400 个，其中省会广州及深圳市样本配额 300 个，其他地级市每市 200 个；河南的总样本为 2750 个，其中省会郑州 300 个,省直管市济源 50 个,其他地级市每市 150 个;甘肃总样本 2250 个,其中省会兰州 300 个,其他地级市(自治州)每市 150 个。最终获得有效样本 9400 个。

在此基础上,课题组分别撰写了 1 个总报告和 7 个专题报告,涵盖了中等收入群体认知、贫困认知、新业态下平台从业人员的社会保障、儿童照顾及配套支持、养老服务及配套支持、乡村振兴战略成效主观认知,以及时间利用与工作—生活平衡等议题。

本项目的开展和报告的撰写得到了中山大学政治与公共事务管理学院和中国公共管理研究中心领导及社会政策研究团队的大力支持,以及中山大学中央高校基本科研业务费专项资金资助(22qntd6801)。学院院长兼中心主任谭安奎教授担任本项目的召集人,进行项目规划,并统筹经费,使得项目可以如期推进并完成。社会政策研究团队的各位成员,如庄文嘉副教授、李棉管副教授、王海宁副教授、申梦晗副教授、钟晓慧副教授、范昕副教授(原中山大学副研究员,现为电子科技大学副教授)、程璆博士(中山大学马克思主义学院助理教授)等,积极响应,鼎力合作,克服繁重的教学科研工作带来的困难,如期完成数据分析和报告撰写。社会政策研究团队的研究生也积极投入本项目的工作,一些同学参与了报告撰写工作,还有一些同学如李晶晶和陈嫣然参与了问卷调查数据的描述性统计和分析。电子科技大学公共管理学院的研究生屈泓希以及中山大学本科生李佳威也参与了专题报告的写作。程璆博士不仅参加了报告的撰写工作,也积极协助本书的编辑工作。同时,调查项目的顺利进行也有赖于相关调查公司的鼎力支持。在此一并表示最诚挚的感谢。

各报告的执笔人分工如下。

总报告:岳经纶(教授)、程璆(助理教授)

专题报告一:王海宁(副教授),吕诗颖、张嫣(研究生)

专题报告二:程璆(助理教授),吴小涵(研究生)

专题报告三:申梦晗(副教授),李佳威(本科生)、甘泉(研究生)

专题报告四:钟晓慧(副教授),刘蔚、方诗琪、郑碧施(研究生)

专题报告五:范昕(副教授),屈泓希(研究生)

专题报告六:庄文嘉(副教授),孙怡、冯婧颖(研究生)

专题报告七：李棉管（副教授），谭添熙、蒋巧玲（研究生）

本书是"人民美好生活需要与社会政策创新"系列报告的第二本。本书的出版不仅有赖于团队成员的通力合作，也离不开社会科学文献出版社的大力支持。由于水平有限，加上时间紧张，书中错漏之处难免，尚请各位方家批评指正。

岳经纶

2023 年 3 月于康乐园

图书在版编目（CIP）数据

人民美好生活需要与社会政策创新. 2022 / 岳经纶
等著. -- 北京：社会科学文献出版社，2023.11
　ISBN 978 - 7 - 5228 - 2317 - 1

　Ⅰ.①人…　Ⅱ.①岳…　Ⅲ.①人民生活 - 生活质量 -
关系 - 社会政策 - 研究 - 中国　Ⅳ.①D669.3②D601

　中国国家版本馆 CIP 数据核字（2023）第 152437 号

人民美好生活需要与社会政策创新（2022）

著　　者 / 岳经纶 等

出 版 人 / 冀祥德
责任编辑 / 孙海龙　胡庆英
文稿编辑 / 林含笑
责任印制 / 王京美

出　　版 / 社会科学文献出版社·群学出版分社（010）59367002
　　　　　　地址：北京市北三环中路甲 29 号院华龙大厦　邮编：100029
　　　　　　网址：www. ssap. com. cn
发　　行 / 社会科学文献出版社（010）59367028
印　　装 / 三河市尚艺印装有限公司

规　　格 / 开　本：787mm × 1092mm　1/16
　　　　　　印　张：27.5　字　数：462 千字
版　　次 / 2023 年 11 月第 1 版　2023 年 11 月第 1 次印刷
书　　号 / ISBN 978 - 7 - 5228 - 2317 - 1
定　　价 / 168.00 元

读者服务电话：4008918866